한 번에 **핵심만** 담은

컴퓨터 활용 능력

1급 필기

이 책의 구성

1 한.눈.에. 핵심 이론

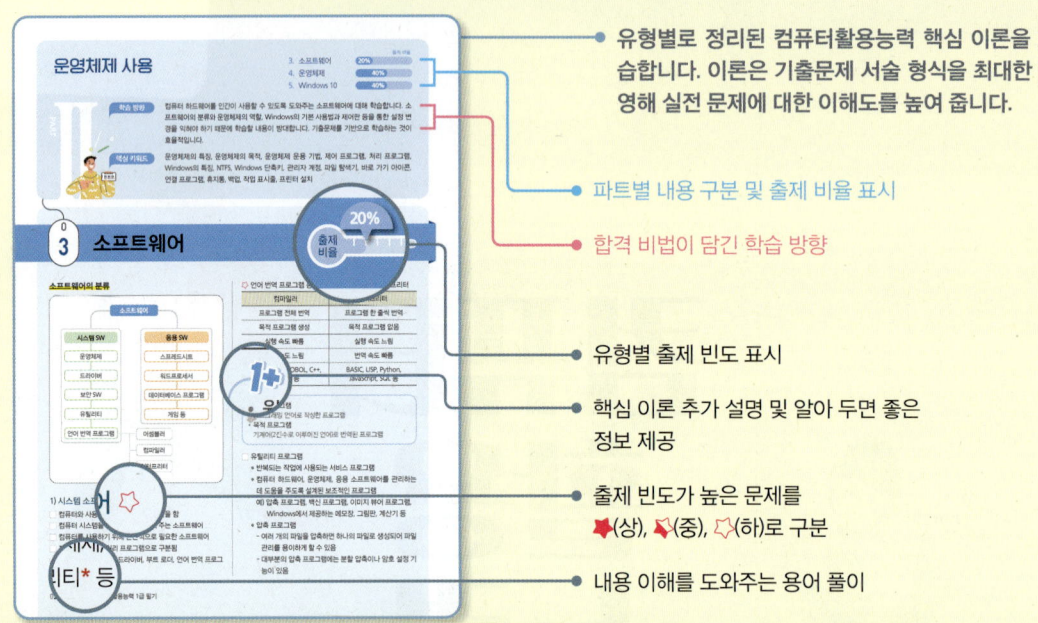

- 유형별로 정리된 컴퓨터활용능력 핵심 이론을 학습합니다. 이론은 기출문제 서술 형식을 최대한 반영해 실전 문제에 대한 이해도를 높여 줍니다.
- 파트별 내용 구분 및 출제 비율 표시
- 합격 비법이 담긴 학습 방향
- 유형별 출제 빈도 표시
- 핵심 이론 추가 설명 및 알아 두면 좋은 정보 제공
- 출제 빈도가 높은 문제를 ✹(상), ✺(중), ✩(하)로 구분
- 내용 이해를 도와주는 용어 풀이

2 한.번.에. 기출문제

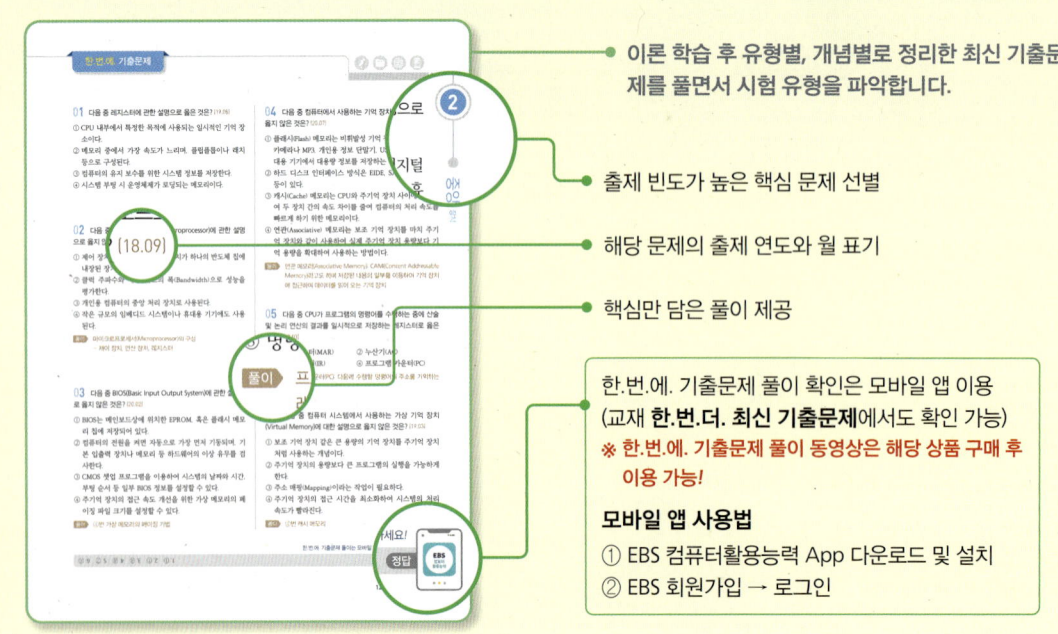

- 이론 학습 후 유형별, 개념별로 정리한 최신 기출문제를 풀면서 시험 유형을 파악합니다.
- 출제 빈도가 높은 핵심 문제 선별
- 해당 문제의 출제 연도와 월 표기
- 핵심만 담은 풀이 제공

> 한.번.에. 기출문제 풀이 확인은 모바일 앱 이용
> (교재 **한.번.더. 최신 기출문제**에서도 확인 가능)
> ※ **한.번.에. 기출문제 풀이 동영상은 해당 상품 구매 후 이용 가능!**
>
> **모바일 앱 사용법**
> ① EBS 컴퓨터활용능력 App 다운로드 및 설치
> ② EBS 회원가입 → 로그인

③ 한.번.더. 최신 기출문제

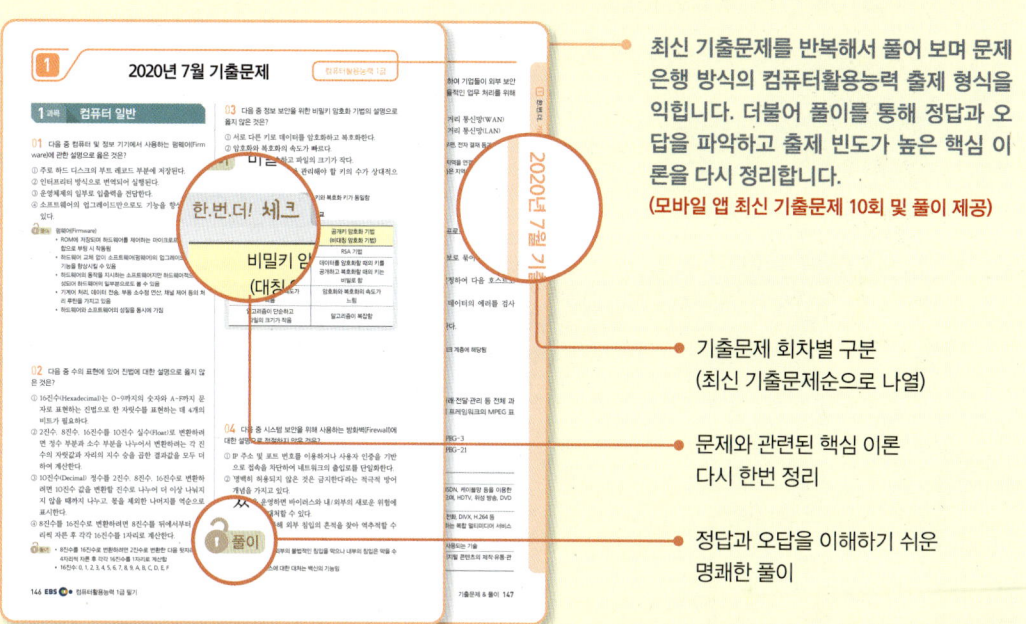

- 최신 기출문제를 반복해서 풀어 보며 문제은행 방식의 컴퓨터활용능력 출제 형식을 익힙니다. 더불어 풀이를 통해 정답과 오답을 파악하고 출제 빈도가 높은 핵심 이론을 다시 정리합니다.
  (모바일 앱 최신 기출문제 10회 및 풀이 제공)

- 기출문제 회차별 구분
  (최신 기출문제순으로 나열)

- 문제와 관련된 핵심 이론
  다시 한번 정리

- 정답과 오답을 이해하기 쉬운 명쾌한 풀이

④ 한.번.만. 모의고사

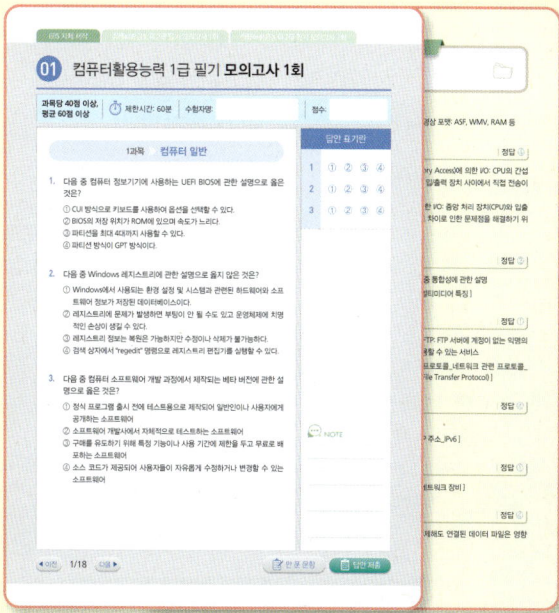

- EBS에서 컴퓨터활용능력 출제 경향을 분석해 제작한 모의고사로 실제 시험을 대비합니다.

모의고사 응시 Tip

- **실전 준비**: 시험 전에 합격 점수, 제한 시간 등 확인!
- **실전 응시**: 문제를 읽고 답안 표기란에 정답 체크!
- **결과 확인**: 60문제 답안 채점
- **오답 노트**: 정답과 오답 풀이 및 한.번.더. 이론 체크!

컴퓨터활용능력, 어떻게 준비할까요?

시험 접수에서 자격증 발급까지

시험 출제 정보

		출제 형태	시험 시간
1급	필기	객관식 60문항	60분
	실기	컴퓨터 작업형 10문항 이내	90분 (과목별 45분)
2급	필기	객관식 40문항	40분
	실기	컴퓨터 작업형 5문항 이내	40분

검정 수수료

필기	실기
19,000원	22,500원

※ 1급·2급 응시료 동일
※ 인터넷 접수 수수료 1,200원 별도

---

1. 시험 접수

나는 컴활 첫 도전! 필기 응시부터!

개설일부터 시험일 4일 전까지 접수 가능

 홈페이지 접수
대한상공회의소 자격평가사업단
(https://license.korcham.net)
※ 본인 확인용 **사진 파일** 준비!

 모바일 접수
코참패스(KorchamPass)

 상공회의소 방문 접수
접수 절차는 인터넷 접수와 동일
(수수료 면제)

나는 필기 합격! 이제 실기 준비!

2. 시험 당일

 **신분증·수험표**
준비물 잊지 말기!

 수험표는 시험 당일까지
출력 가능하고 모바일 앱으로도
확인 가능(단, 신분증 별도 지참)

 시험 시작 **10분 전**까지
시험장 **도착**

 시험은 상공회의소에서 제공하는
컴퓨터로 응시

컴퓨터활용능력 Q&A

Q1. 컴퓨터활용능력 응시 자격 조건이 있나요?
특별한 자격 조건 없이 누구나 시험을 볼 수 있습니다.

Q2. 필기시험은 어떻게 치러지나요?
상공회의소 시험장에 준비된 컴퓨터로 시험을 봅니다. 컴퓨터 화면에 나오는 문제를 읽고 원하는 답을 선택합니다. 정답은 별도로 저장하지 않고, 문제를 다 풀면 '제출하시겠습니까'라는 물음이 나옵니다. 이때 제출하기를 클릭하면 필기시험이 완료됩니다.

Q3. 실기 시험은 어떻게 치러지나요?
실기 시험 문제는 A4 용지로 제공됩니다. 지시 사항에 맞게 컴퓨터에 작성한 후 수시로 저장하고, 작성이 끝나면 엑셀·액세스 프로그램만 종료하고 퇴실하면 됩니다. 컴퓨터 전원은 절대 끄면 안 됩니다.

Q4. 필기시험 유효 기간은 언제까지인가요?
필기시험 합격일로부터 만 2년입니다. 유효 기간 안에 실기 시험에 합격하지 못하면 필기시험 합격이 취소됩니다. 또한 유효 기간을 변경하거나 연장할 수 없습니다.

Q5. 실기 시험 프로그램은 무엇인가요?
2024년 1월 1일부터 컴퓨터활용능력 1, 2급 실기 시험 프로그램이 변경됩니다. 기존에 MS Office 2016 버전에서 **MS Office LTSC Professional Plus 2021** 버전으로 시험을 봅니다.

Q6. 실기 시험은 몇 번까지 볼 수 있나요?
필기시험 합격 후 2년간 실기 시험을 횟수 제한 없이 응시할 수 있습니다. 1급 필기 합격자는 1급과 2급 실기 시험을 모두 응시할 수 있고 둘 다 합격하면 1급, 2급 자격증을 동시에 취득하게 됩니다.

Q7. 자격증 유효 기간은 어떻게 되나요?
한 번 취득한 자격증은 평생 유효하며, 별도 갱신이 필요 없습니다.

차 례

이 책의 구성	002
컴퓨터활용능력, 어떻게 준비할까요?	004
컴퓨터활용능력 Q&A	006
차례	007

한.번.에. 이론 & 문제
1과목 컴퓨터 일반

Part I 컴퓨터 시스템 활용
- 1. 컴퓨터 하드웨어 및 자료 표현 … 010
- 2. 중앙 처리 장치와 기억 장치 … 017

Part II 운영체제 사용
- 3. 소프트웨어 … 020
- 4. 운영체제 … 024
- 5. Windows 10 … 026

Part III 인터넷 자료 활용
- 6. 네트워크 … 033
- 7. 인터넷 … 038
- 8. 멀티미디어 … 042

Part IV 컴퓨터 시스템 보호
- 9. 정보 보안 및 바이러스 … 046
- 컴퓨터 시스템 … 049

2과목 스프레드시트 일반

Part I 스프레드시트 일반
- 1. 워크시트 … 052
- 2. 데이터 입력 … 056
- 3. 셀 서식 … 060

Part II 데이터 계산
- 4. 수식 … 064
- 5. 배열 수식 … 072

Part III 데이터 관리 및 분석
- 6. 데이터 관리 1 … 074
- 7. 데이터 관리 2 … 078
- 8. 데이터 관리 3 … 081

Part IV 차트 활용
- 9. 차트 … 085

Part V 출력 작업
- 10. 인쇄 … 090

Part VI 매크로 활용
- 11. 매크로 … 094
- 12. 프로그래밍(VBA) … 098
- 스프레드시트 화면 구성 … 101

3과목 데이터베이스 일반

Part I DBMS 파일 사용
- 1. 데이터베이스의 개요 … 104

Part II 테이블 활용
- 2. 테이블 … 108
- 3. 외부 데이터와 관계 편집 … 113

Part III 쿼리 활용
- 4. 쿼리 … 116
- 5. SQL(Structured Query Language) … 119
- 6. Access 연산자와 함수 … 123

Part IV 폼 활용
- 7. 폼의 기본 구조 … 126
- 8. 폼 컨트롤과 도메인 함수 … 130

Part V 보고서 활용
- 9. 보고서의 기본 구조 … 132
- 10. 보고서 만들기 … 136

Part VI 모듈 활용
- 11. 매크로 및 프로그래밍(VBA) … 138
- 데이터베이스 화면 구성 … 143

한.번.더. 최신 기출문제 & 풀이

- 1. 2020년 07월 기출문제 … 146
- 2. 2020년 02월 기출문제 … 162
- 3. 2019년 08월 기출문제 … 176
- 4. 2019년 03월 기출문제 … 189

한.번.만. 모의고사 ── 1회, 2회

EBS 컴퓨터활용능력 1급 **필기**

한.번.만.
교재에서 모바일까지 **한 번**에 **만**나는 컴활 수험서

한.번.에. 이론 & 문제
1과목 컴퓨터 일반

Part Ⅰ 컴퓨터 시스템 활용		출제 비율
1	컴퓨터 하드웨어 및 자료 표현	35%
2	중앙 처리 장치와 기억 장치	65%
Part Ⅱ 운영체제 사용		
3	소프트웨어	20%
4	운영체제	40%
5	Windows 10	40%
Part Ⅲ 인터넷 자료 활용		
6	네트워크	40%
7	인터넷	20%
8	멀티미디어	40%
Part Ⅳ 컴퓨터 시스템 보호		
9	정보 보안 및 바이러스	100%

컴퓨터 시스템 활용

출제 비율
1. 컴퓨터 하드웨어 및 자료 표현 — 35%
2. 중앙 처리 장치와 기억 장치 — 65%

학습 방향
컴퓨터 시스템을 원활히 활용하기 위해서 컴퓨터가 사용하는 자료 표현 단위, 중앙 처리 장치와 기억 장치 등을 학습합니다. 컴퓨터 하드웨어의 구조를 이해하고 주요 장치인 중앙 처리 장치, 기억 장치, 입출력 장치 등을 분류하고 명칭과 역할을 중점적으로 살펴봅니다.

핵심 키워드
컴퓨터의 발전 과정, 중앙 처리 장치, 주기억 장치의 분류, 보조 기억 장치의 종류와 특징, 입출력 장치의 종류와 기능, 문자 표현 코드, 오류 검출 코드, 모니터 관련 단위, USB, 채널, CMOS, BIOS

01 컴퓨터 하드웨어 및 자료 표현

출제 비율 35%

컴퓨터(Computer)의 기능

자료(데이터) → 처리, 저장, 입력, 출력 → 정보

1) 컴퓨터의 발전 과정

세대	컴퓨터 회로	특징
1세대	진공관 (Vacuum Tube)	• 일괄 처리 시스템 • 하드웨어 개발 중점
2세대	트랜지스터 (Transistor)	• 온라인 실시간 처리 시스템 • 다중 프로그래밍 • 운영체제 사용
3세대	집적 회로 (IC; Integrated Circuit)	• 시분할 처리 시스템 • 다중 모드 시스템 • OMR, OCR, MICR 등장
4세대	고밀도 집적 회로 (LSI; Large-Scale Integration)	• 개인용 컴퓨터 등장 • 마이크로프로세서 개발 • 네트워크 발달
5세대	초고밀도 집적 회로 (VSI; Very Large-Scale Integration)	• 인공 지능(AI) • 패턴 인식 • 전문가 시스템

2) 처리하는 데이터에 따른 분류

구분	디지털 컴퓨터	아날로그 컴퓨터
입력	숫자, 문자(비연속)	전류, 전압(연속적인 물리량)
출력	숫자, 문자	그래프, 곡선
연산	사칙, 논리 연산	미적분 연산
프로그래밍	필요	불필요
회로	논리 회로(직선)	증폭 회로(곡선)
속도	느림	빠름
기억 기능	있음	없음
용도	범용(다양하게 사용)	전용(특수 목적에 사용)
정밀도	필요한 용도까지	제한적

☐ 하이브리드 컴퓨터: 디지털 컴퓨터와 아날로그 컴퓨터의 장점을 모아 만든 융합형 컴퓨터, 모든 형태의 데이터 처리 가능

3) 자료의 단위 ★

☐ 크기 순서: 비트(Bit) < 니블(Nibble) < 바이트(Byte) < 워드(Word) < 필드(Field) < 레코드(Record) < 파일(File) < 데이터베이스(Database)

비트(Bit)	정보 표현의 최소 단위로 1비트에 숫자 0 또는 1 하나만 표시 가능
니블(Nibble)	4비트 집합(1Nibble = 4Bit)
바이트(Byte)	• 문자를 표현하는 최소 단위 • 8비트가 모여 1바이트 구성(256가지 정보 표현)
워드(Word)	• 컴퓨터에서 각종 명령을 처리하는 기본 단위 (CPU가 한 번에 처리하는 데이터 단위)
필드(Field)	• 파일 구성의 최소 단위 • 데이터베이스의 열(항목)

레코드 (Record)	• 자료 처리의 기본 단위로 필드의 집합 • 데이터베이스를 구성하는 기본 단위 • 데이터베이스의 행
파일(File)	보조 기억 장치에 저장되는 물리적 최소 단위
데이터베이스 (Database)	관련된 데이터 파일들의 집합

4) 메모리 저장 용량 단위 ☆

KB	MB	GB	TB	PB	EB
2^{10}B	2^{20}B	2^{30}B	2^{40}B	2^{50}B	2^{60}B
Kilo Byte	Mega Byte	Giga Byte	Tera Byte	Peta Byte	Exa Byte

☐ 1KB = 1024Byte(B; Byte)
☐ 1MB = 1024*1024Byte = 1024KB
☐ 1GB = 1024*1024*1024Byte = 1024MB

5) 컴퓨터 처리 속도 단위 ☆

ms → μs → ns → ps → fs → as

ms	μs	ns	ps	fs	as
10^{-3}초	10^{-6}초	10^{-9}초	10^{-12}초	10^{-15}초	10^{-18}초
milli second	micro second	nano second	pico second	femto second	atto second

느림 ←――――――――→ 빠름

6) 자료의 표현(진법)

☐ 자료 표현
- 2진 정수 데이터는 실수(Float) 데이터보다 표현할 수 있는 범위가 작지만 연산 속도가 빠름
- 숫자 데이터 표현 중 10진 연산을 위하여 '팩(Pack)'과 언팩(Unpack)' 표현 방식 사용
- 컴퓨터에서 뺄셈을 수행하기 위해 보수와 덧셈 연산 이용
- 실수형 데이터(32Bit일 때)는 부호부(1Bit), 지수부(8Bit), 가수부(23Bit)로 구성

☐ 수의 진법
- 16진수(Hexadecimal)는 0~9까지의 숫자와 A~F까지 문자로 표현하는 진법(한 자릿수 표현 → 4개의 비트가 필요)
- 2진수, 8진수, 16진수를 10진수 실수(Float)로 변환하려면 정수 부분과 소수 부분을 나누어서 변환하려는 각 진수의 자릿값과 자리의 지수 승을 곱한 결과값을 모두 더해 계산
- 10진수(Decimal) 정수를 2진수, 8진수, 16진수로 변환하려면 10진수 값을 변환할 진수로 나누어 더 이상 나누어지지 않을 때까지 나누고, 몫을 제외한 나머지를 역순으로 표시

☐ 보수(Complement)
- 보수는 컴퓨터 연산에서 덧셈 연산을 이용해 뺄셈을 수행

하기 위해 사용
- N진법에는 N의 보수와 N-1의 보수가 존재함
  예) 2진수 10101: 1의 보수는 01010, 2의 보수는 01011

7) 문자 표현 코드 및 오류 검출 코드

✦ 문자 표현 코드

BCD 코드 (Binary Coded Decimal) (2진화 10진 코드)	• 총 **6비트** 구성 (Zone 비트 2개, Digit 비트 4개) • 총 64개의 문자 표현 가능(2^6=64)
ASCII 코드 (American Standard Code for Information Interchange)	• 총 **7비트** 구성 (Zone 비트 3개, Digit 비트 4개) • 총 128개의 문자 표현 가능(2^7=128) • 데이터 전송용으로 주로 사용 • 확장 ASCII 코드는 8비트로 256개의 문자 표현 가능 • 미국 표준 정보 교환용 코드
EBCDIC 코드 (Extended Binary Coded Decimal Interchange Code) (확장 2진화 10진 코드)	• 총 **8비트** 구성 (Zone 비트 4개, Digit 비트 4개) • 총 256개의 문자 표현 가능(2^8=256) • 대형 컴퓨터에서 사용
유니코드 (Unicode)	• 총 **16비트(2Byte)** 국제 표준 코드 • 전 세계 문자 표현 가능

✦ 오류 검출 코드

패리티 비트	**오류 검출** 가능, **교정 불가능**
해밍 코드	**오류 검출**과 **교정**이 모두 가능

8) 메인보드 칩셋

☐ 메인보드에 장착한 각 장치를 제어하고 역할을 조율함
☐ 메인보드를 관리하기 위한 정보와 각 장치를 지원하기 위한 정보가 저장됨

9) 하드 디스크(Hard Disk Drive)

☐ 디스크 연결 방식

EIDE (Enhanced Integrated Drive Electronics) = PATA	• 4개의 장치 연결 가능, 최대 8.4GB의 용량 인식 • Master/Slave 연결 방식
SCSI (Small Computer System Interface)	• 체인식 연결 방식으로 7개의 장치 연결 가능 • 각 장치에 고유한 ID 부여함 • 마지막 장치는 반드시 터미네이션되어야 함
SATA(Serial ATA; Advanced Technology Attachment)	• 어댑터와 장치들을 비교적 속도가 빠른 직렬 연결을 이용 • SATA1: 1.5Gbit/s, SATA2: 3Gbit/s, SATA3: 6Gbit/s

- [ ] 하드 디스크의 파티션(Hard Disk Partition)
  - 여러 개의 논리적인 파티션으로 나누어 사용하는 것
  - 하나의 물리적인 하드 디스크의 파티션마다 다른 운영체제를 사용할 수 있음
  - 하나의 파티션에는 한 가지의 파일 시스템만을 사용할 수 있음
  - 파티션 설정 후에 포맷을 해야 사용할 수 있음
  - 파티션을 삭제하면 데이터가 모두 삭제됨
  - Windows는 [컴퓨터 관리] 창에서 파티션 작업을 수행할 수 있음
- [ ] RAID(Redundant Array of Inexpensive Disks)
  - 여러 대의 하드 디스크를 모아 하나의 디스크처럼 작동시켜 용량이 큰 파일을 저장할 수 있고, 하나의 파일을 여러 디스크에 동시에 저장할 수 있도록 하여 신뢰성을 높인 저장 장치 연결 방식
  - 미러링과 스트라이핑(Striping) 기술을 결합하여 안정성과 속도를 향상시킨 연결 기술
  - 동일한 데이터를 여러 대의 디스크에 중복해서 저장하여 중요 데이터를 가지고 있는 서버에 사용됨
  - 스트라이핑 기술을 적용하여 저장 공간을 파티션함
  - 모든 디스크의 스트립은 인터리브(Interleave)되어 있음

10) SSD(Solid State Drive 또는 Disk)

- [ ] HDD에 비해 속도가 빠르고, 발열 및 소음이 적으며, 소형화·경량화 가능
- [ ] 기억 매체로 플래시 메모리를 사용
- [ ] SSD는 HDD에 비해 외부 충격에 강하며, 디스크가 아닌 메모리에 데이터를 기록하므로 배드 섹터가 발생하지 않음
- [ ] SSD는 HDD에 비해 저장 용량당 가격이 비싸지만 점점 가격이 낮아지면서 향후 빠르게 HDD를 대체할 것으로 전망됨
- [ ] SSD와 HDD의 비교

SSD(Solid State Drive)	HDD(Hard Disk Drive)
반도체 소자(플래시 메모리)로 구성	자기 디스크로 구성
가볍고 속도가 빠르고 소비 전력이 적고 고가	무겁고 속도가 느리고 소비 전력이 크고 저가
소음과 발열이 적음	소음과 발열이 많음
프로그램 저장용	데이터 백업용
섹터가 없는 반도체 소자 → 배드 섹터 없음	외부 충격에 약한 자기 디스크 → 배드 섹터 발생

11) 광학 디스크

- [ ] CD-ROM(Compact Disc Read Only Memory)
  - 읽기 전용 저장 매체로 디스크 조각 모음이 불가능
  - 플라스틱 원판에 금속 표면을 입힌 CD-ROM의 직경은 12cm, 두께는 1.2mm로 연속된 나선형의 트랙을 사용하며 섹터의 길이가 일정함
  - 하드 디스크에 비해 접근 시간(Access Time)이 느리고 데이터 전송률도 낮음
- [ ] DVD(Digital Versatile Disc): 4.7~17GB의 대용량 저장이 가능한 차세대 기억 매체로, 뛰어난 화질과 음질의 멀티미디어 데이터 저장 가능
- [ ] 블루레이(Blu-lay)
  - HD급 고화질 비디오를 저장할 수 있는 차세대 광학 장치로, 디스크 한 장에 25GB 이상을 저장할 수 있으며 복층 저장 시 100GB까지 저장 가능
  - CD, DVD에 비해 훨씬 짧은 파장을 갖는 레이저를 사용
  - 트랙의 폭이 가장 좁지만 디스크의 지름은 CD-ROM과 동일

12) 모니터

- [ ] 모니터 해상도
  - 모니터 해상도는 픽셀(Pixel) 수에 따라 결정됨
  - TV나 모니터 크기는 인치(Inch)로 표현함
  - 플리커 프리(Flicker Free)*가 적용된 모니터를 사용하면 눈의 피로를 줄일 수 있음
- * 플리커 프리(Flicker Free): 깜빡임 제거 기능
- [ ] 디스플레이 어댑터와 모니터 관련 용어

픽셀 (Pixel)	화면을 이루는 최소 단위로 같은 크기의 화면에서 픽셀 수가 많을수록 해상도가 높아짐
해상도 (Resolution)	가로 픽셀 수*세로 픽셀 수로 나타내며 해상도가 높을수록 선명함
점 간격 (Dot Pitch)	픽셀들 사이의 공간을 나타내는 것으로 간격이 가까울수록 선명함
재생률 (Refresh Rate)	픽셀들이 밝게 빛나는 것을 유지하기 위한 것으로 재생률이 높을수록 모니터의 깜빡임 감소

13) USB(Universal Serial Bus)

- [ ] USB 포트의 데이터 전송 속도가 직렬 포트보다 더 빠름
- [ ] USB는 컨트롤러당 최대 127개까지 포트 확장 가능
- [ ] USB 버전에 따른 포트의 색상
  - USB 2.0: 검은색 또는 흰색(480Mbps)
  - USB 3.0: 파란색 / USB 3.1: 빨강색(5Gbps)
- [ ] 핫 플러그 인(Hot Plug In)과 플러그 앤 플레이(Plug & Play) 지원
  - ☆ 핫 플러그 인: 전원이 켜진 상태에서 하드웨어를 추가·제

거하는 기능(예: USB 메모리)
- **플러그 앤 플레이**: 컴퓨터에 어떤 장치를 설치할 때 운영체제가 그 장치를 자동 인식해 필요한 설정을 해 주는 기능 (예: USB를 이용한 프린터)

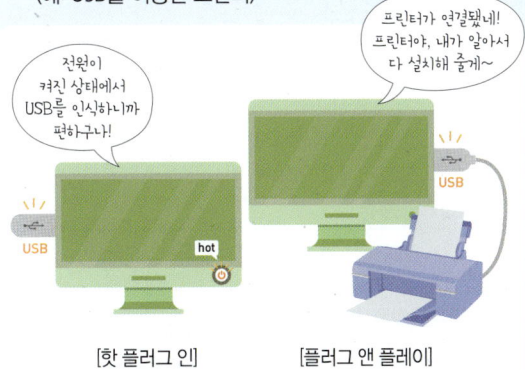

[핫 플러그 인]　　[플러그 앤 플레이]

14) 3D 프린터 ☆
- [ ] 입력한 도면을 바탕으로 3차원 입체 물품을 만들어 내는 프린터
- [ ] 인쇄 원리는 잉크를 종이 표면에 분사해 2D 이미지를 인쇄하는 잉크젯 프린터의 원리와 같음
- [ ] 기계, 건축, 예술, 우주, 의료 등 많은 분야에서 활용함
- [ ] 3D 프린터의 인쇄 방식

FDM (Fused Deposition Modeling)	고체 기반의 재료에 열을 가하여 녹인 뒤 노즐로 겹겹이 쌓아 올리는 방식
SLS (Selective Laser Sintering)	다양한 분말 형태의 재료를 겹겹이 쌓아가면서 레이저나 액체 접착제 등으로 융합시키는 방식

15) 기타 하드웨어 관련 용어

콘솔 (Console)	• 컴퓨터를 제어하기 위한 물리적인 장치(예: 키보드) • 사용자는 콘솔을 통해 시스템을 작동시키며 명령을 내리고 감시함
버스 (Bus)	• 장치 간의 데이터를 주고받는 통로 • 내부 버스: CPU 내부의 레지스터 간 데이터를 전달하는 통로 • 외부 버스: 내부 버스를 경유해 CPU와 다른 장치를 연결하는 통로 • 확장 버스(확장 슬롯): 메인보드에서 지원하는 기능 외에 다른 기능을 지원하는 장치
☆ 파티션 (Partition)	• 하나의 물리적인 하드 디스크를 여러 개의 논리적 영역으로 분할하거나 다시 합치는 작업 • 파티션 작업을 실행한 후에는 반드시 포맷을 실행해야 하드 디스크를 사용할 수 있음 • 각 파티션 영역에 다른 운영체제 설치 가능 • 하나의 파티션에는 한 개의 파일 시스템을 사용

16) PC 관리 방법
- [ ] 직사광선과 습기가 많거나 자성이 강한 물체가 있는 곳은 피하는 것이 좋음
- [ ] 컴퓨터 전용 전원 장치를 단독으로 사용하고, 전원을 끄기 전 사용 중인 프로그램을 먼저 종료하는 것이 좋음
- [ ] 컴퓨터의 성능 향상을 위해 주기적으로 디스크 정리, 디스크 검사, 디스크 조각 모음 등을 실행해야 함
- [ ] 모니터의 번인(Burn-in) 현상*을 방지하기 위해 화면 보호기 사용

  * **번인(Burn-in) 현상**: 화면 일부가 검게 변하거나 배경 글씨가 잔상으로 남음

- [ ] 무정전 전원 공급 장치(UPS): 갑작스러운 정전 사태에 대비해 전원을 공급하는 장치
- [ ] 자동 전압 조절기(AVR; Automatic Voltage Regulator): 전압이나 전류가 갑자기 증가할 때 발생할 수 있는 시스템 손상을 방지하는 장치
- [ ] **시스템을 효율적으로 관리하기 위한 유의 사항**
  - CMOS Setup에서의 하드 디스크 설정 내용을 확인
  - 백신 프로그램으로 바이러스 점검 실시
  - 하드 디스크 전원의 연결 상태 점검
- [ ] **컴퓨터 업그레이드**
  - 하드웨어 업그레이드를 통해 컴퓨터 처리 능력 개선
  - 장치 제어기를 업그레이드하면 하드웨어를 교체하지 않더라도 보다 향상된 기능으로 하드웨어를 사용할 수 있음
  - RAM 업그레이드: 고사양을 요구하는 소프트웨어가 늘어남에 따라 컴퓨터의 처리 속도가 느려지거나 제대로 동작하지 않을 때 가장 먼저 고려함

17) 입출력 제어 방식
- [ ] 입출력 제어 방식의 종류
  - CPU에 의한 입출력, DMA(Direct Memory Access)에 의한 입출력, 채널(Channel)에 의한 입출력으로 나눌 수 있음
- [ ] Programmed I/O
  - I/O 완료 여부 검사를 위해 CPU가 플래그를 계속 검사하는 방식
  - I/O 작업 중에는 CPU가 다른 작업을 할 수 없음
- [ ] Interrupt I/O
  - CPU가 계속 플래그를 검사하지 않고 데이터가 준비되면 인터페이스가 컴퓨터에 알려 주고 전송이 완료되면 수행 중이던 프로그램으로 되돌아가 수행을 재개하는 방식
  - Programmed I/O보다 효율적임
- [ ] DMA(Direct Memory Access)에 의한 I/O
  - 데이터 입출력 전송이 CPU를 통하지 않고 직접 주기억 장치와 주변 장치 사이에서 수행됨
  - CPU에 부하가 증가되지 않음

- 데이터 전송이 시작되면 CPU가 주기억 장치를 제어할 수 없어 유휴 시간(Idle Time) 발생
- CPU보다 DMA가 버스 사용에 우선권을 가짐

☐ Channel에 의한 I/O
- 채널(channel): 신호를 보낼 수 있는 전송로
- CPU의 명령을 받고 I/O 조작을 개시하면 CPU와는 독립적으로 작동함
- CPU가 직접 처리하지 않고 입출력 전용 프로세서(IOP, Input Output Processor)를 두는 방식
- IOP가 입출력과 관련된 거의 모든 동작을 수행하기 때문에 CPU의 부담이 줄어듦
- IOP 고유의 명령어가 존재하며 CPU와 거의 무관하게 입출력 작업을 수행해 시스템의 성능을 향상시킴
- 채널은 여러 개의 DMA 채널을 가지고 있어 프로그램 실행 종료 후 CPU에게 알림

☐ Channel의 종류

종류	설명
셀렉터 채널	• 한 번에 하나씩 선택하여 제어할 수 있는 채널 • 비교적 빠른 자기 디스크 연결에 사용
바이트 멀티플렉서 채널	• 동시에 여러 개의 입출력 장치를 제어할 수 있는 채널 • 저속의 입출력 장치를 제어하는 채널
블록 멀티플렉서 채널	• 동시에 여러 개의 입출력 장치를 제어할 수 있는 채널 • 고속의 입출력 장치를 제어하는 채널

☐ Channel의 기능
- 입출력 명령을 해독함
- 입출력 장치의 명령 실행 지시 및 지시된 명령의 실행 상황을 점검

18) 인터럽트(Interrupt)

☐ 인터럽트 처리 과정: 어떤 특수한 상태 발생 시 현재 실행 중인 프로그램이 일시 중단되고, 그 특수한 상태를 처리하는 프로그램으로 분기 및 처리한 후 다시 원래의 프로그램을 실행

☐ 인터럽트의 종류

외부 인터럽트 (External Interrupt)	• 전원 이상 인터럽트 (Power Fail Interrupt) • 기계 검사 인터럽트 (Machine Check Interrupt) • 외부 신호 인터럽트 (External Signal Interrupt) • 입출력 인터럽트(I/O Interrupt)
내부 인터럽트 (Internal Interrupt)	• 잘못된 명령이나 데이터를 사용할 때 발생하며, 트랩(Trap)이라고도 함 • 프로그램 실행 중에 트랩(Trap)이 발생하는 조건
소프트웨어 인터럽트 (Software Interrupt)	• 명령어 수행에 의해 발생하는 인터럽트 • SVC 인터럽트(SuperVisor Call Interrupt): 입출력 수행, 기억 장치 할당 및 오퍼레이터와 대화 등을 하기 위해 발생하는 인터럽트

한.번.에. 기출문제

01 다음 중 컴퓨터에서 사용하는 EBCDIC 코드에 대한 설명으로 옳지 않은 것은? (19.03)

① 확장 이진화 10진 코드로 BCD 코드를 확장한 것이다.
② 특수 문자 및 소문자 표현이 가능하다.
③ 4비트의 존 부분과 4비트의 디지트 부분으로 구성된다.
④ 최대 64개의 문자 표현이 가능하다.

풀이 EBCDIC 코드(확장 2진화 10진): BCD 코드를 확장한 것으로 하나의 문자를 4개의 Zone 비트와 4개의 Digit 비트로 구성되어 256개의 문자 표현이 가능함

02 다음 중 반도체를 이용한 컴퓨터 보조 기억 장치로 크기가 작고 충격에 강하며, 소음 발생이 없는 대용량 저장 장치는? (20.02)

① HDD(Hard Disk Drive)
② DVD(Digital Versatile Disk)
③ SSD(Solid State Drive)
④ CD-RW(Compact Disk ReWritable)

풀이 SSD: 하드 디스크에 비해 속도가 빠르고 기계적 지연이나 에러 확률 및 발열, 소음이 적음

03 다음 중 컴퓨터의 하드 디스크와 관련하여 RAID(Redundant Array of Inexpensive Disk) 기술에 관한 설명으로 옳지 않은 것은? [17.03]

① 여러 개의 하드 디스크를 모아서 하나의 하드 디스크처럼 사용할 수 있도록 하는 기술이다.
② 하드 디스크의 모음뿐만 아니라 자동으로 복제해 백업 정책을 구현해 주는 기술이다.
③ 미러링과 스트라이핑 기술을 결합하여 안정성과 속도를 향상시킨 디스크 연결 기술이다.
④ 하드 디스크, CD-ROM, 스캐너 등을 통합적으로 연결해 주는 기술이다.

풀이 하드 디스크, CD-ROM, 스캐너 등의 연결과 관계된 기술은 인터페이스에 관한 기술

04 다음 중 수의 표현에 있어 진법에 대한 설명으로 옳지 않은 것은? [20.07]

① 16진수(Hexadecimal)는 0~9까지의 숫자와 A~F까지 문자로 표현하는 진법으로 한 자릿수를 표현하는 데 4개의 비트가 필요하다.
② 2진수, 8진수, 16진수를 10진수 실수(Float)로 변환하려면 정수 부분과 소수 부분을 나누어서 변환하려는 각 진수의 자릿값과 자리의 지수 승을 곱한 결과값을 모두 더하여 계산한다.
③ 10진수(Decimal) 정수를 2진수, 8진수, 16진수로 변환하려면 10진수 값을 변환할 진수로 나누어 더 이상 나눠지지 않을 때까지 나누고, 몫을 제외한 나머지를 역순으로 표시한다.
④ 8진수를 16진수로 변환하려면 8진수를 뒤에서부터 2자리씩 자른 후 각각 16진수를 1자리로 계산한다.

05 다음 중 컴퓨터의 계산 속도 단위가 느린 것에서 빠른 순서대로 옳게 나열된 것은? [19.03]

① ms → ns → ps → μs
② ps → ns → ms → μs
③ μs → ms → ns → ps
④ ms → μs → ns → ps

풀이 – ms(밀리 초: milli second): 10^{-3}초
– ps(피코 초: pico second): 10^{-12}초

06 다음 중 ASCII 코드에 대한 설명으로 옳지 않은 것은? [20.02]

① 3개의 Zone 비트와 4개의 Digit 비트로 하나의 문자를 표현한다.
② 데이터 통신용으로 사용하며, 128가지 문자를 표현할 수 있다.
③ 2비트의 에러 검출 및 1비트의 에러 교정 비트를 포함한다.
④ 확장 ASCII 코드는 8비트를 사용하여 문자를 표현한다.

풀이 ③번 해밍 코드

07 다음 중 컴퓨터에서 사용하는 데이터의 논리적 구성단위를 작은 것에서 큰 것 순으로 바르게 나열한 것은? [16.10]

① 비트(Bit) - 바이트(Byte) - 레코드(Record) - 워드(Word)
② 워드(Word) - 필드(Field) - 바이트(Byte) - 레코드(Record)
③ 워드(Word) - 필드(Field) - 파일(File) - 레코드(Record)
④ 필드(Field) - 레코드(Record) - 파일(File) - 데이터베이스(Database)

한.번.에. 기출문제 풀이는 모바일 앱에서 확인하세요!

정답 1.④ 2.③ 3.④ 4.② 5.④ 6.③ 7.④

08 다음 중 컴퓨터의 수 연산에서 사용되는 보수(Complement)에 대한 설명으로 옳지 않은 것은? [17.09]

① 보수는 컴퓨터 연산에서 덧셈 연산을 이용하여 뺄셈을 수행하기 위해 사용한다.
② N진법에는 N의 보수와 N-1의 보수가 존재한다.
③ 2진수 1010의 1의 보수는 0을 1로, 1을 0으로 바꾼 0101에 1을 더한 것이다.
④ 2진수 10101의 2의 보수는 01011이다.

풀이 ③번 2의 보수
- 2진수 1010의 2의 보수는 0을 1로, 1을 0으로 바꾼 1의 보수 0101에 1을 더한 것

09 다음 중 컴퓨터에서 사용하는 유니코드(Unicode)에 대한 설명으로 옳지 않은 것은? [17.09]

① 세계 각국의 언어를 통일된 방법으로 표현할 수 있게 제안된 국제적인 코드 규약의 이름이다.
② 8비트 문자 코드인 아스키(ASCII) 코드를 32비트로 확장하여 전 세계의 모든 문자를 표현하는 표준 코드이다.
③ 한글은 조합형, 완성형, 옛 글자 모두를 표현할 수 있다.
④ 최대 65,536자의 글자를 코드화할 수 있다.

10 다음 중 외부 인터럽트가 발생하는 경우에 해당하지 않는 것은? [19.08]

① 컴퓨터의 전원 공급이 중단되었을 경우
② 실행할 수 없는 명령어가 사용된 경우
③ 타이머에 의해 의도적으로 프로그램이 중단된 경우
④ 입출력 장치의 입출력 준비 완료를 알리는 경우

풀이 내부 인터럽트: 잘못된 명령이나 데이터를 사용할때 발생하며, 트랩(Trap)이라고도 함

11 다음 중 출력 장치인 디스플레이 어댑터와 모니터에 관련된 용어의 설명으로 옳지 않은 것은? [20.07]

① 픽셀(Pixel): 화면을 이루는 최소 단위로 같은 크기의 화면에서 픽셀 수가 많을수록 해상도가 높아진다.
② 해상도(Resolution): 모니터 화면의 픽셀 수와 관련이 있으며 픽셀 수가 많을수록 표시할 수 있는 색상의 수가 증가한다.
③ 점 간격(Dot Pitch): 픽셀들 사이의 공간을 나타내는 것으로 간격이 가까울수록 영상이 선명하다.
④ 재생률(Refresh Rate): 픽셀들이 밝게 빛나는 것을 유지하기 위한 것으로, 재생률이 높을수록 모니터의 깜빡임이 줄어든다.

12 다음 중 컴퓨터 업그레이드에 관한 설명으로 적절하지 않은 것은? [18.03]

① 컴퓨터 처리 성능의 개선을 위해 하드웨어 업그레이드를 한다.
② 장치 제어기를 업그레이드하면 하드웨어를 교체하지 않더라도 보다 향상된 기능으로 하드웨어를 사용할 수 있다.
③ 하드 디스크를 업그레이드할 경우에는 부족한 공간 확보를 위해 파티션이 여러 개로 나뉘는 제품을 선택한다.
④ 고사양을 요구하는 소프트웨어가 늘어남에 따라 컴퓨터의 처리 속도가 느려지거나 제대로 동작하지 않을 때 가장 먼저 고려하는 것은 RAM 업그레이드이다.

정답 8. ③ 9. ② 10. ② 11. ② 12. ③

02 중앙 처리 장치와 기억 장치

1) 중앙 처리 장치(CPU) 구성 요소 ✦

☐ 구성 요소: 제어 장치(CU)와 연산 장치(ALU), 레지스터

제어 장치	프로그램 카운터 (Program Counter)	다음에 수행할 명령어의 주소를 기억하는 레지스터
	명령 레지스터(IR)	현재 수행 중인 명령어를 기억하는 레지스터
	명령 해독기 (Decoder)	명령어를 해독하는 회로
	부호기 (Encoder)	해독된 명령어에 따라 각 장치에 보낼 제어 신호를 생성하는 회로
	메모리 번지 레지스터(MAR)	데이터의 주소를 기억하는 레지스터
	메모리 버퍼 레지스터(MBR)	데이터를 임시로 기억하는 레지스터
연산 장치	누산기 (Accumulator)	연산의 중간 결과를 일시적으로 저장하는 레지스터
	가산기 (Adder)	두 개 이상 수의 덧셈을 수행하는 회로
	보수기 (Complementor)	뺄셈 작업을 위해 입력값을 보수로 변환하는 회로
	데이터 레지스터 (Data Register)	기억 장치에서 보낸 데이터를 저장하는 레지스터
	상태 레지스터 (Status Register)	연산 과정 중 발생하는 상태 정보(오버플로우)를 저장하는 레지스터
레지스터	• **메모리 중 가장 빠른 접근 속도**를 가짐 • CPU 내부에서 처리할 명령어나 연산 결과값을 일시적으로 저장하는 기억 장치 • 레지스터의 크기: 컴퓨터가 한 번에 처리할 수 있는 데이터의 크기 • 플립플롭(Flip-Flop)이나 래치(Latch)를 직렬 또는 병렬로 연결함	

2) 마이크로프로세서(Microprocessor)

☐ 제어 장치, 연산 장치가 하나의 반도체 칩에 내장된 장치
☐ 개인용 컴퓨터의 중앙 처리 장치로 사용됨
☐ 클럭 주파수와 내부 버스의 폭(Bandwidth)으로 성능을 평가
☐ 트랜지스터의 집적도에 따라 기본적인 처리 속도가 결정됨
☐ 작은 규모의 임베디드 시스템이나 휴대용 기기에서부터 메인 프레임이나 슈퍼 컴퓨터까지 사용

☐ 설계 방식에 따른 분류

RISC	CISC
• 명령어의 종류가 적고, 주소 지정 모드를 지원 • 프로그래밍이 어려운 반면 처리 속도가 빠름 • 고성능의 워크스테이션이나 그래픽용 컴퓨터에 사용 • 가격이 싸고 소비 전력이 적음	• 명령어의 종류가 많고, 주소 지정 모드를 지원 • 프로그래밍이 간단하지만 처리 속도는 느림 • 일반 PC용으로 사용 • 가격이 비싸고 소비 전력이 많음

3) 주기억 장치 ✦

롬 (ROM; Read Only Memory)	• **읽기 전용**, **비휘발성**(전원이 차단되어도 정보가 사라지지 않는 성질) 메모리
	• 종류
	  – Mask ROM: 제조 과정에서 미리 지정된 그대로 사용되며 수정 불가능
	  – PROM: 사용자가 한 번 기록 가능
	  – EPROM: 자외선에 의해 여러 번 수정 가능
	  – EEPROM: 전기적인 방법으로 여러 번 수정 가능

램 (RAM; Random Access Memory)	• 읽기 및 쓰기 가능, **휘발성**(전원이 차단되면 정보가 사라지는 성질) 메모리
	• 현재 실행 중인 응용 프로그램, 데이터를 저장
	• 종류
	  – DRAM: 주기적으로 **재충전이 필요**하며 속도가 느림, 콘덴서로 구성, **주기억 장치**로 사용됨
	  – SRAM: 속도가 빠르고 값이 비싸며 **캐시 메모리**에 사용됨

☐ DRAM과 SRAM의 비교

구분	동적 램(DRAM)	정적 램(SRAM)
구성 소자	콘덴서	플립플롭
재충전 여부	필요	불필요
전력 소모	적음	많음
접근 속도	느림	빠름
집적도(밀도)	높음	낮음
가격	저가	고가
용도	주기억 장치	캐시 메모리

☐ BIOS(Basic Input Output System) = 롬 바이오스 = 펌웨어
• 하드웨어 작동에 필요한 기본 입출력 장치나 메모리 등의 명령을 모아 놓은 프로그램으로 ROM에 저장됨
• 전원이 켜지면 POST(Power On Self Test)*를 통해 컴퓨터

를 점검하고 사용 가능한 장치를 초기화함
* **POST(Power On Self Test)**: PC에 전원을 넣었을 때 시스템 전반을 검사하는 과정으로 컴퓨터 키보드, 램, 디스크 드라이브, 기타 하드웨어 등이 바르게 동작하는지를 확인하기 위해 동작하는 일련의 진단 시험 과정
- 칩을 교환하지 않고 업그레이드가 가능함
- CMOS 셋업 프로그램을 이용하여 시스템의 날짜와 시간, 부팅 순서 등 일부 바이오스 정보를 설정할 수 있음

☐ BIOS 설정 항목
- 시스템의 날짜와 시간, 하드 디스크 타입, 부팅 순서, 칩셋 설정, 전원 관리, 시스템 암호 설정, Anti-Virus 기능 등
- BIOS 셋업 시 사용하는 비밀번호를 잊어버린 경우 메인보드에 장착되어 있는 배터리를 뽑았다가 다시 장착하거나 메인보드의 RESET DIP 스위치를 이용함

☐ LAGACY vs UEFI BIOS

구분	레거시 BIOS (Basic Input Output System)	UEFI(유이파이) (Unified Extensible Firmware Interface)
파티션 방식	MBR (Master Boot Record)	GPT (GUID Partition Table)
하드 디스크 인식	최대 2.2TB까지 인식	최대 8ZB까지 인식
파티션 수	최대 4개	최대 128개
저장 위치	ROM	플래시 메모리
부팅 속도	느림	빠름
인터페이스	CUI 방식 (문자 인터페이스 제공)	GUI 방식 (그래픽 인터페이스 제공)
사용 방법	키보드를 사용하여 옵션 선택	마우스를 사용하여 옵션 선택
용도	하드웨어 초기화하고 운영체제 실행	하드웨어 검색하지 않고 바로 운영체제 실행
인식	32Bit, 64Bit에서 모두 인식	Windows 64Bit에서 인식

1+ 펌웨어(Firmware)
- ROM에 저장되어 관리되며 부팅 시 작동함
- 하드웨어 교체 없이 소프트웨어의 업그레이드만으로도 기능을 향상시킬 수 있음
- 하드웨어의 동작을 지시하는 소프트웨어이지만 하드웨어적으로 구성되어 하드웨어의 일부분으로도 볼 수 있음
- 기계어 처리, 데이터 전송, 부동 소수점 연산, 채널 제어 등의 처리 루틴을 가짐

☐ **CMOS(Complementary Metal Oxide Semiconductor)**
- 부팅 시에 필요한 하드웨어 정보를 담고 있는 반도체
- 일반적으로 부팅 시 [Delete] 또는 [F2]를 눌러 CMOS 셋업 프로그램을 실행함
- 부팅 순서를 결정함(하드 디스크 부팅, USB 부팅, CD-ROM 부팅 등)
- 시스템 날짜와 시간 설정, 칩셋 및 시스템 암호 설정
- 하드 디스크 타입 설정

1+ CMOS vs BIOS

구분	CMOS	BIOS
정의	별도의 전원을 입력 받아야 하며 시간, 메모리, 드라이브 등의 정보를 가지고 있는 저장 장치	컴퓨터 시스템과 운영체제 중간 단계에서 POST를 통해 컴퓨터 하드웨어를 점검하는 프로그램으로 플래시 메모리에 저장되고 여기서 설정한 값이 CMOS에 저장
기능	데이터 저장 및 관리	하드웨어 초기화, 부트 로더 실행, 운영체제로의 전환 등의 기능
주요 구성	CMOS RAM, 배터리	플래시 메모리, ROM 칩
데이터 저장	낮은 전력 소비를 위해 비휘발성 RAM(NVRAM)에 저장	ROM 또는 플래시 메모리에 저장
업데이트	데이터는 프로그램을 통해 수정 가능	ROM 또는 플래시 메모리 업데이트는 제한적으로 가능
역할	컴퓨터 설정 및 하드웨어 정보 저장	컴퓨터 부팅 및 초기화

4) 기타 기억 장치

캐시 메모리	• 속도가 빠르고 가격이 비싼 **SRAM**으로 구성 • **중앙 처리 장치와 주기억 장치 사이에서 속도 차이를 개선**하는 메모리
가상 메모리	주기억 장치보다 큰 프로그램을 로딩할 때 **보조 기억 장치의 일부를 주기억 장치처럼 사용**하는 방법
플래시 메모리	• EEPROM의 일종, **디지털 기기**에서 **사용** • 전원이 끊겨도 내용이 지워지지 않는 **비휘발성** 메모리이며, 전력 소모가 적음 • 블록 단위로 저장되고 데이터를 읽고 쓸 수 있음 • 정보의 입출력이 자유롭고 전송 속도가 빠름 • MP3 플레이어, 휴대 전화, 게임기 등에 사용
연관 메모리	주기억 장치에 저장된 정보에 접근할 때 주소 대신 기억된 정보의 **내용 일부를 이용해 직접 기억 장치에 접근**하는 메모리
버퍼 메모리	데이터를 임시로 저장하는 메모리의 일부 공간
디스크 캐시	디스크 접근 속도를 빠르게 하기 위해 디스크로부터 읽은 내용 일부를 저장해 두는 영역

한.번.에. 기출문제

01 다음 중 레지스터에 관한 설명으로 옳은 것은? [19.08]

① CPU 내부에서 특정한 목적에 사용되는 일시적인 기억 장소이다.
② 메모리 중에서 가장 속도가 느리며, 플립플롭이나 래치 등으로 구성된다.
③ 컴퓨터의 유지 보수를 위한 시스템 정보를 저장한다.
④ 시스템 부팅 시 운영체제가 로딩되는 메모리이다.

02 다음 중 마이크로프로세서(Microprocessor)에 관한 설명으로 옳지 않은 것은? [18.09]

① 제어 장치, 연산 장치, 주기억 장치가 하나의 반도체 칩에 내장된 장치이다.
② 클럭 주파수와 내부 버스의 폭(Bandwidth)으로 성능을 평가한다.
③ 개인용 컴퓨터의 중앙 처리 장치로 사용된다.
④ 작은 규모의 임베디드 시스템이나 휴대용 기기에도 사용된다.

> 풀이) 마이크로프로세서(Microprocessor)의 구성
> – 제어 장치, 연산 장치, 레지스터

03 다음 중 BIOS(Basic Input Output System)에 관한 설명으로 옳지 않은 것은? [20.02]

① BIOS는 메인보드상에 위치한 EPROM, 혹은 플래시 메모리 칩에 저장되어 있다.
② 컴퓨터의 전원을 켜면 자동으로 가장 먼저 기동되며, 기본 입출력 장치나 메모리 등 하드웨어의 이상 유무를 검사한다.
③ CMOS 셋업 프로그램을 이용하여 시스템의 날짜와 시간, 부팅 순서 등 일부 BIOS 정보를 설정할 수 있다.
④ 주기억 장치의 접근 속도 개선을 위한 가상 메모리의 페이징 파일 크기를 설정할 수 있다.

> 풀이) ④번 가상 메모리의 페이징 기법

04 다음 중 컴퓨터에서 사용하는 기억 장치에 관한 설명으로 옳지 않은 것은? [20.07]

① 플래시(Flash) 메모리는 비휘발성 기억 장치로 주로 디지털 카메라나 MP3, 개인용 정보 단말기, USB 드라이브 등 휴대용 기기에서 대용량 정보를 저장하는 용도로 사용된다.
② 하드 디스크 인터페이스 방식은 EIDE, SATA, SCSI 방식 등이 있다.
③ 캐시(Cache) 메모리는 CPU와 주기억 장치 사이에 위치하여 두 장치 간의 속도 차이를 줄여 컴퓨터의 처리 속도를 빠르게 하기 위한 메모리이다.
④ 연관(Associative) 메모리는 보조 기억 장치를 마치 주기억 장치와 같이 사용하여 실제 주기억 장치 용량보다 기억 용량을 확대하여 사용하는 방법이다.

> 풀이) 연관 메모리(Associative Memory): CAM(Content Addressable Memory)라고도 하며 저장된 내용의 일부를 이용하여 기억 장치에 접근하여 데이터를 읽어 오는 기억 장치

05 다음 중 CPU가 프로그램의 명령어를 수행하는 중에 산술 및 논리 연산의 결과를 일시적으로 저장하는 레지스터로 옳은 것은? [13.03]

① 주소 레지스터(MAR) ② 누산기(AC)
③ 명령 레지스터(IR) ④ 프로그램 카운터(PC)

> 풀이) 프로그램 카운터(PC): 다음에 수행할 명령어의 주소를 기억하는 레지스터

06 다음 중 컴퓨터 시스템에서 사용하는 가상 기억 장치(Virtual Memory)에 대한 설명으로 옳지 않은 것은? [19.03]

① 보조 기억 장치 같은 큰 용량의 기억 장치를 주기억 장치처럼 사용하는 개념이다.
② 주기억 장치의 용량보다 큰 프로그램의 실행을 가능하게 한다.
③ 주소 매핑(Mapping)이라는 작업이 필요하다.
④ 주기억 장치의 접근 시간을 최소화하여 시스템의 처리 속도가 빨라진다.

> 풀이) ④번 캐시 메모리

정답 1.① 2.① 3.④ 4.④ 5.② 6.④

운영체제 사용

출제 비율
3. 소프트웨어 20%
4. 운영체제 40%
5. Windows 10 40%

학습 방향
컴퓨터 하드웨어를 인간이 사용할 수 있도록 도와주는 소프트웨어에 대해 학습합니다. 소프트웨어의 분류와 운영체제의 역할, Windows의 기본 사용법과 제어판 등을 통한 설정 변경을 익혀야 하기 때문에 학습할 내용이 방대합니다. 기출문제를 기반으로 학습하는 것이 효율적입니다.

핵심 키워드
운영체제의 특징, 운영체제의 목적, 운영체제 운용 기법, 제어 프로그램, 처리 프로그램, Windows의 특징, NTFS, Windows 단축키, 관리자 계정, 파일 탐색기, 바로 가기 아이콘, 연결 프로그램, 휴지통, 백업, 작업 표시줄, 프린터 설치

03 소프트웨어

출제 비율 20%

소프트웨어의 분류

1) 시스템 소프트웨어
- 컴퓨터와 사용자 사이에서 중계자 역할을 함
- 컴퓨터 시스템을 효율적으로 운영해 주는 소프트웨어
- 컴퓨터를 사용하기 위해 근본적으로 필요한 소프트웨어
- 제어 프로그램과 처리 프로그램으로 구분됨
- 종류: 운영체제, 장치 드라이버, 부트 로더, 언어 번역 프로그램, 유틸리티 등

☆ 언어 번역 프로그램 종류: 어셈블러, 컴파일러, 인터프리터

컴파일러	인터프리터
프로그램 전체 번역	프로그램 한 줄씩 번역
목적 프로그램 생성	목적 프로그램 없음
실행 속도 빠름	실행 속도 느림
번역 속도 느림	번역 속도 빠름
FORTRAN, C, COBOL, C++, C#, Java 등	BASIC, LISP, Python, JavaScript, SQL 등

- 원시 프로그램
  프로그래밍 언어로 작성한 프로그램
- 목적 프로그램
  기계어(2진수로 이루어진 언어)로 번역된 프로그램

□ 유틸리티 프로그램
- 반복되는 작업에 사용되는 서비스 프로그램
- 컴퓨터 하드웨어, 운영체제, 응용 소프트웨어를 관리하는 데 도움을 주도록 설계된 보조적인 프로그램
  예) 압축 프로그램, 백신 프로그램, 이미지 뷰어 프로그램, Windows에서 제공하는 메모장, 그림판, 계산기 등
- 압축 프로그램
  - 여러 개의 파일을 압축하면 하나의 파일로 생성되어 파일 관리를 용이하게 할 수 있음
  - 대부분의 압축 프로그램에는 분할 압축이나 암호 설정 기능이 있음

- 파일의 전송 시간과 비용을 절약하고, 디스크 공간을 효율적으로 사용할 수 있음
- 압축 포맷: ZIP, RAR, ARJ, APK, TAR 등

☐ **객체 지향 프로그램**
- 크고 복잡한 프로그램 구축이 어려운 절차 지향 언어의 문제점을 해결하기 위해 개발된 프로그래밍 기법
- 데이터와 그 데이터를 처리하는 함수를 객체로 묶어서 문제를 해결하는 언어
- 시스템의 확장성이 높고 정보 은폐가 용이함
- 코드의 재사용과 유지 보수가 용이함
- 특징: 상속성, 캡슐화, 추상화, 다형성 등
- 종류: C++, Smalltalk, Java 등
- 자바 언어의 특징
  - 객체 지향 언어로 추상화, 상속화, 다형성, 캡슐화 등의 특성을 가짐
  - 네트워크 환경에서 분산 작업이 가능하도록 설계됨
  - 특정 컴퓨터 구조와 무관한 가상 바이트 머신 코드를 사용하는 독립적인 플랫폼
  - 자바 가상 머신(JVM)은 바이트 머신 코드를 생성함

> **1+ 절차 지향 언어**
> 프로그램의 구조와 절차에 중점을 둔 언어로 C언어, PASCAL, COBOL 등이 있음

☐ **웹 프로그래밍 언어**
- 웹 페이지를 만들 때 사용하는 언어로, 클라이언트 측 언어와 서버 측 언어로 구분
- 클라이언트 측 언어
  - 웹 브라우저에서 실행되는 코드를 작성하는 언어
  - 웹 브라우저로 보이는 부분을 제작
  - 종류: HTML, CSS, JavaScript 등
- 서버 측 언어
  - 서버 측에서 실행되는 코드를 작성하는 언어
  - 게시판 입력, 상품 검색, 회원 가입 등 데이터베이스 처리 작업을 수행
- ☆ 종류: JSP, ASP, PHP, CGI, Python, MySQL 등

JSP	Java를 활용한 서버 측 스크립트 언어
ASP	마이크로소프트가 동적 웹 페이지 생성을 위해 제작한 서버 측 스크립트 언어
PHP	동적 웹 페이지를 제공하기 위해 사용되는 서버 측 스크립트 언어
CGI	서버와 응용 프로그램 간 데이터를 송수신할 수 있는 프로그램

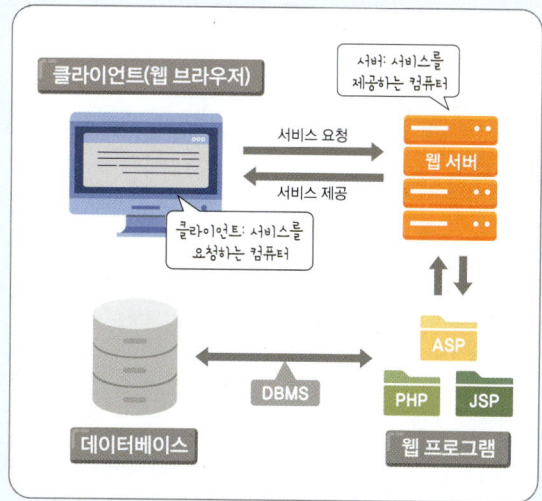

- 웹 프로그래밍 언어 종류

HTML (Hypertext Markup Language)	웹에서 사용되는 기본적인 언어
HTML5	• 차세대 웹 표준으로 텍스트와 하이퍼링크를 이용한 문서 작성 중심의 언어 • 기존 표준에 비디오, 오디오 등의 다양한 부가 기능을 추가함 • 최신 멀티미디어 콘텐츠를 ActiveX 없이 웹 서비스로 제공할 수 있음
XML (Extensible Markup Language)	• HTML 언어의 단점을 보완한 언어 • 문서의 구조적 특성을 고려해 문서를 저장하고 전달할 목적으로 만든 마크업 언어
VRML (Virtual Reality Modeling Language)	3차원 가상 공간을 표현하기 위한 언어
DHTML (Dynamic HTML)	• HTML의 단점을 보완해 이미지의 애니메이션 제공 • 사용자와의 상호 작용에 따른 동적인 웹 페이지의 제작이 가능한 언어
WML (Wireless Markup Language)	무선 접속을 통해 휴대 전화에 텍스트와 이미지 부분을 표시할 수 있도록 하는 언어
자바스크립트 (JavaScript)	• 서버에 데이터를 전송하기 전 아이디나 비밀번호의 입력 여부 또는 수량 입력과 같은 입력 사항을 확인할 때 사용하는 웹 프로그래밍 언어 • 클래스가 존재하지 않으며 변수 선언도 필요 없음 • 소스 코드가 HTML 문서에 포함됨 • 사용자의 웹 브라우저에서 직접 번역 및 실행

2) 응용 소프트웨어(Application Software)
- 특정 작업을 편리하게 처리할 목적으로 만들어짐
- 운영체제에서 사용되는 모든 소프트웨어
- 운영체제의 도움을 받아 컴퓨터를 사용할 수 있게 하는 소프트웨어
  예) 한글, 엑셀, 워드, 파워포인트, 포토샵 등

3) 기타 소프트웨어 분류

구분	설명
상용 소프트웨어	**일정한 금액을 지불**한 후 사용하는 소프트웨어
오픈 소스 소프트웨어 (Open Source)	**소스 코드를 제공**해 사용자들이 **자유롭게 수정**하거나 변경할 수 있는 소프트웨어
프리웨어 (Freeware)	**누구나 무료**로 사용할 수 있는 공개 소프트웨어
애드웨어 (Adware)	**광고를 보는 대가로 사용**하는 소프트웨어
셰어웨어 (Shareware)	특정 **기능이나 사용 기간에 제한**을 두고 무료로 배포하는 소프트웨어
알파 버전 (Alpha)	소프트웨어 개발사에서 **자체적으로 테스트**하기 위해 만든 소프트웨어
베타 버전 (Beta)	상용 소프트웨어가 출시되기 전 미리 **고객들에게 테스트** 목적으로 배포하는 소프트웨어
패치 버전 (Patch)	프로그램의 **오류를 수정**하거나 **업데이트**할 목적으로 배포하는 소프트웨어

데모 버전 (Demo)	**홍보를 위해** 기능이나 사용 기간에 제한을 두고 무료로 배포하는 소프트웨어
트라이얼 버전 (Trial)	**정해진 기간에 일부 기능만 사용**할 수 있는 체험판 소프트웨어
번들 프로그램	하드웨어나 소프트웨어 **구매 시 추가로 제공**하는 소프트웨어
주문형 소프트웨어	특정 고객의 요구와 수요를 만족하기 위해 개발된 소프트웨어

1+ 애드웨어, 셰어웨어, 프리웨어, 데모의 차이

구분	설명	비용	광고 포함 여부	사용 기간
애드웨어 (Adware)	무료로 제공되는 소프트웨어로, 광고를 통해 수익 창출	무료	포함	없음
셰어웨어 (Shareware)	사용자가 일정 기간 동안 무료로 사용 후 구매 결정	유료	포함하지 않음	기간 제한
프리웨어 (Freeware)	무료로 제공되는 소프트웨어로, 추가 비용 없음	무료	포함하지 않음	없음
데모 (Demo)	제한된 기능을 제공하는 시험판 소프트웨어	무료 또는 유료	포함하지 않음	기간 제한

한.번.에. 기출문제

01 다음 중 웹 프로그래밍 언어인 JSP에 대한 설명으로 옳지 않은 것은? [19.03]

① 웹 서버에서 동적으로 웹 브라우저를 관리하는 스크립트 언어이다.
② 웹 환경에서 작동되는 웹 애플리케이션을 개발할 수 있다.
③ Java 언어를 기반으로 하여 윈도우즈 운영체제에서만 실행이 가능하다.
④ HTML 문서 내에서는 ⟨% … %⟩와 같은 형태로 작성된다.

풀이 JVM 사용으로 Java 언어는 플랫폼 제한이 없음

02 다음 중 컴퓨터 소프트웨어의 개발을 위한 객체 지향 언어에 관한 설명으로 옳지 않은 것은? [17.03]

① 데이터와 그 데이터를 처리하는 함수를 객체로 묶어서 문제를 해결하는 언어이다.
② 상속, 캡슐화, 추상화, 다형성 등을 지원한다.
③ 시스템의 확장성이 높고 정보 은폐가 용이하다.
④ 대표적인 객체 지향 언어로는 BASIC, Pascal, C언어 등이 있다.

풀이 객체 지향 언어: C++, Smalltalk, Java 등

03 다음 중 웹 프로그래밍 언어에 대한 설명으로 옳지 않은 것은? [18.03]
① ASP는 서버 측에서 동적으로 수행되는 페이지를 만들기 위한 언어로 Windows 계열의 운영체제에서 실행 가능하다.
② PHP는 클라이언트 측에서 동적으로 수행되는 스크립트 언어로 Unix 운영체제에서 실행 가능하다.
③ XML은 HTML의 단점을 보완하여 웹에서 구조화된 폭넓고 다양한 문서들을 상호 교환할 수 있도록 설계된 언어이다.
④ JSP는 자바로 만들어진 서버 스크립트로 다양한 운영체제에서 사용 가능하다.

> 풀이) PHP는 서버 측에서 동적으로 수행되는 스크립트 언어로 Unix, Linux, Windows 운영체제에서 실행 가능

04 다음 중 Java 언어에 대한 설명으로 옳지 않은 것은? [13.03]
① 객체 지향 언어로 추상화, 상속화, 다형성과 같은 특징을 가진다.
② 인터프리터를 이용한 프로그래밍 언어로 특히 인공 지능 분야에서 널리 사용되고 있다.
③ 네트워크 환경에서 분산 작업이 가능하도록 설계되었다.
④ 특정 컴퓨터 구조와 무관한 가상 바이트 머신 코드를 사용하므로 플랫폼이 독립적이다.

> 풀이) Java: 대표적인 객체 지향 언어
> – 인공 지능 언어: LISP, PROLOG, SNOBOL 등
> – 구조적 언어: PASCAL, Ada 등
> – 객체 지향 언어: Smalltalk, C++, Java 등
> – 비주얼 프로그래밍 언어: Visual BASIC, Visual C++, Delphi, Power Builder 등

05 다음 중 컴퓨터 소프트웨어에서 셰어웨어(Shareware)에 관한 설명으로 옳은 것은? [17.09]
① 정해진 금액을 지불하고 정식으로 사용하는 프로그램이다.
② 사용 기간과 일부 기능을 제한하여 정식 제품의 구입을 유도하기 위한 프로그램이다.
③ 사용 기간의 제한 없이 무료 사용과 배포가 가능한 프로그램이다.
④ ROM에 저장되며, BIOS와 관련이 있는 시스템 프로그램이다.

> 풀이) ①번 상용 소프트웨어, ③번 프리웨어, ④번 펌웨어

06 다음 중 컴퓨터에서 사용하는 압축 프로그램에 관한 설명으로 옳지 않은 것은? [20.07]
① 압축한 파일을 모아 재압축을 반복하면 파일 크기를 계속 줄일 수 있다.
② 여러 개의 파일을 압축하면 하나의 파일로 생성되어 파일 관리를 용이하게 할 수 있다.
③ 대부분의 압축 프로그램에는 분할 압축이나 암호 설정 기능이 있다.
④ 파일의 전송 시간과 비용을 절약하고, 디스크 공간을 효율적으로 사용할 수 있다.

> 풀이) 압축한 파일을 모아 재압축을 반복해도 파일 크기는 더 이상 줄어 들지 않음

07 다음 중 객체 지향 프로그래밍 특징으로 옳은 것은? [20.02]
① 객체에 대하여 절차적 프로그래밍의 장점을 사용할 수 있다.
② 객체 지향 프로그램은 주로 인터프리터 번역 방식을 사용한다.
③ 객체 지향 프로그램은 코드의 재사용과 유지 보수가 용이하다.
④ 프로그램의 구조와 절차에 중점을 두고 작업을 진행한다.

정답 1.③ 2.② 3.② 4.② 5.② 6.① 7.③

운영체제

운영체제(Operating System)란?
컴퓨터와 같은 정보 기기를 사용하기 위해서 반드시 설치해야 하는 프로그램으로 가장 대표적인 시스템 소프트웨어
- 종류: 윈도우즈 10(Windows 10), 유닉스(Unix), 리눅스(Linux), 맥 OS(Mac OS) 등

1) 운영체제의 특징
- 관리 기능
  - 키보드, 모니터, 디스크 드라이브 등의 필수적인 주변 장치들을 관리하는 바이오스(BIOS)를 포함
  - 프로세서, 저장 장치, 입출력 장치, 통신 장치와 같은 컴퓨터 하드웨어와 데이터 등을 관리
  - 시스템의 메모리를 관리하고, 응용 프로그램이 제대로 실행될 수 있도록 제어함
- 사용자를 위한 기능
  - 컴퓨터 하드웨어와 응용 프로그램을 사용하고자 하는 사용자 사이에 위치해 인터페이스 역할을 하는 소프트웨어
  - 사용자들 간의 하드웨어 공동 사용 및 자원의 스케줄링 등의 기능 수행
  - 사용자에게 편리함 제공, 시스템의 생산성을 높이는 역할
  - 사용자가 응용 프로그램을 편리하게 사용하고, 하드웨어의 성능을 최적화할 수 있도록 함

2) 운영체제의 목적(성능 평가 항목) ★

사용 가능도 증대	시스템의 즉시 사용 가능한 정도
신뢰도 증대	주어진 문제를 정확하게 처리하고 신뢰할 수 있는 정도
처리 능력 증대	단위 시간 동안 작업을 처리하는 능력
응답 시간의 단축	사용자가 작업을 요청한 후 응답을 얻을 때까지 걸리는 시간

3) 운영체제의 기법 ★

일괄 처리 시스템 (Batch Processing System)	데이터를 일정 단위로 모아 두었다가 **한꺼번에 처리**하는 시스템(성적 계산, 급여 지급 등)
실시간 처리 시스템 (Real Time Processing System)	처리할 데이터가 입력될 때마다 **즉시 처리**하는 방식(기차 예약, 은행 업무 등)
시분할 처리 시스템 (Time Sharing System)	CPU를 일정 **시간 단위로 나누어** 데이터를 처리하는 시스템
다중 처리 시스템 (Multi-Processing System)	**두 개 이상의 CPU가 가동**되면서 데이터를 처리하는 시스템
다중 프로그래밍 시스템 (Multi-Programming System)	하나의 CPU에 **두 개 이상의 프로그램**이 돌아가면서 데이터를 처리하는 시스템
분산 처리 시스템 (Distributed Processing System)	물리적으로 떨어진 시스템에 기능과 자원을 분산시켜 **네트워크로 연결해 작업을 처리**하는 시스템
클러스터링 (Clustering)	**두 대 이상의 컴퓨터를 묶어서 하나의 시스템처럼 사용**하는 시스템
듀얼 시스템 (Dual System)	**두 개의 CPU가 동시에 같은 업무를 처리**하는 시스템
듀플렉스 시스템 (Duplex System)	한 개의 CPU는 가동되고 다른 CPU는 대기 중인 시스템으로 가동되는 **CPU가 고장 나면 대기 중인 CPU가 가동**됨
임베디드 시스템 (Embedded System)	• 제어가 필요한 시스템의 두뇌 역할을 하는 전자 시스템으로 하드웨어와 소프트웨어가 결합된 제어 시스템 • 마이크로프로세서에 특정 기능을 수행하는 **응용 프로그램을 탑재**해 컴퓨터 기능을 수행함 • TV, 냉장고 등 **가전제품**에 많이 사용됨

4) 운영체제의 구성

제어 프로그램	• 감시 프로그램: 시스템의 동작 상태를 감시하는 프로그램 • 작업 관리 프로그램: 작업의 처리를 위해 작업의 흐름을 계획·제어하는 프로그램 • 데이터 관리 프로그램: 시스템 내 데이터가 표준 처리되도록 관리하는 프로그램
처리 프로그램	• 언어 번역 프로그램: 원시 언어로 작성된 프로그램을 기계어로 번역하는 프로그램 • 서비스 프로그램: 사용자의 편의 및 업무 효율성을 위해 만들어진 프로그램 • 문제 처리 프로그램: 특정 문제 해결을 위해 사용자가 개발한 프로그램

한.번.에. 기출문제

01 다음 중 컴퓨터에서 사용되는 운영체제의 목적에 관한 설명으로 옳지 않은 것은? [18.09]

① 시스템에 작업을 의뢰한 시간부터 처리가 완료될 때까지 걸린 시간을 의미하는 반환 시간의 단축이 요구된다.
② 일정 시간 내에 시스템이 처리하는 일의 양을 의미하는 처리 능력의 향상이 요구된다.
③ 시스템이 주어진 문제를 정확하게 해결하는 정도를 의미하는 신뢰도의 향상이 요구된다.
④ 시스템을 사용할 수 있는 사용자의 수를 의미하는 사용 가능도의 향상이 요구된다.

02 다음 중 하나의 컴퓨터에 여러 개의 중앙 처리 장치를 설치하여 주기억 장치나 주변 장치들을 공유하여 신뢰성과 연산 능력을 향상시키는 시스템은? [20.02]

① 시분할 처리 시스템(Time Sharing System)
② 다중 프로그래밍 시스템(Multi-Programming System)
③ 듀플렉스 시스템(Duplex System)
④ 다중 처리 시스템(Multi-Processing System)

03 다음 중 컴퓨터 운영체제의 운영 방식에 대한 설명으로 옳지 않은 것은? [17.09]

① 일괄 처리(Batch Processing): 컴퓨터에 입력하는 데이터를 일정량 또는 일정 시간 동안 모았다가 한꺼번에 처리하는 방식이다.
② 실시간 처리(Real Time Processing): 처리할 데이터가 입력될 때마다 즉시 처리하는 방식으로 각종 예약 시스템이나 은행 업무 등에서 사용한다.
③ 다중 처리(Multi-Processing): 한 개의 CPU로 여러 개의 프로그램을 동시에 처리하는 방식이다.
④ 시분할 시스템(Time Sharing System): 한 대의 시스템을 여러 사용자가 동시에 사용하는 방식으로 처리 시간을 짧은 시간 단위로 나누어 각 사용자에게 순차적으로 할당하여 실행한다.

▶ 풀이 ③번 다중 처리: 두 개 이상의 CPU가 가동되면서 데이터를 처리

04 다음 중 컴퓨터를 이용한 정보 처리 방식에서 분산 처리 시스템에 관한 설명으로 적절한 것은? [18.09]

① 여러 개의 CPU와 하나의 주기억 장치를 이용하여 여러 프로그램을 동시에 처리하는 방식이다.
② 여러 명의 사용자가 사용하는 시스템에서 시간을 분할하여 프로그램을 실행하는 시스템이다.
③ 여러 대의 컴퓨터들에 의해 작업한 결과를 통신망을 이용하여 상호 교환할 수 있도록 연결되어 있는 시스템이다.
④ 하나의 CPU와 주기억 장치를 이용하여 여러 개의 프로그램을 동시에 처리하는 방식이다.

▶ 풀이 ① 다중 처리 시스템, ② 시분할 처리 시스템, ④ 다중 프로그래밍 시스템

05 다음 중 컴퓨터에서 사용되는 운영체제에 관한 설명으로 옳지 않은 것은? [15.10]

① 사용자에게 편리함을 제공하고, 시스템의 생산성을 높여주는 역할을 한다.
② 주요 기능은 프로세스 관리, 기억 장치 관리, 주변 장치 관리, 파일 관리 등으로 여러 가지 기능을 처리한다.
③ 운영체제의 목적은 처리 능력의 향상, 응답 시간의 최대화, 사용 가능도의 향상, 신뢰도의 향상이다.
④ 제어 프로그램과 처리 프로그램으로 구성된다.

06 다음 중 컴퓨터의 운영체제에 대한 설명으로 옳지 않은 것은? [15.06]

① 시스템의 모든 동작 상태를 관리하고 감독하는 제어 프로그램의 핵심 프로그램을 슈퍼바이저(Supervisor)라 부른다.
② 운영체제는 컴퓨터가 동작하는 동안 하드 디스크 내에 위치하여 여러 종류의 자원 관리 서비스를 제공한다.
③ 키보드, 모니터, 디스크 드라이브 등의 필수적인 주변 장치들을 관리하는 BIOS를 포함한다.
④ 운영체제는 사용자가 응용 프로그램을 편리하게 사용하고, 하드웨어의 성능을 최적화할 수 있도록 한다.

▶ 풀이 운영체제는 컴퓨터가 동작하는 동안 주기억 장치에 적재되어 있음

한.번.에. 기출문제 풀이는 모바일 앱에서 확인하세요!

정답 1.④ 2.④ 3.③ 4.③ 5.③ 6.②

05 Windows 10

1) Windows 10의 특징과 기능

☐ Windows의 특징

선점형 멀티태스킹 (Preemptive Multitasking)	운영체제가 모든 응용 프로그램들이 CPU를 점유하는 동안 언제 실행하고 중지하고 계속할 것인가를 결정하는 멀티 태스킹(CPU가 동시에 여러 작업을 수행하는 기능) 운영 방식
그래픽 사용자 인터페이스 (GUI, Graphic User Interface)	키보드로 명령어를 입력하지 않고 그림으로 되어 있는 아이콘이나 메뉴들을 마우스로 클릭하여 작업을 수행하는 방식
PnP (Plug & Play)	새로운 하드웨어를 추가할 때 시스템이 자동으로 하드웨어를 인식하고 필요한 설정을 하는 기능
★ OLE (Object Linking and Embedding)	데이터와 데이터를 연결하여 원본 데이터가 수정될 때 연결된 데이터도 함께 수정되도록 지원하는 기능(그림을 문서 편집기에 연결하면 그래픽 프로그램에서 수정한 그림이 문서 편집기에도 반영됨)
알림 센터	• 모든 시스템의 알림과 다양한 설정 가능 • 아이콘(▢): 작업 표시줄 오른쪽에 위치 • 바로 가기 키: ⊞ + A • [설정] → [시스템] → [알림 및 작업]: 알림 센터 바로 가기를 추가, 제거, 정렬 가능
에어로 스냅	화면을 최대 4개까지 분할해 사용할 수 있음(대형 모니터나 고화질 모니터에서 사용 시 적합)
Windows 검색	• 작업 표시줄에 있는 검색 기능을 통해 앱이나 파일, 폴더를 편리하게 검색할 수 있음 • 바로 가기 키: ⊞ + S
시작 화면	• 시작 화면에 파일의 바로 가기 아이콘을 만들어 쉽고 편리하게 실행할 수 있음 • 바로 가기 키: ⊞ 또는 Ctrl + Esc
엣지 브라우저	빠르게 웹 페이지를 표시할 수 있고 웹 페이지의 레이아웃을 선택하여 사용할 수 있음
가상 데스크톱	• 가상 데스크톱을 사용하여 여러 개의 앱을 각각의 화면에서 실행할 수 있음 • 바로 가기 키: Ctrl + ⊞ + D • 전환 및 닫기: ⊞ + Tab
Windows 보안	바이러스 위협 및 허가받지 않은 앱으로부터 장치와 데이터를 보호함

☐ Windows 제공 기능

BitLocker	시스템 드라이브 및 이동식 디스크를 암호화해 허가받지 않은 사람이나 시스템의 접근을 막음
디스크 포맷	• 하드 디스크의 트랙 및 섹터를 초기화하는 작업 • 보조 기억 장치를 초기화하는 작업 • 바로 가기 메뉴: 용량, 파일 시스템, 할당 단위 크기, 볼륨 레이블, 빠른 포맷
명령 프롬프트	• MS-DOS 명령 및 기타 컴퓨터 명령을 텍스트 기반으로 실행 • [명령 프롬프트] 창에서 표시되는 텍스트를 복사하여 메모장에 붙여 넣기 가능 • Windows 시작 단추의 검색 상자에 'cmd'를 입력해 실행 • [명령 프롬프트] 창에서 'exit'를 입력해 종료 | Ping | 인터넷이 정상적으로 연결되었는지 확인 | | Telnet | 원격으로 다른 컴퓨터를 사용할 수 있음 | | Tracert | 인터넷 서버까지의 경로를 추적함 | | Finger | 시스템을 사용하고 있는 사용자의 정보를 알아봄 | | Ipconfig | 네트워크 설정 정보를 보여 줌 |
멀티 부팅	• 컴퓨터의 디스크 공간이 충분할 때 새 버전의 Windows를 별도의 파티션에 설치하고 이전 버전의 Windows를 컴퓨터에 유지하는 기능 • 멀티 부팅을 위해서는 컴퓨터의 하드 디스크에 각 운영체제에 사용할 개별 파티션 필요 • 컴퓨터 시작 시 실행할 Windows 버전 선택 • Windows 버전에 상관없이 설치

☐ 파일 시스템

● 파일 시스템 변천 과정: FAT16 → FAT32 → NTFS → exFAT

FAT32 (File Allocation Table 32)	• 파일 최대 크기는 4GB로 4GB 초과는 복사 불가 • 지원하는 최대 크기 드라이브: 32GB
★ NTFS (New Technology File System)	• FAT32 파일 시스템과 비교하여 성능 및 안전성이 우수함 • 최대 볼륨 크기는 256TB, 파일 크기는 볼륨 크기에 의해서 제한됨 • 비교적 큰 오버헤드가 있기 때문에 약 400MB 이하의 볼륨에서 사용하는 것은 좋지 않음 • 파일 및 폴더에 대한 액세스 제어를 유지하고 제한된 계정 지원

exFAT (Extended File Allocation Table)	드라이브 최대 크기와 개별 파일의 최대 크기에 제한 없음

1+ 32비트 및 64비트 버전의 Windows OS
- 64비트 버전의 Windows에서는 대용량 RAM을 32비트 시스템보다 효과적으로 처리함
- 64비트 버전의 Windows 10을 설치하려면 64비트 버전의 Windows를 실행할 수 있는 CPU가 필요함
- 64비트 버전의 Windows에서 하드웨어 장치가 정상적으로 동작하려면 64비트용 장치 드라이버가 필요함
- 32비트 프로그램은 64비트 Windows에서 작동되지만 64비트 프로그램은 32비트 Windows에서 사용이 불가능

2) 설정

- [ ] 설정 바로 가기 키: ⊞ + I
- [ ] ⊞ [시작] → ⚙ [설정]

- [ ] 시스템
  - ☆ 디스플레이
    - 2개 이상의 모니터(다중 디스플레이)를 사용할 경우 모니터 정렬 가능
    - 텍스트, 앱 및 기타 항목의 크기 변경, 디스플레이 해상도 변경, 디스플레이 방향 설정
  - 저장소: 임시 파일이나 휴지통에 있는 파일 등 필요하지 않은 파일을 제거해 공간 확보
  - 정보: 디바이스 이름, CPU 사양, 설치된 램의 크기, 시스템 종류, Windows의 버전 확인(바로 가기 키: ⊞ + Pause Break)
- [ ] 장치
  - Bluetooth 및 기타 디바이스를 추가하거나 제거
  - 프린터 및 스캐너 드라이버를 자동으로 검색, 설치, 제거
    - Windows에서 기본 프린터를 관리할 수 있음
  - 마우스
    - 마우스의 기본 단추 위치(왼쪽, 오른쪽)를 설정

- 마우스 휠을 돌릴 때의 스크롤 양을 설정
- 한 번에 스크롤할 줄 수를 설정
- 자동 실행: 모든 미디어 및 장치에 자동 실행 사용을 켜거나 끄기

- [ ] 개인 설정

배경	바탕 화면의 배경을 사진, 단색, 슬라이드 쇼 중 선택
잠금 화면	일정 시간 키보드나 마우스의 움직임이 없는 경우 화면에 나타난 정보를 보호하기 위해 특정 화면을 내보내는 기능
테마	• 배경, 색, 소리, 마우스 커서 모양을 테마로 설정 • 바탕 화면 아이콘 설정: 바탕 화면에 있는 휴지통, 컴퓨터, 문서, 제어판, 네트워크를 표시
글꼴	글꼴을 추가하거나 제거
☆ 작업 표시줄	작업 표시줄 잠금, 작업 표시줄 자동 숨기기, 화면에서 작업 표시줄 위치(왼쪽, 위쪽, 오른쪽, 아래쪽)를 설정

- [ ] 앱
  - 앱 및 기능: 설치된 앱 목록 확인, 앱 수정, 삭제, 이동
  - ☆ 기본 앱
    - 이메일, 지도, 음악 플레이어, 사진 뷰어, 비디오 플레이어, 웹 브라우저에서 사용할 기본 앱을 선택
    - 파일 형식별, 프로토콜별, 앱별 기본값을 설정
  - 시작 프로그램: 로그인할 때 앱이 시작되도록 설정

- [ ] 계정
  - 사용자 계정

관리자 계정	• 다른 계정의 컴퓨터 사용 시간 제어 • 다른 계정의 계정 유형과 계정 이름, 암호 변경 가능
표준 사용자 계정	• 컴퓨터에 설치된 대부분의 프로그램을 사용 가능, 소프트웨어나 하드웨어 추가, 제거 불가 • 자신의 계정에 대한 암호 설정 가능

  - 사용자 정보: 사용자 정보를 확인할 수 있음
  - 이메일 및 계정: 이메일, 일정 및 연락처에서 사용하는 계정을 추가할 수 있음
  - 로그인 옵션: 장치에서 로그인하는 방법을 관리함
  - ☆ 가족 및 다른 사용자
    - 가족을 추가하여 모든 구성원에게 로그인 및 바탕 화면을 제공
    - 적절한 웹 사이트, 시간 제한, 앱 및 게임을 사용하도록 설정하여 자녀를 안전하게 보호할 수 있음
    - 기타 사용자를 추가하거나 제거할 수 있음

- [ ] 접근성: 접근성은 장애가 있거나 컴퓨터에 익숙하지 않은 사용자를 위한 기능
  - 시각: 디스플레이, 마우스 포인터, 텍스트 커서, 돋보기, 색상 필터, 고대비, 내레이터

- 청각: 오디오, 선택 자막
- 상호 작용: 음성 명령, 키보드, 마우스, 아이 컨트롤

☐ 업데이트 및 보안
- Windows 업데이트: 운영체제를 최신 버전으로 업데이트
- Windows 보안
  - 바이러스 및 위협 방지: 위협으로부터 장치 보호
  - 계정 보호: 계정 및 로그인에 대한 보안
  - 방화벽 및 네트워크 보호: 네트워크에 액세스할 수 있는 사용자 및 대상 설정
  - 앱 및 브라우저 컨트롤: 앱 보호 및 온라인 보안 설정
  - 장치 보안: 장치에 기본 제공되는 보안
  - 장치 성능 및 상태: 장치의 상태 보고
  - 가족 옵션: 자녀 보호

자녀 보호
- 실행: 설정 → 업데이트 및 보안 → Windows 보안 → 가족 옵션 → 자녀 보호
- 온라인에서 자녀를 보호
- 적절한 화면 시간 성향 설정
- 자녀의 디지털 생활 추적
- 자녀가 적절한 앱과 게임을 구입하도록 허용

3) 파일 탐색기

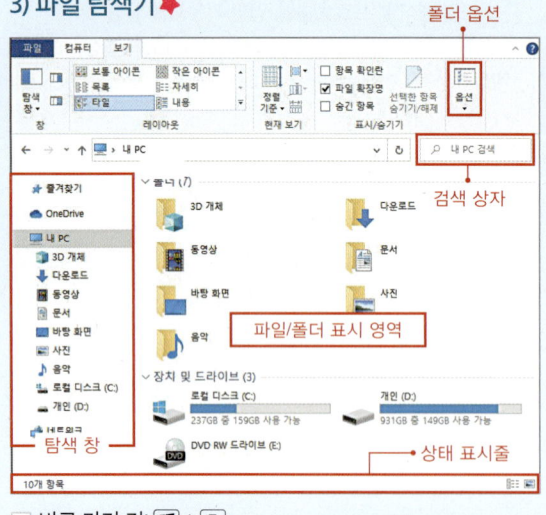

- 바로 가기 키: ⊞ + E
- ☐ 폴더가 계층 구조로 표시됨
- ☐ 탐색 창, 미리 보기 창, 세부 정보 창의 표시 여부 선택
- ☐ 탐색 창의 >을 클릭하면 하위 폴더가 표시되면서 ∨로 변경되고, ∨을 클릭하면 하위 폴더가 숨겨지고 >로 변경됨
- ☐ 리본 메뉴, 탐색 창, 파일이나 폴더가 표시되는 영역으로 나뉨
- ☐ 탐색 창에서 폴더나 드라이브를 선택 후 *를 누르면 선택한 폴더나 드라이브의 모든 하위 폴더가 표시되고, +를 누르면 하위 폴더만 표시되고, -를 누르면 하위 폴더를 모두 숨김

☐ 탐색 창 즐겨찾기, 내 PC의 드라이브, 라이브러리가 표시됨

즐겨찾기	• 자주 사용하는 폴더를 등록하는 기능 • 엣지 브라우저(Edge Browser)의 [즐겨찾기] 메뉴와 유사 • 즐겨찾기의 순서를 변경할 수 있으며, 탐색 창의 기본 즐겨찾기로 복원 가능 • 폴더, 저장된 검색, 라이브러리 또는 드라이브를 즐겨찾기로 추가하려면 탐색 창의 즐겨찾기 섹션으로 드래그 앤 드롭
라이브러리	• 여러 위치에서 파일을 모아 하나의 모음으로 표시함 • 문서, 음악, 동영상, 사진, 3D 개체가 기본 라이브러리로 설정됨
내 PC	내 PC에 있는 모든 자원(파일, 폴더, 프로그램 등)을 표시
네트워크	같은 네트워크상에 있는 공유된 장치나 드라이브 및 폴더를 표시

폴더 옵션
- 실행: 파일 탐색기에서 [보기] → [옵션] 선택

[일반] 탭	• 같은 창에서 폴더 열기, 새 창에서 폴더 열기 • 한 번 클릭해서 열기, 두 번 클릭해서 열기 • 즐겨찾기에 최근에 사용된 파일 및 폴더 표시
[보기] 탭	• 폴더 보기: 이 유형의 모든 폴더에 현재 보기 적용 • 고급 설정: 숨김 파일이나 폴더의 표시 여부 지정과 파일 확장명 숨기기 설정 등
[검색] 탭	• 검색 방법: 폴더에서 시스템 파일을 검색할 때 색인 사용 안 함 선택 • 색인되지 않은 위치 검색 시 시스템 디렉터리 포함, 압축 파일 포함, 항상 파일 이름 및 내용 검색

☐ 폴더 속성 창
- 실행: 폴더의 바로 가기 메뉴 → [속성] 선택

[일반] 탭	• 파일 위치, 크기, 하위 폴더 개수, 만든 날짜 확인 • 읽기 전용, 숨김 설정
[공유] 탭	네트워크에 있는 파일 및 폴더 공유
[보안] 탭	사용자 권한 설정
[사용자 지정] 탭	• 폴더 아이콘 변경 • 문서, 사진, 음악, 비디오의 폴더 최적화 설정

폴더와 파일의 복사 및 이동

복사	• 폴더나 파일을 서로 다른 드라이브로 드래그 앤 드롭하는 경우 • 폴더나 파일을 Ctrl을 누른 상태에서 같은 드라이브로 드래그 앤 드롭하는 경우
이동	• 폴더나 파일을 같은 드라이브 내에서 드래그 앤 드롭하는 경우 • 폴더나 파일을 Shift를 누른 상태에서 다른 드라이브로 드래그 앤 드롭하는 경우

4) 바탕 화면

- ⭐ **작업 표시줄**
  - 작업 표시줄의 위치나 크기를 변경할 수 있으며, 크기는 화면의 1/2까지 늘릴 수 있음
  - 작업 표시줄에 있는 단추를 작은 아이콘으로 설정 가능
  - 작업 표시줄의 자동 숨김 여부 선택 가능
  - 작업 표시줄을 바탕 화면의 왼쪽, 오른쪽, 위쪽, 아래쪽으로 위치 변경 가능
- ⭐ **바로 가기 아이콘( )**
  - 바로 가기 아이콘을 실행하면 연결된 원본 파일이 실행됨
  - 원본 파일이 있는 위치와 다른 위치에 생성 가능
  - 원본 파일을 삭제하면 바로 가기 아이콘 실행 시 다른 앱을 선택할 수 있는 대화 상자가 실행됨
  - LNK: 바로 가기 아이콘의 확장자(.lnk)
  - 하나의 원본 파일에 여러 개의 바로 가기 아이콘 생성 가능
  - 원본 파일의 위치 정보만 가지고 있어서 삭제해도 원본 파일은 삭제되지 않음
  - 파일이나 폴더를 선택 후 Ctrl + Shift 를 누른 채 드래그하면 바로 가기 아이콘이 만들어짐
  - 파일, 폴더뿐만 아니라 디스크 드라이브나 프린터도 바로 가기 아이콘을 만들 수 있음
- ⭐ **연결 프로그램**
  - 문서나 그림 같은 데이터 파일을 더블클릭할 때 자동으로 실행되는 응용 프로그램
  - 파일의 바로 가기 메뉴에서 [연결 프로그램]을 선택
  - 연결 프로그램이 지정되지 않았을 때 데이터 파일을 더블클릭하면 연결 프로그램을 선택하기 위한 대화 상자가 표시됨
  - 연결 프로그램을 삭제해도 연결된 파일은 삭제되지 않음
- ⭐ **휴지통**
  - 휴지통 안에 있는 파일이나 폴더는 복원 가능
  - 디스크 드라이브마다 따로 설정 가능
  - 휴지통 용량을 초과하면 가장 오래전에 삭제된 보관 파일부터 지워짐
  - 휴지통에 있는 파일이나 폴더는 실행 불가
  - 휴지통의 파일이 실제 저장된 폴더 위치는 일반적으로 C:\$Recycle.Bin임
  - 휴지통의 최대 크기는 [휴지통 속성] 창에서 변경 가능
  - 휴지통에 있는 파일이나 폴더의 이름은 변경 불가
  - 휴지통 파일이나 폴더가 복원 불가능한 경우
    - USB 메모리에 저장되어 있는 파일을 삭제한 경우
    - 네트워크 드라이브의 파일을 삭제한 경우
    - [휴지통]의 크기를 0%(0MB)로 설정한 경우
    - Shift + Delete 로 삭제한 경우 또는 Shift 를 누른 채 휴지통으로 드래그 앤 드롭한 경우
  - [명령 프롬프트] 창에서 삭제한 파일은 휴지통과 관계없이 영구히 삭제됨

5) Windows 관리

- ☐ **백업과 복원**: [설정] → [업데이트 및 보안]

⭐ 백업	• 특정 날짜와 시간에 백업할 수 있도록 백업 주기를 예약 • 드라이브를 선택하여 백업할 수 있음 • 백업 파일을 복원할 때 복원 위치를 지정 • 개인 파일을 유지하여 복원할 수 있음(원하는 파일을 선택하여 복원할 수는 있음) • 파일을 안전한 장소로 백업하려면 파일이 이동할 위치(클라우드, 외부 저장 장치, 네트워크 등) 선택 필요 • 파일 히스토리는 파일이 손실되거나 손상된 경우 다시 복원할 수 있도록 파일의 복사본 저장
시스템 복원	• 시스템에 해를 끼칠 수 있는 변경 사항을 시스템 복원을 이용해 취소하고, 시스템의 설정 및 성능을 복원 • 전자 메일, 문서 또는 사진과 같은 개인 파일에 영향을 주지 않고 컴퓨터에 대한 시스템 변경 내용을 실행 취소 • 시스템 복원을 수행하면 이전에 삭제된 파일이나 폴더는 복원되지 않고 휴지통에 남아 있음 • 시스템 복원은 시스템 보호 기능을 사용해 컴퓨터에서 자동으로 복원 지점을 만들고 저장함

- ☐ **디스크 최적화**(하드 디스크 속성)

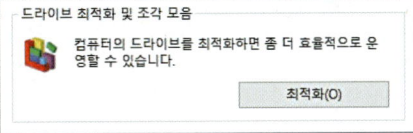

- **드라이브 최적화 및 조각 모음**
  - 하드 디스크의 단편화(조각난 상태)를 제거해 흩어진 조각들을 모음
  - 디스크의 접근 속도를 향상시키고, 안정성 증가
  - 디스크 용량 증가와는 관계가 없음
  - 디스크 조각 모음을 할 수 없는 대상: CD-ROM 드라이브, Windows가 지원하지 않는 형식의 압축 프로그램, 네트워크 드라이브
- **디스크 정리**
  - 디스크의 여유 공간을 확보하기 위해 불필요한 파일을 삭제하는 기능
  - 임시 인터넷 파일, 다운로드한 프로그램, 휴지통에 담긴 파일 삭제
- **오류 검사**: 드라이브에 파일 시스템 오류가 있는지 검사
- ⭐ **장치 관리자**
  - 장치들의 드라이버를 식별하고, 설치된 장치 드라이버에 대한 정보 확인

- 장치 드라이버 업데이트 가능
- 하드웨어가 올바르게 작동하는지 확인
☐ 작업 관리자
  - 바로 가기 키: Ctrl + Shift + Esc
  - 실행 중인 응용 프로그램이나 프로세스 정보 확인
  - 둘 이상의 사용자가 컴퓨터를 사용하는 경우 연결된 사용자 및 작업 상황을 확인하고 사용자에게 메시지를 보냄
  - 컴퓨터에서 사용하고 있는 메모리 및 CPU 리소스의 양에 대한 정보 확인
  - 현재 실행 중인 프로그램을 강제로 종료
  - 실시간 네트워크 이용률 확인

6) Windows 네트워크

☐ 컴퓨터의 자원 공유
  - 공유 폴더에 대한 접근 권한은 사용자에 따라 다르게 설정할 수 있음
  - 탐색기의 주소 표시줄에 '₩₩localhost'를 입력해 네트워크를 통해 공유한 파일이나 폴더 확인
  - 탐색기의 공유 기능을 이용해 파일이나 폴더를 다른 사용자와 공유
☐ Windows 네트워크 연결 시 IP가 자동으로 할당되지 않는 경우 직접 설정해야 하는 TCP/IP 속성: IP 주소, 기본 게이트웨이, 서브넷 마스크, DNS 서버

7) 프린터 ☆

☐ 기본 프린터
  - 프로그램에서 사용할 프린터를 지정하지 않고 인쇄 명령을 내렸을 때 컴퓨터가 자동으로 문서를 보내는 프린터
  - 현재 설정되어 있는 기본 프린터를 다른 프린터로 변경할 수 있음
  - 기본 프린터로 설정된 프린터도 삭제 가능
  - 기본 프린터는 반드시 한 대만 지정

☐ 인쇄가 되지 않을 때 문제 해결 방법
  - 프린터 케이블의 연결 상태 확인
  - 프린터의 기종과 프린터의 등록 정보가 올바르게 설정되어 있는지 확인
  - 프린터의 스풀 공간이 부족해 에러가 발생할 때 하드 디스크에서 스풀* 공간을 확보
    * **스풀**(SPOOL, 병행 처리): 인쇄할 내용을 하드 디스크에 저장했다가 프린터로 전송하는 기능
☐ 기본 프린터 인쇄 관리자 창
  - 인쇄 작업이 시작된 문서도 중간에 강제로 인쇄를 종료할 수 있으며 잠시 중지시켰다가 다시 인쇄할 수도 있음
  - [프린터] 메뉴에서 [모든 문서 취소]를 선택하면 스풀러에 저장된 모든 인쇄 작업을 취소함
  - 인쇄 대기 중인 문서를 삭제하거나 출력 대기 순서를 임의로 조정 가능
  - DPI(Dots Per Inch): 프린터에서 출력할 파일의 해상도를 조절하거나 스캐너를 이용해 스캔한 파일의 해상도를 조절하는 단위

8) 레지스트리(Registry)

☐ 컴퓨터에 설치된 모든 하드웨어와 소프트웨어의 실행 정보를 관리하는 데이터베이스
☐ 레지스트리 정보는 Windows가 작동하는 동안 지속적으로 참조됨
☐ Windows에 탑재된 레지스트리 편집기는 'regedit.exe'임
☐ 레지스트리에 문제가 발생하면 시스템 부팅이 안 될 수 있음

9) 메모장

☐ 간단한 문서 또는 웹 페이지를 만들 때 사용할 수 있는 기본 텍스트 편집기
☐ 작성된 파일을 유니코드, ANSI, UTF-8, UTF-16 인코딩 형식으로 저장
☐ 64KB 이하의 텍스트(.txt) 형식의 문서만 열거나 저장할 수 있음
☐ 64KB 이상일 경우 워드패드로 편집
☐ 자동 줄 바꿈, 찾기, F5를 누르면 시간/날짜 삽입 등의 기능을 제공
☐ 머리글/바닥글을 설정할 수 있지만 그림, 차트 등의 OLE 개체를 삽입할 수 없음

한.번.에. 기출문제

01 다음 중 아래의 설명에 해당하는 Windows 제공 기능은? [19.08]

- 데이터와 데이터를 연결하여 원본 데이터를 수정할 때 연결된 데이터도 함께 수정되도록 지원하는 기능이다.
- 이 기능을 지원하는 그래픽 프로그램에서 그린 그림을 문서 편집기에 연결한 경우 그래픽 프로그램에서 그림을 수정하면 문서 편집기의 그림도 같이 변경된다.

① 선점형 멀티태스킹(Preemptive Multitasking)
② GUI(Graphic User Interface)
③ PnP(Plug & Play)
④ OLE(Object Linking and Embedding)

02 다음 중 Windows 운영체제에서의 백업과 복원에 관한 설명으로 옳지 않은 것은? [20.07]

① 특정 날짜와 시간에 백업할 수 있도록 백업 주기를 예약할 수 있다.
② Windows에서 백업에 사용되는 파일의 확장자는 .bkf이다.
③ 백업 파일을 복원할 때 복원 위치를 지정할 수 있다.
④ 여러 파일이 백업되어 있는 경우 원하는 파일을 선택하여 복원할 수 없다.

풀이 여러 파일이 백업된 경우 원하는 파일을 선택하여 복원 가능

03 다음 중 Windows 운영체제에서 사용하는 NTFS 파일 시스템에 관한 설명으로 옳지 않은 것은? [19.08]

① FAT32 파일 시스템과 비교하여 성능 및 안전성이 우수하다.
② 하드 디스크 논리 파티션의 크기에는 제한이 없다.
③ 비교적 큰 오버헤드가 있기 때문에 약 400MB 이하의 볼륨에서 사용하는 것은 좋지 않다.
④ 파일 및 폴더에 대한 액세스 제어를 유지하고 제한된 계정을 지원한다.

풀이 NTFS의 파일의 크기는 볼륨 크기에 의해서 제한되며, 이론적으로 NTFS의 최대 볼륨 크기는 256TB임

04 다음 중 바탕 화면의 바로 가기 메뉴 [개인 설정]을 선택하여 설정할 수 있는 작업에 대한 설명으로 옳지 않은 것은? [19.03]

① 바탕 화면의 배경, 창 색, 소리 등을 한 번에 변경할 수 있는 테마를 선택할 수 있다.
② 바탕 화면의 배경 이미지를 변경할 수 있다.
③ 바탕 화면에 시계, 일정, 날씨 등과 같은 가젯을 표시하도록 설정할 수 있다.
④ 화면 보호기를 설정할 수 있다.

풀이 가젯: 바탕 화면 바로 가기 메뉴에 별도로 존재하며 Windows 7 이후 사라진 기능

05 다음 중 Windows의 [폴더 옵션] 창에서 설정할 수 있는 작업으로 옳지 않은 것은? [20.02]

① 탐색 창, 미리 보기 창, 세부 정보 창의 표시 여부를 선택할 수 있다.
② 숨김 파일이나 폴더의 표시 여부를 지정할 수 있다.
③ 폴더에서 시스템 파일을 검색할 때 색인의 사용 여부를 선택할 수 있다.
④ 알려진 파일 형식의 파일 확장명을 숨기도록 설정할 수 있다.

풀이 ①번 Windows의 [파일 탐색기] → [보기] → 탐색 창에서 선택할 수 있음

06 다음 중 Windows에서 Ctrl을 사용해야 하는 작업으로 옳지 않은 것은? [19.03]

① 마우스와 함께 사용하여 같은 드라이브 내의 다른 폴더로 파일이나 폴더를 복사할 경우
② 마우스와 함께 사용하여 비연속적인 위치에 있는 여러 파일이나 폴더를 동시에 선택할 경우
③ 마우스와 함께 사용하여 다른 드라이브로 파일을 이동시킬 경우
④ Esc와 함께 사용하여 시작 메뉴를 표시하고자 할 경우

풀이 다른 드라이브로 파일을 드래그하면 복사가 되므로, 다른 드라이브로 파일을 이동시킬 때는 Shift를 이용

정답 1.④ 2.④ 3.② 4.③ 5.① 6.③

한.번.에. 기출문제

Windows 10

07 다음 중 Windows의 작업 표시줄에 대한 설명으로 옳지 않은 것은? [20.02]

① 작업 표시줄의 위치나 크기를 변경할 수 있으며, 크기는 화면의 1/2까지만 늘릴 수 있다.
② 작업 표시줄에 있는 단추를 작은 아이콘으로 표시되도록 설정할 수 있다.
③ 작업 표시줄을 자동으로 숨길 것인지의 여부를 선택할 수 있다.
④ 작업 표시줄에 있는 시작 단추, 검색 상자(검색 아이콘), 작업 보기 단추의 표시 여부를 설정할 수 있다.

08 다음 중 Windows의 관리 도구 중 [컴퓨터 관리]에서 수행 가능한 [디스크 관리] 작업에 해당하지 않는 것은? [19.08]

① 볼륨을 확장하거나 축소할 수 있다.
② 드라이브 문자를 변경할 수 있다.
③ 포맷을 실행할 수 있다.
④ 분석 및 디버그 로그를 표시할 수 있다.

09 다음 중 Windows 10 [설정] → [앱]에서 할 수 있는 작업에 관한 설명으로 옳지 않은 것은? [18.03]

① [앱 및 기능]을 이용하여 앱을 제거할 수 있으며, 삭제된 프로그램 파일을 복원할 수도 있다.
② [기본 앱]을 이용하면 음악, 사진, 메일, 영상을 보는 작업에 사용할 앱을 선택할 수 있다.
③ [오프라인 지도]를 이용하여 인터넷에 연결되지 않을 때 사용할 앱을 위한 지도를 다운로드할 수 있다.
④ [시작 프로그램]을 이용하여 로그인할 때 앱이 시작되도록 설정할 수 있다.

풀이 Windows에 삭제된 프로그램을 다시 사용하고자 할 때는 다시 설치해야 함

10 다음 중 Windows에 설치된 기본 프린터에 관한 설명으로 옳지 않은 것은? [19.03]

① 프로그램에서 사용할 프린터를 지정하지 않고 인쇄 명령을 내렸을 때 컴퓨터가 자동으로 문서를 보내는 프린터이다.
② 여러 개의 프린터가 설치된 경우 네트워크 프린터와 로컬 프린터 각각 1대씩을 기본 프린터로 설정할 수 있다.
③ 현재 설정되어 있는 기본 프린터를 다른 프린터로 변경할 수 있다.
④ 기본 프린터로 설정된 프린터도 삭제할 수 있다.

풀이 기본 프린터는 1대만 지정할 수 있으며, 네트워크 프린터도 기본 프린터로 설정할 수 있음

11 다음 중 Windows에서 바로 가기 아이콘에 관한 설명으로 옳지 않은 것은? [20.07]

① 바로 가기 아이콘을 실행하면 연결된 원본 파일이 실행된다.
② 파일, 폴더뿐만 아니라 디스크 드라이브나 프린터에도 바로 가기 아이콘을 만들 수 있다.
③ 일반 아이콘과 비교하여 왼쪽 아랫부분에 화살표가 포함되어 표시된다.
④ 하나의 바로 가기 아이콘에 여러 개의 원본 파일을 연결할 수 있다.

풀이 하나의 바로 가기 아이콘에는 하나의 원본 파일만 연결 가능

12 다음 중 Windows의 [설정] → [장치]에 표시되지 않는 것은? [20.07]

① Bluetooth 및 기타 디바이스
② 하드 디스크 드라이브와 사운드 카드
③ USB
④ 프린터 및 스캐너

풀이 ②번 장치 관리자 표시 항목

정답 7. ① 8. ④ 9. ① 10. ② 11. ④ 12. ②

인터넷 자료 활용

6. 네트워크 40%
7. 인터넷 20%
8. 멀티미디어 40%

학습 방향
현대 사무 업무 활용에 없어서는 안 될 인터넷 자료 활용을 위한 네트워크 장비, 인터넷 용어, 프로토콜, 멀티미디어에 관한 내용을 학습합니다.

핵심 키워드
네트워크 장비, OSI 7 Layer, 네트워크 구성 형태, 통신망의 종류, TCP/IP, 네트워크 관련 명령어, IP 주소, IP 클래스, 전자 우편 프로토콜, 신기술 용어, 모바일 관련 용어, 멀티미디어 활용 분야

06 네트워크

출제 비율 40%

1) 네트워크 장비

장비	설명
라우터 (Router)	네트워크를 구성하기 위해 반드시 필요한 장비로 정보 전송을 위한 **최적의 경로**를 찾아 통신망에 연결하는 장비
리피터 (Repeater)	전송 과정에서 약해진 전송 **신호를 증폭**해 다음 구간으로 전달하는 장비
브리지 (Bridge)	동일한 두 개의 근거리 **통신망(LAN)을 연결**해 주는 장비(프로토콜의 변환 없이 네트워크 확장)
게이트웨이 (Gateway)	다른 네트워크와 데이터를 주고받기 위한 **출입구 역할**을 하는 장비(서로 다른 프로토콜을 사용하는 네트워크 연결)
허브 (Hub)	네트워크를 구성할 때 **여러 대의 컴퓨터를 연결**하여 각 회선을 통합 관리하는 장비
DNS(Domain Name System)	인터넷 **도메인 네임**을 숫자로 된 **IP 주소**로 바꾸어 주는 장비
모뎀 (MODEM)	네트워크를 구성할 때 디지털 신호를 아날로그 신호로 변환하여 전송하고 다시 수신된 신호를 원래대로 변환하는 장비

2) OSI 7계층

- 복잡한 네트워크 연결 구조를 단순화시켜 체계화한 모델
- 네트워크 프로토콜 디자인과 통신을 여러 계층으로 나누어 정의한 통신 규약
- 국제 표준화 기구(ISO)에서 네트워크 통신의 접속에서 완료까지의 과정을 구분해 정의

	계층	설명
1	물리 계층	• 전기적, 기계적, 절차적, 기능적 특성을 이용하여 데이터를 전송하는 역할을 담당 • 장비: 통신 케이블, **리피터, 허브**
2	데이터 링크 계층	• 통신에서 오류와 재전송, MAC 주소로 통신 • 송신 측이 수신 측의 처리 속도보다 먼저 데이터를 보내지 못하도록 조절하는 흐름 제어 기능 • 프레임의 시작과 끝을 구분하기 위한 프레임의 동기화 기능 • 프레임의 순차적 전송을 위한 순서 제어 기능 • 네트워크상의 주변 장치 간 데이터 전송 • 장비: **브리지, 스위치** • 프로토콜: MAC, PPP, HDLC
3	네트워크 계층	• 주소를 정하고 경로를 결정하여 패킷 형태의 데이터를 목적지까지 가장 안전하고 빠르게 전달 • 패킷 수를 조정하는 흐름 제어 기능 • 송·수신기를 같은 상태로 유지하는 동기화 기능 • 데이터 전송 도중에 발생하는 에러 검출 기능 • 정보 교환 및 중계 기능, 경로 설정 기능 제공 • 장비: **라우터** • 프로토콜: **IP**, ICMP, ARP, RARP, RIP
4	전송 계층	• 호스트들 간의 신뢰성 있는 통신 지원 • 에러 제어, 흐름 제어 담당 • 장비: **게이트웨이** • 프로토콜: TCP, UDP
5	세션 계층	통신을 하는 두 호스트 사이의 세션을 열거나 닫고 연결하고 관리하는 기능
6	표현 계층	데이터 표현을 위한 FORMAT을 상호 변환, 압축, 암호화, 복호화하는 기능
7	응용 계층	• 응용 프로그램 간의 데이터 송수신을 담당 • 사용자 인터페이스 역할을 담당하는 계층 • 프로토콜: HTTP, FTP, TELNET, SMTP, POP3, MIME, IMAP

3) 네트워크 구성 형태

구분	설명
스타(Star)형 = 성형	• 중앙에 컴퓨터가 있고, 그 주변에 여러 단말기가 연결된 네트워크(중앙 집중식) • 중앙 컴퓨터에 이상이 발생하면 시스템 전체 기능 마비
링(Ring)형 = 환형	• 서로 이웃하는 단말기와 연결 • 모든 장치가 원형 모양으로 연결된 네트워크 • 통신 회선 중 어느 하나라도 고장 나면 전체 통신망에 영향을 미침
버스(Bus)형	• 하나의 통신 회선에 여러 단말기가 연결된 네트워크 • 가장 보편적인 이더넷 구조 • 회선 양 끝에 종단 장치가 있음
트리(Tree)형 = 계층형	• 나뭇가지 형태로 단말기가 연결된 네트워크 • 분산 처리 시스템 가능
메시(Mesh)형 = 그물형 = 망형	• 모든 단말기가 그물처럼 직접 연결된 네트워크 • 응답 시간이 빠르고 노드*의 연결성이 우수하지만 많은 비용이 발생 • 공중망으로 사용 * 노드: 네트워크에 연결되어 있는 단말기

4) 네트워크 운영 방식

구분	설명
중앙 집중 방식	모든 데이터를 중앙에 있는 컴퓨터에서 처리하는 방식
피어 투 피어(P2P) 방식	• 내 컴퓨터가 클라이언트 컴퓨터이면서 동시에 서버 컴퓨터이기도 한 방식 • 인터넷에서 이루어지는 개인 대 개인의 파일 공유를 위한 기술(예: 토렌트) • 워크스테이션이나 PC를 단말기로 사용하는 작은 규모의 네트워크에 사용 • 데이터 보안에 취약하며 적은 양의 데이터일 때 사용
클라이언트/서버 방식	서버와 클라이언트가 모두 처리 능력을 가지며, 분산 처리 환경에 적합함

5) 통신망의 종류

구분	설명
LAN (근거리 통신망)	• 자원 공유를 목적으로 비교적 좁은 지역의 컴퓨터들을 연결한 통신망 • 에러 발생률이 낮고, 전송 속도가 빠름 • 프린터, 보조 기억 장치 등 주변 장치들을 쉽게 공유
MAN (도시권 통신망)	도시와 도시를 네트워크로 연결하기 위한 통신망
WAN (광대역 통신망)	• LAN과 LAN을 연결하기 위한 통신망 • 국가 간 또는 대륙 간처럼 넓은 지역을 연결하는 통신망
B-ISDN (광대역 정보 통신망)	동영상, 음성 등의 데이터를 전송하기 위해 광범위한 서비스를 제공하는 고속 통신망
VAN (부가 가치 통신망)	기간 통신망 사업자로부터 회선을 빌려 기존의 정보에 새로운 가치를 부여하여 다수의 이용자에게 판매하는 통신망
WLAN (무선 근거리 통신 네트워크)	• 고속 무선 LAN은 2.4GHz대에서 운용됨 • 고속 무선 LAN에서 사용되는 무선 전송 방식에는 CDMA, TDMA, 적외선 방식이 있음 • 무선 LAN은 인위적으로 전자기 신호를 유도하는 케이블이 필요하지 않으므로 설치 장소에 제한을 받지 않음
WLL (무선 가입자망)	전화국과 가입자 단말 사이의 회선을 유선 대신 무선 시스템을 이용해 구성하는 통신망

6) 프로토콜(Protocol)

☐ 컴퓨터 간에 데이터를 주고받기 위한 약속, 통신 규약

☐ 프로토콜 기능
- **흐름 제어**: 통신망에 전송되는 패킷(전송 시 사용하는 데이터 묶음)의 흐름을 제어해서 시스템 전체의 안정성 유지
- **동기화**: 정보를 전송하기 위해 송·수신기 사이에 같은 상태를 유지하도록 동기화 기능 수행
- **오류 검출**: 데이터 전송 도중에 발생하는 오류 검출

☐ 네트워크 관련 프로토콜

★ TCP/IP (Transmission Control Protocol / Internet Protocol)		• 서로 다른 기종의 컴퓨터 간 데이터를 송수신하기 위한 표준 프로토콜 • 네트워크를 하기 위해 반드시 필요한 프로토콜 • 일부 망에 장애가 있어도 다른 망으로 통신이 가능
	TCP	서버와 클라이언트 간 **데이터 전달**을 위한 프로토콜(OSI 7계층 중 **전송 계층**에 해당)
	IP	**패킷 주소를 해석**하고 최적의 **경로를 결정**하여 전송하는 프로토콜(OSI 7계층 중 **네트워크 계층**에 해당)

HTTP (Hypertext Transfer Protocol)	인터넷에서 웹 서버와 사용자의 인터넷 브라우저 사이에 하이퍼텍스트 문서를 전송하기 위해 사용되는 프로토콜
FTP (File Transfer Protocol)	• 서버 컴퓨터로 파일과 폴더를 송수신하기 위한 프로토콜 • 해당 사이트의 계정을 가지고 있어야 함 • 파일의 업로드, 다운로드, 삭제, 이름 변경 등의 작업을 할 수 있음 • 반드시 응용 프로그램을 다운로드해 설치 • 그림, 동영상, 실행 파일, 압축 파일을 전송하는 Binary 모드와 텍스트 파일을 전송하는 ASCII 모드를 제공함 • 익명의 계정을 이용하여 파일을 전송하는 서버를 Anonymous FTP 서버라고 함 • FTP 계정이 있을 때의 URL 형식 ftp://아이디:패스워드@서버 이름:포트번호/파일 경로 • FTP 포트 번호는 20번과 21번 사용
ARP (Address Resolution Protocol)	호스트의 IP 주소를 호스트와 연결된 네트워크 접속 장치의 물리적 주소로 번역해 주는 프로토콜
TELNET	원격으로 다른 컴퓨터를 사용할 수 있는 서비스

7) 네트워크 관련 명령어

- **Ping(Packet INternet Groper)**
  - **인터넷이 정상적으로 연결**되었는지 **확인**하는 명령어
  - 지정된 호스트에 대해 네트워크층의 통신이 가능한지 확인하는 명령어
- **Tracert(Trace RouTe)**
  - 인터넷 서버까지의 **경로를 추적**하는 명령어
  - IP 주소, 목적지까지 거치는 경로의 수, 각 구간 사이의 데이터 왕복 속도를 확인할 수 있음
  - 특정 사이트가 열리지 않을 때 해당 서버가 문제인지 인터넷망이 문제인지 확인할 수 있음
  - 인터넷 속도가 느릴 때 어느 구간에서 정체를 일으키는지 확인할 수 있음
- **Finger**: 시스템을 사용하고 있는 사용자의 정보를 알아보는 명령어
- **Ipconfig**: **자신의 컴퓨터** 네트워크 설정 정보(**IP 주소**)를 **확인**하는 명령어
- **Nslookup**: DNS가 가지고 있는 특정 도메인의 IP 주소를 검색하는 명령어
- **Netstat**: 현재 자신의 컴퓨터에 연결된 다른 컴퓨터의 IP 주소나 포트 정보를 확인하는 명령어

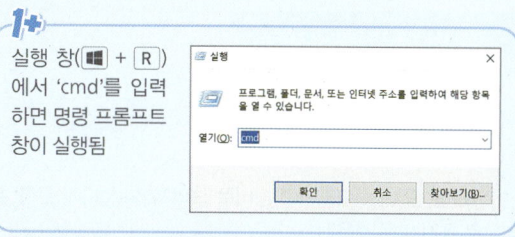

실행 창(⊞ + R)에서 'cmd'를 입력하면 명령 프롬프트 창이 실행됨

8) 네트워크 관련 용어

베이스 밴드	• 디지털 데이터 신호를 변조하지 않고 원래의 신호를 그대로 직접 전송하는 방식으로 LAN과 같은 근거리 통신망에 사용됨 • 이더넷, 집에서 사용하는 랜, 공유기 등
브로드 밴드	• 아날로그 신호를 이용하여 통신 • 한 통신 선로에 다수의 채널로 신호 전송 • 통신사, 전화국, TV, 라디오
ALL-IP	PSTN과 같은 유선 전화망과 무선망, 패킷 데이터망과 같은 기존 통신망 모두를 하나의 IP 기반 망으로 통합
UWB (Ultra-Wide Band)	근거리에서 컴퓨터와 주변 기기 및 가전제품 등을 연결하는 초고속 무선 인터페이스로 개인 통신망에 사용
와이브로(Wibro)	이동 중 초고속 인터넷을 사용할 수 있는 무선 인터넷 환경 접속
지그비 (Zigbee)	• 저전력, 저비용, 저속의 무선망을 위한 기술 • 2.4GHz, 868/915MHz 기반 홈 자동화 및 데이터 전송을 위한 무선 네트워크 규격으로 반경 100m 내에서 데이터 전송이 가능
애드 혹 (Ad-Hoc)	공유기(AP) 없이 단말기끼리 P2P 형태로 데이터를 주고받음
ISP(Internet Service Provider)	인터넷 서비스 제공 사업자 (KT, SK 텔레콤, LG 유플러스 등)
블루투스 (Bluetooth)	• 휴대 전화, 노트북 등과 같은 단말 장치의 근거리 무선 접속을 지원하기 위한 통신 기술 • IEEE 802.15.1 규격을 사용하는 PANs (Personal Area Networks)의 산업 표준
Wi-Fi	• 좁은 지역에서 사용하는 무선 랜 • 노트북을 무선 핫스팟(Hotspot)에 연결 • IEEE 802.11 기술 규격의 브랜드명으로 Wireless Fidelity의 약어 • 무선 신호를 전달하는 AP(Access Point)를 중심으로 데이터를 주고받는 인프라스트럭쳐(Infrastructure) 모드와 AP 없이 데이터를 주고받는 애드 혹(Ad-hoc) 모드가 있음 AP 장치 주변으로 40M정도의 막힘이 없는 곳이라면 100 ~ 150M까지 가능함 • IEEE 802.11b 규격은 최대 11Mbps, IEEE 802.11g 규격은 최대 54Mbps의 속도를 지원
이더넷 (Ethernet)	버스 구조 방식의 근거리(비즈니스 및 유선 홈 네트워크) 통신망

한.번.에. 기출문제

01 다음 중 네트워크 관련 장비로 브리지(Bridge)에 관한 설명으로 옳지 않은 것은? [20.07]

① OSI 참조 모델의 데이터 링크 계층에 속한다.
② 두 개의 근거리 통신망을 상호 접속할 수 있도록 하는 통신망 연결 장치이다.
③ 통신 프로토콜을 변환하여 네트워크를 확장한다.
④ 통신량을 조절하여 데이터가 다른 곳으로 가지 않도록 한다.

풀이 ③번 라우터의 기능

02 다음 중 인터넷 서버까지의 경로를 추적하는 명령어인 'Tracert'의 실행 결과에 관한 설명으로 옳지 않은 것은? [20.02]

① IP 주소, 목적지까지 거치는 경로의 수, 각 구간 사이의 데이터 왕복 속도를 확인할 수 있다.
② 특정 사이트가 열리지 않을 때 해당 서버가 문제인지 인터넷망이 문제인지 확인할 수 있다.
③ 인터넷 속도가 느릴 때 어느 구간에서 정체를 일으키는지 확인할 수 있다.
④ 현재 자신의 컴퓨터에 연결된 다른 컴퓨터의 IP 주소나 포트 정보를 확인할 수 있다.

풀이 ④번 Netstat

03 다음 중 컴퓨터 통신의 OSI 7계층에서 사용되는 장비와 해당 계층의 연결이 옳지 않은 것은? [17.09]

① 물리 계층 - 리피터(Repeater), 허브(Hub)
② 데이터 링크 계층 - 브리지(Bridge), 스위치(Switch)
③ 네트워크 계층 - 라우터(Router)
④ 응용 계층 - 게이트웨이(Gateway)

풀이 게이트웨이는 전송 계층에서 사용되는 장비

04 다음 중 네트워크망의 구성 형태에 대한 설명으로 옳지 않은 것은? [17.09]

① 트리형(Tree)은 허브를 이용하여 계층적으로 구성한 형태이다.
② 버스형(Bus)은 하나의 통신 회선에 여러 대의 컴퓨터를 연결한 형태이다.
③ 링형(Ring)은 모든 컴퓨터를 그물 모양으로 서로 연결한 형태이다.
④ 스타형(Star)은 각 컴퓨터를 허브와 점 대 점으로 연결한 형태이다.

풀이 링형(Ring)은 모든 컴퓨터가 원형으로 연결된 형태이고, 모든 컴퓨터를 그물 모양으로 연결한 형태는 망형(Mesh)임

05 다음 중 컴퓨터 통신과 관련하여 P2P 방식에 관한 설명으로 옳은 것은? [19.03]

① 인터넷에서 이루어지는 개인 대 개인의 파일 공유를 위한 기술이다.
② 인터넷을 통해 MP3를 제공해 주는 기술 및 서비스이다.
③ 인터넷을 통해 동영상을 상영해 주는 기술 및 서비스이다.
④ 여러 사용자가 동시에 온라인 게임을 할 수 있도록 제공해 주는 기술이다.

풀이 ②번 스트리밍, ③번 스트리밍, ④번 MMORPG

06 다음 중 네트워크 운영 방식 중 하나인 클라이언트/서버 방식에 관한 설명으로 옳은 것은? [18.09]

① 서버와 클라이언트가 모두 처리 능력을 가지며, 분산 처리 환경에 적합하다.
② 중앙 컴퓨터가 모든 단말기에서 요구하는 데이터 처리를 전담한다.
③ 모든 단말기가 동등한 계층으로 연결되어 모두 클라이언트와 서버 역할을 할 수 있다.
④ 단방향 통신 방식으로 데이터 처리를 위한 대기 시간이 필요하다.

07 다음 중 데이터 통신망에 관한 설명으로 옳지 않은 것은?
(15.10)

① LAN은 자원 공유를 목적으로 작은 기관의 구내에서 사용하며 전송 거리가 짧고 고속 전송이 가능하지만 WAN에 비해 에러 발생률이 높은 통신망이다.
② VAN은 기간 통신망 사업자로부터 회선을 빌려 기존의 정보에 새로운 가치를 부여하여 다수의 이용자에게 판매하는 통신망이다.
③ B-ISDN은 광대역 네트워크에서 데이터, 음성, 고해상도의 동영상 등의 다양한 서비스를 디지털 통신망을 이용해 제공하는 고속 통신망이다.
④ WLL은 전화국과 가입자 단말 사이의 회선을 유선 대신 무선 시스템을 이용하여 구성하는 통신망이다.

풀이 LAN은 에러 발생률이 낮고, 전송 속도가 빠름

08 다음 중 통신 관련 장비에 관한 설명으로 옳은 것은?
(12.09)

① 리피터: 동일한 전송 계층 이상의 프로토콜을 사용하는 분리된 네트워크를 연결하는 것으로 네트워크 층간을 연결하는 장비이다.
② 브리지: 두 개 이상의 동일한 LAN 사이를 연결하여 네트워크의 범위를 확장할 때 사용하는 장비이다.
③ 라우터: 동일한 프로토콜을 사용하는 네트워크에서 물리 계층이 서로 다른 LAN 간에 연결되는 장비이다.
④ 게이트웨이: 프로토콜이 전혀 다른 네트워크 사이를 결합하는 장비이다.

풀이 ①번 라우터, ②번 리피터, ③번 브리지

09 다음 중 인터넷 서비스와 관련하여 FTP(File Transfer Protocol)에 관한 설명으로 옳지 않은 것은? (19.03)

① 컴퓨터와 컴퓨터 사이에 파일을 주거나 받을 수 있는 원격 파일 전송 프로토콜이다.
② FTP 프로그램을 이용하여 FTP 서버에 파일을 전송하거나 수신하고, 파일의 삭제 및 이름 바꾸기 등을 할 수 있다.
③ Anonymous FTP는 FTP 서버에 계정이 없는 익명의 사용자도 접속하여 사용할 수 있는 서비스이다.
④ 그림, 동영상, 실행 파일, 압축 파일 등은 ASCII 모드로 전송한다.

풀이 FTP 전송 방식
- 텍스트 모드(Text): ASCII 방식의 문자 전송 방식
- 바이너리 모드(Binary): 동영상, 그림, 프로그램 등 전송 방식

10 다음 중 네트워크 프로토콜(Protocol)의 기능에 해당하지 않는 것은? (20.02)

① 패킷 수를 조정하는 흐름 제어 기능
② 송/수신기를 같은 상태로 유지하는 동기화 기능
③ 데이터 전송 도중에 발생하는 에러 검출 기능
④ 네트워크 기반 하드웨어 연결 문제 해결 기능

풀이 ④번 프로토콜은 통신 규약 즉 일종의 약속된 언어이므로 하드웨어적 연결 문제에 해당하지 않음

11 다음 중 TCP/IP 프로토콜에서 IP 프로토콜의 개요 및 기능에 관한 설명으로 옳은 것은? (20.07)

① 메시지를 송/수신자의 주소와 정보로 묶어 패킷 단위로 나눈다.
② 패킷 주소를 해석하고 경로를 결정하여 다음 호스트로 전송한다.
③ 전송 데이터의 흐름을 제어하고 데이터의 에러를 검사한다.
④ OSI 7계층에서 전송 계층에 해당한다.

풀이 - IP: 경로 설정
- TCP: 데이터 전송

정답 1.③ 2.① 3.② 4.③ 5.① 6.③ 7.① 8.④ 9.④ 10.④ 11.②

07 인터넷

1) IP 주소
- 컴퓨터의 자원을 구분하기 위한 인터넷 주소로 8비트씩 4부분, 총 32비트 구성
- 네트워크 부분의 길이에 따라 A클래스에서 E클래스까지 5단계로 구성
- IPv4 클래스

A class	• 대형 기관 및 기업에서 사용 • 2^{24}(=16,777,216) 중 16,777,214개의 호스트 사용 가능 • 192.*.*.*
B class	• 중형 기관 및 기업에서 사용 • 2^{16}(=65,536) 중 65,534개의 호스트 사용 가능 • 192.168.*.*
C class	• 소형 기관 및 기업에서 사용 • 2^{8}(=256) 중 254개의 호스트 사용 가능 • 192.168.0.*
D class	멀티캐스트용
E class	실험용

- IPv6
- 현재 포화 상태에 있는 IPv4를 대체하기 위한 차세대 주소 체계
- 16비트씩 8부분, 총 128비트로 구성
  예) 2020:01:0db8:85a3:08d3:1319:8a2e:0370:7334
- 각 부분 4자리 16진수로, 콜론(:)으로 구분하며 앞자리의 0은 생략할 수 있음
- IPv4에 비해 등급별, 서비스별로 패킷을 구분할 수 있어 품질 보장이 쉬움
- 유니캐스트, 애니캐스트, 멀티캐스트 형태의 유형으로 할당하기 때문에 할당된 주소의 낭비 요인을 줄이고 간단하게 주소를 결정할 수 있음
- 주소의 확장성, 융통성, 연동성이 뛰어나며 실시간 흐름 제어로 향상된 멀티미디어 서비스를 제공할 수 있음
- 인증 서비스, 비밀성 서비스, 데이터 무결성 서비스를 제공함으로써 보안 문제를 해결할 수 있음

2) 도메인 네임

- 호스트 컴퓨터명, 소속 기관명, 소속 기관 종류, 소속 국가명 순으로 구성
- IP 주소를 사람이 이해하기 쉬운 문자 형태로 표현한 것
- 국가가 달라도 중복된 도메인은 없음

1+ 기관 도메인과 종류
or-단체, co-회사, go-공공 기관, es-초등학교, ms-중학교, hs-고등학교, ac-대학교

- **퀵돔(QuickDom):** 도메인을 짧은 형태로 줄여 쓰는 것

3) 전자 우편(E-mail)
- 전자 우편 주소는 '아이디@도메인 네임(호스트 주소)'으로 구성됨
- 기본적으로 7비트의 ASCII 코드 사용
- 전자 우편의 기능
  - 다른 사람에게 텍스트, 문서 파일, 동영상, 이미지 등을 보냄
  - 한 사람이 동시에 여러 사람에게 동일한 전자 우편을 전송
  - 회신(Reply): 받은 메일에 대해 답장하는 기능
  - 전달(Forward): 받은 메일을 다른 사람에게 전송하는 기능
- 스팸(Spam): 수신인이 원하지 않는 메시지나 정보를 일방적으로 보내는 행위(정크 메일)
- 전자 우편 관련 프로토콜

SMTP	이메일을 **송신**하는 데 사용되는 프로토콜
POP3	이메일을 **수신**하는 데 사용되는 프로토콜
MIME	이메일 관련 **멀티미디어** 서비스를 제공하는 프로토콜
IMAP	이메일의 회신과 전체 회신을 가능하게 하는 프로토콜

4) 정보 통신 관련 용어

URL	• 인터넷의 표준 주소 체계 • 인터넷에 존재하는 정보나 서비스에 대해 접근 방법, 존재 위치, 자료 파일명 등의 요소를 표시

구조: 프로토콜://호스트 주소[:포트 번호]/파일 경로

예) https://www.ebs.co.kr/pass/test.php

1+
- **프로토콜:** 컴퓨터 간에 데이터 교환용으로 사용하는 통신 규약
  종류: HTTP, HTTPS, FTP, TELNET, TCP/IP, POP3 등
- **포트:** 컴퓨터 간의 상호 통신을 위해 사용되는 번호
  예) HTTP는 포트 번호 80, FTP는 포트 번호 21 사용

IoT (Internet of Things) (사물 인터넷)	• 각종 사물에 센서와 통신 기능을 내장해 인터넷에 연결하는 기술 • 수동 작업 없이 무선 네트워크 상태에서 데이터를 수신하고 전송하는 물리적 기기들로 이루어진 시스템 • 개인 맞춤형 스마트 서비스를 지향함

☆ 유비쿼터스
(Ubiquitous)
	• 언제 어디서나 자유롭게 네트워크에 접속할 수 있는 정보 통신 환경
	• 기술
	  - 유비쿼터스 컴퓨팅이 가능하기 위한 고속의 네트워크 전송
	  - 휴대성을 위한 초소형, 초경량의 하드웨어 제조
	  - 개인별 최적화된 소프트웨어의 제작, 유통
	  - 기본적으로 컴퓨터가 정보를 수집

RFID (Radio Frequency Identification)	사물에 전자 태그를 부착하고, 무선 주파수를 이용하여 주변 물체를 인식하는 기술 (예: 주차장 주차 유도 시스템, 하이패스 등)
IPTV (Internet Protocol Television)	기본 텔레비전 기능에 초고속 인터넷을 이용한 동영상 콘텐츠, 정보 서비스, 인터넷 검색이 가능한 텔레비전(인터넷 TV)
Smart TV	인터넷 기능을 결합한 텔레비전으로 각종 앱을 설치해 웹 서핑, VOD 시청, 게임 등 다양한 기능을 활용할 수 있는 다기능 텔레비전
☆ VoIP (Voice over Internet Protocol)	인터넷 접속 장치를 통해 전화나 문자 메시지를 전송(인터넷 전화)
m-VoIP	Wi-Fi나 3G망, LTE망 등 무선 통신망을 통해 음성을 전송하는 모바일 인터넷 전화 방식
WWW (World Wide Web)	웹 브라우저를 통해 인터넷을 효과적으로 사용할 수 있게 하는 서비스
플러그 인 (Plug-In)	웹 브라우저 사용 시 추가 기능을 위해 설치하는 프로그램으로 웹에 있는 동영상이나 소리 등 다양한 멀티미디어 데이터를 재생(처리)
포털 사이트 (Portal Site)	전자 우편, 뉴스, 쇼핑, 게시판 등 다양한 서비스를 통합해 제공하는 사이트
미러 사이트 (Mirror Site)	인터넷상에서 접속이 많을 경우 과부하나 속도 저하를 막기 위해 동일한 사이트를 여러 곳에 복사해 놓은 사이트
☆ DHCP (Dynamic Host Configuration Protocol)	ISP(Internet Service Provider) 업체에서 각 컴퓨터의 IP 주소를 동적으로 할당해 주는 프로토콜
인트라넷 (Intranet)	인터넷 기술을 기업 내의 전자 우편, 전자 결재 등과 같은 정보 시스템에 적용한 것
엑스트라넷 (Extranet)	인트라넷을 확장한 것으로 고객 납품 업체 등 관련 있는 기업 간의 원활한 통신을 위한 시스템
☆ 쿠키 (Cookie)	사용자의 기본 설정을 사이트가 인식하도록 하거나, 사용자가 웹 사이트로 이동할 때마다 로그인해야 하는 번거로움을 생략할 수 있도록 사용자 환경을 향상시키는 것
캐싱 (Caching)	웹상에 있는 그림이나 자바스크립트 같은 개체를 내 컴퓨터에 저장해 놓으면 같은 사이트 접속 시 속도를 빠르게 해 줌
아키 (Archie)	어떤 Anonymous FTP 서버에서 사용자가 찾고자 하는 정보를 제공하는지 찾아 주는 프로그램
IRC (Internet Relay Chat)	여러 사람들이 관심 있는 분야별로 채널에서 대화할 수 있는 서비스
Nslookup	DNS가 가지고 있는 특정 도메인의 IP 주소를 검색해 주는 서비스

웹 브라우저
(Web Browser)
	• http 프로토콜을 이용해 웹 서버와 통신해 사용자가 요청한 웹 페이지를 보여 주는 프로그램
	• 종류: 크롬, 엣지, 파이어폭스, 사파리, 오페라 등
	• 특징
	  - 웹 페이지의 내용을 저장하거나 인쇄할 수 있음
	  - 플러그 인을 설치하여 비디오, 애니메이션과 같은 멀티미디어 파일을 재생할 수 있음
	  - HTML, XML 형태의 소스 파일을 볼 수 있음

프록시 서버 (Proxy Server)	• 서버와 클라이언트 사이에서 중계자 역할을 하는 서버 • 클라이언트가 자료를 요청하면 프록시 서버가 다른 서버로부터 자료를 찾아 줌 • 방화벽 기능과 캐시 기능이 있음
유즈넷 (Usenet)	특정 주제나 관심사에 대해 서로 의견을 주고받는 토론 공간
고퍼 (Gopher)	인터넷 정보를 주제별, 종류별로 구분하여 보여 주는 서비스
☆ 텔레매틱스 (Telematics)	• 자동차와 무선 통신을 결합한 차량 무선 인터넷 서비스 • 유비쿼터스 센서 네트워크(USN)*의 활용 분야
WAIS	여러 곳에 분산되어 있는 전문 주제 데이터베이스의 자료들을 키워드를 사용하여 검색할 수 있게 하는 서비스
E-Commerce	컴퓨터에서 거래할 수 있도록 다양한 서비스 제공
로밍 서비스	다른 국가에서 통신을 가능하게 하는 서비스
P2P 서비스 (Peer-to-Peer)	인터넷 파일 공유 서비스

* **USN**: 사물에 전자 태그를 부착하여 사물과 환경을 인식하고 네트워크를 통해 실시간으로 정보를 구축하고 활용하는 통신망

5) 모바일 관련 용어

모바일 화상 전화	모바일 기기를 활용하여 상대방을 보며 통화하는 장치
MMS(Multimedia Messaging Service)	소리, 사진, 영상을 문자 메시지로 보내는 서비스
☆ 테더링 (Tethering)	• 블루투스를 이용해 가까운 거리의 기기와 인터넷을 함께 사용하는 기능(1대1 연결) • 스마트폰을 모뎀처럼 활용하는 방법으로, 컴퓨터나 노트북 등의 IT 기기를 스마트폰에 연결해 무선 인터넷을 사용하는 기능
핫스팟	휴대 전화를 Wi-Fi 기지국으로 사용 (1대다 연결)
☆ VPN(Virtual Private Network)	가상 사설 통신망
LTE(Long-Term Evolution)	4세대 이동 통신 기술
QR 코드(Quick Response code)	정보가 담겨 있는 격자무늬의 패턴
NFC(Near Field Communication)	무선 태그, 다양한 무선 데이터를 주고받는 비접촉식 통신 기술

6) 이동 통신 세대별 특징

세대	설명
3세대(3G)	IMT-2000 서비스 상용화, WCDMA
4세대(4G)	• LTE-advanced, Wibro-Evolution • 고속 이동 중 100MBPS, 정지 상태 1GBPS 지원

7) 기타 용어

☆ 데이터 웨어하우스 (Data Warehouse)	사용자의 의사 결정에 도움을 주기 위해 데이터베이스에 축적된 데이터를 공통의 형식으로 변환해서 관리하는 데이터베이스
데이터 마이닝 (Data Mining)	대량의 데이터 안에서 일정한 패턴을 찾아내고, 응용하며 가치 있는 정보를 추출함
데이터 마이그레이션 (Data Migration)	데이터의 저장 위치나 형식을 바꾸는 것
메타데이터 (Metadata)	데이터의 속성을 설명해 주는 데이터
☆ 스마트 그리드 (Smart Grid)	전기 및 정보 통신 기술을 활용하여 전력망을 지능화·고도화함으로써 고품질의 전력 서비스를 제공하고 에너지 이용 효율을 극대화하는 전력망

한.번.에. 기출문제

01 다음 중 VoIP에 대한 설명으로 옳지 않은 것은? [20.02]

① 인터넷 IP 기술을 사용한 디지털 음성 전송 기술이다.
② 원거리 통화 시 PSTN(public switched telephone network)보다는 요금이 높지만 일정 수준의 통화 품질이 보장된다.
③ 기존 회선교환 방식과 달리 네트워크를 통해 음성을 패킷 형태로 전송한다.
④ 보컬텍(VocalTec)사의 인터넷폰으로 처음 소개되었으며, PC to PC, PC to Phone, Phone to Phone 방식으로 발전하였다.

풀이 VoIP(Voice over Internet Protocol): 음성 데이터를 인터넷 프로토콜 데이터 패킷으로 변화하여 일반 데이터망에서 통화를 가능하게 해 주는 통신 서비스 기술

02 다음 중 정보 통신 기술 관련 용어에 대한 설명으로 옳지 않은 것은? [18.09]

① IoT: 사물에 센서를 부착하여 실시간으로 정보를 모은 후 인터넷을 통해 개별 사물들 간에 정보를 주고받게 하는 기술
② Wibro: 고정된 장소에서 초고속 인터넷을 이용할 수 있게 하는 무선 인터넷 서비스
③ VoIP: 음성 데이터를 인터넷 프로토콜 네트워크를 통해 전송하여 통화할 수 있게 하는 음성 통신 기술
④ RFID: 제품 식별, 출입 관리 등 다양한 분야에서 활용되는 기술로 전파를 이용하여 정보를 인식하는 기술

풀이 Wibro: 이동 시 초고속 인터넷을 이용할 수 있게 하는 3.5G 순수 국산 무선 인터넷 서비스

03 다음 중 IPv6 주소에 관한 설명으로 옳지 않은 것은? [20.02]

① 16비트씩 8부분으로 총 128비트로 구성된다.
② 각 부분은 10진수로 표현되며, 세미콜론(;)으로 구분한다.
③ 주소 체계는 유니캐스트, 멀티캐스트, 애니캐스트로 나누어진다.
④ 실시간 흐름 제어로 향상된 멀티미디어 기능을 지원한다.

> 풀이 각 부분은 4자리의 16진수로 표현하고 콜론(:)으로 구분하며 앞자리의 0은 생략할 수 있음

04 다음 중 대량의 데이터 안에서 일정한 패턴을 찾아내고, 이로부터 가치 있는 정보를 추출해내는 기술을 의미하는 것은? [20.03]

① 데이터 웨어하우스(Data Warehouse)
② 데이터 마이닝(Data Mining)
③ 데이터 마이그레이션(Data Migration)
④ 메타데이터(Metadata)

> 풀이 데이터 마이닝
> – 대량의 자료에서 유용한 정보를 찾아내 그 데이터 사이의 연관관계를 분석해 미래에 대한 예측을 가능하게 하는 것
> – 데이터 웨어하우스와 데이터 마이닝을 적용해 고객의 개인적 성향을 분석하여 고객 관리와 마케팅에 효율성을 극대화 시킬 수 있음

05 다음 중 인트라넷(Intranet)에 대한 설명으로 옳은 것은? [14.03]

① 여러 대의 컴퓨터를 연결하여 하나의 서버로 사용하는 기술이다.
② 인터넷 기술을 이용하여 조직 내의 각종 업무를 수행할 수 있도록 만든 네트워크 환경이다.
③ 이동 전화 단말기에서 개인용 컴퓨터의 운영체제와 같은 역할을 하는 소프트웨어이다.
④ 기업체가 협력 업체와 고객 간의 정보 공유를 목적으로 구성한 네트워크이다.

> 풀이 ①번 클러스터링(Clustering), ③번 임베디드 시스템(Embedded System), ④번 엑스트라넷(Extranet)

06 다음 중 컴퓨터 통신에서 사용하는 프록시(Proxy) 서버의 기능으로 옳은 것은? [19.08]

① 방화벽 기능과 캐시 기능
② 내부 불법 해킹 차단 기능
③ FTP 프로토콜 연결 해제 기능
④ 네트워크 병목 현상 해결 기능

07 다음 중 쿠키(Cookie)에 대한 설명으로 옳은 것은? [15.03]

① 인터넷 사용 시 네트워크에 접속하기 위한 프로그램이다.
② 특정 웹 사이트 접속 시 반복적으로 사용되는 접속 정보를 가지고 있는 파일이다.
③ 웹 브라우저에서 기본으로 제공하지 않는 기능을 부가적으로 설치하여 구현되도록 한다.
④ 자주 사용하는 사이트의 자료를 저장한 후 다시 동일한 사이트 접속 시 자동으로 자료를 불러온다.

> 풀이 ①번 웹 브라우저, ③번 플러그 인(Plug-In), ④번 웹 캐싱(Web Caching)

08 다음 중 유비쿼터스 센서 네트워크(USN)의 활용 분야에 속하는 것은? [18.03]

① 테더링   ② 텔레매틱스
③ 블루투스   ④ 고퍼

> 풀이 USN(Ubiquitous Sensor Network): 사물에 전자 태그를 부착하여 사물과 환경을 인식하고 네트워크를 통해 실시간 정보 구축 및 활용하는 통신망으로 대표적으로 텔레매틱스 기술이 여기에 속함

09 다음 중 스마트폰을 모뎀처럼 활용하는 방법으로, 컴퓨터나 노트북 등의 IT 기기를 스마트폰에 연결하여 무선 인터넷을 사용할 수 있게 하는 기능은? [20.07]

① 와이파이(WiFi)   ② 블루투스(Bluetooth)
③ 테더링(Tethering)   ④ 와이브로(WiBro)

정답 1.② 2.② 3.② 4.② 5.② 6.① 7.② 8.② 9.③

08 멀티미디어

멀티미디어(Multimedia)란?
다중(Multi) 매체(Media), 다양한 매체를 통해 정보를 전달하는 것

1) 멀티미디어 개요
- 멀티미디어는 텍스트, 이미지, 사운드, 애니메이션, 동영상 등의 데이터를 디지털화한 복합 구성 매체
- 멀티미디어 데이터는 다양한 하드웨어와 소프트웨어 환경에서 생성·처리·전송·사용되므로 다양한 기기에서 상호 호환하기 위한 표준이 필요
- 사용자는 정보 제공자와의 상호 작용을 통해 어떤 정보를 언제 어떠한 형태로 얻을 것인지 결정하여 데이터를 전달받을 수 있음

2) 멀티미디어 특징 ★

디지털화	다양한 아날로그 데이터를 디지털 데이터로 변환해 통합 처리함
쌍방향성	정보 제공자와 사용자 간 상호 작용에 의해 데이터 전달
비선형성	데이터를 순차적으로 처리하지 않고 사용자의 선택에 따라 임의의 순서로 다양하게 처리할 수 있음
통합성	텍스트, 그래픽, 사운드, 동영상 등의 여러 미디어를 통합 처리함

3) 하이퍼텍스트와 하이퍼미디어
- 하이퍼텍스트(Hypertext): 특정 문자를 클릭했을 때 연결된 관련 문서로 이동하는 문서 형식
- 하이퍼미디어(Hypermedia)
  - 하이퍼텍스트에 복수의 미디어를 포함한 개념
  - 특정 문자뿐만 아니라 이미지, 사운드, 동영상 등의 다양한 미디어를 클릭하면 연결된 문서로 이동하는 문서 형식

4) 그래픽 기법 ★

렌더링 (Rendering)	애니메이션 또는 이미지에 명암, 색상, 농도의 변화와 같은 질감을 입혀 사실감 있게 표현하는 기법
디더링 (Dithering)	제한된 색상을 조합하여 다양한 색을 표현하는 기법
안티앨리어싱 (Anti-Aliasing)	그래픽에서 개체 색상과 배경 색상을 혼합하여 경계면 픽셀을 표현함으로써 톱니 모양의 **경계면을 부드럽게 보이도록 하는 기법**
메조틴트 (Mezzotint)	많은 선과 점으로 이미지를 만드는 기법
모핑 (Morphing)	두 개의 서로 다른 이미지를 부드럽게 연결해 변환·통합하는 기법
인터레이싱 (Interlacing)	화면에 이미지가 나타날 때 서서히 선명해지는 기법
모델링 (Modeling)	이미지를 3차원으로 표현하는 기법
필터링 (Filtering)	이미지에 다양한 효과를 적용해 변형하는 기술 (블러, 모자이크, 렌즈 효과 등)
리터칭 (Retouching)	이미지를 수정하거나 보정해 새로운 형태로 변환하는 작업
블러링 (Blurring)	마치 초점이 맞지 않는 것처럼 이미지를 흐릿하게 보이도록 하는 기법

5) 그래픽 데이터 표현 방식

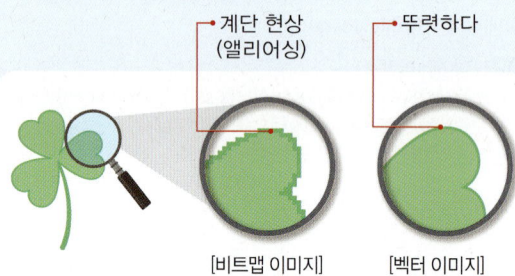

[비트맵 이미지]   [벡터 이미지]

비트맵(Bitmap) = 래스터(Raster)	벡터(Vector)
점과 픽셀*로 이미지 표현	점과 점이 연결된 직선과 곡선으로 이미지 표현
확대하면 계단 현상으로 테두리가 깨지는 앨리어싱* 발생	**확대해도 테두리가 깨지지 않음**
용량이 크고 속도가 느림	용량이 작고 속도가 빠름
다양한 색상을 사용하므로 사실적 이미지 표현 가능	로고, 글꼴 등 크기 조절이 자유로운 작업에 사용됨
디지털 카메라, 휴대 전화로 찍은 사진, 스캔한 사진 등	드로잉 (사람이 직접 그린 그림)
파일 형식: JPEG(JPG), GIF, PNG, BMP, TIF, TIFF 등	파일 형식: AI, CDR, WMF, EPS, SVG 등

* **픽셀** 화면을 이루는 최소 단위
* **앨리어싱** 이미지의 경계선이 매끄럽지 않고 계단 형태로 나타나는 현상, 안티앨리어싱 작업이 필요

6) 그래픽 데이터 파일 형식 ★

JPEG (Joint Photographic Experts Group)	• 픽셀당 24비트(16,777,216 가지) 색상 표현 • 손실·비손실 압축 방법 모두 사용 • JPEG 표준에는 JPG, JPEG, JPE 포맷이 있음 • 문자, 선, 세밀한 격자 등 고주파 성분이 많은 이미지의 변환에서는 GIF나 PNG보다 품질이 떨어짐 • 정지 영상 표준 압축 기술 • 저장 시 사용자가 임의로 압축률을 조정할 수 있음 • 압축률이 높을수록 보다 많은 정보를 지우므로 이미지의 질이 낮아짐
GIF (Graphics Interchange Format)	• 8비트(256가지) 색상만 사용하기 때문에 사진이나 그림에서는 품질이 떨어짐 • 움직이는 애니메이션 구현 가능 • 투명 처리 가능
PNG (Portable Network Graphics)	• JPEG와 GIF 장점만 취합해 만든 형식 • 투명 처리 가능 • 다양한 색상을 표현할 수 있음 • 32비트 트루 컬러
BMP (Bitmap)	압축하지 않아 고해상도의 이미지를 표현할 수 있지만 용량이 큼

7) 오디오 데이터 ★

☐ 오디오 파일 형식

WAV (Waveform Audio File Format)	• 무손실 비압축 포맷으로 음원의 손실이 없고 용량이 큼 • 사람의 음성이나 자연음을 그대로 재생 • Windows 환경에서 사용
MIDI (Musical Instrument Digital Interface)	• 음향 장치나 디지털 악기 간의 통신 규약으로 악기의 연주 정보 및 여러 가지 기능에 대한 정보를 저장하는 데이터 형식 • 악기 연주만 저장 가능(사람의 음성, 자연음 저장 불가) • 용량이 매우 작음
MP3 (MPEG-1 Audio Layer 3)	• 사람이 들을 수 없는 고주파 영역을 제거한 손실 압축 포맷 • MPEG-1 동영상의 음성으로 개발되었으나 높은 압축률과 음반 CD 수준의 고음질로 호평을 받아 음성 전용 코덱으로 발전 • MP3 파일의 크기를 결정하는 요소 　- 표본 추출률(Hz) 　- 샘플 크기(Bit) 　- 재생 방식(Mono, Stereo)
AIFF (Audio Interchange File Format)	• 무손실 비압축 포맷으로 음원의 손실이 없고 용량이 큼 • Mac OS에서 사용
FLAC (Free Lossless Audio Codec)	• MP3와 달리 음원의 손실이 없는 무손실 압축 포맷 • 오픈 소스 소프트웨어로 용량이 큼

⊕ 오디오, 비디오 재생과 관련한 용어

• PCM(Pulse Code Modulation): 아날로그 신호를 디지털 신호로 변환한 후 다시 아날로그 신호로 복호화하는 작업을 의미

• PMG 과정: 표본화(Sampling) → 양자화(Quantizing) → 부호화(Encoding)
• 샘플링(Sampling): 아날로그 데이터를 디지털 데이터로 변환하기 위해 데이터를 일정 주기로 추출하는 작업
• 샘플링 레이트(Sampling Rate): 초당 샘플링되는 횟수를 의미하며, 수치가 높을수록 원음에 가까움(단위: Hz(헤르츠))

8) 동영상 데이터 ★

☐ 동영상 파일 형식

MPEG (Moving Picture Experts Group)	• 동영상 전문가 그룹에서 제안한 동영상 압축 기술에 관한 국제 표준 규격으로 동영상뿐만 아니라 오디오 데이터도 압축할 수 있음 • 데이터 중 중복된 내용을 제거하는 손실 압축 기법을 적용
AVI (Audio Video Interleave)	• MS사에서 개발한 동영상 포맷 • Windows 표준 동영상 파일 형식으로 별도의 하드웨어 장치 없이 Windows에서 재생
ASF (Advanced Systems Format)	MS사에서 개발한 통합 멀티미디어 형식으로, 용량이 작고 음질이 뛰어나 주로 스트리밍 서비스를 하는 인터넷 방송국에서 사용
MOV	Apple사에서 개발한 동영상 압축 기술(Quick Time Movie)로 Windows에서도 재생 가능함
DivX	MPEG-4와 MP3를 재조합한 것으로 비표준 동영상 파일 형식
DVI (Digital Visual Interface)	디지털 TV를 만들 목적으로 개발한 기술이었지만 Intel사에서 동영상 압축 기술로 더욱 발전시킴

☆ MPEG 규격
• MPEG-1: 비디오, CD 등에서 동영상을 재생하기 위한 규격으로 MP3 오디오 형식도 이에 해당됨
• MPEG-2: MPEG-1을 좀 더 발전시킨 것으로 고화질 TV(HDTV), 디지털 위성 방송, DVD 등에서 사용
• MPEG-4: 양방향 멀티미디어 서비스 구별로 화상 통신 가능
• MPEG-7: 멀티미디어 콘텐츠 기술로 동영상을 포함한 데이터 검색, 전자 상거래 등에 이용
• MPEG-21: 멀티미디어 프레임워크로써 디지털 콘텐츠의 제작·유통·관리 등 전 분야에 필요한 기술

☐ 스트리밍(Streaming) 기술
• 오디오, 비디오 등의 멀티미디어 데이터를 다운로드하면서 동시에 재생하는 기술

9) 멀티미디어 활용 분야

주문형 비디오 (VOD)	보고 싶은 영화나 스포츠 뉴스, 홈 쇼핑 등 가입자가 원하는 시간에 원하는 프로그램을 선택하여 시청할 수 있도록 하는 멀티미디어 서비스
교육 서비스 (CAI)	컴퓨터를 활용해 학습자를 돕는 멀티미디어 시스템
화상 회의 시스템 (VCS)	초고속 정보 통신망을 이용해 멀리 떨어져 있는 사람들과 비디오와 오디오를 통해 회의할 수 있도록 하는 멀티미디어 시스템
가상 현실 (VR)	컴퓨터가 만들어 낸 가상 세계의 다양한 경험을 체험할 수 있도록 하는 컴퓨터 그래픽 기술과 시뮬레이션 기능 등의 기술
위치 기반 서비스 (LBS)	현재 위치를 기준으로 다양한 서비스를 제공하는 기능(예: 주변 맛집 검색, 주변 주유소 검색 등)
증강 현실 (AR)	실제 환경에 가상의 사물이나 정보를 합해서 실제처럼 보여 주는 컴퓨터 그래픽 기법
키오스크 (Kiosk)	지하철이나 버스 정류장에서 주변 상가 정보 또는 특정 정보를 인터넷과 연결하여 효과적으로 전달하는 입간판 형태의 정보 안내 기기
3D	3차원 입체 영상
4D	3D 입체 영상과 함께 물리적인 효과를 주어 사실감을 더하는 기술

한.번.에. 기출문제

01 다음 중 GIF 파일 형식에 대한 설명으로 옳지 않은 것은? [20.07]

① 인터넷 표준 그래픽 형식으로, 8비트 컬러를 사용하여 256색만 지원한다.
② 간단한 애니메이션 표현이 가능하다.
③ 색상의 무손실 압축 기술을 사용한다.
④ 벡터 방식으로 이미지를 표현한다.

풀이) GIF(Graphics Interchange Format): 인터넷 표준 그래픽 형식이며 비트맵(Bitmap) 표현 방식

02 다음 중 디지털 콘텐츠의 생성·거래·전달·관리 등 전체 과정을 관리할 수 있는 기술로 멀티미디어 프레임워크의 MPEG 표준은? [20.07]

① MPEG-1
② MPEG-3
③ MPEG-7
④ MPEG-21

풀이) MPEG-7: 멀티미디어 정보 검색이 가능한 동영상, 데이터 검색 및 전자 상거래 등에 사용하도록 개발됨

03 다음 중 컴퓨터 게임이나 컴퓨터 기반 훈련과 같이 사용자와의 상호 작용을 통해 진행 상황을 제어하는 멀티미디어의 특징을 나타내는 용어는? [20.02]

① 선형 콘텐츠
② 비선형 콘텐츠
③ VR 콘텐츠
④ 4D 콘텐츠

풀이) 비선형성: 컴퓨터 게임이나 컴퓨터 기반 훈련과 같이 사용자와의 상호 작용을 통해 진행 상황을 제어하는 특징

04 다음 중 JPEG 파일 형식에 대한 설명으로 옳지 않은 것은? [18.09]

① 저장 시 사용자가 임의로 압축률을 조정할 수 있다.
② 사진과 같이 다양한 색을 가진 정지 영상을 표현하기에 적합하다.
③ 8비트 알파 채널을 이용하여 부드러운 투명층을 표현할 수 있다.
④ 압축률이 높을수록 보다 많은 정보를 지우므로 이미지의 질이 낮아진다.

풀이) JPEG(Joint Photographic coding Experts Group): 정지 영상을 표현하기 위한 국제 표준 압축 방식으로, 24비트 컬러 사용, 손실 압축 기법과 무손실 압축 기법 사용

05 다음 중 멀티미디어에 대한 설명으로 옳지 않은 것은? [19.03]

① 멀티미디어와 관련된 표준안은 그래픽, 오디오, 문서 등 매우 다양하다.
② 대표적인 정지 화상 표준으로는 손실, 무손실 압축 기법을 다 사용할 수 있는 JPEG와 무손실 압축 기법을 사용하는 GIF가 있다.
③ MPEG은 Intel사가 개발한 동영상 압축 기술로 용량이 작고, 음질이 뛰어나다.
④ 스트리밍이 지원되는 파일 형식은 ASF, WMV, RAM 등이 있다.

풀이 MPEG(Moving Picture Experts Group): 동영상 전문가 그룹에서 제정한 동영상 압축 기술에 관한 국제 표준 규격으로 동영상뿐만 아니라 오디오 데이터도 압축할 수 있음

06 다음 중 멀티미디어에서 사용되는 그래픽 기법에 관한 설명으로 옳지 않은 것은? [18.09]

① 렌더링(Rendering)은 3차원 애니메이션을 만드는 작업의 일부이다.
② 모핑(Morphing)은 두 개의 이미지를 부드럽게 연결하여 변화하거나 통합하는 작업이다.
③ 앨리어싱(Aliasing)은 이미지 표현에 계단 현상을 제거하는 작업이다.
④ 디더링(Dithering)은 제한된 색상을 조합하여 새로운 색을 만드는 작업이다.

풀이 안티앨리어싱(Anti-Aliasing): 이미지의 가장자리가 톱니 모양으로 표현되는 계단 현상(앨리어싱)을 없애기 위하여 경계선을 부드럽게 해 주는 필터링 기술

07 다음 중 사운드의 압축 및 복원과 관련된 기술에 해당하지 않는 것은? [20.02]

① FLAC
② AIFF
③ H.264
④ WAV

풀이 H.264(MPEG-4/AVC, MPEG-4 Part 10): 고선명 비디오의 녹화, 압축, 배포를 위한 동영상 압축 표준

08 다음 중 사운드 데이터의 샘플링(Sampling)에 관한 설명으로 옳지 않은 것은? [18.03]

① 디지털 신호를 아날로그 신호로 변환해 주는 작업이다.
② 샘플링 레이트(Sampling Rate)가 높을수록 원음에 가깝다.
③ 샘플링 레이트는 초당 샘플링 횟수를 의미한다.
④ 샘플링 레이트의 단위는 Hz(헤르츠)를 사용한다.

풀이 샘플링: 아날로그 신호를 디지털 신호로 변환해 주는 작업

09 다음 중 이미지 데이터의 표현 방식에서 벡터(Vector) 방식에 관한 설명으로 옳지 않은 것은? [18.03]

① 벡터 방식의 그림 파일 형식에는 wmf, ai 등이 있다.
② 이미지를 점과 선을 이용하여 표현하는 방식이다.
③ 그림을 확대하거나 축소할 때 계단 현상이 발생하지 않는다.
④ 포토샵, 그림판 등의 소프트웨어로 그림을 편집할 수 있다.

풀이 ④번 포토샵, 그림판 등의 소프트웨어는 비트맵 방식의 이미지 편집에 사용됨
• 벡터(Vector) 방식
 – 점과 점을 연결하는 직선이나 곡선을 이용하여 이미지를 표현하는 방식으로 계단 현상이 없으며 저장 용량이 적음
 – 파일 형식은 wmf, ai 등이 있음

정답 1.④ 2.② 3.② 4.③ 5.③ 6.③ 7.③ 8.① 9.④

컴퓨터 시스템 보호

9. 정보 보안 및 바이러스 — 출제 비율 100%

학습 방향: 컴퓨터 활용에 있어 꼭 필요한 보안 관련된 내용을 학습합니다. 정보 보안, 암호화, 보안 위협 형태 등 자신의 자료를 외부로부터 보호 받기 위한 기본 내용을 학습합니다. 보안 관련 용어를 암기하고, 공격 유형의 용어와 공격 방법을 같이 정리하도록 합니다.

핵심 키워드: 정보 보안의 3요소, 방화벽, 프록시, 비밀키, 공개키, 분산 서비스 공격, 피싱, 스푸핑, 스니핑, 데이터 침입 형태, 바이러스의 특징

09 정보 보안 및 바이러스 — 출제 비율 100%

1) 정보 보안

인증	시스템에 접근하는 사람의 신원을 확인
암호화	데이터의 원문을 암호문으로 바꿈
접근 제어	시스템에 불법적인 접근을 제어하고 통제함
기밀성(비밀성)	정보를 허가받은 사용자만 볼 수 있도록 함
무결성	정보 전달 도중 정보가 훼손되지 않도록 확인함
부인 방지	메시지의 송수신 후 그 사실을 증명함

1+ 정보 보안의 3요소
- 기밀성: 허가받은 사용자만 정보에 접근 가능
- 무결성: 허가받은 사용자만 정보를 수정 가능
- 가용성: 허가받은 사용자는 언제든지 정보에 접근 가능

2) 방화벽, 프록시 서버

☐ **방화벽(Firewall)**
- IP 주소 및 포트 번호, 사용자 인증을 기반으로 네트워크 통로를 단일화하여 관리함으로써 외부의 불법 침입으로부터 내부의 정보 자산을 보호하기 위한 시스템
- 외부에서 내부로 들어오는 패킷은 인증된 패킷만 통과시키므로 **외부의 불법적인 접근을 차단**할 수 있음
- 외부의 침입자를 역추적하여 공격의 흔적을 찾을 수 있음
- 내부로부터의 불법적인 해킹은 막지 못하는 한계가 있음

☐ **프록시 서버(Proxy Server)**
- 서버와 클라이언트 사이의 중계기 역할을 하는 것으로, 방화벽 시스템 내에 있는 사용자들이 방화벽 외부에 있는 서버에 서비스의 요구와 응답을 자유롭게 하는 기능 제공
- 방화벽 기능과 캐시 기능을 동시에 제공

3) 암호화 기법

비밀키 암호화 기법 (대칭 암호화 기법)	**공개키 암호화** 기법 (비대칭 암호화 기법)
DES 기법	RSA 기법
암호화와 복호화할 때 **키가 동일**한 기법	데이터를 **암호화**할 때 키를 **공개**하고 **복호화**할 때 키는 **비밀**로 하는 기법
암호화와 복호화의 속도가 빠름	암호화와 복호화의 속도가 느림
알고리즘이 단순하고 파일의 크기가 작음	알고리즘 복잡
• 사용자의 증가에 따라 관리할 키 수가 상대적으로 많아짐 • 키의 길이 및 키의 비밀성 유지 여부에 영향을 많이 받음	키의 분배가 용이하고 관리할 키 수가 적음

4) 보안 위협 형태

분산 서비스 거부 공격 (DDos)	여러 대의 컴퓨터를 일제히 동작시켜 대량의 데이터를 한 곳의 서버에 집중적으로 전송시킴으로써 특정 서버가 정상적으로 동작하지 못하게 하는 공격 방식 예) 대량의 봇넷을 사용하여 웹 사이트에 공격을 가함
피싱 (Phishing)	유명 기업이나 금융 기관을 **사칭**한 가짜 웹 사이트나 이메일 등으로 개인의 금융 정보와 비밀번호를 입력하도록 유도해 예금 인출 및 다른 범죄에 이용하는 컴퓨터 범죄 행위 예) 이메일을 통해 은행 계정 정보를 요청하는 가짜 메일
해킹 (Hacking)	불법적으로 컴퓨터 시스템에 침투해 자료를 수정, 편집 또는 가져가는 행위

종류	설명
☆ 백 도어 (Back Door)	개발자들이 시스템 유지 보수를 위해 별도의 보안 없이 시스템에 접근할 수 있는 경로 또는 이를 악용해 시스템에 침입하는 행위
☆ 스푸핑 (Spoofing)	공격자가 스스로의 IP 주소를 **변조**한 후 검증된 사용자인 것처럼 위장해 시스템에 접근하는 행위 예) 이메일의 발신자 주소를 위장하여 신뢰할 수 있는 조직으로 위장
☆ 스니핑 (Sniffing)	네트워크 상에서 전송되는 패킷을 **엿보면서** ID, 비밀번호 같은 정보를 가로채는 행위 예) 네트워크에서 패킷을 가로채어 로그인 정보를 탈취
키 로거 (Key Logger)	키보드상에서 **키 입력 캐치** 프로그램을 이용해 ID, 비밀번호 같은 개인 정보를 빼내는 행위
피기배킹 (Piggybacking)	사용자가 정상적으로 시스템을 종료하지 않은 상태에서 권한이 없는 사용자가 이어서 작업을 수행해 불법적으로 접근하는 범죄 행위
혹스 (Hoax)	실제로는 악성 코드가 아니면서 겉으로는 악성 코드인 것처럼 가장하는 행위
웜 (Worm)	'벌레'라는 뜻으로 **스스로를 계속 복제해** 네트워크를 과부하 상태로 만드는 악성 프로그램(비슷한 형태로 분산 서비스 거부 공격(DDoS), 버퍼 오버플로우 공격, 슬래머 등이 있음)
트로이 목마	정상적인 프로그램으로 위장해 메모리에 상주하며, 시스템 정보를 빼내는 악성 코드

5) 데이터 침입 형태 ☆

종류	설명
가로막기 (Interruption)	데이터의 전달을 가로막아 수신자에게 정보가 전달되는 것을 방해하는 행위
가로채기 (Interception)	• 전송되는 데이터를 전송 도중에 **도청 및 몰래 보는 행위** • 정보의 기밀성을 저해하는 데이터 보안 침해
위조 (Fabrication)	데이터가 송신되지 않았지만, 송신된 것처럼 **조작하는 행위**
변조(수정) (Modification)	전송된 데이터를 다른 내용으로 **바꾸는 행위**

6) 컴퓨터 범죄 예방책

- ☐ 백신 프로그램 설치, 자동 업데이트 기능 설정
- ☐ 회원 가입한 사이트의 비밀번호를 주기적으로 변경
- ☐ 해킹 여부 정기적 검사 및 의심 가는 이메일 바로 삭제

7) 바이러스

- ☐ 바이러스 정의 및 특징
  - 컴퓨터의 정상적인 작동을 방해하여 운영체제나 저장된 데이터에 손상을 입히는 보안 위협 형태
  - 디스크의 부트 영역이나 프로그램 영역에 숨어 있음
  - 자신을 복제할 수 있으며, 다른 프로그램을 감염시킴
  - 소프트웨어뿐만 아니라 하드웨어의 성능에도 영향을 줌
- ☐ 바이러스 감염 경로
  - 불법 복제, 컴퓨터 통신, 컴퓨터 공동 사용
  - LAN, 인터넷 이동, 디스크 및 프로그램으로 감염
- ☐ 바이러스 감염 증상
  - 컴퓨터 부팅이 안 되거나 기동 시간이 평소보다 오래 걸림
  - 프로그램이 실행되지 않거나, 구동 시간이 오래 걸림
  - 프로그램의 작성 일자 또는 파일의 이름이 바뀜
- ☐ 바이러스 분류

종류	설명
부트 바이러스	부트 섹터를 감염시켜 부팅이 되지 않도록 함
파일 바이러스	실행 파일을 감염시켜 파일을 손상시킴
부트&파일 바이러스	부트 섹터와 파일 모두에 감염되는 바이러스
매크로 바이러스	엑셀이나 워드 등 파일을 매개로 매크로를 사용하면 감염됨

- ☐ 바이러스 유형

종류	설명
연결형	프로그램의 시작 위치를 바이러스의 시작 위치로 변경해 사용자가 프로그램을 실행하면 바이러스가 실행되는 형태
기생형	원래의 프로그램을 그대로 둔 채 프로그램의 앞이나 뒤에 바이러스가 기생하는 형태
산란형	프로그램 실행 파일인 EXE와 같은 이름의 COM 파일을 생성한 후 프로그램 실행 시 COM 파일이 먼저 실행되어 감염시키는 형태
겹쳐쓰기형	원래의 프로그램과 같은 위치에 바이러스가 겹쳐 있는 형태

- ☐ 바이러스 예방법
  - 최신 버전의 백신 프로그램을 사용
  - 다운로드한 파일은 사용하기 전에 바이러스 검사 후 사용
  - 의심이 가는 이메일은 열지 않고 바로 삭제
  - 네트워크 공유 폴더에 있는 파일은 읽기 전용으로 설정
  - 방화벽을 설정해 사용

 한.번.에. 기출문제

01 다음 중 정보사회에서 정보 보안을 위협하는 스니핑(Sniffing)에 관한 설명으로 옳은 것은? (18.09)

① 네트워크를 통해 연속적으로 자기를 복제하여 시스템 부하를 높여 결국 시스템을 다운시킨다.
② 자기복제 능력은 없으나 프로그램 내에 숨어 있다가 해당 프로그램이 실행될 때 활성화 되어 부작용을 일으킨다.
③ 정상적으로 실행되거나 검증된 데이터인 것처럼 속여 접속을 시도하거나 권한을 얻는 것을 말한다.
④ 사용자가 전송하는 데이터를 훔쳐보는 것으로 네트워크의 패킷을 엿보면서 계정과 패스워드를 알아낸다.

풀이 스니핑(Sniffing): 네트워크 주변을 지나다니는 패킷을 엿보면서 계정과 패스워드 등의 정보를 가로채는 행위로 이때 사용하는 프로그램을 '스니퍼'라고 함

02 다음 중 시스템 보안과 관련한 불법적인 형태에 대한 설명으로 옳지 않은 것은? (15.10)

① 피싱(Phishing)은 거짓 메일을 보내서 가짜 금융 기관 등의 가짜 웹 사이트로 유인하여 정보를 빼내는 행위이다.
② 스푸핑(Spoofing)은 검증된 사람이 네트워크를 통해 데이터를 보낸 것처럼 데이터를 변조하여 접속을 시도하는 행위이다.
③ 분산 서비스 거부 공격(DDoS)은 마이크로소프트사의 MS-DOS를 운영체제로 사용하는 컴퓨터에 네트워크를 통해 불법적으로 접속하는 행위이다.
④ 키로거(Key Logger)는 키 입력 캐치 프로그램을 사용하여 ID나 암호를 알아내는 행위이다.

풀이 DDoS(Distributed Denial of Service): 특정 시스템에 통신량을 급격히 오버플로우를 일으켜 정상적인 서비스를 수행하지 못하도록 만드는 행위

03 다음 중 분산 서비스 거부 공격(DDos)에 관한 설명으로 옳은 것은? (20.02)

① 네트워크 주변을 돌아다니는 패킷을 엿보면서 계정과 패스워드를 알아내는 행위

② 검증된 사람이 네트워크를 통해 데이터를 보낸 것처럼 데이터를 변조하여 접속을 시도하는 행위
③ 여러 대의 장비를 이용하여 특정 서버에 대량의 데이터를 집중적으로 전송함으로써 서버의 정상적인 동작을 방해 하는 행위
④ 키보드의 키 입력 시 캐치 프로그램을 사용하여 ID나 암호 정보를 빼내는 행위

풀이 ①번 스니핑, ②번 스푸핑, ④번 키 로거

04 다음 중 바이러스에 대한 설명으로 옳지 않은 것은? (19.08)

① 감염 부위에 따라 부트 바이러스와 파일 바이러스로 구분한다.
② 사용자 몰래 스스로 복제하여 다른 프로그램을 감염시키고, 정상적인 프로그램이나 다른 데이터 파일 등을 파괴한다.
③ 주로 복제품을 사용하거나 통신 매체를 통하여 다운받은 프로그램에 의해 감염된다.
④ 컴퓨터 하드웨어와 무관하게 소프트웨어에만 영향을 미친다.

풀이 컴퓨터 하드웨어와 소프트웨어에 모두 영향을 줌

05 다음 중 인터넷 상의 보안을 위협하는 행위에 대한 설명으로 옳은 것은? (16.06)

① 어떤 프로그램이 정상적으로 실행되는 것처럼 속임수를 사용하는 것은 Sniffing이다.
② 네트워크 주변을 지나다니는 패킷을 엿보면서 아이디와 패스워드를 알아내는 것은 Spoofing이다.
③ 크래킹의 도구로 키보드의 입력을 문서 파일로 저장하거나 주기적으로 전송하여 ID나 암호 등의 개인 정보를 빼내는 것은 Key Logger이다.
④ 특정 사이트에 오버플로우를 일으켜서 시스템이 서비스를 거부하도록 만드는 것은 Trap Door이다.

풀이 ①번 스푸핑, ②번 스니핑, ④번 DDoS

 정답 1.④ 2.③ 3.③ 4.④ 5.③

컴퓨터 시스템

하드웨어

입력 장치

마우스, 키보드
스캐너, OMR, 카메라 등

중앙 처리 장치(CPU)

연산 장치
제어 장치
레지스터

↕ 캐시 메모리

주기억 장치

ROM / RAM
PROM / DRAM
EPROM / SRAM 등

보조 기억 장치

하드 디스크(HDD), SSD
USB 메모리,
외장 하드 등

출력 장치

프린터, 모니터
스피커, 플로터
영상 디스플레이 등

소프트웨어

시스템 소프트웨어

스마트기기·
컴퓨터 운영체제
(Windows 10, Unix,
Android, iOS 등)

유틸리티
(파일 압축,
보안 프로그램,
바이러스 치료
프로그램 등)

↕

응용 소프트웨어

워드프로세서 파워포인트 엑셀 등

↕

사용자
(User)

EBS 컴퓨터활용능력 1급 필기

한.번.만.
교재에서 모바일까지 **한 번**에 **만**나는 컴활 수험서

한.번.에. 이론 & 문제
2과목 스프레드시트 일반

Part	구분	출제 비율
Part I	스프레드시트 일반	
1	워크시트	30%
2	데이터 입력	30%
3	셀 서식	40%
Part II	데이터 계산	
4	수식	50%
5	배열 수식	50%
Part III	데이터 관리 및 분석	
6	데이터 관리 1	30%
7	데이터 관리 2	20%
8	데이터 관리 3	50%
Part IV	차트 활용	
9	차트	50%
Part V	출력 작업	
10	인쇄	50%
Part VI	매크로 활용	
11	매크로	60%
12	프로그래밍(VBA)	40%

스프레드시트 일반

1. 워크시트   30%
2. 데이터 입력 30%
3. 셀 서식   40%

출제 비율

학습 방향
스프레드시트를 다루기 위한 기본 단위인 셀, 그리고 셀의 집합 워크시트를 어떻게 다루는지를 학습합니다. 또한 셀에 데이터를 입력하고 그 데이터를 다양한 표시 형식으로 변경하는 방법, 시트와 통합 문서 보호에 중점을 두고 큼지막한 내용보다는 세밀한 내용들이 많아 실습을 병행하며 내용을 익힙니다.

핵심 키워드
셀 범위 지정, 셀 데이터 입력, 워크시트 관리, 통합 문서 보호, 시트 보호, 통합 문서 공유, Excel 옵션 및 저장 파일 형식, 메모, 윗주, 사용자 정의 형식 코드

01 워크시트

출제 비율 30%

워크시트란?
데이터 작업이 이루어지는 기본 문서로 숫자, 문자와 같은 데이터를 입력하고 입력된 결과가 표시되는 작업 공간

1) 워크시트의 특징

이름	기능
열 머리글	A, B, C … 알파벳을 클릭하면 한 열 전체가 선택 (열의 리더를 의미)
행 머리글	1, 2, 3 … 숫자를 클릭하면 한 행 전체가 선택 (행의 리더를 의미, 1을 선택하면 1행이라고 부름)
셀	열과 행이 교차하는 모든 작업 구역을 의미
활성 셀 (Active cell)	셀 중 현재 마우스를 클릭한 작업 셀, 혹은 작업 공간 (굵게 표시됨)
시트 탭	• 현재 문서의 시트 이름이 나타나며, 시트 추가, 삭제, 이동, 복사, 이름 변경 가능 • 시트 기본 이름: Sheet1, Sheet2 …

2) 워크시트 선택 및 이름
- ☐ 연속적으로 여러 시트 탭 선택: [Shift]를 누른 채 마지막 시트 탭 선택
- ☐ 비연속적으로 여러 시트 탭 선택: [Ctrl]을 누른 채 선택할 시트 탭 선택
- ☐ 여러 시트 탭을 선택하고 데이터를 입력하면 동일한 데이터가 해당 시트에 모두 입력됨
- ☐ 여러 시트 탭을 선택하면 제목 표시줄에 [그룹]으로 표시됨

- ☐ 그룹화된 상태에서 데이터를 입력하거나 편집하면 그룹 내 모든 시트에 동일하게 반영됨
- ☐ 그룹화된 상태에서 도형이나 차트 등의 그래픽 개체는 삽입할 수 없음
- ☐ 시트 이름을 변경할 경우 해당 시트 이름을 더블클릭하고 원하는 이름을 입력한 후 [Enter]를 누름
- ☐ 시트명은 공백 포함하여 최대 31자까지 지정 가능 (*, /, :, ?, [,] 등의 특수 문자 제외)
- ☆ **워크시트 삽입**: [Shift] + [F11]을 누르면 **현재 워크시트 왼쪽에 새로운 시트 삽입**
- ☐ 워크시트 이동: 해당 시트 탭을 선택 후 원하는 곳으로 드래그 (현재 통합 문서 내, 서로 다른 통합 문서 간 모두 가능)
  [Ctrl] + [PageDown]: 다음 워크시트로 전환(오른쪽)
  [Ctrl] + [PageUp]: 이전 워크시트로 전환(왼쪽)
- ☐ 워크시트 복사: [Ctrl]을 누른 채 해당 시트 탭을 원하는 곳으로 드래그(현재 통합 문서, 다른 통합 문서 모두 가능)

3) 워크시트 삽입/삭제
- ☐ **워크시트 삭제**
  • 삭제할 시트를 선택 후 [홈] → [셀] → [삭제] → [시트 삭제] 선택 또는 시트 탭의 바로 가기 메뉴에서 [삭제] 선택
  • 시트 삭제 후에는 실행 취소 불가

- **워크시트 숨기기**: 숨길 워크시트의 시트 탭에서 바로 가기 메뉴 [숨기기] 선택(통합 문서에 한 개의 워크시트만 있는 경우 숨기기 안 됨)
- 워크시트의 개수는 사용 가능한 메모리에 따라 제한됨
- 새 통합 문서의 시트 개수는 [Excel 옵션] → [일반] → [새 통합 문서 만들기] → [포함할 시트 수]에서 설정할 수 있음
- 연속적으로 여러 개 워크시트 선택하고 Shift + F11 을 누르면 선택된 워크시트 개수만큼 새로운 워크시트가 삽입됨

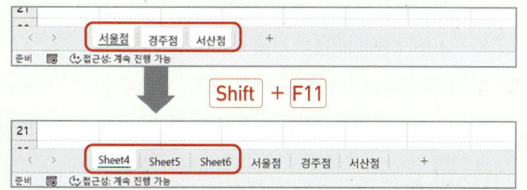

4) 셀 범위 지정 ✦

- 워크시트에서 연속된 여러 개 셀 범위를 지정하거나 비연속적인 셀 범위 지정

연속된 셀 범위	• 선택할 영역을 마우스로 드래그 • 범위로 지정할 첫 번째 셀을 클릭한 후, Shift 를 누른 채 선택할 마지막 셀 클릭 • Shift 를 누른 상태에서 방향키를 눌러 범위 지정
비연속적인 셀 범위	첫 번째 셀 범위를 지정한 후, 두 번째 셀 범위부터는 Ctrl 을 누른 채 원하는 셀을 클릭하거나 드래그
행과 열 전체 선택	• 선택하려는 해당 행 머리글이나 열 머리글 선택 • 행 전체: Shift + Spacebar, 열 전체: Ctrl + Spacebar
워크시트 전체	• A열 머리글 왼쪽 즉, 1행 바로 위의 [모두 선택(◢)] 선택 • 단축키: Ctrl + A

5) 셀 포인터 이동 관련 바로 가기 키 ✦

단축키	기능
Enter	셀 포인터를 아래로 이동
Shift + Enter	셀 포인터를 위로 이동
Home	**언제나 해당 행의 A열로 이동**
Ctrl + Home	**언제나 [A1] 셀로 이동**

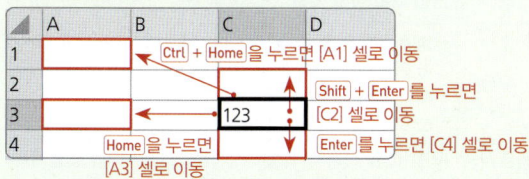

6) 시트 보호 ✦

- 특정 셀의 데이터나 수식을 변경하지 못하도록 보호하는 기능
- 실행: [검토] → [변경 내용] → [시트 보호] 선택
- 해제: [검토] → [변경 내용] → [시트 보호 해제] 선택

- 시트 보호는 통합 문서 전체가 아닌 특정 시트만을 보호함
- 워크시트에 있는 셀 보호: [셀 서식] → [보호] → 셀을 '잠금' 속성으로 설정(워크시트의 모든 셀은 기본적으로 '잠금' 설정되어 있음)
- 시트 보호를 설정하면 셀에 데이터를 입력하거나 수정할 때 경고 메시지가 나타남
- 셀의 '잠금' 속성과 '숨김' 속성은 시트를 보호하기 전까지 아무 효과를 내지 못함
- [시트 보호]를 설정하면 기본적으로 셀 선택만 가능
- 시트 보호 시 특정 셀의 내용만 수정하려면 해당 셀의 [셀 서식]에서 '잠금' 설정 해제

> **1+** ☆
> - 시트 보호 암호를 설정할 수 있고, 설정하지 않아도 시트는 보호됨
> - 시트 보호 암호를 설정하지 않으면 모든 사용자가 시트 보호를 해제할 수 있음
> - 워크시트에서 허용할 내용에 체크를 하면 보호된 워크시트에서 허용된 수정 작업을 할 수 있음

7) 통합 문서 보호 ✦

- 실행: [검토] → [변경 내용] → [통합 문서 보호] 선택
  해제: [검토] → [변경 내용] → [통합 문서 보호] 한 번 더 선택
  (암호를 지정한 경우 암호를 입력하여 해제)
- 보호할 대상에서 '구조'를 체크하면 문서에서 시트에 대한 삽입, 삭제, 이름 바꾸기, 이동, 복사, 탭 색, 숨기기, 숨기기 취소 등의 작업을 할 수 없음
- [시트 보호]가 아니므로 워크시트 안에서 데이터 입력 및 편집 작업을 수행하는 데 아무런 문제가 없음

8) 통합 문서 공유

- 작업 중인 문서를 네트워크를 통해 여러 사용자와 함께 공동으로 작업할 수 있는 기능
- 실행: [검토] → [변경 내용] → [통합 문서 공유] 선택
- 통합 문서 공유 시 데이터 입력 및 편집 작업은 가능하지만 조건부 서식, 차트, 시나리오, 부분합, 하이퍼링크 및 그림과 같은 작업은 추가, 변경 작업이 불가
- 공유 통합 문서를 열면 제목 표시줄의 엑셀 파일명 옆에 '공유' 문자가 표시됨

- ☐ 여러 사용자가 동시에 변경 및 병합할 수 있음(단, 동시에 동일한 셀 변경 시 충돌 발생)
- ☐ 다른 사용자가 문서의 내용을 변경했을 경우 자동으로 변경된 셀에 메모가 표시됨
- ☐ 필요한 경우 공유 통합 문서를 사용하는 특정 사용자의 연결을 해제할 수 있음
- ☐ 사용자의 엑셀 버전에 영향을 받음(상위 버전에서 작성한 공유 문서는 하위 버전에서 사용 불가)

9) 창 제어

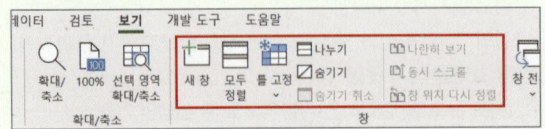

- ☐ **[나란히 보기]**
  두 개의 통합 문서를 나란히 놓고 문서의 비교를 용이하게 함
- ☐ **[숨기기]**
  현재 통합 문서를 숨김
- ☐ **[모두 정렬]**
  열려 있는 여러 개의 통합 문서를 한 화면에 모두 표시하고자 할 때 이용
- 🚩 **창 나누기와 틀 고정**

	창 나누기	틀 고정
실행	[보기] → [창] → [나누기]	[보기] → [창] → [틀 고정]
기능	하나의 창을 여러 개 창으로 나누어 서로 떨어져 있는 데이터를 한 화면에 표시할 수 있음	특정 행/열을 고정시켜 스크롤해도 계속 화면에 해당 행/열이 표시됨
특징	• 현재 화면을 수평·수직으로 나눌 수 있음 **(최대 4개까지 분할 가능)** • 선택된 셀의 왼쪽과 위쪽에 창 분할선이 표시됨 • 화면 확대/축소 비율은 모든 창에 동일하게 적용됨 • **창 나누기, 틀 고정은 인쇄 시 적용 안 됨**	선택된 셀의 왼쪽과 위쪽이 틀 고정됨
	창 분할선을 드래그해 분할 영역을 조정할 수 있음	
삭제	창 분할선을 더블클릭하거나 워크시트 바깥쪽으로 이동	반드시 [보기] → [창] → [틀 고정 취소] 선택

- ☐ **상태 표시줄**
  - 현재 작업 상태에 대한 기본 정보 표시
  - 매크로 기록 아이콘(🔲)이 있으며, 매크로 기록 중에는 기록 중지 아이콘(☐)으로 변경됨
  - 셀 범위에 대한 합계, 평균, 최대, 최소, 개수 표시

10) 파일 저장 형식

- ☐ 엑셀에서 열 수 있는 통합 문서 개수는 사용 가능한 메모리와 시스템 리소스에 의해 제한됨
- ☐ 통합 문서에 매크로나 VBA 코드가 없으면 '*.xlsx' 파일 형식으로 저장(엑셀의 기본 파일 형식)
- 🚩 **파일 형식 종류**
  - *.xlsx: Excel 통합 문서
  - *.xlsm: Excel 매크로 사용 통합 문서
  - *.xlsb: Excel 바이너리 통합 문서
  - *.xls: Excel 97-2003 통합 문서
  - *.xml: XML 데이터
  - *.xltx: Excel 서식 파일
  - *.xltm: Excel 매크로 사용 서식 통합 문서
  - *.txt: 탭으로 분리된 텍스트 파일
  - *.prn: 공백으로 분리된 텍스트 파일

11) 일반 옵션 🚩

- ☐ [파일] → [다른 이름으로 저장] → [도구] → [일반 옵션] 선택

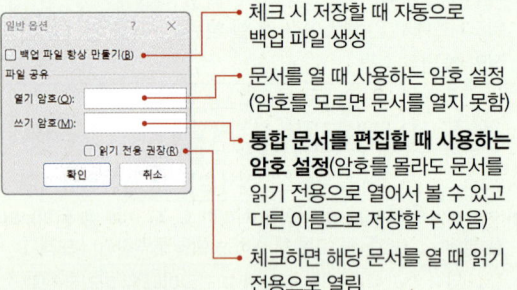

- 체크 시 저장할 때 자동으로 백업 파일 생성
- 문서를 열 때 사용하는 암호 설정 (암호를 모르면 문서를 열지 못함)
- **통합 문서를 편집할 때 사용하는 암호 설정**(암호를 몰라도 문서를 읽기 전용으로 열어서 볼 수 있고 다른 이름으로 저장할 수 있음)
- 체크하면 해당 문서를 열 때 읽기 전용으로 열림

12) Excel 옵션 🚩

- ☐ [파일] → [옵션] 선택

일반	• 새 통합 문서를 열었을 때 적용할 기본 글꼴과 글꼴 크기, 포함할 시트 수 등을 지정 • 사용자 이름, Office 배경 및 테마를 설정
수식	• 통합 문서 계산 방법: 자동, 수동, 데이터 표만 수동 지정 • 반복 계산 사용: 최대 반복 횟수, 변화 한도값 지정 • 수식 작업: 수식 자동 완성 사용, 수식에 표 이름 사용 등 지정 • 오류 검사: 다른 작업을 수행하면서 오류 검사, 오류 표시 색 지정
언어 교정	• Microsoft Office 프로그램에서 맞춤법 검사 • 사용할 사전의 언어 선택
저장	파일 저장 형식 설정, 자동 복구 저장 간격 설정
고급	• 셀에 데이터를 입력한 후 Enter를 누를 때 포인터의 이동 방향을 오른쪽, 왼쪽, 아래쪽, 위쪽 중의 하나로 지정 • 페이지 나누기 선의 표시 여부를 지정 • 눈금선 표시 여부를 지정
리본 사용자 지정	[리본 메뉴 사용자 지정] → [기본 탭]에서 메뉴 탭을 구성하는 리본 메뉴를 추가하거나 제거
빠른 실행 도구 모음	빠른 실행 도구 모음의 구성 항목을 추가하거나 제거함

한.번.에. 기출문제

01 다음 중 엑셀의 상태 표시줄에 대한 설명으로 옳지 않은 것은? [20.07]

① 상태 표시줄에서 워크시트의 보기 상태를 기본 보기, 페이지 레이아웃 보기, 페이지 나누기 미리 보기 중 선택하여 변경할 수 있다.
② 상태 표시줄에는 확대/축소 슬라이더가 기본적으로 표시된다.
③ 상태 표시줄의 바로 가기 메뉴를 이용하여 셀의 특정 범위에 대한 이름을 정의할 수 있다.
④ 상태 표시줄은 현재의 작업 상태에 대한 기본적인 정보가 표시되는 곳이다.

풀이 ▶ 셀의 특정 범위에 대한 이름을 정의할 때는 이름 상자를 이용함

02 다음 중 Excel에서 리본 메뉴를 최소화하는 방법으로 옳지 않은 것은? [19.08]

① 엑셀 창 오른쪽 위에 있는 '리본 메뉴 최소화 단추(^)'를 클릭한다.
② 단축키 Alt + F1 을 누른다.
③ 리본 메뉴의 활성 탭 이름을 더블클릭한다.
④ 리본 메뉴를 최소화하거나 원래 상태로 되돌리려면 단축키 Ctrl + F1 을 누른다.

풀이 ▶ 단축키 Alt + F1 은 차트 삽입 시 이용됨

03 다음 중 워크시트 사용에 관한 설명으로 옳지 않은 것은? [19.03]

① 현재 워크시트의 앞이나 뒤의 시트를 선택할 때에는 Ctrl + PageUp 과 Ctrl + PageDown 을 이용한다.
② 현재 워크시트의 왼쪽에 새로운 시트를 삽입할 때에는 Shift + F11 을 누른다.
③ 연속된 여러 개의 시트를 선택할 때에는 첫 번째 시트를 선택하고 Shift 를 누른 채 마지막 시트의 시트 탭을 클릭한다.
④ 그룹으로 묶은 시트에서 복사하거나 잘라 낸 모든 데이터는 다른 한 개의 시트에 붙여 넣을 수 있다.

04 다음 중 아래 그림 [보기] → [창]의 각 명령에 대한 설명으로 옳지 않은 것은? [20.07]

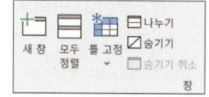

① [새 창]을 클릭하면 새로운 빈 통합 문서가 표시된다.
② [모두 정렬]은 현재 열려 있는 통합 문서를 바둑판식, 계단식, 가로, 세로 등 4가지 형태로 배열한다.
③ [숨기기]는 현재 활성화된 통합 문서 창을 보이지 않도록 숨긴다.
④ [나누기]를 클릭하면 워크시트를 최대 4개의 창으로 분할하여 멀리 떨어져 있는 여러 부분을 한 번에 볼 수 있다.

풀이 ▶ [새 창]을 클릭하면 현재 통합 문서와 같은 내용의 새로운 창이 실행됨

05 다음 중 엑셀의 화면 확대/축소 작업에 관한 설명으로 옳지 않은 것은? [20.02]

① 문서의 확대/축소는 10%에서 400%까지 설정할 수 있다.
② 설정한 확대/축소 배율은 통합 문서의 모든 시트에 자동으로 적용된다.
③ 화면의 확대/축소는 단지 화면에서 보이는 상태만을 확대/축소하는 것으로 인쇄 시 적용되지 않는다.
④ Ctrl 을 누른 채 마우스의 스크롤을 위로 올리면 화면이 확대되고, 아래로 내리면 화면이 축소된다.

풀이 ▶ 설정한 확대/축소 배율은 선택한 시트에만 적용함

06 다음 중 화면 제어에 관한 설명으로 옳은 것은? [19.03]

① 틀 고정은 행 또는 열, 열과 행으로 모두 고정이 가능하다.
② 창 나누기는 항상 4개로 분할되며 분할된 창의 크기는 마우스를 드래그하여 변경 가능하다.
③ 틀 고정선은 마우스를 드래그하여 위치를 변경할 수 있다.
④ 창 나누기는 [실행 취소] 명령으로 나누기를 해제할 수 있다.

정답 1.③ 2.② 3.④ 4.① 5.② 6.①

02 데이터 입력

1) 데이터 입력 작업 ★

☐ **문자 데이터**: 기본적으로 셀의 왼쪽을 기준으로 정렬
  - 숫자 데이터 앞에 작은따옴표(')를 입력하면 문자 데이터로 인식
  - 한 셀에 두 줄 이상 데이터 입력: 데이터 입력 후 Alt + Enter

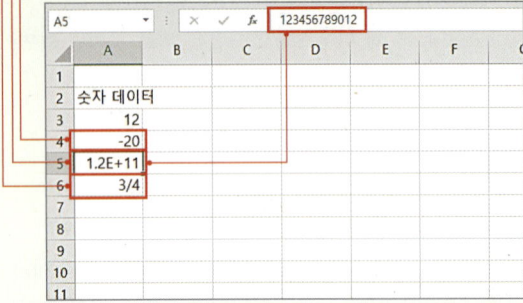

  - 여러 셀에 동일 데이터 입력: 셀 범위 지정 → 데이터 입력 → Ctrl + Enter

☐ **숫자 데이터**: 기본적으로 셀 오른쪽을 기준으로 정렬
  - 데이터에 공백이나 특수 문자가 있으면 문자로 인식
  - 데이터 표기 시 열 너비가 좁을 경우 '###'으로 표시
  - 음수는 숫자 앞에 '하이픈(-)'을 붙이거나, 숫자를 '괄호( )'로 묶어서 입력
  - 숫자 자릿수가 열한 자리 이상일 때는 지수 형식으로 표시
  - 분수는 0을 입력 후 한 칸 띄우고 입력(예: 0 3/4)

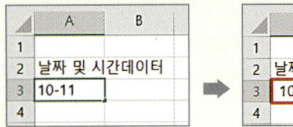 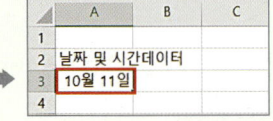

☐ **날짜 및 시간 데이터**: 기본적으로 셀 오른쪽을 기준으로 정렬
  - 날짜와 시간을 한 셀에 입력할 경우 날짜와 시간을 공백으로 구분
  - 날짜: 하이픈(-)이나 슬래시(/)를 이용해 연, 월, 일 구분

  - 시간: 콜론(:)을 이용해 시, 분, 초 구분
  - 시간은 기본적으로 24시간제로 표시(예: 07:28, 16:20)

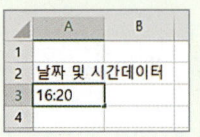 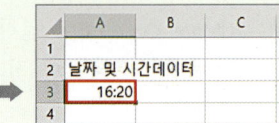

  - 12시간제 표시: 시간 입력 후 'AM'이나 'PM' 입력
    예) 07:28 AM, 08:15 PM
  - 오늘 날짜 입력: Ctrl + ;
    현재 시스템 시간: Ctrl + Shift + ;

☐ **특수 문자와 한자**

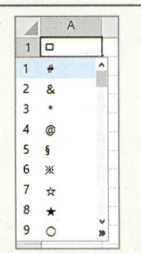 

| 한글 자음(ㅁ, ㄱ, ㄷ, ㄹ …) 입력 후 키보드의 한자를 눌러 특수 문자 목록에서 선택 | 한글 입력 후 키보드의 한자를 눌러 한자 목록에서 선택 |

☐ **수식(계산식, 함수식)**
  - 반드시 등호(=)로 시작
    예) =10+2, =A1+100, =SUM(A1:A5)
  - 수식이 들어 있는 셀을 선택하고 채우기 핸들을 더블클릭하면 수식이 적용되는 모든 인접한 셀에 대해 아래쪽으로 수식 자동 입력
  - 셀에 입력된 수식의 결과가 아닌 수식 자체를 보기 위해서는 Ctrl + ~ 를 누름
  - 데이터를 입력하는 도중에 입력을 취소하려면 Esc 를 누름

2) 셀 편집 방법

☐ 편집하려는 데이터가 들어 있는 셀을 더블클릭함
☐ 편집하려는 데이터가 들어 있는 셀을 선택하고 수식 입력줄 클릭함
☐ 편집하려는 데이터가 들어 있는 셀 선택하고 F2 를 누름
☐ **데이터 삭제**
  - 셀 선택 후 Delete 를 누름
  - 내용과 서식 모두 삭제하려면 [홈] → [편집] → [지우기] → [모두 지우기] 선택

1+ [홈] → [편집] → [지우기] 메뉴 살펴보기

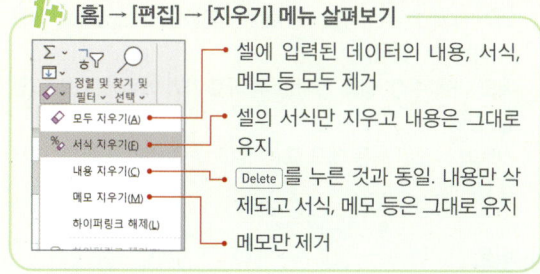

- 셀에 입력된 데이터의 내용, 서식, 메모 등 모두 제거
- 셀의 서식만 지우고 내용은 그대로 유지
- Delete 를 누른 것과 동일. 내용만 삭제되고 서식, 메모 등은 그대로 유지
- 메모만 제거

□ 셀의 이동 및 복사
- 셀을 이동 또는 복사하면 수식과 결과값, 셀 서식 및 메모를 포함한 셀 전체가 이동 또는 복사됨
- 이동: 영역 선택 후 테두리를 클릭한 채 셀 테두리를 드래그해 원하는 위치에 놓음
- 복사: 영역 선택 후 Ctrl 을 누른 채 테두리를 드래그해 원하는 위치에 놓음
- 선택한 영역에 숨겨진 행이나 열이 있는 경우 숨겨진 영역도 함께 복사됨

☆ 선택하여 붙여넣기
- [홈] → [클립보드] → [붙여넣기] → [선택하여 붙여넣기] 선택
- 클립보드의 특정 셀 내용이나 수식, 서식, 메모 등을 복사해 붙여 넣기 할 수 있음

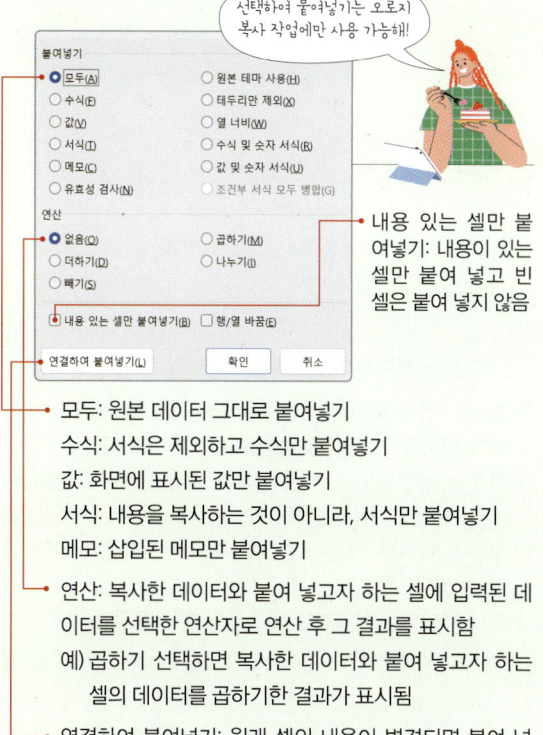

- 모두: 원본 데이터 그대로 붙여넣기
- 수식: 서식은 제외하고 수식만 붙여넣기
- 값: 화면에 표시된 값만 붙여넣기
- 서식: 내용을 복사하는 것이 아니라, 서식만 붙여넣기
- 메모: 삽입된 메모만 붙여넣기
- 연산: 복사한 데이터와 붙여 넣고자 하는 셀에 입력된 데이터를 선택한 연산자로 연산 후 그 결과를 표시함
  예) 곱하기 선택하면 복사한 데이터와 붙여 넣고자 하는 셀의 데이터를 곱하기한 결과가 표시됨
- 연결하여 붙여넣기: 원래 셀의 내용이 변경되면 붙여 넣기 한 셀의 내용도 자동으로 바뀜

3) 자동 채우기(채우기 핸들 이용) ✦

- □ 입력 데이터를 인접 셀에 연속적으로 나타낼 때 유용한 기능
- □ 채우기 핸들점: 선택 셀 오른쪽 아래에 있는 작은 사각형을 의미하며 포인터 모양은 '+'로 표시됨
- □ 실수인 경우 Ctrl + 채우기 핸들을 이용해 드래그하면 결과는 정수만 1씩 증가
- □ 채우기 핸들을 이용하면 숫자, 숫자/문자 조합, 날짜 또는 시간 등 여러 형식의 데이터 계열을 빠르게 입력
- □ '사용자 지정 연속 데이터 채우기'를 사용하면 이름이나 판매 지역 목록, 요일 등 특정 데이터의 연속 항목을 더 쉽게 입력 가능함

☆ 데이터 종류에 따른 자동 채우기 결과

숫자 데이터	• 한 셀: 드래그하면 동일한 데이터 복사됨 Ctrl 을 누른 채 드래그하면 값이 1씩 증가 • 두 셀 영역 지정 후 드래그: 첫 번째 셀 값과 두 번째 셀 값의 차이만큼 증가 또는 감소
문자 데이터	드래그하면 해당 데이터가 복사됨
혼합 데이터	• 문자는 복사되고, 숫자의 가장 오른쪽 숫자만 1씩 증가 • Ctrl 을 누른 채 드래그하면 복사됨
날짜 데이터	• 한 셀: 1일 단위로 증가 • 두 셀 영역 지정 후 드래그: 두 셀의 차이만큼 연, 월, 일 단위로 증가

예) 자동 채우기 할 경우

	A	B	C	D	E	F	G	H
1	문자	문자+숫자	사용자 지정 목록	숫자	날짜	시간	실수	두개셀 선택
2	컴활	컴활 01	갑	1	2021-01-01	7:30	3.12	2
3	컴활	컴활 02	을	1	2021-01-02	8:30	3.12	4
4	컴활	컴활 03	병	1	2021-01-03	9:30	3.12	6
5	컴활	컴활 04	정	1	2021-01-04	10:30	3.12	8
6	컴활	컴활 05	무	1	2021-01-05	11:30	3.12	10
7	컴활	컴활 06	기	1	2021-01-06	12:30	3.12	12

예) Ctrl 을 누른 채 자동 채우기 할 경우

	A	B	C	D	E	F	G	H
1	문자	문자+숫자	사용자 지정 목록	숫자	날짜	시간	실수	두개셀 선택
2	컴활	컴활 01	갑	1	2021-01-01	7:30	3.12	2
3	컴활	컴활 01	갑	2	2021-01-01	7:30	4.12	4
4	컴활	컴활 01	갑	3	2021-01-01	7:30	5.12	2
5	컴활	컴활 01	갑	4	2021-01-01	7:30	6.12	4
6	컴활	컴활 01	갑	5	2021-01-01	7:30	7.12	2
7	컴활	컴활 01	갑	6	2021-01-01	7:30	8.12	4

1+ 날짜 형식 - [자동 채우기 옵션] 살펴보기

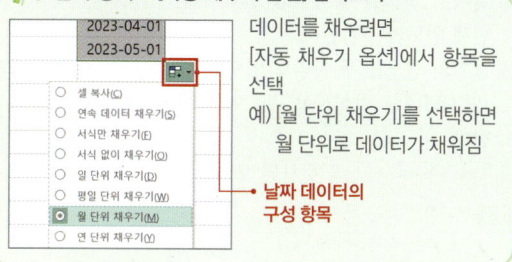

- 데이터를 채우려면 [자동 채우기 옵션]에서 항목을 선택
- 예) [월 단위 채우기]를 선택하면 월 단위로 데이터가 채워짐
- 날짜 데이터의 구성 항목

4) 메모 ★

- 데이터에 대한 부연 설명을 하는 작업 기능
- 실행: [검토] → [메모] → [새 메모] 또는 메모를 삽입하려는 셀에서 바로 가기 메뉴 → [새 메모](바로 가기 키: Shift + F2) 선택

	A	B	C	D	E
1					
2		납입금액	캐나다 여행자		
3		84000			
4		728000			
5					

- 메모의 테두리를 선택해 크기 조절함
- 바로 가기 메뉴 [메모 서식]에서 메모의 색상, 글자 크기 등을 설정
- 메모 삭제: 셀 선택 후 [검토] → [메모] → [삭제] 선택 또는 바로 가기 메뉴에서 [메모 삭제] 선택
  (메모가 입력된 셀을 선택하고 Delete 를 누르면 해당 셀 내용만 제거되고 메모는 유지됨)
- 메모가 삽입된 셀에는 오른쪽 상단에 빨간색 삼각형이 표시됨
- 메모 표시/숨기기: 메모가 있는 셀을 선택한 후 [검토] → [메모] → [메모 표시/숨기기] 선택 또는 바로 가기 메뉴 → [메모 표시/숨기기] 선택
- 메모가 삽입된 셀에서 정렬이나 이동을 하면 메모의 위치도 셀과 함께 변경됨(피벗 테이블은 레이아웃을 변경해도 메모가 이동하지 않음)
- 메모 내용 수정: 셀을 선택한 후 바로 가기 메뉴에서 [메모 편집] 선택
- 시트에 삽입된 모든 메모 표시: [검토] → [메모] → [메모 모두 표시] 선택

5) 윗주 ☆

- 셀에 대한 주석을 설정하는 기능
- 실행: 문자 데이터 입력한 셀 선택 후 [홈] → [글꼴] → [윗주 편집] 또는 Alt + Shift + ↑ 선택
- 문자 데이터가 입력된 셀에만 표시 가능
- 윗주는 삽입해도 바로 표시되지 않고 [홈] → [글꼴] → [윗주 필드 표시]를 선택해야 표시됨
- 셀의 데이터를 삭제하면 윗주도 함께 삭제됨

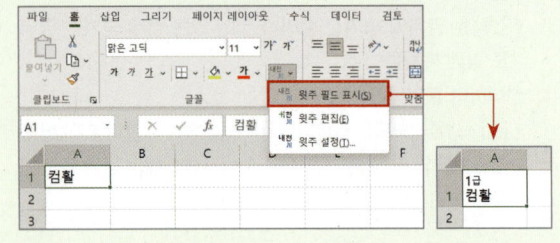

한.번.에. 기출문제

01 다음 중 엑셀에서 날짜 데이터의 입력 방법에 대한 설명으로 옳지 않은 것은? [20.07]

① 날짜 데이터는 하이픈(-)이나 슬래시(/)를 이용하여 연, 월, 일을 구분한다.
② 날짜의 연도를 생략하고 월과 일만 입력하면 자동으로 현재 연도가 추가된다.
③ 날짜의 연도를 두 자리로 입력할 때 연도가 30 이상이면 1900년대로 인식하고, 29 이하이면 2000년대로 인식한다.
④ Ctrl + Shift + ; 을 누르면 오늘 날짜가 입력된다.

풀이 - 현재 시각: Ctrl + Shift + ;
      - 현재 날짜: Ctrl + ;

02 다음 중 윗주에 대한 설명으로 옳지 않은 것은? [19.03]

① 윗주는 셀에 대한 주석을 설정하는 것으로 문자열 데이터가 입력되어 있는 셀에만 표시할 수 있다.
② 윗주는 삽입해도 바로 표시되지 않고 [홈] → [글꼴] → [윗주 필드 표시]를 선택해야만 표시된다.
③ 윗주에 입력된 텍스트 중 일부분의 서식을 별도로 변경할 수 있다.
④ 셀의 데이터를 삭제하면 윗주도 함께 삭제된다.

풀이 ③번 윗주에 입력된 텍스트 중 일부분의 서식을 별도로 변경할 수 없음

03 다음 중 아래 그림에서 바로 가기 메뉴 [삭제]의 삭제 옵션을 선택하여 실행한 결과로 가능하지 않은 것은? [19.08]

	A	B
1	21	31
2	22	32
3	23	33
4	24	34
5	25	35

①
	A	B
1	21	31
2		32
3		33
4		34
5	25	35

②
	A	B
1	21	31
2	25	32
3		33
4		34
5		35

③
	A	B
1	21	31
2		32
3		33
4		34
5	25	35

④
	A	B
1	31	
2	32	
3	33	
4	34	
5	35	

풀이 ③번 그림은 키보드 Delete 를 누른 결과임

04 다음 중 '선택하여 붙여넣기' 기능에 대한 설명으로 옳지 않은 것은? [18.09]

① 선택하여 붙여넣기 명령을 사용하면 워크시트에서 클립보드의 특정 셀 내용이나 수식, 서식, 메모 등을 복사하여 붙여 넣을 수 있다.
② 선택하여 붙여넣기의 바로 가기 키는 Ctrl + Alt + V 이다.
③ 잘라 낸 데이터 범위에서 서식을 제외하고 내용만 붙여 넣으려면 '내용 있는 셀만 붙여넣기'를 선택한다.
④ '연결하여 붙여넣기'를 선택하면 원본 셀의 값이 변경되었을 때 붙여 넣기 한 셀의 내용도 자동 변경된다.

풀이 ③번 잘라 낸 데이터 범위에서는 선택하여 붙여넣기가 불가능함. 서식을 제외하고 내용만 붙여 넣으려면 '값'을 선택함

05 다음 중 데이터가 입력된 셀에서 채우기 핸들을 드래그하여 데이터를 채우는 경우에 대한 설명으로 옳은 것은? [20.02]

① 일반적인 문자 데이터나 날짜 데이터는 그대로 복사되어 채워진다.
② 1개의 숫자와 문자가 조합된 텍스트 데이터는 숫자만 1씩 증가하고 문자는 그대로 복사되어 채워진다.
③ 숫자 데이터는 1씩 증가하면서 채워진다.
④ 숫자가 입력된 두 셀을 블록 설정하여 채우기 핸들을 드래그하면 두 숫자가 반복하여 채워진다.

풀이 ①번 문자: 복사, 날짜 → 1일씩 증가
③번 숫자: 복사, Ctrl 을 누를 경우 → 1씩 증가

06 다음 중 날짜 데이터의 자동 채우기 옵션에 포함되지 않는 내용은? [18.03]

① 일 단위 채우기   ② 주 단위 채우기
③ 월 단위 채우기   ④ 평일 단위 채우기

풀이 날짜의 자동 채우기 옵션 종류: 일, 평일, 월, 년

07 다음 중 아래 워크시트의 [A1] 셀에서 10.1을 입력한 후 Ctrl 을 누르고 자동 채우기 핸들을 아래로 드래그한 경우 [A4] 셀에 입력되는 값은? [17.09]

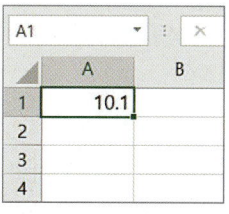

① 10.1   ② 10.4
③ 13.1   ④ 13.4

풀이 – [A1] 셀에 10.1을 입력한 후 Ctrl 을 누른 채 수식을 복사하면 정수 부분이 1씩 증가함
– [A2]=11.1, [A3]=12.1, [A4]=13.1

한.번.에. 기출문제 풀이는 모바일 앱에서 확인하세요!

정답 1.④ 2.③ 3.③ 4.③ 5.② 6.② 7.③

03 셀 서식

1) 표시 형식

- ☐ [셀 서식] 대화 상자 바로 가기 키: Ctrl + 1
- ☐ [표시 형식] 탭의 각 범주

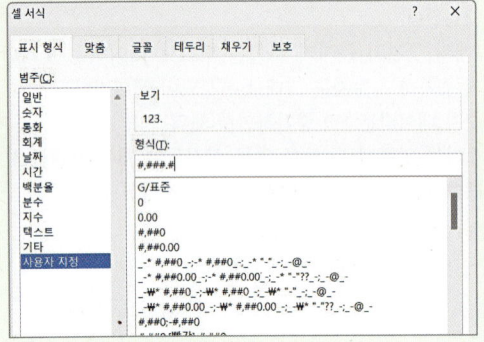

- **일반**: 특정 서식을 지정하지 않는 기본값(G/표준)
- **숫자**: 일반적인 숫자 표시, 소수 자릿수, 1000 단위 구분 기호(,) 사용, 음수 빨간색 지정 가능
- **통화**: 통화 기호와 함께 기본 오른쪽 맞춤, 통화 기호 여부 선택 가능
- **회계**: 통화 기호와 소수점에 맞추어 열을 맞춤하는 데 사용, 음수의 표시 형식을 별도로 지정할 수 없고, 입력된 값이 0일 경우 하이픈(-)으로 표시됨
- **기타**: 우편 번호, 전화번호, 주민 등록 번호 등의 형식 설정

- ★ **사용자 지정 표시 형식**
  - [표시 형식] 탭에서 원하는 형식이 없거나 기존의 표시 형식을 수정하기 위해 사용자가 직접 서식 코드를 이용해 표시 형식 지정
  - 실행: [표시 형식] 맨 아래 [사용자 지정]을 선택한 후 '형식' 입력 창에 서식 코드를 사용해 작성함

- ☐ 서식 종류
  - 숫자 서식
    - **#**: 유효한 자릿수만 표시하고, 유효하지 않은 0은 표시 안 함
      - 예) 입력값 12345 → 서식 #,### → 결과 12,345
      - 입력값 0 → 서식 # → 결과 공백
      (아무것도 나타나지 않음)
    - **0**: 유효하지 않은 자릿수를 0으로 표시함
      - 예) 입력값 0 → 서식 0 → 결과 0
    - **?**: 유효하지 않은 자릿수에 공백을 입력해 자릿수 확보
    - **,**: 1000 단위 구분 기호 표시(마지막 쉼표는 숫자 세 자리 생략한 후 자동 반올림)
      - 예) 입력값 12500 → 서식 #, → 결과 13

1+ 서식 기호 #과 0의 차이점

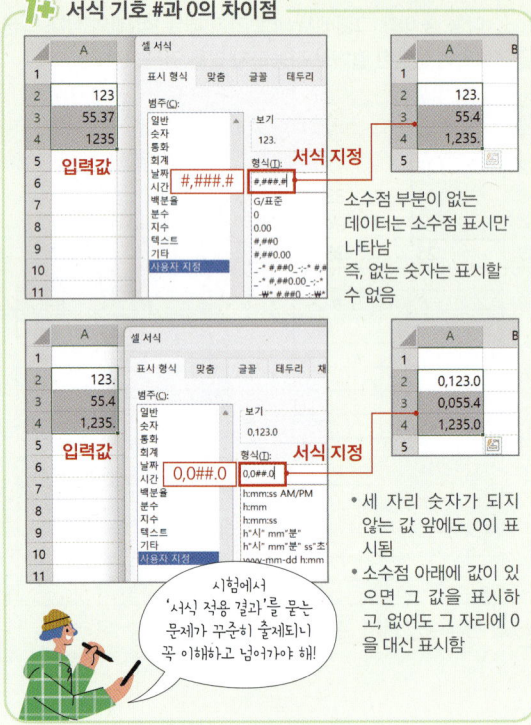

소수점 부분이 없는 데이터는 소수점 표시만 나타남
즉, 없는 숫자는 표시할 수 없음

세 자리 숫자가 되지 않는 값 앞에도 0이 표시됨
소수점 아래에 값이 있으면 그 값을 표시하고, 없어도 그 자리에 0을 대신 표시함

시험에서 '서식 적용 결과'를 묻는 문제가 꾸준히 출제되니 꼭 이해하고 넘어가야 해!

★ 사용자 지정 표시 형식의 조건 지정

양수;음수;0;일반 문자열

❶ [빨강]#,##0;[파랑]#,##0;-
  - 양수에 대해 빨간색 글꼴로 숫자 세 자리마다 쉼표 표시
  - 음수에 대해 파란색 글꼴로 숫자 세 자리마다 쉼표 표시
  - 0인 경우 0 대신 - 표시

❷ [>=5000][빨강]#,##0;[파랑]#,##0
  - 숫자가 5000 이상이면 빨간색 글꼴로 숫자 세 자리마다 쉼표 표시
  - 그 외의 숫자이면 파란색 글꼴로 숫자 세 자리마다 표시

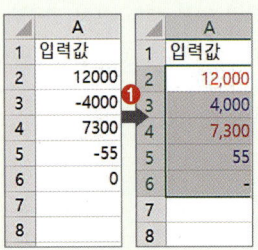

날짜/시간 서식

연	yy	연도 두 자리	예) 22
	yyyy	연도 네 자리	예) 2022
월	m	월 한 자리	예) 8
	mm	월 두 자리	예) 08
	mmm	월 영문 약어	예) Aug
	mmmm	월 영문 전체	예) August
일	d	일 한 자리	예) 1
	dd	일 두 자리	예) 01
	ddd	영문 요일 약어	예) Tue
	dddd	영문 요일 전체	예) Tuesday
요일 (한글)	aaa	한글 요일 앞 글자	예) 화
	aaaa	한글 요일 전체 글자	예) 화요일
시	h(hh)	시간 0~23 표시(00~23)	예) 3(03)
분	m(mm)	분 0~59 표시(00~59)	예) 5(05)
초	s(ss)	초 0~59 표시(00~59)	예) 6(06)

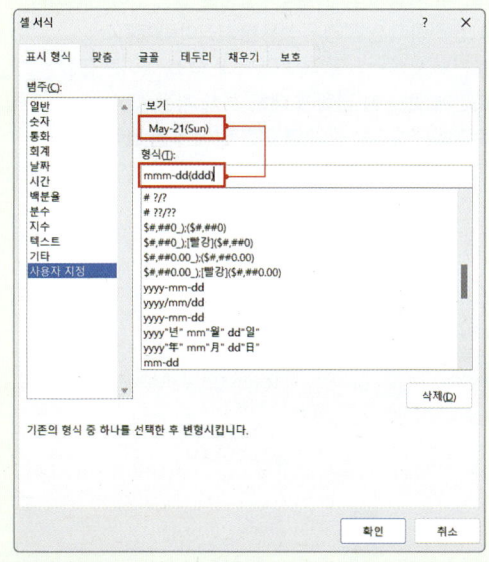

문자 서식

- 기호 @를 입력하면 셀에 입력된 문자가 표시됨
  예) 입력값 EBS → 서식 @"교육" → 결과 EBS교육
- 기호 *는 * 뒤의 문자를 셀 너비만큼 반복해 표시함
  예) 입력값 3 → 서식 *★0 → 결과 ★★★★3
  입력값 3 → 서식 ★*3 → 결과 ★   3
                         한 칸 띄움 셀 너비만큼 빈칸

[맞춤] 탭

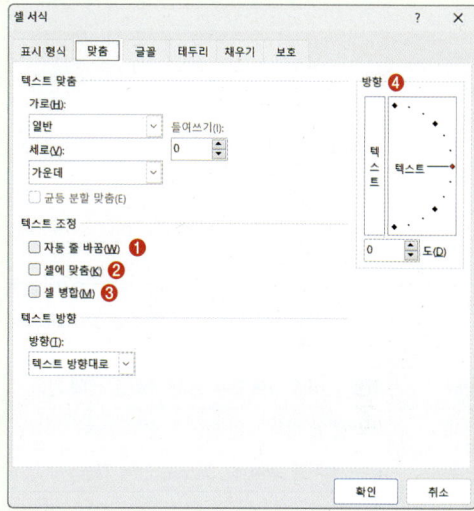

1. 텍스트 길이가 셀 너비보다 길면 자동으로 줄을 넘겨 표시
2. 셀에 입력된 내용이 열의 너비보다 긴 경우 글자 크기를 자동으로 줄여 한 셀에 표시(실제 글꼴 크기는 변동 없음)
3. 여러 개의 셀을 하나의 셀로 합치는 것으로 데이터가 들어 있는 셀들을 병합하면 선택 영역의 맨 위쪽 행 또는 왼쪽 셀의 내용만 남고 모두 삭제됨

4. 데이터에 회전 각도를 지정해 방향 설정

2) 셀 스타일

- 실행: [홈] → [스타일] → [셀 스타일] 선택

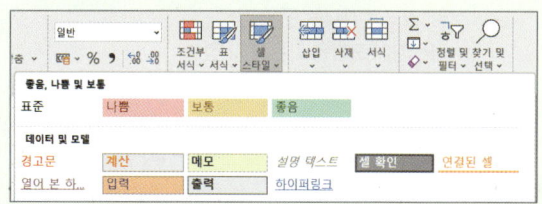

- 셀 스타일은 글꼴과 글꼴 크기, 숫자 서식, 셀 테두리, 셀 음영 등이 정의된 서식의 집합으로 셀 서식을 일관성 있게 적용할 때 편리
- 기본 제공 셀 스타일을 수정하거나 복제해 사용자 지정 셀 스타일을 직접 만들 수 있음
- 특정 셀을 다른 사람이 변경할 수 없도록 셀을 잠그는 셀 스타일을 사용할 수도 있음

3) 찾기/바꾸기

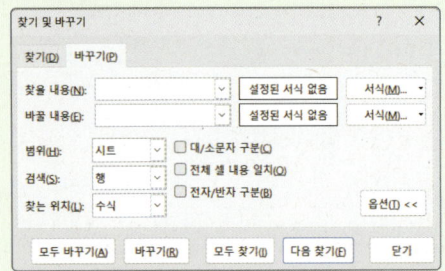

- 만능 문자 이용한 바꾸기 작업

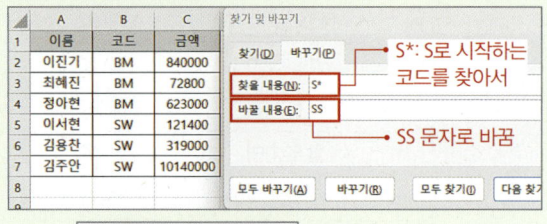

찾을 내용	찾을 데이터 또는 특정 서식 검색
바꿀 내용	찾을 내용을 교체할 문자 입력
범위	찾을 범위를 시트 또는 통합 문서로 선택 가능
검색	검색을 행 방향과 열 방향 중 선택 가능
찾는 위치	찾는 위치를 수식, 값, 메모로 선택 가능

☐ 입력된 데이터에 대해 특정 내용을 찾거나 다른 내용으로 바꾸는 기능
☐ 찾기
  - 실행: [홈] → [편집] → [찾기 및 선택] → [찾기] 선택
  - 바로 가기 키: Ctrl + F
  - 이전 항목을 찾으려면 Shift 를 누른 채 다음 찾기 클릭

> 대/소문자를 구분해서 찾을 수 있고, '찾을 내용'에 입력한 문자만 있는 셀을 검색하려면 '전체 셀 내용 일치' 선택

☆ 만능 문자를 이용해 찾기/바꾸기 작업을 수행할 수 있음
  - 만능 문자(*, ?)를 찾으려면 만능 문자 앞에 '~' 입력(~*, ~?)
  - *: 모든 문자 자리 의미
    ?: 문자 한 자리 의미
    예) 김*: 김으로 시작하는 모든 문자 검색
        *김: 김으로 끝나는 문자 검색
        김: 김이 포함된 모든 문자 검색
        김??: 김으로 시작하고 반드시 세 글자인 것만 검색

☐ 바꾸기
  - 실행: [홈] → [편집] → [찾기 및 선택] → [바꾸기] 선택
  - 바로 가기 키: Ctrl + H
  - 찾을 내용과 바꿀 내용을 입력하고 '모두 바꾸기'를 선택하면 한꺼번에 변경 작업이 이뤄짐
  - 찾을 내용과 바꿀 내용을 입력하지 않고, 오로지 서식만 변경할 수도 있음

4) 조건부 서식

☐ 셀 범위에 대한 서식 규칙이 만족되면 해당 규칙의 서식이 사용자가 임의로 지정한 서식보다 우선함
☐ [홈] → [편집] → [찾기 및 선택] → [이동 옵션]을 이용해 조건부 서식이 적용된 셀을 찾아 이동할 수 있음
☐ 조건을 수식으로 입력할 경우 수식 앞에 반드시 등호(=) 입력
☐ 조건부 서식에 의해 서식이 설정된 셀은 값이 변경되어 조건에 만족하지 않을 경우 적용된 서식이 해제됨
☐ 조건부 서식 스타일: 데이터 막대, 색조, 아이콘 집합
☐ 조건에 맞는 **행 전체에 대해 서식 지정 시** 작성하는 규칙의 수식에서 참조할 셀의 **열 이름 앞에 '$'를 붙여 고정**
  예) 수량이 100 이상인 데이터 행 전체에 채우기 색을 지정하는 조건부 서식

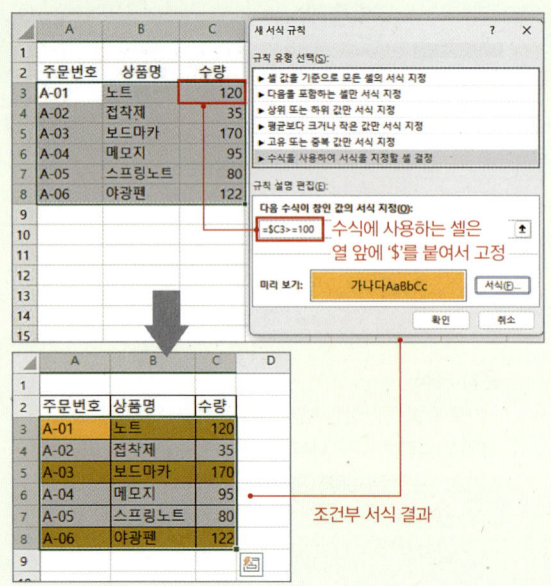

한.번.에. 기출문제

01 다음 중 서식 코드를 셀의 사용자 지정 표시 형식으로 설정한 경우 입력 데이터와 표시 결과가 옳지 않은 것은? [20.07]

	서식 코드	입력 데이터	표시
ⓐ	# ???/???	3.75	3 3/4
ⓑ	0,00#,	-6789	-0,007
ⓒ	*-#,##0	6789	*----6789
ⓓ	▲#;▼#;0	-6789	▼6789

① ⓐ ② ⓑ
③ ⓒ ④ ⓓ

풀이 *: *표 뒤 문자를 셀 너비만큼 반복해 채움

02 다음 중 셀에 입력된 데이터에 사용자 지정 표시 형식을 설정한 후의 표시 결과로 옳은 것은? [19.03]

① 0.25 → 0#.#% → 0.25%
② 0.57 → #.# → 0.6
③ 90.86 → #.##0.0 → 90.9
④ 100 → #,###;@"점" → 100점

풀이 ①번 0.25 → 0#.#% → 25.%
– %을 붙이면 백분율로 변경되며, #은 자릿수가 없을 경우 값을 표시하지 않음
②번 0.57 → #.# → .6
– #은 값이 없을 경우(0) 값을 표시하지 않음
④번 100 → #,###;@"점" → 100
– #,###은 수치에 대한 표시 형식이며 @는 문자에 대한 표시 형식
– 만약 '가'를 입력하면 '가점'이 표시됨

03 다음 중 입력 데이터에 사용자 지정 표시 형식을 설정한 경우 그 표시 결과로 옳지 않은 것은? [20.02]

	입력 데이터	표시 형식	표시 결과
①	0	#	
②	123.456	#.#	123.5
③	100	##.##	100.00
④	12345	#,###	12,345

04 아래 그림과 같이 조건부 서식의 수식을 사용해 표의 홀수 행마다 배경색을 노란색으로 채우고자 한다. 다음 중 조건부 서식에서 작성해야 할 수식으로 옳은 것은? [18.09]

	A	B	C	D	E	F
1	부서별 비품관리					
2	부서	보유량	요청량	합계		
3	기획팀	25	5	30		
4	관리팀	15	20	35		
5	총무팀	32	9	41		
6	인사팀	22	25	47		
7	회계팀	18	5	23		
8	경영지원팀	15	18	33		
9	감사팀	25	19	44		
10	합계	152	101	253		
11						

① =MOD(COLUMN( ),2)=1
② =MOD(ROW( ),2)=1
③ =COLUMN( )/2=1
④ =ROW( )/2=1

풀이 홀수 행인 3, 5, 7, 9행에 서식이 적용됨

한.번.에. 기출문제 풀이는 모바일 앱에서 확인하세요!

정답 1.③ 2.③ 3.① 4.②

PART II 데이터 계산

학습 방향
스프레드시트에서 사용되는 함수의 활용법을 학습합니다. 출제 범위의 함수가 많지만 자주 출제되는 함수는 정해져 있으므로, 출제되었던 함수 위주로 실습을 통해 함수의 기능과 함수 인수 등을 이해하도록 합니다. 실기 시험에 사용되는 함수들이므로, 단순 교재의 문자를 통해 학습하기 보다는 실습이 병행되어야 합니다.

핵심 키워드
수식 입력 방법, 절대 참조, 3차원 참조, 수학/삼각 함수, 통계 함수, 논리 함수, 문자열 함수, 날짜/시간 함수, 데이터베이스 함수, 찾기 참조 함수, 재무 함수, 정보 함수, 배열 상수, 배열 수식을 이용한 합계와 개수 구하기 공식, 오류의 표현 종류

4. 수식 — 50%
5. 배열 수식 — 50%

04 수식

출제 비율 50%

1) 수식 계산 및 셀 참조

☐ **수식 작성**
- 수식은 같은 워크시트의 다른 셀, 다른 시트에 있는 셀, 다른 통합 문서에 있는 셀을 참조할 수 있음
- 수식이 입력된 셀에는 수식의 결과값이 표시되고, 수식은 수식 입력줄에 표시됨
- 셀 범위 선택하고 수식을 입력한 후 Ctrl + Enter 를 누르면 해당 범위에 수식이 복사됨

☐ **셀 참조**
- 수식에서 다른 셀에 입력된 값을 사용할 때 그 값을 직접 입력하지 않고 대신 셀 주소를 사용하는 것을 의미
- 수식에서 참조된 셀의 값이 변경되면 그것을 이용한 결과 셀의 값도 함께 변경

☐ **상대 참조(A2)**
- 수식을 입력한 셀의 위치가 변동되면 참조되는 셀 주소도 함께 변경되는 방식
- 일반적으로 사용하는 셀의 주소 그대로 수식에 입력

	A	B	C	D
1	반	점수	가중치	합산
2	S반	7.2	1.2	=B2+C2
3	K반	8.4	0.6	
4	D반	8.5	1.5	

★ **절대 참조($A$2)**
- 수식을 입력한 셀의 위치와 관계없이 항상 고정된 주소로 참조되는 방식
- 입력 방법: F4 를 눌러 행, 열 앞에 '$' 표시를 함

	A	B	C	D
6			가중치	1.2
7	반	점수	합산	
8	S반	7.2	=B8+$D$6	
9	K반	8.4		
10	D반	8.5		

가중치 점수 1.2가 모두에게 적용될 경우 [D6] 셀은 모든 학생의 합산 수식에 필요하므로 아래로 수식을 복사해도 해당 셀은 고정적으로 참조되어야 함

★ **혼합 참조($A2, A$2)**
- 열과 행 중 어느 한쪽만 고정하는 방식
- 열 고정 혼합 참조: 열만 고정됨(예: $A1) 계산 방향 →
- 행 고정 혼합 참조: 행만 고정됨(예: A$1) 계산 방향 ↓
- 예) 기본급과 수당을 더해 [E9] 셀까지 수식을 복사

	A	B	C	D	E	F
1	총급여액 예상표					
2			수당이 바뀌어야 함 → 열 변환			
3	기본급	수당	100,000	150,000	200,000	250,000	300
4	2,000,000	=$A4+B$3		기본급은 모두 동일해야 함 → 열 고정		
5	2,100,000					
6	2,200,000			수당은 동일해야 함 → 행 고정		
7	2,300,000					
8	2,400,000					
9	2,500,000					
10	기본급이 바뀌어야 함 → 행 변환					

- [B4] 셀 계산을 위해서는 기본급[A4] 셀과 수당[B3] 셀을 더함
- [B5] 셀 계산을 위해서는 기본급[A5] 셀과 수당[B3] 셀을 더함
- [C4] 셀 급여액 계산식은 기본급[A4] 셀 + 수당[C3] 셀
- [C5] 셀 급여액 계산식은 기본급[A5] 셀 + 수당[C3] 셀
- **[B4] 셀에 수식을 입력할 때 위 그림처럼 기본급은 아래쪽 자동 채우기 실행 시 행이 변환되어야 하고, 오른쪽으로 채우기 실행 시 기본급 A열은 고정되어야 함**

- 반대로, 수당은 아래쪽 자동 채우기 시 행이 고정되어야 하고, 오른쪽으로 자동 채우기 시 열이 변환되어야 함
- 따라서 수식에서 셀 참조는 기본급[A4] → [$A4], 수당 [B3] → [B$3]이 되어야 함

⭐ **3차원 참조**
- 수식에서 여러 시트의 셀 또는 셀 범위에 대한 참조
- 일반 수식에서만 3차원 참조가 가능(배열 수식에서는 사용 안 됨)
- 3차원 참조 시 '시트명'!참조 셀 번지 형식으로 수식 작성
  예) 4월 매출액, 5월 매출액, 6월 매출액 시트의 총매출액을 합산해 결산 시트에 구해주는 수식

'4월 매출액'!D3 + '5월 매출액'!D3 + '6월 매출액'!D3과 같은 의미

=SUM('4월 매출액:6월 매출액'!D3)

이달의 총매출액 ₩400,000

결산 시트에 합산 결과를 구해 줌

2사분기 총 매출액 1,200,000

2) 수학과 삼각 함수 ⭐

함수	설명
SUM(합계를 구하려는 숫자1, 숫자2, …)	인수들의 합계를 구함
⭐ SUMIF(조건을 검사할 셀 범위, 조건, 합계를 구할 실제 셀 범위)	조건에 맞는 셀들의 합계를 구함
⭐ SUMIFS(합계를 구할 실제 셀 범위, 조건을 검사할 셀 범위1, 조건1, …)	여러 조건에 맞는 셀들의 합계를 구함
⭐ SUMPRODUCT(배열1, 배열2, …)	배열의 숫자를 곱한 다음 더한 값을 구함
ROUND(반올림하려는 숫자, 자릿수)	숫자를 지정한 자릿수로 반올림
⭐ ROUNDUP(올림하려는 숫자, 자릿수)	숫자를 지정한 자릿수로 올림
ROUNDDOWN(버림하려는 숫자, 자릿수)	숫자를 지정한 자릿수로 표시 후 나머지는 버림
TRUNC(숫자, [자릿수]*)	지정한 자릿수만 남기고 나머지 자리를 버림(자릿수 0 생략 가능) =TRUNC(23.4) → 23

함수	설명
ABS(절대값을 구할 숫자)	절대값을 구함 =ABS(-3) → 3, =ABS(3) → 3
⭐ INT(숫자)	소수점 아래를 버리고 가장 가까운 정수로 내림한 값 구함 =INT(7.4) → 7, =INT(-7.4) → -8
RAND( )	0보다 크거나 같고 1보다 작은 난수를 구함(인수가 필요 없고 재계산 시에는 새로운 난수를 구함)
⭐ MOD(나머지를 구할 숫자, 나누는 수)	나눗셈의 나머지를 구함 =MOD(12,5) → 2
QUOTIENT(나누는 수, 나누는 수)	나눗셈에서 몫을 구함 =QUOTIENT(10,3) → 3, =QUOTIENT(10,2) → 5
⭐ POWER(밑수, 거듭제곱 되는 수)	밑수를 지정한 수만큼 거듭제곱한 결과를 구함 =POWER(3,2) → 3^2=3*3 → 9
FACT(계승값을 구하려는 숫자)	계승값(인수의 팩토리얼 값)을 구함 (입력된 숫자가 음수이면 오류) =FACT(5) → 5*4*3*2*1 → 120 =FACT(-2) → #NUM!
SQRT(제곱근을 구하려는 숫자)	양의 제곱근을 구함(숫자가 음수이면 오류) =SQRT(4) → 2 =SQRT(-4) → #NUM!

*[ ]: 생략 가능한 인수

1+ ⭐

☐ 입력값 ROUND, ROUNDUP, ROUNDDOWN 함수 구분
  반올림   올림   버림

모두 같은 문법을 갖고 있지만 정해진 자릿수에 값을 표시할 때 반올림, 올림, 버림의 차이가 생김

예) 자릿수 정리

1	2	3	4	.	5	6	7

자릿수
-4	-3	-2	-1	0	1	2	3

	A	B	C	D	E
1					
2			ROUND	ROUNDUP	ROUNDDOWN
3		23.342	23.3	23.4	23.3

=ROUND(B3,1)   =ROUNDDOWN(B3,1)
=ROUNDUP(B3,1)

☐ INT, TRUNC, ROUNDDOWN 함수의 실행 결과
  예) =ROUNDDOWN(23.342,0) 결과값 23
     =TRUNC(23.342) 또는 =TRUNC(23.342,0) 결과값 23
     =INT(23.342) 결과값 23
- 정수 변환 시 모두 동일한 결과값 표시

3) 통계 함수

함수	설명
AVERAGE (숫자1, 숫자2, …)	인수들의 평균을 구함 =AVERAGE(3,4,5) → 4
MAX (숫자1, 숫자2, …)	• 최대값을 구함 =MAX(2,7,3,8,6) → 8
MIN (숫자1, 숫자2, …)	• 최소값을 구함 =MIN(2,7,3,8,6) → 2
☆ COUNT (값1, 값2, …)	범위에서 숫자, 날짜, 시간이 포함된 셀의 개수를 구함 =COUNT(2,4,"2021-3-29","12:30","EBS") → 4: EBS는 문자이므로 개수에서 제외함
☆ COUNTA (값1, 값2, …)	범위에서 비어 있지 않은 셀의 개수를 구함
☆ COUNTBLANK (범위)	범위에서 비어 있는 셀의 개수를 구함
COUNTIF (조건을 검사할 셀 범위, 조건)	조건에 맞는 셀의 개수를 구함
☆ COUNTIFS (조건을 검사할 셀 범위1, 조건1, …)	여러 조건에 맞는 셀의 개수를 구함
☆ LARGE(배열, K) SMALL(배열, K)	• 배열 범위에서 k번째로 큰 값을 구함 =LARGE(C7:C28,2): [C7:C28] 영역에서 두 번째로 큰 값을 구함 • 배열 범위에서 k번째로 작은 값을 구함 =SMALL(C7:C28,2): [C7:C28] 영역에서 두 번째로 작은 값을 구함
☆ RANK.EQ (순위를 구할 수, 참조할 숫자 목록, 순위를 정할 방법을 지정하는 수) RANK.AVG (순위를 구할 수, 참조할 숫자 목록, 순위를 정할 방법을 지정하는 수)	숫자 목록에서 지정한 수의 순위를 구함 - RANK.EQ: 공동 순위가 있는 경우, 1위가 2명이면 그다음 순위는 3위가 됨 - RANK.AVG: 공동 순위가 있는 경우, 순위의 구간 평균값을 구함 예를 들어 1등이 2명이면 1.5등 2등이 2명이면 2.5등이 됨 세 번째 인수 순위를 정할 방법을 지정하는 수는 생략하거나 0이면 내림차순, 1이면 오름차순 순위를 구함(작은 값이 1위)
VAR (숫자1, 숫자2, …)	표본 집단의 분산을 구함 =VAR(1,3,5) → 4
STDEV (숫자1, 숫자2, …)	표본 집단의 표준 편차를 구함 =STDEV(1,3,5) → 2
MEDIAN (숫자1, 숫자2, …)	크기 순으로 배열 후 중간값을 구함
MODE (숫자1, 숫자2, …)	숫자 그룹에서 가장 자주 발생하는 수를 구함 =MODE(1,2,4,4,5,5,5,6) → 5
PERCENTILE (범위, K)	범위에서 k번째 백분위수를 구함 k는 0에서 1까지의 백분위수 값 또는 0%에서 100%로 표시
FREQUENCY (범위, 구간)	정해진 범위 내에서 해당 구간에 속하는 빈도 수를 구함 배열 수식의 형태로 수식 작성함

예) COUNT, COUNTA, COUNTBLANK 함수 구분
COUNT 함수는 동그라미 부분의 숫자, 날짜, 시간 데이터의 개수를 셈

	A	B	C	D	E
1		데이터			
2		8:15 PM			
3		2022-07-28		COUNT 함수	5
4				COUNTA 함수	8
5		하나		COUNTBLANK 함수	1
6		17			
7		5			
8		둘		=COUNT(B2:B10)	
9		셋		=COUNTA(B2:B10)	
10		3		=COUNTBLANK(B2:B10)	

4) 논리 함수 ★

함수	설명
IF(조건, 참의 결과값, 거짓의 결과값)	조건에 대한 참과 거짓의 결과값을 구하는 함수
IFERROR(값, 오류일 때 반환할 값)	수식의 결과가 오류일 때 지정한 값을 반환하고 그렇지 않으면 수식의 결과를 반환
NOT(논리)	논리의 반대 값을 구함
AND(조건1, 조건2, …)	모든 조건이 참이면 참의 결과값을 구함
OR(조건1, 조건2, …)	조건 중 하나라도 참이면 참의 결과값을 구함

IF 함수: 평균이 85 이상이면 "합격" 출력
그렇지 않으면 "불합격" 출력

=if(D5>=85,"합격","불합격")

	A	B	C	D	E	F	G
1				시험결과보고서			
2							
3							
4	수험번호	영어	전공	평균	평가1	평가2(AND)	평가3(OR)
5	C001	85	90	87.5	=if(D5>=85,"합격","불합격")		
6	C002	90	65	77.5			
7	C003	75	80	77.5			
8	C004	55	50	52.5	참일 때 수행할 문장		
9	C005	60	80	70			
10	C006	75	100	87.5	거짓일 때 수행할 문장		
11	C007	90	90	90			
12	C008	100	70	85			
13	C009	95	85	90			
14	C010	85	90	87.5			

5) 문자열(텍스트) 함수 ★

함수	설명
LEFT(문자열, 추출할 문자 수)	문자열의 왼쪽부터 지정한 수만큼 추출 =LEFT("교육의중심이비에스",5) → 교육의중심: 왼쪽에서 다섯 번째 글자까지 추출
RIGHT(문자열, 추출할 문자 수)	문자열의 오른쪽부터 지정한 수만큼 추출 =RIGHT("교육의중심이비에스",4) → 이비에스: 오른쪽에서 네 번째 글자까지 추출
★ MID(문자열, 추출할 문자의 시작 위치, 추출할 문자 수)	문자열의 시작 위치에서부터 지정한 수만큼 추출 =MID("교육의중심이비에스",4,2) → 중심: 문자에서 네 번째부터 두 글자를 추출
LOWER(문자열) UPPER(문자열)	문자열을 모두 소문자로 변환 =LOWER("EBS") → ebs 문자열을 모두 대문자로 변환 =UPPER("ebs") → EBS
PROPER(문자열)	단어의 첫 번째 문자만 대문자로 변환하고 나머지는 소문자로 변환 =PROPER("EBS") → Ebs
★ TRIM(문자열)	문자 사이의 공백은 한 칸 남기고 문자열 앞/뒤의 공백은 모두 제거 =TRIM(" 교육의 중심 EBS ") → 교육의 중심 EBS: '교' 앞과 'S' 뒤의 공백은 없애고 나머지 공백은 한 칸으로 만듦
★ REPLACE (일부분을 바꾸려는 문자열, 바꾸기 시작할 문자 위치, 바꾸려는 문자의 개수, 대체할 새 문자)	문자열 일부를 시작 위치에서 지정한 개수만큼 다른 문자로 변환 =REPLACE("교육의중심이비에스",6,4,"EBS") → 교육의중심EBS
SUBSTITUTE(문자열, 교체할 문자, 새 문자, [K])	문자열에서 교체할 문자를 새 문자로 대체함 =SUBSTITUTE("교육의중심이비에스","이비에스","EBS") → 교육의중심EBS: '이비에스'를 찾아서 'EBS'로 변경
★ LEN(문자열)	문자열 내의 문자 개수를 구함 =LEN("교육의중심이비에스") → 9
★ VALUE(문자열)	숫자 형태의 문자열을 숫자로 변환 =VALUE("123") → 123
REPT(문자, 반복 횟수)	문자를 지정한 횟수만큼 반복하여 출력 =REPT("*",5) → *****
FIND(찾으려는 문자, 찾으려는 문자가 포함된 문자열, [찾으려는 문자의 시작 위치]) SEARCH(찾으려는 문자, 찾으려는 문자가 포함된 문자열, [찾으려는 문자의 시작 위치])	문자열에서 찾을 문자의 위치를 구함(찾으려는 문자의 시작 위치를 생략하면 자동으로 1로 인식함) - FIND 함수: 대/소문자 구분 - SEARCH 함수: 대/소문자 구분 안 함 =FIND("E","I Love EBS") → 8: 첫 번째 'E'의 위치 =SEARCH("E","I Love EBS") → 6: 대/소문자 구분 없이 첫 번째 'E'의 위치

함수	설명
★ TEXT(값, "형식")	값을 지정한 형식으로 표시 =TEXT(23500,"#,##0원") → 23,500원
★ CONCATENATE ("문자1", "문자2", …)	문자를 모두 연결해 하나로 표시(365 버전은 CONCAT 함수와 동일) 인수를 255개까지 추가할 수 있음 =CONCATENATE("교육의","중심","EBS") → 교육의 중심 EBS

예) FIND와 SEARCH 함수 ★

	A	B	C	D
1				
2			=FIND("활",B3)	=SEARCH("활",B3)
3		컴퓨터활용능력시험	4	4
4			=FIND("T",B5)	=SEARCH("T",B5)
5		Victory Test	9	4

- [B3] 셀에서 "활" 문자의 위치를 표시
  결과값은 모두 4번째 위치 4를 표시
  (한글에서는 FIND, SEARCH 함수 동일한 결과)
- [B5] 셀에서 대문자 "T"의 위치를 표시
  FIND 함수는 대/소문자 구분해 9를 표시, 그에 반해 SEARCH 함수는 대/소문자 구분하지 않고 해당 문자열을 검색해 4를 표시

예) REPLACE 함수

	A	B	C	D
1				
2	[A3] 셀에서 처음 두 문자를 '컴퓨터'로 변경하라는 의미			
3	PC활용능력	=REPLACE(A3,1,2,"컴퓨터")		
4		컴퓨터활용능력		
5				

예) CONCATENATE 함수

	D	E	F	G	H
1			두 문자를 하나의 문자로 연결		
2	컴활	합격	=CONCATENATE(D2,E2)		
3			컴활합격		
4					
5					

6) 날짜와 시간 함수 ★

함수	설명
YEAR(날짜) MONTH(날짜) DAY(날짜)	• 날짜에서 연도를 구함 =YEAR("2022-08-15") → 2022 • 날짜에서 월을 구함 =MONTH("2022-08-15") → 8 • 날짜에서 일을 구함 =DAY("2022-08-15") → 15
HOUR(시간) MINUTE(시간) SECOND(시간)	• 시간에서 시를 구함 =HOUR("20:03:20") → 20 • 시간에서 분을 구함 =MINUTE("20:03:20") → 3 • 시간에서 초를 구함 =SECOND("20:03:20") → 20

함수	설명
WEEKDAY (날짜, [요일의 유형을 결정하는 수])	날짜에 해당하는 요일을 1에서 7까지 숫자로 구함 (요일을 결정하는 수는 1, 2 또는 3이고 생략하면 유형 1이 됨) =WEEKDAY(날짜,1) 1: 일요일 ~ 7: 토요일 =WEEKDAY(날짜,2) 1: 월요일 ~ 7: 일요일 =WEEKDAY(날짜,3) 0: 월요일 ~ 6: 일요일
DAYS (종료 날짜, 시작 날짜)	종료 날짜에서 시작 날짜를 뺀 두 날짜 사이의 일수를 구함 =DAYS("2022-9-8","2022-9-3") → 5
☆ DATE (연도, 월, 일)	연도, 월, 일 인수로 입력받은 정수를 날짜로 표시 (기준 1900년 1월 1일) =DATE(2022,03,29) → 2022-03-29
☆ WORKDAY (시작 날짜, 일수, [휴일])	시작 날짜에 일수를 더하거나 뺀 후 주말과 휴일을 제외한 날짜를 구함 =WORKDAY("2021-03-26",5) → 2021-04-02: 2021-03-26일에서 5일을 더하면 2021-03-31이지만 토요일과 일요일은 제외되므로 실제 5일을 더한 결과는 2021-04-02이 됨
☆ EOMONTH (시작 날짜, 개월 수)	시작 날짜에서 개월 수를 더하거나 뺀 달의 마지막 날짜를 구함 =EOMONTH("2021-5-20",2) → 2021-7-31
TIME(시, 분, 초)	시, 분, 초 인수로 입력받은 숫자를 시간으로 나타냄
TODAY( )	시스템의 현재 날짜를 구함
NOW( )	시스템의 현재 날짜와 시간을 구함
☆ EDATE(시작 날짜, 개월 수)	시작 날짜의 월에서 개월 수를 더하거나 뺀 날짜를 구함 =EDATE("2021-4-1",3) → 2021-7-1: 4월 1일에서 3개월을 더한 날짜는 2021-07-01이 됨
NETWORK DAYS(시작 날짜, 종료 날짜, [휴일])	종료 날짜에서 시작 날짜를 뺀 일수 중 토, 일과 휴일을 제외한 일수를 구함 =NETWORKDAYS("2022-3-5","2022-3-20") → 10

7) 데이터베이스 함수

함수	설명
DSUM(데이터베이스, 필드, 조건)	데이터베이스(표 범위)에서 지정한 조건에 맞는 필드(열 번호)의 합계를 구함
DAVERAGE(데이터베이스, 필드, 조건)	데이터베이스(표 범위)에서 지정한 조건에 맞는 필드(열 번호)의 평균을 구함
DCOUNT(데이터베이스, 필드, 조건)	데이터베이스(표 범위)에서 지정한 조건에 맞는 필드(열 번호)의 숫자 셀 개수를 구함
DCOUNTA(데이터베이스, 필드, 조건)	데이터베이스(표 범위)에서 지정한 조건에 맞는 필드(열 번호)의 개수를 구함
DMAX(데이터베이스, 필드, 조건)	데이터베이스(표 범위)에서 지정한 조건에 맞는 필드(열 번호)의 최대값을 구함
DMIN(데이터베이스, 필드, 조건)	데이터베이스(표 범위)에서 지정한 조건에 맞는 필드(열 번호)의 최소값을 구함

예) 데이터베이스에서 산지 구분이 "경북"인 데이터의 개수를 구함

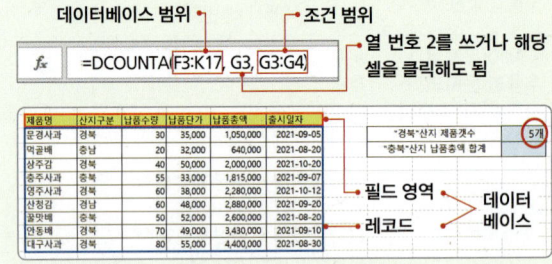

8) 찾기와 참조 함수 ♠

함수	설명
☆ VLOOKUP (찾으려는 값, 데이터를 검색하고 추출하려는 표, 열 번호, 찾는 방법)	표의 첫 열에서 찾으려는 값을 검색해 지정한 열에서 값을 반환 찾는 방법: - 정확하게 일치하는 것을 찾으려면 FALSE 또는 0 - 비슷하게 일치하는 것을 찾으려면 TRUE 또는 1, 생략
HLOOKUP (찾으려는 값, 데이터를 검색하고 추출하려는 표, 행 번호, 찾는 방법)	표의 첫 행에서 찾으려는 값을 검색해 지정한 행에서 값을 반환 찾는 방법: - 정확하게 일치하는 것을 찾으려면 FALSE 또는 0 - 비슷하게 일치하는 것을 찾으려면 TRUE 또는 1, 생략
☆ CHOOSE (인덱스 번호, 값1, 값2, …)	인덱스 번호에 맞는 값을 구함(인덱스 번호가 1이면 값1, 2이면 값2 실행) =CHOOSE(2,"금","은","동") → 은: 인덱스 번호가 2이므로 두 번째에 있는 '은'이 표시됨(인덱스 번호가 3이면 '동'이 표시)
☆ INDEX (배열, 행 번호, 열 번호)	배열(원본 데이터) 범위에서 행과 열이 교차하는 위치의 값을 구함
COLUMN (참조 셀)	참조 영역의 열 번호를 구함
ROW(참조 셀)	참조 영역의 행 번호를 구함
COLUMNS (배열)	참조 영역이나 배열(셀 범위)에 있는 열 개수를 구함
ROWS(배열)	참조 영역이나 배열(셀 범위)에 있는 행 개수를 구함
☆ MATCH (찾을 값, 찾을 값이 있는 범위, 일치하는 방법)	셀 범위에서 해당 값이 존재하는 상대 위치를 구함 일치하는 방법 = 0: 정확한 값 일치하는 방법 = 1: 범위가 오름차순(유사한 값) 일치하는 방법 = -1: 범위가 내림차순(유사한 값) 범위가 1개의 열이면 행 번호를 찾고 1개의 행이면 열 번호를 찾음

OFFSET(기준 셀, 행, 열, [높이], [너비])	기준 셀에서 지정한 행과 열만큼 떨어진 위치에 있는 영역의 값을 구함
TRANSPOSE(범위)	범위에 입력된 값의 행/열을 바꾸어 현재 셀 범위에 표시

예) <단가표>를 참조하여 코드별 품명을 계산하는 함수식

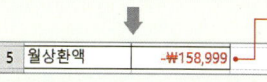

[D6] 셀 코드를 찾기 위해 <단가표> 영역을 지정하고, 해당 코드 "A"를 찾아서 그 행의 2열 값 "데스크탑"을 읽어 와서 화면에 표시함
=VLOOKUP(D6,$J$6:$L$12,2,FALSE) 또는 FALSE 대신 0을 입력함

9) 재무 함수

PMT(이율, 기간, 금액, [미래 가치], [유형])	• 대출 상환금을 구함 • 유형: 월말이면 0 또는 생략, 월초면 1을 입력 =PMT(3.5%/12,2*12,-5000000): 연이율 3.5%, 기간 2년, 대출금: 5,000,000원
FV(이율, 기간, 금액, [현재 가치], [유형])	• 복리 이자율을 계산해 만기 시 찾는 금액 • 유형: 월말이면 0 또는 생략, 월초면 1을 입력 =FV(4.5%/12,2*12,-400000): 연이율 4.5%, 기간 2년, 매월 말 400,000원 입금
PV(이율, 기간, 금액, [미래 가치], [유형])	• 정기적으로 납입되는 금액과 고정 이율을 통한 투자의 현재 가치를 구함 • 유형: 월말이면 0 또는 생략, 월초면 1을 입력 =PV(6%/12,3*12,-300000): 연이율 6%, 기간 3년, 투자 금액 300,000원

예) PMT 함수
연이율 9%로 대출금 5,000,000을 36개월 동안 상환하는 경우 매월 납입해야 하는 대출 원리금 계산 방법

	A	B
1		
2	이자율	9%
3	상환기간(개월)	36
4	원금	5,000,000
5	월상환액	=PMT(B2/12,B3,B4)
6		

• 현재 이자율은 연이율이므로 원금에 대한 9%를 12개월로 나누는 작업 필요.
즉 'B2/12' 다음 상환 기간과 원금은 그대로 참조하여 계산

| 5 | 월상환액 | -₩158,999 |

• 상환해야 할 금액이므로 음수로 나타냄. 양수로 표시하고자 할 때는 =PMT(B2/12,B3,-B4)처럼 금액 앞에 '-' 기호를 붙여서 수식 작성

★10) 정보 함수

CELL("정보 유형", [참조 범위])	• 셀에 대한 정보를 나타냄 • 정보 유형: - "col": 해당 셀의 열 번호 표시 - "address": 셀 주소를 절대 참조로 표시 - "row": 해당 셀의 행 번호 표시 =CELL("row",B3) → 3: [B3] 셀의 행 번호는 3
ISBLANK(셀)	셀이 비어 있으면 TRUE, 그렇지 않으면 FALSE를 표시
ISERR(값)	값이 #N/A를 제외한 오류 값이면 TRUE, 그렇지 않으면 FALSE를 표시
ISERROR(값)	값이 오류 값이면 TRUE, 그렇지 않으면 FALSE를 표시
ISEVEN(값)	값이 짝수면 TRUE, 그렇지 않으면 FALSE를 표시
ISODD(값)	값이 홀수면 TRUE, 그렇지 않으면 FALSE를 표시
ISNUMBER(값)	값이 숫자면 TRUE, 그렇지 않으면 FALSE를 표시
ISLOGICAL(값)	값이 논리값이면 TRUE, 그렇지 않으면 FALSE를 표시
TYPE(값)	• 입력된 값의 데이터 타입을 숫자로 표시 • 값: 숫자1, 문자2, 논리값-4, 오류-16, 배열-64 =TYPE(20*30) → 1 =TYPE("교육의중심이비에스") → 2 =TYPE(TRUE) → 4

예) 정보 함수의 사용 방법

	A	B	C		C
1					
2		값	수식		결과
3		3	=ISEVEN(B3)		FALSE
4			=ISBLANK(B4)		TRUE
5		25	=ISNUMBER(B5)		TRUE
6		=B2+B3	=ISERROR(B6)		TRUE
7		11	=TYPE(B7)		1

11) 이름 정의

☐ 셀 범위 혹은 특정 셀에 이름을 정의해 이동하거나 수식에서 사용

☐ 이름 정의 방법
  • 이름으로 지정할 영역 선택 → [수식] → [정의된 이름] → [이름 정의] 선택
  • 영역 지정 후 이름 상자에서 원하는 이름을 지정하고 Enter 를 누름

☆ 규칙
- 첫 글자는 반드시 문자 또는 밑줄(_), 역슬래시(\)로 시작
- 이름은 최대 255자까지 가능
- 대/소문자를 구분하지 않음
- 공백 포함할 수 없으며, 셀 주소 형식은 안 됨
- 하나의 통합 문서 내에서 중복된 이름은 허용하지 않음
- 이름 지정은 기본적으로 절대 참조가 적용됨
- 정의된 이름은 여러 시트에서 사용 가능

☐ 이름 삭제: [수식] → [정의된 이름] → [이름 관리자] 선택한 후 삭제할 이름 체크 → 삭제 클릭
☐ 수식에 사용된 이름을 삭제할 경우 해당 수식에는 오류 메시지 '#NAME?'이 표시됨

📣 이름을 이용해 수식을 작성하면 훨씬 간단히 작업 가능!

	A	B	C	D	E
1					
2			단계 합계	=SUM(단가)	

	A	B	C	D	E
1					
2			단계 합계	215100	

12) 오류

오류	의미
#VALUE!	잘못된 인수나 피연산자를 사용했을 경우
#DIV/0!	값(셀)을 0 또는 빈 셀로 나누었을 경우
#NAME?	• 함수 이름을 잘못 입력하거나 인식할 수 없는 텍스트를 수식에 사용했을 경우 • =SUM(A3:A9)가 수식 =SUM(A3A9)와 같이 범위 참조의 콜론(:)이 생략된 경우
#REF!	유효하지 않은 셀 참조를 지정할 경우
#NUM!	수식이나 함수에 잘못된 숫자 값을 사용할 경우
#NULL!	공통된 부분이 없는 두 영역을 지정했을 경우 (참조하는 셀이 삭제되었는지 확인)
#N/A	• 없는 데이터를 찾을 경우 • 함수에 부적당한 인수를 사용하거나, 사용할 수 없는 값을 지정했을 경우(참조하는 범위에서 찾고자 하는 값이 있는지 확인)
순환 참조 경고	수식이 있는 셀 자신을 참조하는 경우
######	셀에 입력된 데이터의 길이가 셀의 너비보다 클 경우

한.번.에. 기출문제

01 다음 중 셀에 수식을 입력하는 방법에 대한 설명으로 옳지 않은 것은? [20.07]

① 통합 문서의 여러 워크시트에 있는 동일한 셀 범위 데이터를 이용하려면 수식에서 3차원 참조를 사용한다.
② 계산할 셀 범위를 선택하여 수식을 입력한 후 Ctrl + Enter를 누르면 선택한 영역에 수식을 한 번에 채울 수 있다.
③ 수식을 입력한 후 결과값이 상수로 입력되게 하려면 수식을 입력한 후 바로 Alt + F9를 누른다.
④ 배열 상수에는 숫자나 텍스트 외에 'TRUE', 'FALSE' 등의 논리값 또는 '#N/A'와 같은 오류 값도 포함될 수 있다.

풀이 ③번 수식을 입력한 후 결과값을 상수로 입력하려면 수식을 입력한 후 바로 F9를 누름

02 다음 중 수식의 결과가 옳지 않은 것은? [19.03]

① =FIXED(3456.789,1,FALSE) → 3,456.8
② =EOMONTH(DATE(2015,2,25),1) → 2015-03-31
③ =CHOOSE(ROW(A3:A6),"동","서","남",2015) → 남
④ =REPLACE("February",SEARCH("U","Seoul-Unesco"),5,"")
→ Febru

풀이 ④번 =REPLACE("February",SEARCH("U","Seoul-Unesco"),5,""): 텍스트의 일부를 다른 텍스트로 바꿈
→ Seoul-Unesco에서 U의 위치는 4
=REPLACE("February",4,5,"")로 압축하여 분석하면, 4번째 글자부터 글자 5개가 공백으로 처리되며 결과는 Feb가 됨

03 아래 시트에서 수식을 실행하였을 때 다음 중 결과값이 다른 것은? [12.03]

	A	B
1	54,832,820	
2		

① =ROUND(A1,3-LEN(INT(A1)))
② =ROUNDDOWN(A1,3-LEN(INT(A1)))
③ =ROUNDUP(A1,3-LEN(INT(A1)))
④ =TRUNC(A1,-5)

풀이 ③번 결과: 54,900,000

04 아래 시트에서 주민등록번호의 여덟 번째 문자가 '1' 또는 '3'이면 '남', '2' 또는 '4'이면 '여'로 성별 정보를 알 수 있다. 다음 중 성별을 계산하기 위한 [D2] 셀의 수식으로 옳지 않은 것은?(단, [F2:F5] 영역은 숫자 데이터임) [20.02]

	A	B	C	D	E	F	G
1	번호	성명	주민등록번호	성별		코드	성별
2	1	이경훈	940209-1******	남		1	남
3	2	서정연	920305-2******	여		2	여
4	3	이정재	971207-1******	남		3	남
5	4	이춘호	990528-1******	남		4	여
6	5	김지수	001128-4******	여			

① =IF(OR(MID(C2, 8, 1)="2", MID(C2, 8, 1)="4"), "여", "남")
② =CHOOSE(VALUE(MID(C2, 8, 1)), "남", "여", "남", "여")
③ =VLOOKUP(VALUE(MID(C2, 8, 1)), $F$2:$G$5, 2, 0)
④ =IF(MOD(VALUE(MID(C2, 8, 1)), 2)=0, "남", "여")

풀이
- =IF(MOD(VALUE(MID(C2, 8, 1)), 2)=0, "남", "여")
- 주민번호 성별 코드를 2로 나누어 나머지가 0인 경우 '남', 그렇지 않는 경우 '여'를 출력하는 함수
- =IF(MOD(VALUE(MID(C2, 8, 1)), 2)=1, "남", "여")로 수정하면 정답이 됨

05 다음 중 정보 함수에 대한 설명으로 옳은 것은? [18.09]

① ISBLANK 함수: 값이 '0'이면 TRUE를 반환한다.
② ISERR 함수: 값이 #N/A를 제외한 오류 값이면 TRUE를 반환한다.
③ ISODD 함수: 숫자가 짝수이면 TRUE를 반환한다.
④ TYPE 함수: 값의 데이터 형식을 나타내는 문자를 반환한다.

풀이
①번 ISBLANK 함수: 셀이 공백이면 TRUE를 반환
③번 ISODD 함수: 숫자가 홀수면 TRUE를 반환
④번 TYPE 함수: 인수의 데이터 형식을 숫자로 표시

06 아래 워크시트에서 부서명 [E2:E4] 영역을 번호 [A2:A11] 영역 순서대로 반복하여 발령부서 [C2:C11] 영역에 배정하고자 한다. 다음 중 [C2] 셀에 입력할 수식으로 옳은 것은? [18.03]

	A	B	C	D	E
1	번호	이름	발령부서		부서명
2	1	황현아			기획팀
3	2	김지만			재무팀
4	3	정미주			총무팀
5	4	오민아			
6	5	김혜린			
7	6	김윤중			
8	7	박유미			
9	8	김영조			
10	9	한상미			
11	10	서은정			

① =INDEX($E$2:$E$4, MOD(A2,3))
② =INDEX($E$2:$E$4, MOD(A2,3)+1)
③ =INDEX($E$2:$E$4, MOD(A2-1,3)+1)
④ =INDEX($E$2:$E$4, MOD(A2-1,3))

07 다음 중 수식의 결과가 나머지 셋과 다른 것은? [19.08]

① =ABS(INT(-3/2))　　② =MOD(-3, 2)
③ =ROUNDUP(RAND( ), 0)　　④ =FACT(1.9)

풀이 ①번 INT는 가장 작은 정수를 취하므로 INT(-3/2)는 -2가 되며, ABS는 절대값을 구해 주므로 결과값은 2가 됨

한.번.에. 기출문제 풀이는 모바일 앱에서 확인하세요!

정답 1.③ 2.② 3.③ 4.④ 5.④ 6.③ 7.①

05 배열 수식

1) 배열 수식

- **배열 수식**: 대응하는 영역을 수식에 사용해 복잡한 조건을 계산하는 수식
- 배열 수식에 사용되는 배열 인수는 길이가 같은 열(동일한 개수의 행과 열)을 사용
- 배열 수식 입력 후 Ctrl + Shift + Enter 를 누름
- Ctrl + Shift + Enter 를 누르면 수식의 앞뒤에 중괄호({ })가 자동으로 표시됨
- 여러 조건을 사용할 경우 AND에는 *, OR에는 +를 사용

TYPE	배열 수식
조건 1개 만족 시 합계 계산 수식	={SUM((조건)*합계 계산 범위)} ={SUM(IF(조건, 합계 계산 범위))}
조건 1개 만족 시 개수 계산 수식	={SUM((조건)*1)} ={SUM(IF(조건, 1))} ={COUNT(IF(조건, 1))}
조건 2개 만족 시 합계 계산 수식	={SUM((조건1)*(조건2)*합계 계산 범위)} ={SUM(IF((조건1)*(조건2), 합계 계산 범위))}
조건 2개 만족 시 개수 계산 수식	={SUM((조건1)*(조건2))} ={SUM(IF((조건1)*(조건2), 1))} ={COUNT(IF((조건1)*(조건2), 1))}

2) 배열 상수

- **배열 상수**: 배열 수식에 사용되는 배열 인수를 의미
- 숫자(정수, 실수 모두 포함), 텍스트, TRUE/FALSE 등의 논리값, #N/A와 같은 오류 값을 상수로 사용할 수 있음
- 길이가 다른 행이나 열, 셀 참조는 배열 상수로 사용할 수 없음
- 배열 상수를 입력할 때 열의 구분은 쉼표(,)로 행의 구분은 세미콜론(;)을 사용함

예) 배열 상수를 이용한 기본 수식 이해하기

={1,2,3,4}+{10,20,30,40}

D	E	F	G
11	22	33	44

배열 상수

한 그룹에 1, 2, 3, 4가 있고 또 다른 그룹에 10, 20, 30, 40가 존재하면 1:1로 각 그룹의 데이터가 매칭되어 합산됨
즉, 1 + 10, 2 + 20, … 그리고, 이 결과는 각 열마다 표시됨

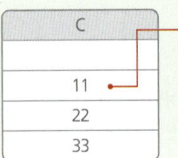

C
11
22
33

위와 수식은 같지만 쉼표(,) 대신 세미콜론(;)으로 각 상수를 구분함 결과는 각 행마다 덧셈한 결과가 표시됨

> 배열 수식은 출제 빈도가 높아! 문제 내용과 수식, 데이터를 함께 보면서 학습하는 것이 좋아!

한.번.에. 기출문제

01 아래 시트에서 [D2:D5] 영역을 선택한 후 배열 수식으로 한 번에 금액을 구하려고 한다. 다음 중 이를 위한 수식으로 옳은 것은? (금액 = 수량 * 단가) [18.09]

	A	B	C	D	E
1	제품명	수량	단가	금액	
2	디지털카메라	10	350,000		
3	전자사전	15	205,000		
4	모니터	20	155,000		
5	태블릿	5	550,000		
6					

① {=B2*C2}
② {=B2:B5*C2:C5}
③ {=B2*C2:B5*C5}
④ {=SUMPRODUCT(B2:B5,C2:C5)}

풀이 =SUMPRODUCT(B2:B5,C2:C5)는 각 행의 곱의 모든 합을 계산

02 아래 시트에서 각 부서마다 직위별로 종합점수의 합계를 구하려고 한다. 다음 중 [B17] 셀에 입력된 수식으로 옳은 것은? [20.07]

	A	B	C	D	E	F
1	부서명	직위	업무평가	구술평가	종합점수	
2	영업부	사원	35	30	65	
3	총무부	대리	38	33	71	
4	총무부	과장	45	36	81	
5	총무부	대리	35	40	75	
6	영업부	과장	46	39	85	
7	홍보부	과장	30	37	67	
8	홍보부	부장	41	38	79	
9	총무부	사원	33	29	62	
10	영업부	대리	36	34	70	
11	홍보부	대리	27	36	63	
12	영업부	과장	42	39	81	
13	영업부	부장	40	39	79	
14						
15						
16	부서명	부장	과장	대리		
17	영업부					
18	총무부					
19	홍보부					

① {=SUMIFS($E$2:$E$13, $A$2:$A$13, $A$17, $B$2:$B$13, $B$16)}
② {=SUM(($A$2:$A$13=A17)*($B$2:$B$13=B16)*$E$2:$E$13)}
③ {=SUM(($A$2:$A$13=$A17)*($B$2:$B$13=B$16)*$E$2:$E$13)}
④ {=SUM(($A$2:$A$13=A$17)*($B$2:$B$13=B16)*$E$2:$E$13)}

03 다음 중 배열 수식의 입력 및 변경 규칙에 대한 설명으로 옳지 않은 것은? [12.06]

① 배열 수식을 입력하거나 편집할 때에는 Ctrl + Shift + Enter를 눌러야 수식이 올바르게 실행된다.
② 수식에 사용되는 배열 인수들은 각각 동일한 개수의 행과 열을 가져야 한다.
③ 배열 수식의 일부만을 이동하거나 삭제할 수는 있으나 전체 배열 수식을 이동하거나 삭제할 수는 없다.
④ 배열 상수는 중괄호를 직접 입력하여 상수를 묶어야 한다.

> **풀이** 배열 수식의 일부만 이동하거나 삭제할 수 없고, 전체 배열 수식을 이동하거나 삭제할 수는 있음

04 아래 시트에서 국적별 영화 장르의 편수를 계산하기 위해 [B12] 셀에 작성해야 할 배열 수식으로 옳지 않은 것은? [20.02]

	A	B	C	D	E
1					
2	No.	영화명	관객수	국적	장르
3	1	럭키	66962	한국	코미디
4	2	허드슨강의 기적	33317	미국	드라마
5	3	그물	9103	한국	드라마
6	4	프리즘☆투어즈	2778	한국	애니메이션
7	5	드림 쏭	1729	미국	애니메이션
8	6	춘몽	382	한국	드라마
9	7	파수꾼	106	한국	드라마
10					
11		코미디	드라마		애니메이션
12	한국	1	3		1
13	미국				

① {=SUM(($D$2:$D$9=$A12) * ($E$2:$E$9=B$11))}
② {=SUM(IF($D$2:$D$9=$A12, IF($E$2:$E$9=B$11, 1)))}
③ {=COUNT(($D$2:$D$9=$A12) * ($E$2:$E$9=B$11))}
④ {=COUNT(IF(($D$2:$D$9=$A12) * ($E$2:$E$9=B$11), 1))}

> **풀이**
> – 인원수(개수)를 구하는 배열 수식 SUM, SUM(IF, COUNT(IF 이용 → IF 함수 사용 시 쉼표(,) 사용, IF 함수가 없으면 곱하기(*) 사용
> – {=SUM(IF(조건, 1, 0)}, {=SUM(IF(조건, 1)}, {=SUM((조건)*1)} 사용 가능
> – {=SUM((조건)*(조건))} // SUM 함수만 이용 시 조건 2개 이상일 때 *1 생략 가능
> – { = COUNT(IF(조건, 1))} // COUNT 함수는 반드시 IF 함수를 포함해 맨 뒤 0을 쓸 수 없음

정답 1.③ 2.③ 3.③ 4.③

데이터 관리 및 분석

6. 데이터 관리 1 — 30%
7. 데이터 관리 2 — 20%
8. 데이터 관리 3 — 50%

출제 비율

학습 방향
대량의 데이터를 스프레드시트를 활용하여 정렬, 필터, 외부 데이터, 텍스트 관리, 부분합, 시나리오, 목표값 찾기 등 간단하게 데이터를 분류하고 분석하는 방법을 학습합니다. 추후 실기 시험에도 그대로 출제될 수 있으며, 단순 문제 풀이나 정리로는 이해가 어려워 반드시 실습을 병행하는 것이다.

핵심 키워드
정렬 기준, 자동 필터의 특징, 고급 필터 조건 지정 방법, 중복 항목 제거, 텍스트 나누기 구분 기호, 유효성 검사 대화 상자, 데이터 통합 대화 상자, 데이터 표 행/열 선택, 부분합의 특징, 부분합 대화 상자, 시나리오 작성 시 주의점, 시나리오 보고서의 특징, 목표값 찾기, 외부 데이터 가져오기 종류, 피벗 테이블의 구조, 피벗 차트 보고서

06 데이터 관리 1

출제 비율 30%

1) 정렬

- 데이터를 특정 필드 값 순서대로 재배열하는 기능
- [데이터] → [정렬 및 필터] → [정렬] 선택

- 정렬 방식에는 오름차순과 내림차순이 있음

오름차순 정렬	숫자 → 영문자 → 한글 → 논리값 → 오류 값 → 빈 셀(공백)
내림차순 정렬	오류 값 → 논리값 → 한글 → 영문자 → 숫자 → 빈 셀(공백)

정렬 전 원본 데이터

	A	B
1	데이터 유형	데이터
2	날짜	2021-09-20
3	문자(영소문자)	test
4	논리값(TRUE=1)	TRUE
5	숫자	34
6	문자(영대문자)	EBS
7	공백	
8	오류값	#NAME?
9	시간	11:35 AM
10	문자(한글)	합격합시다
11	문자(한글)	우리모두
12	숫자	15
13	문자(특수문자)	★

오름차순 정렬 결과

	A	B
1	데이터 유형	데이터
2	시간	11:35 AM
3	숫자	15
4	숫자	34
5	날짜	2021-09-20
6	문자(특수문자)	★
7	문자(영대문자)	EBS
8	문자(영소문자)	test
9	문자(한글)	우리모두
10	문자(한글)	합격합시다
11	논리값(TRUE=1)	TRUE
12	오류값	#NAME?
13	공백	

내림차순 정렬 결과

	A	B
1	데이터 유형	데이터
2	오류값	#NAME?
3	논리값(TRUE=1)	TRUE
4	문자(한글)	합격합시다
5	문자(한글)	우리모두
6	문자(영소문자)	test
7	문자(영대문자)	EBS
8	문자(특수문자)	★
9	날짜	2021-09-20
10	숫자	34
11	숫자	15
12	시간	11:35 AM
13	공백	

- 빈 셀(공백)은 정렬과 관계없이 항상 마지막에 정렬됨
- 병합된 셀은 정렬 작업을 수행할 수 없음
- 텍스트와 숫자 혼합 데이터는 오름차순 정렬 시 A10 → A20 처럼 텍스트의 왼쪽에서 오른쪽으로 비교해서 정렬됨
- 숨겨진 행이나 숨겨진 열은 정렬에 포함되지 않음
- 표 안에서 다른 열에는 영향을 주지 않고 선택한 한 열 내에서만 정렬 가능

[정렬] 대화 상자

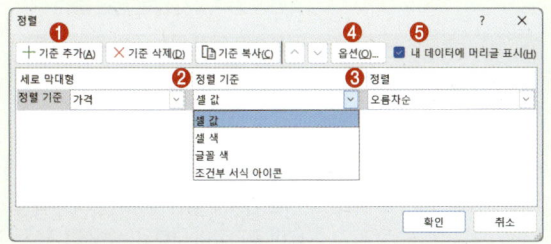

❶ 기준 추가	정렬 기준은 최대 64개까지 추가 지정 가능
❷ 정렬 기준	셀 값, 셀 색, 글꼴 색, 셀 아이콘 중 하나를 선택해 정렬(기본 정렬 순서: '위에 표시')
❸ 정렬(방법)	• 내림차순, 오름차순, 사용자 지정 목록 순으로 정렬 • 사용자 지정 목록: 사용자가 정의한 순서대로 정렬
❹ 옵션 ☆	• 대/소문자 구분 • 방향: 위쪽에서 아래쪽(행 단위 정렬), 왼쪽에서 오른쪽(열 단위 정렬)
❺ 내 데이터에 머리글 표시	머리글의 값이 정렬 작업에 포함되거나 제외되도록 설정

- [ ] 정렬은 기본적으로 '위쪽에서 아래쪽'(행 단위)으로 정렬됨
- [ ] 정렬 옵션을 '왼쪽에서 오른쪽'(열 단위)으로 지정하면 정렬 기준의 '행'으로 변경됨

예)

(전)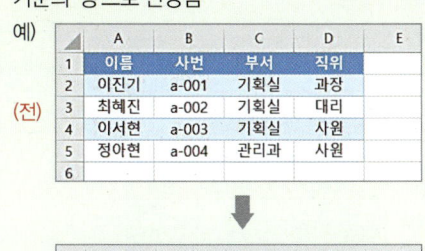

(후)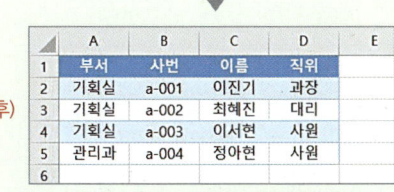

2) 자동 필터 ☆

- [ ] 전체 데이터에 대해 비교 조건에 맞는 데이터 행만 추출해 표시하는 기능
- [ ] [데이터] → [정렬 및 필터] → [필터] 선택
- [ ] 자동 필터를 실행하면 각 필드에 필터 단추가 표시되고, 이를 이용해 쉽고 빠른 데이터 추출 작업 수행
- [ ] 필터를 실행한 결과는 레코드(행) 단위로 표시
- [ ] 둘 이상의 필드에 조건을 지정하는 경우 AND 조건으로만 설정됨(OR 조건 불가)

- [ ] 필터링 결과 데이터에 대해 복사, 찾기, 편집, 인쇄 작업 가능
- [ ] 검색 상자를 사용해 텍스트와 숫자 검색 가능하고 배경이나 텍스트에서 색상 서식이 적용된 상태면 색상을 기준으로 필터링 가능
- [ ] 데이터 형식에 따라 [텍스트 필터], [숫자 필터], [날짜 필터]가 필터 목록 메뉴에 표시되고 각각의 세부 조건식은 다름
- [ ] 필터 목록 – 필드가 텍스트 형식일 때

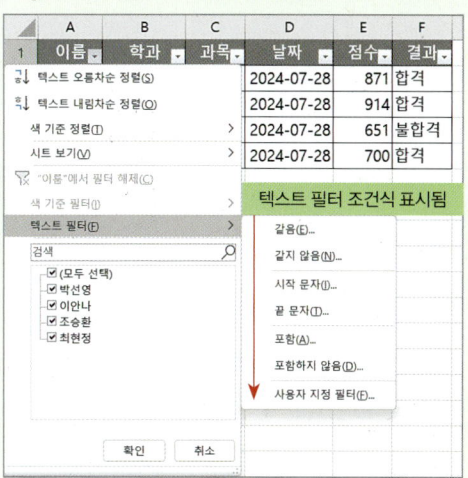

- [ ] 필터 목록 – 필드가 숫자 형식일 때

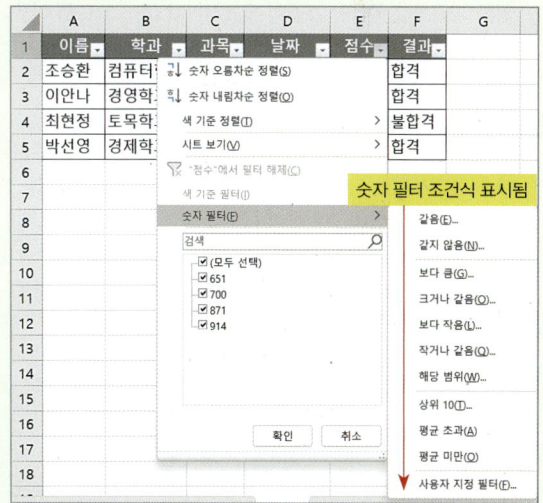

• 상위 10 → 항목, 백분율로 상위 몇 개, 상위 몇 % 또는 하위 몇 개, 하위 몇 %와 같은 조건을 지정해 해당 범위에 속하는 데이터 레코드만 추출

☐ **필터 목록 – 필드가 날짜/시간 형식일 때**

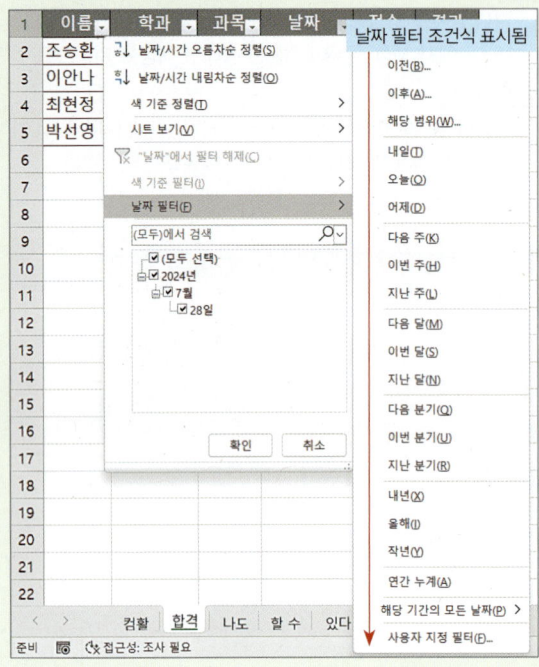

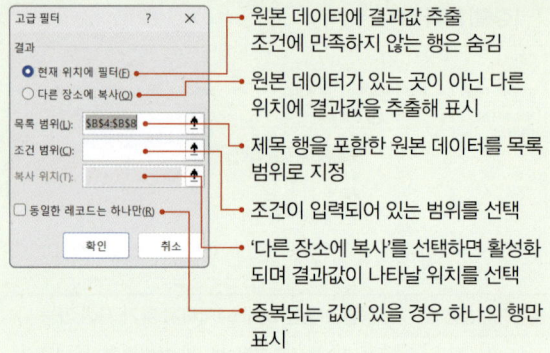

- 원본 데이터에 결과값 추출 조건에 만족하지 않는 행은 숨김
- 원본 데이터가 있는 곳이 아닌 다른 위치에 결과값을 추출해 표시
- 제목 행을 포함한 원본 데이터를 목록 범위로 지정
- 조건이 입력되어 있는 범위를 선택
- '다른 장소에 복사'를 선택하면 활성화 되며 결과값이 나타날 위치를 선택
- 중복되는 값이 있을 경우 하나의 행만 표시

🔖 **고급 필터 기본 조건 지정 방법**

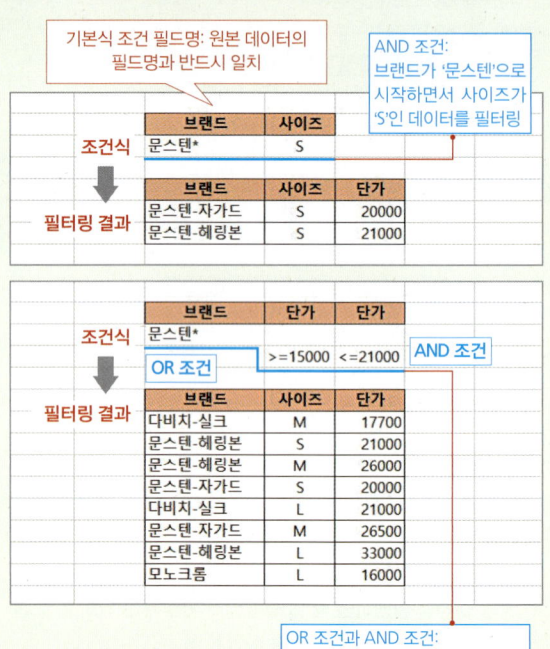

3) 고급 필터 🔖

☐ 자동 필터보다 복잡한 조건이 필요하거나 여러 필드를 이용한 조건식 지정 시 유용함
☐ [데이터] → [정렬 및 필터] → [고급] 선택
☐ 고급 필터 실행 시 조건 범위는 반드시 필요함
☐ 추출된 결과를 원본 데이터가 있는 위치에 표시할 수 있고 원본 데이터가 없는 다른 위치에도 표시 가능
☐ 함수나 식을 사용해 조건을 입력하면 셀에는 비교되는 값에 따라 TRUE 또는 FALSE가 표시됨
☐ **수식 조건 작성 시 필드명은 원본 데이터의 필드명과 다르게 입력하거나 빈 셀로 작성**
☐ AND 조건: 같은 행에 조건을 입력
　OR 조건: 다른 행에 조건을 입력
☐ 조건식에 만능 문자 이용 가능
☆ 만능 문자(와일드 카드) 익히기
　*: 여러 문자를 의미
　?: 하나의 문자 의미
　김*: 김으로 시작하는 문자
　*김: 김으로 끝나는 문자
　김: 김이 포함된 모든 문자
　김??: 김으로 시작하고 반드시 세 글자

한.번.에. 기출문제

01 다음 중 자동 필터와 고급 필터에 대한 설명으로 옳은 것은? [20.02]

① 자동 필터는 각 열에 입력된 데이터의 종류가 혼합되어 있는 경우 날짜, 숫자, 텍스트 필터가 모두 표시된다.
② 고급 필터는 조건을 수식으로 작성할 수 있으며, 조건의 첫 셀은 반드시 필드명으로 입력해야 한다.
③ 자동 필터에서 여러 필드에 조건을 설정한 경우 필드 간은 OR 조건으로 처리되어 결과가 표시된다.
④ 고급 필터는 필터링한 결과를 원하는 위치에 별도의 표로 생성할 수 있다.

풀이 ①번 자동 필터는 날짜 숫자 텍스트 필터가 혼합되어 있는 경우 가장 많은 형식의 데이터만 표시됨
②번 고급 필터의 조건을 수식으로 입력할 수 있고, 조건의 첫 셀은 원본 표에 존재하지 않는 필드명을 작성하거나 비워 둠
③번 자동 필터에서 여러 필드에 조건을 설정한 경우 필드 간은 AND 조건으로 처리되어 결과가 표시됨

02 다음 중 아래 시트에서 사원명이 두 글자이면서 실적이 전체 실적의 평균을 초과하는 데이터를 검색할 때, 고급 필터의 조건으로 옳은 것은? [20.07]

	A	B
1	사원명	실적
2	유민	15,030,000
3	오성준	35,000,000
4	김근채	18,000,000
5	김원	9,800,000
6	정영희	12,000,000
7	남궁정훈	25,000,000
8	이수	30,500,000
9	김용훈	8,000,000

①
사원명	실적조건
="=??"	=$B2>AVERAGE($B$2:$B$9)

②
사원명	실적
="=??"	=$B2& ">AVERAGE($B$2:$B$9)"

③
사원명	실적
=LEN($A2)=2	=$B2>AVERAGE($B$2:$B$9)

④
사원명	실적조건
="=**"	=$B2>AVERAGE($B$2:$B$9)

03 다음 중 데이터 정렬에 관한 설명으로 옳지 않은 것은? [20.02]

① 대/소문자를 구분하여 정렬할 수 있다.
② 표 안에서 다른 열에는 영향을 주지 않고 선택한 한 열 내에서만 정렬하도록 할 수 있다.
③ 정렬 기준으로 '셀 아이콘'을 선택한 경우 기본 정렬 순서는 '위에 표시'이다.
④ 행을 기준으로 정렬하려면 [정렬] 대화 상자의 [옵션]에서 정렬 옵션의 방향을 '위쪽에서 아래쪽'으로 선택한다.

풀이 ④번 열을 기준으로 정렬하려면 [정렬] 대화 상자의 [옵션]에서 정렬 옵션의 방향을 '왼쪽에서 오른쪽'으로 선택함

04 다음 중 고급 필터의 조건 범위를 [E1:G3] 영역으로 지정한 후 고급 필터를 실행했을 때 결과로 옳은 것은?(단, [G3] 셀에는 '=C2>=AVERAGE($C$2:$C$5)'이 입력되어 있다.) [17.09]

	A	B	C	D	E	F	G
1	코너	담당	판매금액		코너	담당	식
2	잡화	김남희	5122000		잡화	*남	
3	식료품	남궁미	450000		식료품		TRUE
4	잡화	이수남	5328000				
5	식료품	서남	6544000				

① 코너가 '잡화'이거나 담당이 '남'으로 끝나고, 코너가 '식료품'이거나 판매금액이 판매금액의 평균 이상인 데이터
② 코너가 '잡화'이거나 '식료품'이고, 담당에 '남'이 포함되거나 판매금액의 평균이 5,122,000 이상인 데이터
③ 코너가 '잡화'이고 담당이 '남'으로 끝나거나, 코너가 '식료품'이고 판매금액이 판매금액의 평균 이상인 데이터
④ 코너가 '잡화'이고 담당이 '남'이 포함되거나, 코너가 '식료품'이고 판매금액의 평균이 5,122,000 이상인 데이터

풀이 – 조건이 같은 행에 있으면 AND 조건, 서로 다른 행에 있으면 OR 조건임. AND 조건과 OR 조건이 결합된 경우 AND 조건을 우선함
– [G3] 셀과 같이 조건을 수식으로 작성해서 결과가 TRUE 또는 FALSE가 나오는 경우 필드명은 원본 데이터의 필드명과 다르게 하거나, 빈 셀로 작성함

한.번.에. 기출문제 풀이는 모바일 앱에서 확인하세요!

정답 1.④ 2.① 3.④ 4.③

07 데이터 관리 2

1) 중복된 항목 제거

- [중복된 항목 제거]를 실행하면 동일한 데이터의 첫 번째 레코드를 제외한 나머지 레코드가 삭제
- [데이터] → [데이터 도구] → [중복된 항목 제거] 선택
- [중복된 항목 제거] 대화 상자에서 '내 데이터에 머리글 표시'를 선택하면 대화 상자의 열 목록에 '열A', '열B' … 대신 데이터의 필드명이 표시
- 중복 값을 제거하면 선택한 셀 범위나 테이블의 중복 값이 제거되면서 행 단위로 셀 범위 내의 데이터가 이동함(셀 범위 이외의 데이터는 이동되지 않음)

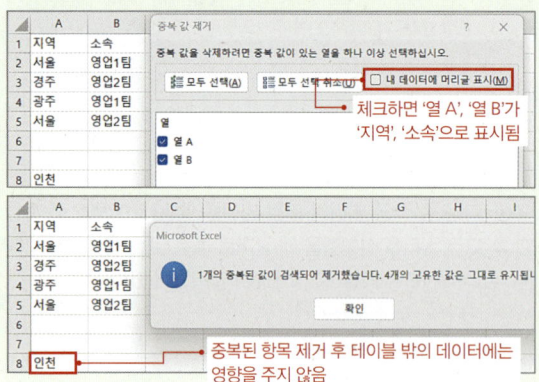

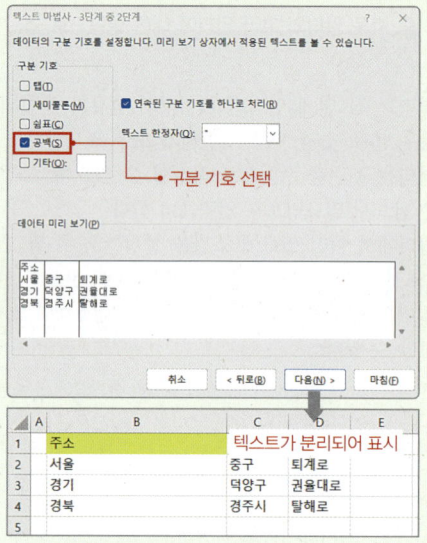

- 글자 수가 같은 경우

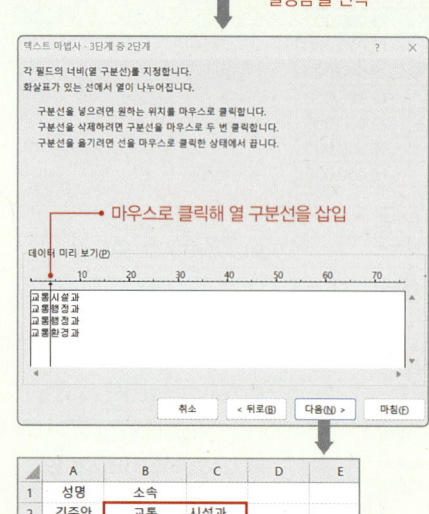

2) 텍스트 나누기

- 한 열에 입력된 데이터를 일정한 열 너비 또는 구분 기호로 구분해 여러 셀로 나눠 워크시트에 입력할 수 있음
- [데이터] → [데이터 도구] → [텍스트 나누기] 선택
- 각 열을 선택해 데이터 서식 지정
- 텍스트 나누기 3단계
  - 1단계: '구분 기호로 분리됨'과 '너비가 일정함' 중 선택
  - 2단계: 1단계가 '구분 기호로 분리됨'이면 구분 기호 선택, 1단계가 '너비가 일정함'이면 구분선 삽입
  - 3단계: 데이터 서식 지정
- 텍스트 나누기 실행
  - 구분 기호를 기준으로 나누는 경우

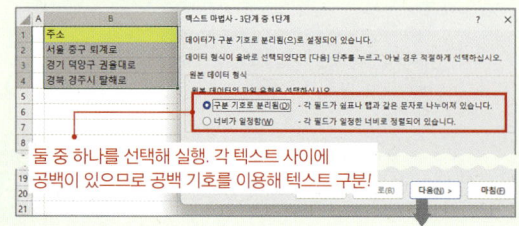

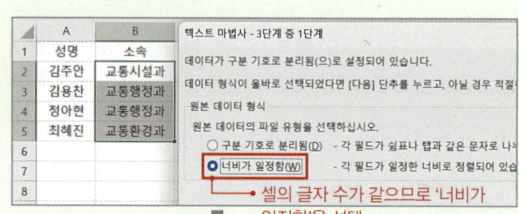

3) 데이터 유효성 검사

- 워크시트에 입력하는 데이터 값을 제한하거나 형식을 제어할 때 사용
- [데이터] → [데이터 도구] → [데이터 유효성 검사] 선택
- 유효성 조건 변경 시 변경 내용을 범위로 지정된 모든 셀에 적용
- 이미 입력된 데이터에 유효성 검사를 설정하면 입력된 데이터는 그대로 남게 됨
- 셀에서 목록 데이터 확인 바로 가기 키: Alt + ↓
- [데이터 유효성 검사] 대화 상자

❶ [설정] 탭 제한 대상* 설정
  * 제한 대상 정수, 소수점, 목록, 날짜, 시간, 텍스트 길이, 사용자 지정
❷ [설명 메시지] 탭 데이터 유효성 검사를 설정할 범위를 선택하면 나타날 제목과 설명 메시지 설정

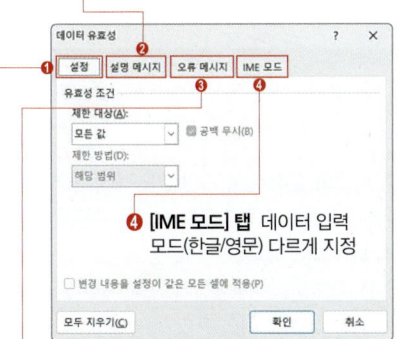

❹ [IME 모드] 탭 데이터 입력 모드(한글/영문) 다르게 지정

❸ [오류 메시지] 탭 유효하지 않은 데이터가 입력되면 나타나는 스타일*, 제목, 오류 메시지 설정
  * 스타일 중지(🛇), 경고(⚠), 정보(ⓘ)

[설정] 탭 - 제한 대상을 [목록]으로 지정했을 경우
- 목록의 값들을 미리 지정해 데이터 입력을 제한할 수 있음
- 드롭다운 목록의 너비는 데이터 유효성 설정이 있는 셀의 너비에 의해 결정
- 목록의 원본으로 정의된 이름의 범위를 사용하려면 등호(=)와 범위의 이름을 입력
- 목록 값을 입력해 원본을 설정하려면 쉼표(,)로 구분해 입력

4) 데이터 통합

- 비슷한 형식의 여러 데이터를 하나의 표로 통합해 요약·표시하는 도구
- [데이터] → [데이터 도구] → [통합] 선택
- 데이터 통합은 위치를 기준으로 통합하거나 영역의 이름을 정의해 통합할 수 있음
- 다른 원본 영역의 레이블과 일치하지 않는 레이블이 있는 경우 통합하면 별도의 행이나 열이 생성됨
- 다른 문서나 여러 워크시트에 있는 데이터를 사용할 수 있음
- [통합] 대화 상자

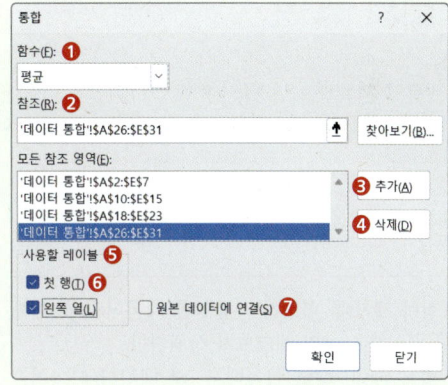

❶ 통합에 사용할 함수 선택 - 합계, 개수, 평균, 최대, 최소, 곱, 숫자 개수, 표본 표준 편차, 표본 분산, 분산에서 선택
❷ 통합할 데이터 대상 범위 지정
❸ 참조할 범위를 '모든 참조 영역'에 추가
❹ '모든 참조 영역'에 추가된 범위 중 선택한 범위를 삭제
❺ 모두 선택한 경우 각 참조 영역 결과 레이블과 일치하지 않는 레이블이 있으면 통합 결과에 별도의 행이나 열이 만들어짐
❻ 첫 행: 참조된 범위의 첫 행을 통합 결과의 첫 행으로 표시
   왼쪽 열: 참조된 범위의 첫 열을 통합 결과의 첫 열로 표시
❼ 원본 데이터가 업데이트되면 통합된 데이터도 업데이트됨
   원본 데이터와 통합 결과가 서로 다른 시트에 있을 때만 원본 데이터 연결 가능

NOTE

01
다음 중 아래 워크시트에서의 [중복된 항목 제거] 기능에 대한 설명으로 옳지 않은 것은? [17.09]

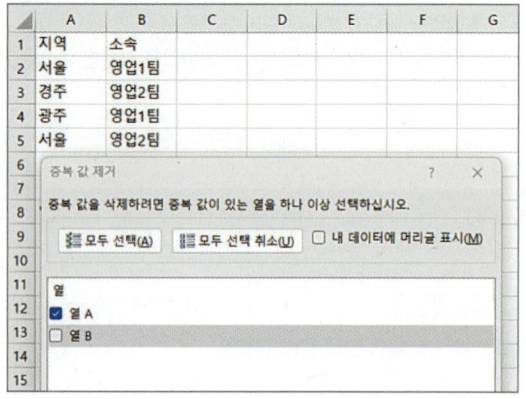

① [중복된 항목 제거]를 실행하면 동일한 데이터의 첫 번째 레코드를 제외한 나머지 레코드가 삭제된다.
② [중복된 항목 제거] 대화 상자에서 [내 데이터에 머리글 표시]를 선택하면 대화 상자의 '열' 목록에 '열 A' 대신 '지역', '열 B' 대신 '소속'이 표시된다.
③ 중복 값을 제거하면 선택한 셀 범위나 테이블 값이 제거되고, 제거된 만큼의 해당 셀 범위나 테이블 밖의 다른 값도 변경되거나 이동된다.
④ 위 대화 상자에서 '열 A'와 '열 B'를 모두 선택하고 실행하면 '중복된 값이 없습니다'라는 메시지 박스가 나타난다.

> 풀이 – 중복된 값을 제거하면 선택한 셀 범위나 테이블 값이 제거되고, 제거된 만큼 셀이 이동함
> – 다른 테이블의 값은 변경되거나 이동되지 않음

02
다음 중 데이터 유효성 검사를 실행하기 위해 유효성 조건으로 설정할 수 있는 '제한 대상'에 대한 설명으로 옳지 않은 것은? [16.06]

① 목록: 목록으로 정의한 항목으로 데이터 제한
② 정수: 지정된 범위를 벗어난 숫자 제한
③ 데이터: 지정된 데이터 형식에 대한 제한
④ 사용자 지정: 수식을 사용하여 허용되는 값 제한

03
다음 중 아래와 같이 왼쪽 그림의 [B2:B5] 영역에 [텍스트 나누기]를 실행해 오른쪽 그림과 같이 소속이 분리되도록 실행하는 과정으로 옳지 않은 것은? [19.08]

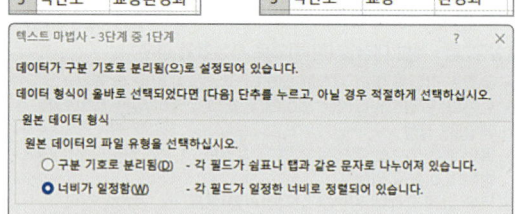

① 텍스트 마법사 2단계의 데이터 미리 보기에서 분할하려는 위치를 클릭하여 구분선을 넣는다.
② 분할하려는 행과 열에 삽입 가능한 구분선의 개수에는 제한이 없다.
③ 구분선을 삭제하려면 구분선을 마우스로 두 번 클릭한다.
④ 구분선을 옮기려면 선을 마우스로 클릭한 상태에서 드래그한다.

> 풀이 행에 대해서는 구분선을 설정할 수 없음

08 데이터 관리 3

1) 부분합
- 데이터를 특정한 필드를 기준으로 그룹화해 요약 정보를 보여 주는 기능
- [데이터] → [개요] → [부분합] 선택
- 부분합을 실행하기 전 반드시 기준이 되는 필드는 오름차순이나 내림차순으로 정렬되어야 함
- 부분합에서 사용 가능한 함수: 합계, 개수, 평균, 최대값, 최소값, 곱, 숫자 개수, 표준 편차, 표본 표준 편차, 표본 분산, 분산
- 부분합 실행 결과: 워크시트 왼쪽에 부분합을 계산한 하위 그룹 단위로 윤곽이 설정되고, 윤곽 기호 1 2 3 , + , - 가 표시됨
- 윤곽 기호: 윤곽이 설정된 부분합 워크시트의 모양을 바꿀 때 사용하며, 하위 목록을 숨기거나 나타낼 수 있음
- 부분합에 특정한 데이터만 표시된 상태에서 차트를 작성하면 표시된 데이터에 대해서만 차트가 작성됨
- 요약 함수를 두 개 이상 사용하기 위해서는 함수의 종류 수만큼 부분합을 반복 실행해야 함
- [부분합] 대화 상자

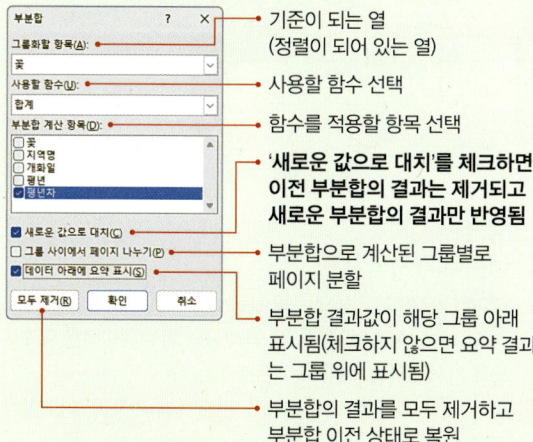

2) 시나리오
- 다양한 상황과 변수에 따른 여러 가지 결과값의 변화를 가상의 상황을 통해 예측하고 분석하는 도구
- [데이터] → [예측] → [가상 분석] → [시나리오 관리자] 선택
- 변경 요소가 되는 값들을 변경 셀이라고 하며 하나 이상 셀을 지정할 때는 Ctrl 을 누른 후 선택
- 결과 셀은 반드시 변경 셀을 참조하는 수식 셀을 지정해야 함
- 원본 데이터 내용을 변경해도 기존에 작성된 시나리오 보고서에는 영향을 미치지 않음
- 시나리오의 결과는 요약 보고서나 피벗 테이블 보고서(결과 셀을 반드시 지정해야 함)로 작성할 수 있음
- 시나리오 병합 작업을 통해 다른 통합 문서나 워크시트에 저장된 시나리오를 가져올 수 있음
- 시나리오 추가 방법

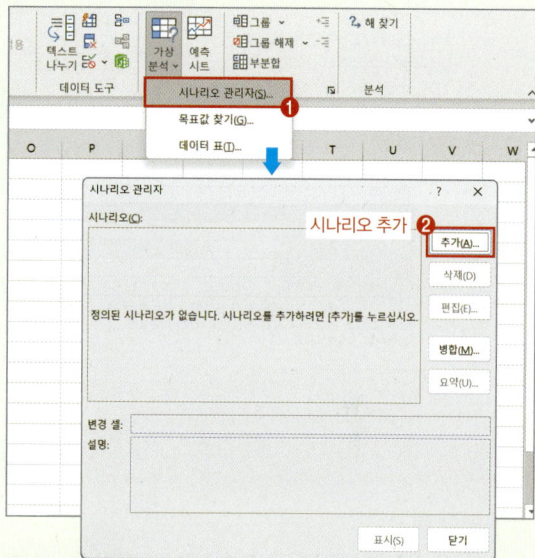

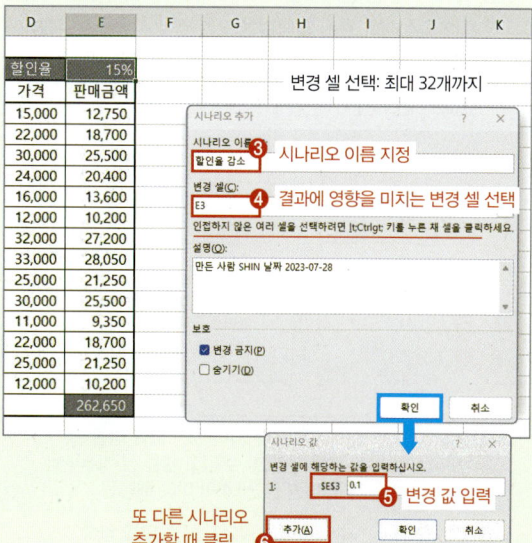

4) 데이터 표

- 수식의 특정 요소값을 변경할 때 결과값의 변화를 표로 나타냄
- [데이터] → [예측] → [가상 분석] → [데이터 표] 선택
- 변수의 수에 따라 변수가 한 개이거나 두 개인 데이터 표 생성
- 데이터 표를 이용해 계산된 데이터는 부분적으로 수정 또는 삭제할 수 없고, 전체 데이터를 선택 후 삭제 가능
- 계산에서 참조하는 데이터 값이 변경되면 데이터 표 계산 결과도 자동으로 변경됨
- 데이터 표의 결과값은 반드시 변화하는 변수를 포함한 수식으로 작성해야 함
- 변수가 열 또는 행 방향으로 한쪽에만 입력된 경우 수식은 표 범위의 첫 번째 행이나 첫 번째 열에 입력

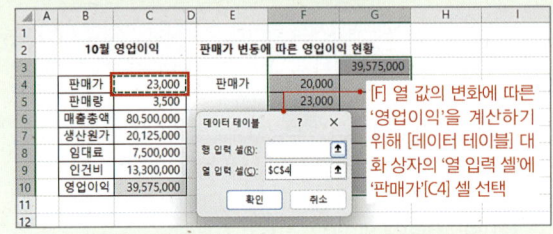

- 변수가 열과 행 양쪽에 입력된 경우 수식은 표가 시작되는 셀에 입력

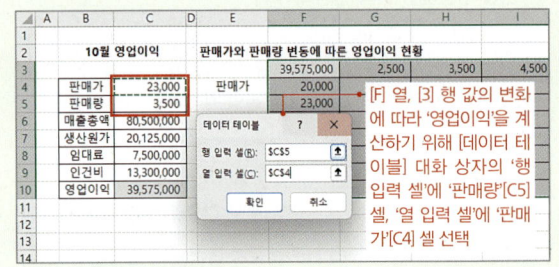

5) 데이터 가져오기

- 데이터 가져오기 기능으로 텍스트(txt, prn, csv), 엑셀, 데이터베이스(Access, SQL, dBASE), 웹, 쿼리 등의 외부 데이터를 워크시트로 가져와 사용 가능
- [데이터] → [데이터 가져오기 및 변환]에서 가져올 파일 형식 선택

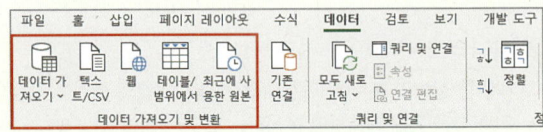

- 표, 피벗 테이블, 워크시트의 특정 위치 등을 다양하게 불러올 수 있음
- 웹상의 데이터 중 일부를 워크시트로 가져오고, [새로 고침] 기능을 이용하여 최신 데이터로 업데이트할 수 있음
- [데이터 가져오기] → [기타 원본에서] → [Microsoft Query에

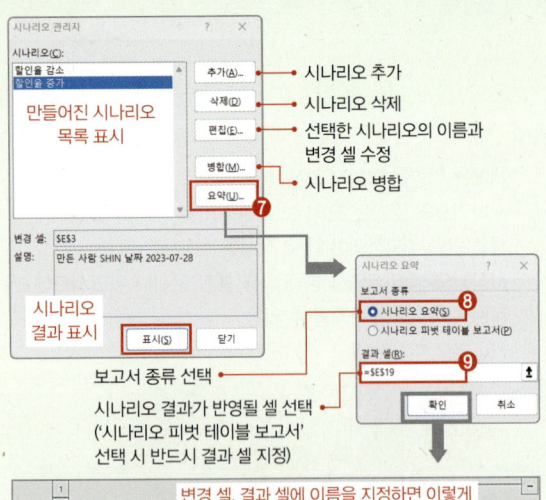

3) 목표값 찾기

- 수식으로 계산된 결과값은 알고 있지만 그 결과값을 계산하기 위해 수식에 사용된 입력값을 모를 경우 사용하는 기능
- [데이터] → [예측] → [가상 분석] → [목표값 찾기] 선택

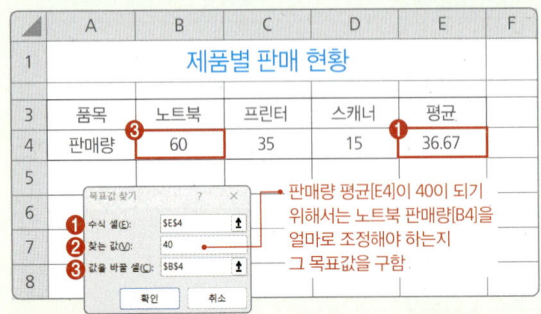

❶ 수식 셀(E)	• 수식이 포함되어 있는 값을 바꿀 셀 • 값은 입력할 수 없고 셀을 선택해야 함 • 판매량 평균[E4]이 이에 해당됨	
❷ 찾는 값(V)	• 수식 셀에서 찾고자 하는 값을 입력	
❸ 값을 바꿀 셀(C)	• 찾는 값을 얻기 위해 변경할 셀 주소를 선택 • 노트북 판매량[B4]이 이에 해당됨	

서를 이용하면 외부 데이터베이스에서 가져올 데이터의 추출 조건을 설정해 원하는 데이터만 가져올 수 있음
- [웹]을 이용하면 웹 페이지의 텍스트를 가져올 수 있음
- 원본 데이터가 변경되는 경우 워크시트에 가져온 데이터에도 반영할 수 있도록 설정할 수 있음

Microsoft Query
- 외부 데이터 전체에서 추출 조건을 쿼리로 만들어서 필요한 일부 데이터만 가져오거나 또는 불필요한 필드를 제거하고 이를 쿼리로 저장하여 재활용할 수 있는 기능
- [데이터] → [데이터 가져오기 및 변환] → [데이터 가져오기] → [기타 원본에서] → [Microsoft Query에서] 선택

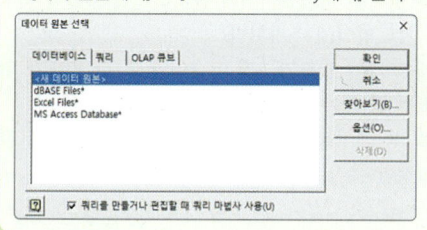

6) 피벗 테이블

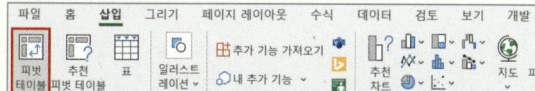

- 방대한 양의 데이터를 손쉽게 요약하고 분석 예측하는 도구
- [삽입] → [표] → [피벗 테이블] 선택
- 엑셀 데이터 외에 외부 데이터, 데이터베이스, 다중 통합 범위 등의 데이터를 이용해 피벗 테이블을 생성할 수 있음
- 피벗 테이블 영역은 필터, 행, 열, 값으로 구성되며 행과 값은 반드시 존재해야 함
- **원본의 자료가 변경되면 [모두 새로 고침] 기능을 실행해야 피벗 테이블에 모두 반영할 수 있음**
- 피벗 테이블을 삭제하려면 피벗 테이블 전체를 범위로 지정한 후 Delete 를 누름
- 값 영역의 특정 항목을 마우스로 더블클릭하면 해당 데이터에 대한 세부 데이터가 새로운 시트에 표시됨
- [데이터] 그룹 수준을 확장하거나 축소해서 요약 정보만 표시할 수도 있고 요약된 내용의 세부 데이터를 표시할 수도 있음
- 피벗 테이블 보고서를 작성한 후 사용자가 새로운 수식을 추가하여 표시할 수 있음
- 피벗 테이블 보고서는 현재 작업 중인 워크시트나 새로운 워크시트에 작성할 수 있음(위치를 지정하지 않으면 새 워크시트에 작성됨)
- 피벗 테이블 보고서에서는 값 영역에 표시된 데이터를 삭제하거나 수정할 수 없음

- 피벗 테이블 구성
  - 피벗 테이블 보고서를 넣을 위치는 [A18] 셀
  - '성명' 필드는 필터 영역에 배치함
  - 값 영역에 '기본급' 필드를 배치함(값 영역의 기본 함수는 합계(SUM) 함수임)
  - 행과 열의 총합계는 기본급의 합계

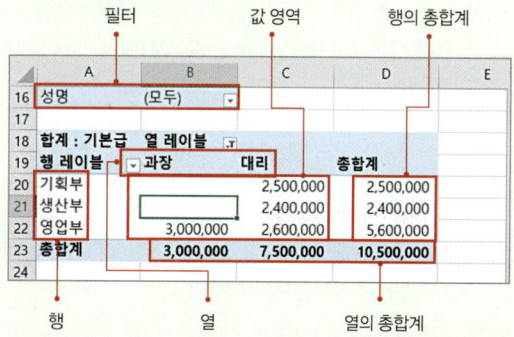

- [피벗 테이블 필드]를 다른 행, 열로 드래그해 변경할 수 있음
- [피벗 테이블] 그룹화
  - 필드를 분석에 필요한 단위로 묶어서 사용하는 것으로 날짜, 숫자, 문자 모든 필드에서 그룹화 가능
  - ⊞를 클릭하면 세부 데이터 내용이 표시됨
  - 그룹화 해제 작업: 그룹 설정된 필드의 바로 가기 메뉴 [그룹 해제] 선택

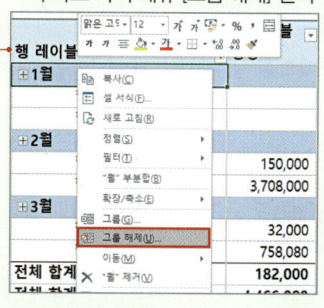

피벗 차트 보고서
- 피벗 차트 보고서에 필터를 적용하면 피벗 테이블 보고서에 자동 적용됨
- 처음 피벗 테이블 보고서를 만들 때 자동으로 피벗 차트 보고서를 함께 만들 수도 있고, 기존 피벗 테이블 보고서에서 피벗 차트 보고서를 만들 수도 있음
- 피벗 차트 보고서를 삭제해도 관련된 피벗 테이블 보고서는 삭제되지 않음
- 작성된 피벗 테이블을 삭제하면 함께 작성한 피벗 차트는 자동으로 일반 차트로 변경됨

한.번.에. 기출문제

데이터 관리 3

01 다음 중 부분합에 대한 설명으로 옳지 않은 것은? [19.08]

① 다중 함수를 이용하는 중첩 부분합을 작성하려면 '부분합' 대화 상자에서 매번 '새로운 값으로 대치' 항목을 선택해야 한다.
② 부분합을 제거하면 부분합과 함께 목록에 삽입된 윤곽 및 페이지 나누기도 제거된다.
③ 세부 정보가 있는 행 아래에 요약 행을 지정하려면 '데이터 아래에 요약 표시' 항목을 선택한다.
④ 중첩 부분합은 이미 작성된 부분합 그룹 내에 새로운 부분합 그룹을 추가하는 것이다.

풀이 다중 함수를 사용하여 중첩 부분합 작성 시에 '새로운 값으로 대치' 항목은 선택 해제해야 함

03 다음 중 피벗 테이블에 대한 설명으로 옳지 않은 것은? [20.07]

① 피벗 테이블 보고서를 작성한 후 원본 데이터를 수정 하면 피벗 테이블 보고서에 자동으로 반영된다.
② [피벗 테이블 필드 목록]에서 보고서에 추가할 필드 선택 시 데이터 형식이 텍스트이거나 논리값인 필드를 선택하여 '행 레이블' 영역에 추가한다.
③ 값 영역에 추가된 필드가 2개 이상이면 Σ 값 필드가 열 레이블 또는 행 레이블 영역에 추가된다.
④ 열 레이블/행 레이블 단추를 클릭하여 레이블 필터나 값 필터를 설정할 수 있다.

풀이 피벗 테이블 보고서를 작성한 후 원본 데이터를 수정하면 수정된 내용이 피벗 테이블 보고서에 반영되지 않으며 반영하고자 할 경우에는 [피벗 테이블 분석] → [데이터] → [새로 고침]을 클릭해 줘야 함

02 다음 중 시나리오에 대한 설명으로 옳지 않은 것은? [20.02]

① 시나리오 요약 보고서를 만들 때에는 결과 셀을 반드시 지정해야 하지만, 시나리오 피벗 테이블 보고서를 만들 때에는 결과 셀을 지정하지 않아도 된다.
② 여러 시나리오를 비교하여 하나의 테이블로 요약하는 보고서를 만들 수 있다.
③ 시나리오 요약 보고서를 생성하기 전에 변경 셀과 결과 셀에 이름을 정의하면 셀 참조 주소 대신 정의된 이름이 보고서에 표시된다.
④ 시나리오 요약 보고서는 자동으로 다시 갱신되지 않으므로 변경된 값을 요약 보고서에 표시하려면 새 요약 보고서를 만들어야 한다.

풀이 시나리오 요약 보고서, 시나리오 피벗 테이블 보고서 작성 시에는 반드시 결과 셀을 선택해야 함. 결과 셀을 선택하지 않으면 미완성 시나리오 보고서가 작성됨

04 다음 중 [데이터 가져오기] 기능에 대한 설명으로 옳지 않은 것은? [20.07]

① 텍스트 파일은 구분 기호나 일정한 너비로 분리된 모든 열을 엑셀로 가져오기 때문에 일부 열만 가져올 수는 없다.
② 액세스 파일은 표, 피벗 테이블, 워크시트의 특정 위치 등으로 다양하게 불러올 수 있다.
③ 웹상의 데이터 중 일부를 워크시트로 가져오고, 새로고침 기능을 이용해 최신 데이터로 업데이트할 수 있다.
④ 기타 원본의 Microsoft Query 기능을 이용하면 외부 데이터베이스에서 가져올 데이터의 추출 조건을 설정해 원하는 데이터만 가져올 수 있다.

풀이 텍스트 파일은 구분 기호나 일정한 너비로 분리해 엑셀로 가져올 수 있음

한.번.에. 기출문제 풀이는 모바일 앱에서 확인하세요!

 정답 1.① 2.② 3.① 4.①

차트 활용

학습 방향
스프레드시트를 활용하여 주어진 데이터를 시각화하는 차트의 특징과 차트 종류, 차트의 각 요소 부분 등 차트에 관한 전반적인 내용을 학습합니다. 주로 각 요소 부분 명칭과 옵션 설정 상의 특징 등을 묻는 문제가 자주 출제됩니다. 직접 차트를 작성해보고 각 요소 부분 명칭과 각 기능 적용 전/후의 차이를 이해하도록 합니다.

핵심 키워드
차트 구성 요소 명칭, 차트 편집, 겹치기, 차트 데이터 변경, 행/열 전환, 추세선, 범례, 차트 종류, 데이터 레이블, 오차 막대, 차트 관련 단축키

09 차트

출제 비율 50%

1) 차트의 특징
- 특정 항목의 구성 비율을 살펴보기 위해 워크시트에 입력된 수치 값들을 막대나 선, 도형, 그림 등을 사용해 시각적으로 표현한 것으로 데이터의 상호 관계나 경향 또는 추세를 쉽게 분석할 수 있는 기능
- [삽입] → [차트] → [차트 종류] 선택
- 기본적으로 워크시트의 행과 열에서 숨겨진 데이터는 차트에 표시되지 않음
- 차트 제목, 가로/세로 축 제목, 범례, 그림 영역 등은 마우스로 드래그해 이동할 수 있음
- Alt 를 누른 상태에서 차트 크기를 조절하면 차트의 크기가 셀 구분선에 맞게 조절
- 자주 사용하는 차트 종류를 차트 서식 파일로 저장 가능

2) 차트 만들기
- F11 을 누르면 별도의 차트 시트에 묶은 세로 막대형의 기본 차트가 작성됨
- Alt + F1 을 누르면 현재 워크시트에 기본 차트(묶은 세로 막대형)가 만들어짐

3) 차트의 구성 요소
- [범례]
  - 차트를 구성하는 데이터 계열의 무늬 및 색상과 데이터 계열의 이름 표시
  - 위치: [범례 서식] 대화 상자나 [차트 디자인] → [차트 요소 추가] → [범례]에서 변경
  - 기본적으로 범례의 위치는 차트의 다른 구성 요소와 겹치지 않게 표시됨
  - 삭제: 범례를 클릭한 후 Delete 를 누름
- 데이터 레이블: 그려진 막대나 선이 나타내는 표식에 대한 데이터 요소 또는 값 등의 추가 정보 표시
- 세로 (값) 축: 데이터 계열을 포함하는 값을 숫자로 나타낸 것
- 가로 (항목) 축: 차트를 구성하는 데이터 항목을 나타내며, X 축으로 불림
- 세로 (값) 축 주 눈금선(=기본 주 가로 눈금선): 세로 축의 눈금에서 연장한 가로선
- 가로 (항목) 축 주 눈금선(=기본 주 세로 눈금선): 가로 축의 눈금에서 연장한 세로선

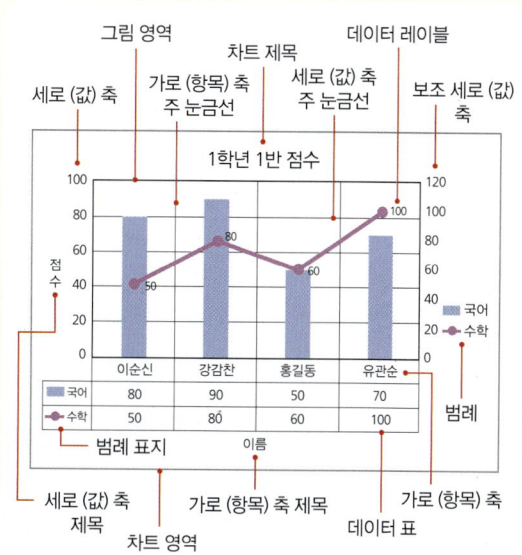

4) 차트 편집

- 차트 편집: 차트 선택 후 [차트 도구] → [차트 디자인] 또는 [서식] 선택
  - 차트 제목, 축 제목, 데이터 표, 데이터 레이블 등을 설정
  - 데이터 계열 서식, 스타일 변경 등을 설정
- 차트를 클릭 후 조절점을 이용해 차트의 크기 조정 가능
- 원본 데이터의 내용이 변경되면 차트의 모양도 변경됨
- [데이터 계열]을 클릭해 삭제할 수 있으며 이때 원본 데이터에는 영향을 미치지 않음
- 이중 축 차트: 특정 데이터 계열의 값이 다른 데이터 계열의 값과 차이가 많이 나거나 데이터 형식이 혼합된 경우 보조 세로축에 하나 이상의 데이터 계열을 나타낼 수 있음
- 특정 데이터 계열만 선택해 차트 종류를 변경할 수 있음
- 데이터 범위를 변경하거나 데이터 계열의 추가/제거, 열 방향을 변경할 수 있음

> 특정 셀의 텍스트를 차트 제목으로 연결할 때: 차트 제목을 클릭한 후 수식 입력줄에 등호(=)를 작성하고 연결할 셀 클릭한 후 Enter 를 누름

- 특정 데이터 계열의 차트 종류 변경 방법

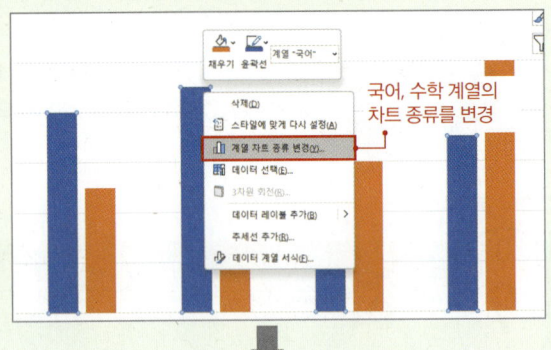

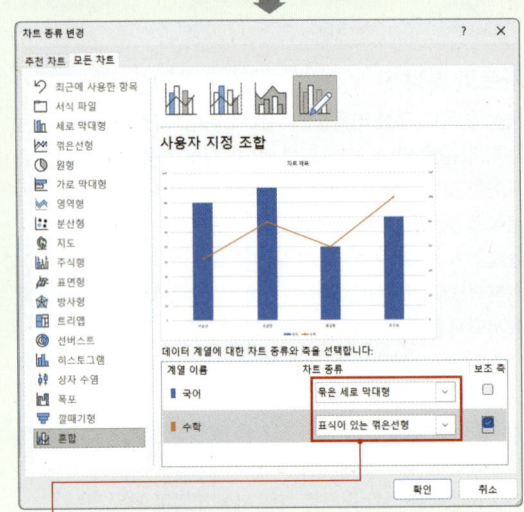

5) 차트 데이터 변경

- 차트 선택 후 바로 가기 메뉴 [데이터 선택] 또는 [차트 도구] → [차트 디자인] → [데이터] → [데이터 선택] 선택

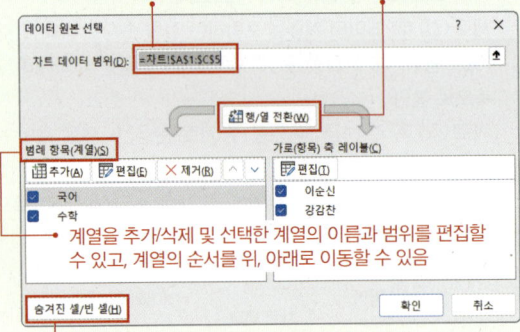

6) 차트 요소 편집

- 차트 선택 → [차트 디자인] → [차트 레이아웃] → [차트 요소 추가] 선택
- 차트 제목, 축 제목, 데이터 표, 데이터 레이블 등을 설정
- 데이터 계열 서식을 설정하거나 스타일 변경 등을 설정

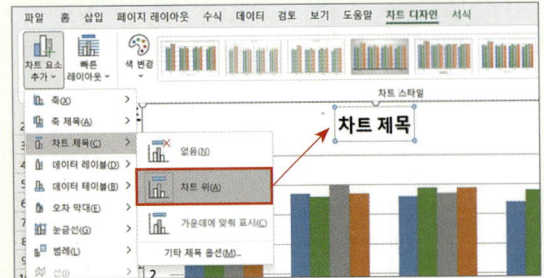

계열 서식 변경 작업

- 계열을 시각적으로 강조하기 위한 기능으로 차트 종류마다 서식의 형태는 다름
- 겹치기 표시: 세로 막대형 차트인 경우 값이 클수록 다른 계열과 많이 겹쳐짐
- 간격 너비 표시: 세로 막대형인 경우 값이 클수록 각 항목 간 간격이 넓어짐(막대는 얇아짐)
- 원형 차트인 경우 첫째 조각의 각, 쪼개진 원형이 표시됨

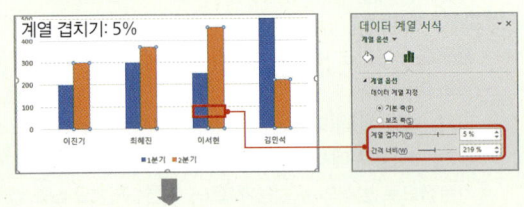

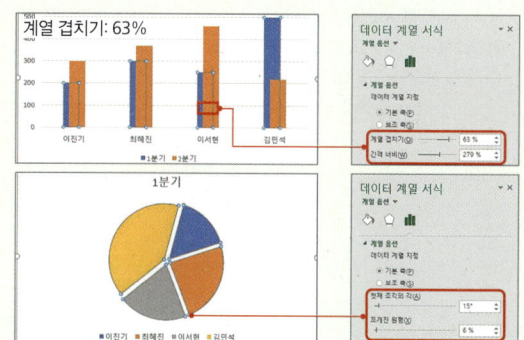

✿ 데이터 레이블
- 전체 혹은 특정 데이터 계열 또는 하나의 데이터 요소에 대해서 값, 항목, 계열 이름을 표시
- 레이블은 바로 가기 메뉴 [데이터 레이블 서식]에서 글꼴 크기, 색상 변경이 가능하고 항목 이름, 계열 이름 등 표시 가능
- 레이블 선택 후 Delete 를 누르면 레이블이 제거됨

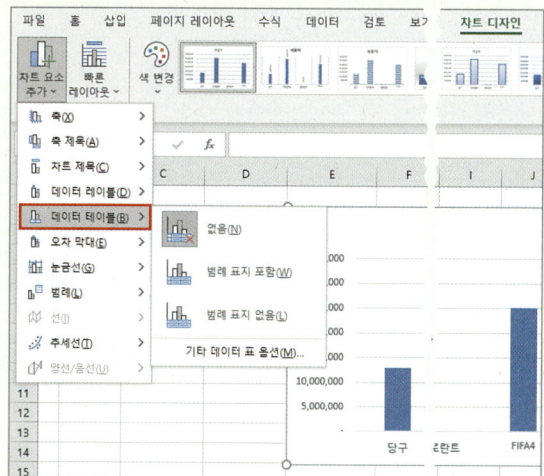

7) 추세선 ✿
- ☐ 데이터의 추세를 그래픽으로 표시하고 예측 문제를 분석할 때 사용하는 선
- ☐ 종류: 지수, 선형, 로그, 다항식, 거듭제곱, 이동 평균
- ☐ 하나의 데이터 계열에 두 개 이상의 추세선 표시 가능
- ☐ 추세선 삭제: 차트에 표시된 추세선을 선택한 후 Delete 를 누르거나 추세선의 바로 가기 메뉴에서 [삭제]를 선택
- ☐ 추세선 가능 차트: 세로 막대형, 가로 막대형, 꺾은선형, 분산형, 거품형, 영역형, 주식형
- ☐ 추세선 불가 차트: 원형, 도넛형, 방사형, 표면형, 3차원 차트

> 1+ 3차원 차트가 불가능한 차트: 방사형, 도넛형, 분산형, 주식형

8) 오차 막대 ✿
- ☐ 차트의 데이터 계열이 갖는 잠재적인 오차량을 도식화한 것
- ☐ 3차원 차트는 오차 막대를 표시할 수 없음
- ☐ 차트에 고정값, 백분율, 표준 편차, 표준 오차, 사용자 지정 중 하나를 선택해 오차량을 표시
- ☐ 오차 막대를 화면에 표시하는 방법: 양의 값, 음의 값, 모두
- ☐ 분산형·거품형 차트: 세로 오차 막대, 가로 오차 막대 적용

9) 차트 종류 ✿

종류	설명
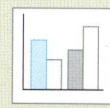 세로 막대형	• 시간의 경과에 따른 데이터 변동을 표시하거나 항목별 비교를 나타내는 데 유용 • 항목 간의 값을 막대의 길이로 비교/분석 • 항목 축은 수평, 값 축은 수직으로 나타냄
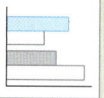 가로 막대형	세로 막대형과 유사한 형태와 용도로 사용되며 항목 축은 수직, 값 축은 수평으로 나타냄
 꺾은선형	특정 기간 동안의 데이터 변화 추세와 연속적인 값의 변화를 표현하는 데 적합(기온, 시간대별 방문객 변화 등)
 원형	• 전체 항목의 합에 대해서 각 항목이 차지하는 비율을 표시하는 데 사용 • **항상 한 개의 데이터 계열만 가지고 있으므로** 축이 없으며 각 요소 간의 조각들을 분리할 수 있음 • 항목별 색상을 달리할 수 있어 중요한 요소를 강조할 때 유용
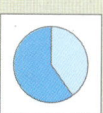 도넛형	• 원형 차트를 개선해 **여러 개의 데이터 계열을 가질 수 있음** • 전체에 대한 각 항목의 관계를 비율로 나타내 각 부분을 비교할 때 사용 • 3차원 차트를 만들 수 없음
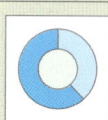 분산형	• 데이터의 불규칙한 간격이나 묶음을 보여 주는 것으로, 주로 과학·공학용 데이터 분석에 사용 • 데이터 요소 간의 차이점보다는 큰 데이터의 집합 간의 전체적인 관계를 보여 줄 때 사용 • 단순 데이터 비교 용도로는 사용하기 어려움 • 3차원 차트로 작성할 수 없고, 두 개 숫자 그룹을 XY좌표로 이루어진 한 계열로 표시
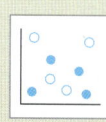 방사형	• 많은 데이터 계열의 집합적인 값을 나타낼 때 사용 • 각 계열은 중심점(가운데)에서 뻗어 나오는 축을 가지며, 동일 계열의 모든 값이 선으로 연결됨 • 데이터 계열 간 항목 비교에 사용

표면형 — 두 개의 데이터 집합에서 최적의 조합을 찾을 때 사용

영역형 — 워크시트의 여러 열이나 행에 있는 데이터에서 시간에 따른 변동의 크기를 강조하여 합계 값을 추세와 함께 살펴볼 때 사용

1+ 혼합형 차트(콤보 차트)
특정 데이터 계열의 값이 다른 데이터 계열의 값과 현저하게 차이가 나거나 데이터의 단위가 다를 때 주로 사용

NOTE

한.번.에. 기출문제

01 다음 중 아래 차트에 대한 설명으로 옳지 않은 것은? [20.07]

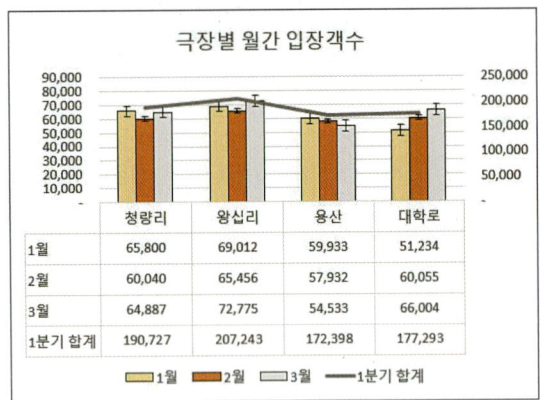

① 계열 옵션에서 '간격 너비'가 0%로 설정되어 있다.
② 범례 표지 없이 데이터 표가 표시되어 있다.
③ '1월', '2월', '3월' 계열에 오차 막대가 표시되어 있다.
④ '1분기 합계' 계열은 '보조 축'으로 지정되어 있다.

> 풀이 계열 옵션에서 '간격 너비'를 0으로 설정하면 계열의 간격이 0이 되어 계열 간 세로 막대 사이에 간격이 없어짐

02 다음 중 차트 도구의 [데이터 선택]에 대한 설명으로 옳지 않은 것은? [20.02]

① [차트 데이터 범위]에서 차트에 사용하는 데이터 전체의 범위를 수정할 수 있다.
② [행/열 전환]을 클릭해 가로 (항목) 축의 데이터 계열과 범례 항목(계열)을 바꿀 수 있다.
③ 범례에서 표시되는 데이터 계열의 순서를 바꿀 수 없다.
④ 데이터 범위 내에 숨겨진 행이나 열의 데이터도 차트에 표시할 수 있다.

> 풀이 범례에서 표시되는 데이터 계열의 순서를 바꿀 수 있음

03 다음 중 차트에 포함할 수 있는 추세선에 대한 설명으로 옳은 것은? [19.03]

① 추세선은 데이터의 추세를 그래픽으로 표시하고 예측 문제를 분석하는 데 사용된다.
② 3차원 차트에 추세선을 표시하기 위해 2차원 차트를 작성해 추세선을 추가한 뒤에 3차원으로 변환한다.
③ 지수, 선형, 로그 등 3가지 추세선 유형이 있다.
④ 모든 종류의 차트에 추세선을 사용할 수 있다.

04 다음 중 각 차트 종류에 대한 설명으로 적절하지 않은 것은? [18.09]

① 영역형 차트: 워크시트의 여러 열이나 행에 있는 데이터에서 시간에 따른 변동의 크기를 강조해 합계 값을 추세와 함께 살펴볼 때 사용된다.
② 표면형 차트: 일반적인 척도를 기준으로 연속적인 데이터를 표시할 수 있으므로 일정 간격에 따른 데이터의 추세를 표시할 때 사용된다.
③ 도넛형 차트: 여러 열이나 행에 있는 데이터에서 전체에 대한 각 부분의 관계를 비율로 나타내어 각 부분을 비교할 때 사용된다.
④ 분산형 차트: 여러 데이터 계열에 있는 숫자 값 사이의 관계를 보여 주거나 두 개의 숫자 그룹을 XY 좌표로 이루어진 하나의 계열로 표시할 때 사용된다.

> 풀이 ②번 꺾은선형 차트

05 다음 중 아래 차트에 대한 설명으로 옳지 않은 것은? [19.03]

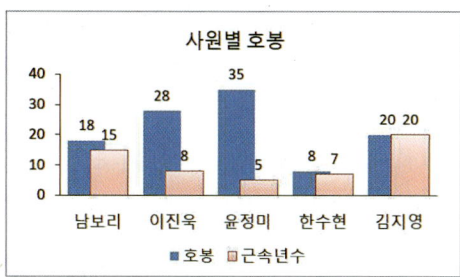

① 데이터 표식 항목 사이의 간격을 넓히기 위해서는 '간격 너비' 옵션을 현재 값보다 더 큰 값으로 설정한다.
② 데이터 계열 항목 안에서 표식이 겹쳐 보이도록 '계열 겹치기' 옵션을 음수 값으로 설정하였다.
③ 세로 (값) 축의 '주 눈금선'이 표시되지 않도록 설정하였다.
④ 레이블의 위치를 '바깥쪽 끝에'로 설정하였다.

> 풀이 데이터 계열 서식 → [겹치기] → 기본값: 0%
> – 양수를 입력: 계열 간 간격이 겹쳐지게 됨
> – 음수를 입력: 계열 간 간격이 벌어지게 됨

06 다음 중 아래의 <수정 전> 차트를 <수정 후> 차트로 변경하기 위한 작업으로 옳은 것은? [19.08]

<수정 전>

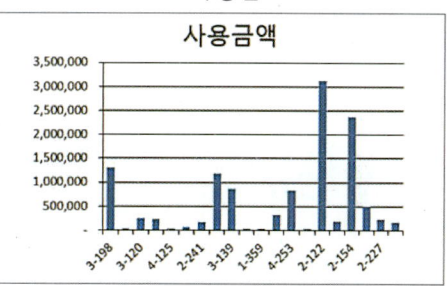

<수정 후>

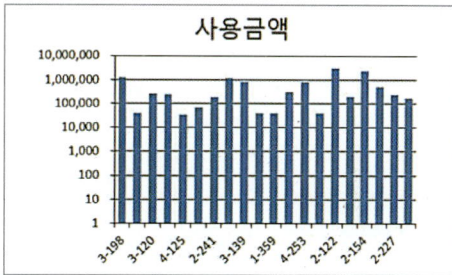

① 차트의 종류를 누적 세로 막대형으로 바꾼다.
② 세로 (값) 축의 표시 단위를 '10000000'으로 설정한다.
③ 세로 (값) 축의 [축 서식]에서 축 옵션 '값을 거꾸로'를 선택한다.
④ 세로 (값) 축의 [축 서식]에서 축 옵션 '로그 눈금 간격'의 기준을 '10'으로 설정한다.

> 풀이 – 축 서식에서 로그 눈금 간격 기준을 10으로 설정함
> – 로그 눈금 간격을 10으로 설정하면 10의 승수 단위로 값을 표현할 수 있음

07 다음 중 차트에서 3차원 막대 그래프에 적용할 수 없는 기능은? [17.03]

① 상하 회전 ② 원근감 조절
③ 추세선   ④ 데이터 표 표시

> 풀이 – 3차원 차트에는 추세선을 사용할 수 없음
> – 하나의 계열에 여러 개의 추세선을 사용할 수 있음

정답 1.① 2.③ 3.① 4.② 5.② 6.④ 7.③

출력 작업

학습 방향
스프레드시트로 작성한 문서를 출력하는 방법에 대한 내용을 학습합니다. [페이지 설정] 대화 상자에서 설정할 수 있는 옵션을 직접 클릭해서 적용해 보고 해당 옵션의 기능을 익히는 방향으로 학습 합니다.

핵심 키워드
[페이지 설정] 대화 상자의 각 탭에 위치한 옵션 기능, 머리글/바닥글, 페이지 레이아웃, 페이지 나누기 미리보기

10. 인쇄 출제 비율 50%

10 인쇄

1) 인쇄의 특징
- [파일] → [인쇄] 메뉴를 선택하면 인쇄 설정과 인쇄 미리 보기를 할 수 있음
- ☆ 인쇄 설정
  - 인쇄 대상을 사용자가 선택할 수 있음

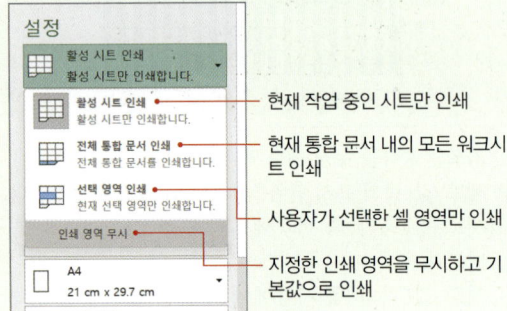

- 인쇄 시 단면 혹은 양면 인쇄 여부 설정
- 용지 크기 및 용지 방향 설정: 세로 방향, 가로 방향
- 여백 설정
- 차트와 도형 인쇄
  - 차트를 선택한 후 [파일] → [인쇄] 선택하면 차트만 인쇄됨
  - 도형은 기본적으로 인쇄가 되지만 도형을 인쇄에서 제외할 경우 해당 도형 바로 가기 메뉴에서 [크기 및 속성]을 선택한 후 '속성'에서 '개체 인쇄' 체크 해제
- ☆ 인쇄 미리 보기
  - 문서를 인쇄하기 전 화면으로 출력 결과를 미리 확인할 경우 사용
  - 바로 가기 키: Ctrl + F2 또는 Ctrl + P
  - '여백 표시'를 클릭하면 미리 보기에 여백선이 표시되고, 여백선을 직접 드래그해 여백을 조정할 수 있음

- 인쇄 미리 보기에서 셀의 너비는 조정 가능하지만 높이는 조정 불가
- 인쇄 미리 보기에서 조정한 셀의 너비는 워크시트에도 적용됨
- 인쇄 미리 보기에서 '페이지 확대/축소'를 클릭하면 화면이 확대/축소되며 이 결과는 인쇄에 적용되지 않음

> - 기본적으로 행/열 머리글, 눈금선 등은 인쇄되지 않고, 필요한 경우 사용자가 [페이지 설정] → [시트] 탭에서 지정함
> - 워크시트에서 숨겨진 행/열은 인쇄 시에도 인쇄되지 않음

2) 페이지 설정
- [페이지 레이아웃] → [페이지 설정] → 추가 옵션()
- [페이지 설정] 대화 상자 − [페이지] 탭

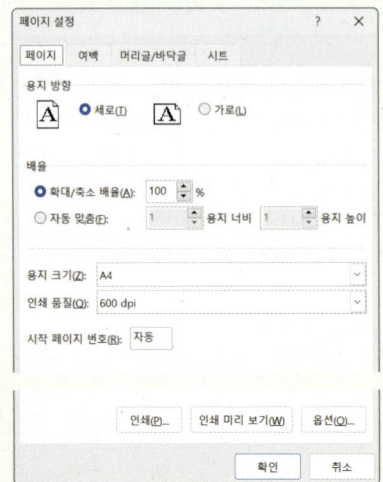

- 인쇄 배율을 수동으로 설정할 수 있고, 배율은 워크시트 표준 크기의 '10%'에서 '400%'까지 가능
- 배율을 '자동 맞춤'으로 선택하고 용지 너비와 용지 높이를 '1'로 지정하면 여러 페이지가 한 페이지에 출력되도록 확대/축소 배율이 자동으로 조정

[페이지 설정] 대화 상자 – [여백] 탭

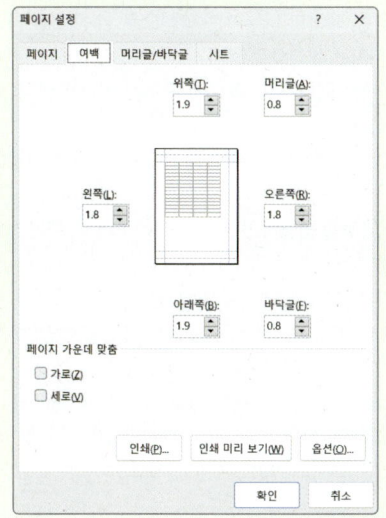

- 용지 여백과 페이지 가운데 맞춤을 설정할 수 있음
- 머리글이 데이터와 겹치지 않게 하려면 머리글 여백이 위쪽 여백보다 작아야 함

★ [페이지 설정] 대화 상자 – [머리글/바닥글] 탭
- 인쇄할 매 페이지의 위 또는 아래에 페이지 번호, 제목, 작성 일자 및 시간 등을 표시할 수 있음

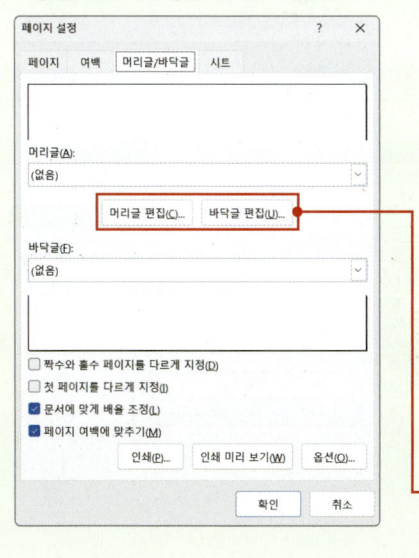

1★ 문서의 페이지 위쪽에 페이지 번호와 문서 제목, 시간 등을 표시할 경우

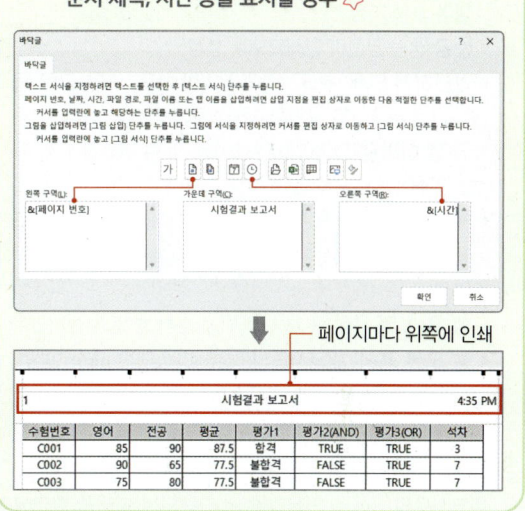

★ [페이지 설정] 대화 상자 – [시트] 탭

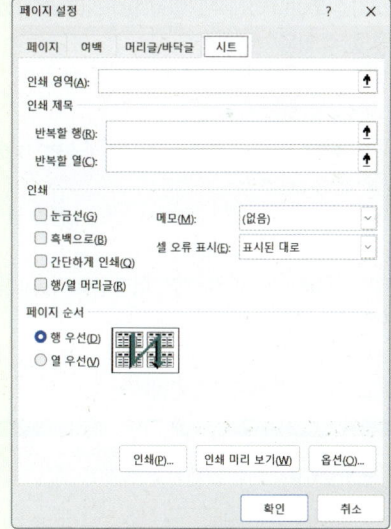

- **인쇄 영역**: 셀 범위를 지정하면 특정 부분만 인쇄할 수 있으며, 숨겨진 행이나 열은 인쇄되지 않음

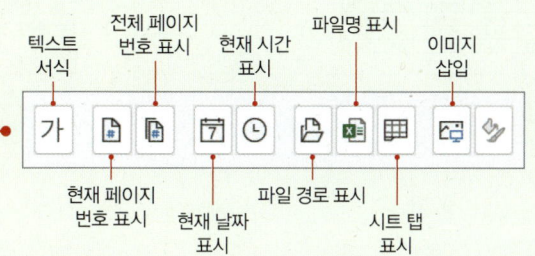

- **반복할 행, 반복할 열:** 매 페이지마다 반복적으로 인쇄할 행이나 열 지정
- **눈금선:** 눈금선이 인쇄되도록 설정
- **간단하게 인쇄:** 워크시트에 삽입한 차트, 도형, 그림 등 모든 그래픽 요소를 제외하고 텍스트만 인쇄함
- **행/열 머리글:** 열 머리글(A, B, C …), 행 머리글(1, 2, 3 …)을 인쇄
- **메모:** 셀에 설정된 메모의 인쇄 여부를 설정하는 것으로 '없음'과 '시트 끝', '시트에 표시된 대로' 중 하나를 선택해 인쇄
- **행 우선, 열 우선:** 인쇄 시 페이지 순서(행/열 우선) 선택
- **셀 오류 표시:** 워크시트의 오류 값에 대한 표시 설정으로 '표시된 대로', '<공백>', '--', '#N/A' 중 선택

3) 페이지 레이아웃 ★

- 워크시트의 내용을 인쇄했을 때 출력되는 형태를 화면에 보여 줌(여백 표시, 머리글/바닥글 추가 가능)
- [보기] → [통합 문서 보기] → [페이지 레이아웃] 선택
- 워크시트 페이지 위쪽이나 아래쪽을 클릭해 머리글/바닥글을 추가 또는 수정할 수 있음
- 왼쪽과 위쪽에 눈금자가 있어서 출력되는 문서의 행 높이, 열 너비를 쉽게 가늠할 수 있음
- [머리글/바닥글] 그룹에서 미리 정의된 머리글이나 바닥글을 선택할 수 있음
- 머리글 또는 바닥글 입력 후 워크시트에서 임의의 셀을 클릭하면 반영됨
- 첫 페이지, 홀수 페이지, 짝수 페이지의 머리글/바닥글 내용을 다르게 지정할 수 있음
- [기본] 보기에서와 같이 워크시트, 행 높이, 열 너비, 셀 편집 등을 할 수 있고, 이는 워크시트에 반영됨

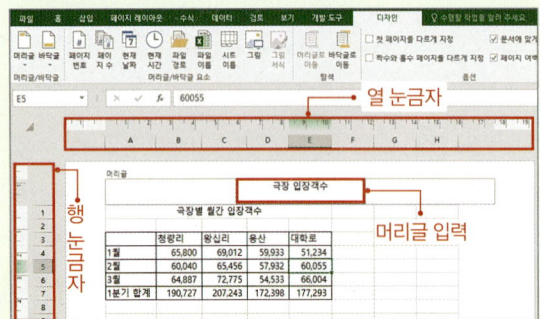

4) 페이지 나누기 미리 보기 ✿

- 페이지 나누기 미리 보기 설정 방법: [보기] → [통합 문서 보기] → [페이지 나누기 미리 보기] 선택 또는 엑셀 창의 상태 표시줄에서 '凹' 선택
- 페이지 나누기 미리 보기 해제 방법: [보기] → [통합 문서 보기] → [기본] 선택 또는 엑셀 창의 상태 표시줄에서 '田' 선택
- 자동으로 삽입된 페이지 나누기는 파선으로, 수동으로 삽입된 페이지 나누기는 실선으로 표시
- 문서를 페이지 단위로 나누어 페이지 구분선과 인쇄 영역, 페이지 번호 등을 표시
- 마우스로 페이지 구분선을 드래그해 원하는 위치로 이동할 수 있음
- 행 높이와 열 너비를 변경하면 자동 페이지 나누기 구분선의 위치도 변경됨
- [페이지 나누기 미리 보기]에서도 입력, 편집 가능
- 임의의 셀에서 바로 가기 메뉴의 [페이지 나누기 삽입]을 선택하면 선택한 셀의 위쪽과 왼쪽으로 페이지가 나눠짐
- 설정된 모든 페이지를 해제하려면 바로 가기 메뉴 [페이지 나누기 모두 원래대로] 선택

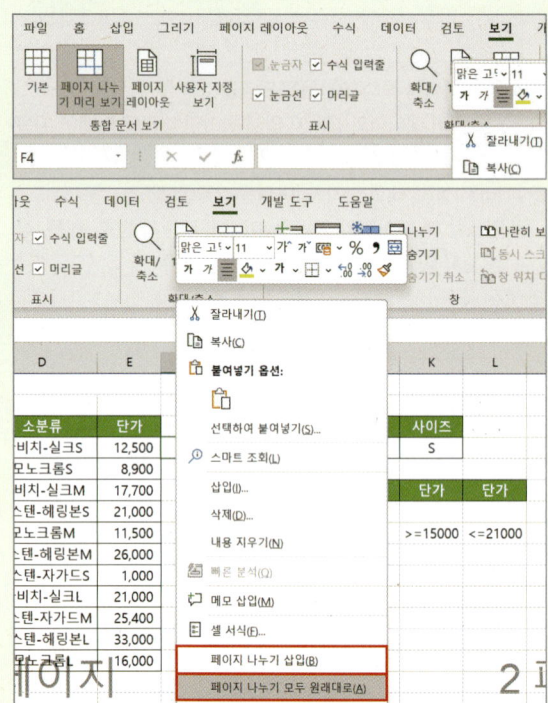

한.번.에. 기출문제

01 다음 중 엑셀의 인쇄 기능에 대한 설명으로 옳지 않은 것은? [20.07]

① 차트만 제외하고 인쇄하기 위해서는 [차트 영역 서식] 창에서 '개체 인쇄'의 체크를 해제한다.
② 시트에 표시된 오류 값을 제외하고 인쇄하기 위해서는 [페이지 설정] 대화 상자에서 '셀 오류 표시'를 <공백>으로 선택한다.
③ 인쇄 내용을 페이지의 가운데에 맞춰 인쇄하려면 [페이지 설정] 대화 상자에서 '문서에 맞게 배율 조정'을 체크한다.
④ 인쇄되는 모든 페이지에 특정 행을 반복하려면 [페이지 설정] 대화 상자에서 '인쇄 제목'의 '반복할 행'에 열 레이블이 포함된 행의 참조를 입력한다.

> 풀이 ③번 인쇄 내용을 페이지의 가운데에 맞춰 인쇄하려면 [페이지 설정] 대화 상자에서 '페이지 가운데 맞춤' 가로, 세로를 체크함

02 다음 중 바닥글 영역에 페이지 번호를 인쇄하도록 설정된 여러 개의 시트를 출력하면서 전체 출력물의 페이지 번호가 일련번호로 이어지게 하는 방법으로 옳지 않은 것은? [19.03]

① [인쇄 미리 보기 및 인쇄]의 '설정'을 '전체 통합 문서 인쇄'로 선택해 인쇄한다.
② 전체 시트를 그룹으로 설정한 후 인쇄한다.
③ 각 시트의 [페이지 설정] 대화 상자에서 '일련번호로 출력'을 선택한 후 인쇄한다.
④ 각 시트의 [페이지 설정] 대화 상자에서 '시작 페이지 번호'를 일련번호에 맞게 설정한 후 인쇄한다.

> 풀이 [페이지 설정] 대화 상자에서 '일련번호' 옵션은 존재하지 않음

03 다음 중 엑셀의 [페이지 설정] 대화 상자에 대한 설명으로 옳은 것은? [17.03]

① 인쇄 배율을 수동으로 설정할 수 있으며, 배율은 워크시트 표준 크기의 10%에서 200%까지 설정 가능하다.
② [시트] 탭에서 머리글/바닥글과 행/열 머리글이 인쇄되도록 설정할 수 있다.
③ [페이지] 탭에서 '자동 맞춤'의 용지 너비와 용지 높이를 각각 1로 지정하면 여러 페이지가 한 페이지에 인쇄된다.
④ 셀에 설정된 메모는 시트에 표시된 대로 인쇄할 수는 없으나 시트 끝에 인쇄되도록 설정할 수 있다.

> 풀이
> – [페이지] 탭에서 '확대/축소 배율'을 10%~400%로 지정
> – [머리글/바닥글] 탭에서 머리글/바닥글 지정, [시트] 탭에서 행/열 머리글 지정
> – [시트] 탭에서 메모의 표시 방법 지정: (없음), 시트 끝, 시트에 표시된 대로 중 선택

04 다음 중 [페이지 레이아웃] 보기 상태에서 설정 가능한 설명으로 옳지 않은 것은? [18.09]

① 눈금자, 눈금선, 머리글 등을 표시하거나 숨길 수 있다.
② 마우스로 페이지 구분선을 클릭해 페이지 나누기 위치를 조정할 수 있다.
③ 기본 보기에서와 같이 셀 서식을 변경하거나 수식 작업을 할 수 있다.
④ 머리글과 바닥글을 짝수 페이지와 홀수 페이지에 각각 다르게 지정할 수 있다.

> 풀이 페이지 레이아웃
> – 출력 레이아웃을 보여 주며 여백과 머리글, 바닥글을 직접 설정 및 삽입할 수 있음
> – 눈금자, 눈금선, 머리글 등을 표시하거나 숨길 수 있음
> – 기본 보기에서와 같이 셀 서식을 변경하거나 수식 작업을 할 수 있음
> – 머리글과 바닥글을 짝수 페이지와 홀수 페이지에 각각 다르게 지정할 수 있음

한.번.에. 기출문제 풀이는 모바일 앱에서 확인하세요!

정답 1.③ 2.③ 3.④ 4.②

매크로 활용

11. 매크로 — 60%
12. 프로그래밍(VBA) — 40%

학습 방향

매크로와 프로시저는 스프레드시트에서 사용자가 반복적으로 사용해야 할 기능을 기록하거나 좀 더 동적인 작업을 수행할 때 사용하는 기능입니다. 매크로는 직접 기록해 보고 본문에 있는 기능을 수행하면 쉽게 이해할 수 있지만, VBA의 경우 다수의 명령어가 있고, 스프레드시트 함수와는 다른 부분이 많아 문제 위주로 살펴봅니다. 또한 실기 시험에 100% 출제되는 부분이니 전체 내용을 꼼꼼히 학습합니다.

핵심 키워드

매크로 기록 대화 상자, 매크로 저장 위치, 매크로 이름, 매크로 실행, 매크로 보안, 모듈과 프로시저, 기타 시험에 자주 출제되는 VBA 코드

11 매크로

1) 매크로 특징

- 반복되는 작업을 자동화하는 기능
- [보기] → [매크로] → [매크로 기록] 선택 또는 [개발 도구] → [코드] → [매크로 기록]
- 절대 참조 매크로는 현재 셀의 위치에 따라 작업 위치가 달라지지 않지만, 상대 참조 매크로는 셀의 위치에 따라 작업 위치가 달라짐
- 매크로는 VBA 언어로 기록되며, 잘못 기록하더라도 Visual Basic 편집기를 사용해 매크로를 편집할 수 있음
- 매크로는 언제든 편집, 수정, 삭제 가능
- 매크로를 기록하는 경우 실행하려는 작업을 완료하는 데 필요한 모든 단계가 매크로 레코더에 기록되며, 리본에서의 탐색은 기록에 포함되지 않음
- 매크로 기록을 시작한 후 키보드와 마우스 동작은 VBA 언어로 작성된 매크로 프로그램으로 자동 생성됨
- Visual Basic Editor
  - VBE는 'Visual Basic Editor'의 약어로 VBA(Visual Basic Applications)를 작성, 수정, 편집할 수 있는 편집기
  - [개발 도구] → [매크로] → [Visual Basic]을 사용해 매크로를 수정
  - Alt + F11 을 눌러 시작할 수 있음
  - Visual Basic Editor에서 매크로의 실행을 위해서 사용하는 바로 가기 키는 F5 이고, 한 단계씩 코드를 실행하기 위한 키는 F8 임

2) 매크로 기록

- [보기] → [매크로] → [매크로] → [매크로 기록] 또는 [개발 도구] → [코드] → [매크로 기록] 선택

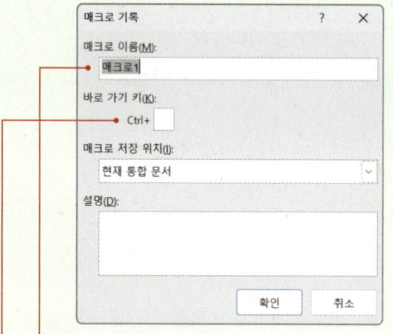

매크로 이름

- '매크로1, 매크로2 …' 등과 같이 자동으로 이름이 부여되지만 사용자가 직접 지정할 수 있음
- 이름 지정 시 첫 글자는 반드시 문자로 지정 /, ?, ' ', . , - , ※ 등의 문자와 공백은 이름으로 사용할 수 없음

바로 가기 키

- Ctrl + 영문 소문자
  Ctrl + Shift + 영문 대문자
- 엑셀의 바로 가기 키와 동일한 경우 매크로 바로 가기 키가 우선 실행됨

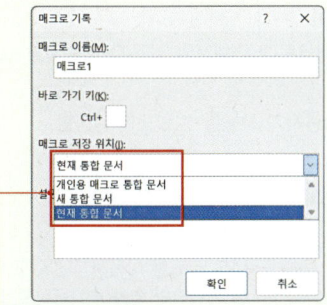

커서를 [B3] 셀에 위치하고 매크로를 실행하면, [B4:B7] 영역에 노란색 채우기가 실행됨

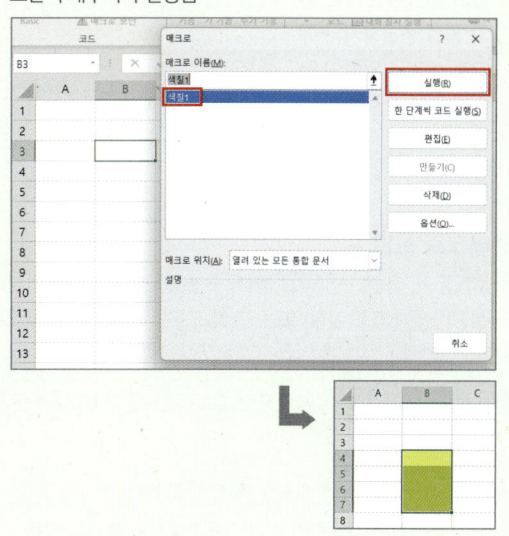

매크로 저장 위치
- 개인용 매크로 통합 문서: 매크로가 'personal.xlsb'에 저장되며 이 문서는 엑셀을 시작할 때마다 자동으로 로드(load)되어 다른 통합 문서에서도 실행 가능
- 새 통합 문서: 새로운 문서 창을 열고 매크로를 저장
- 현재 통합 문서: 현재 작업하고 있는 통합 문서에만 적용되는 매크로

3) 매크로 작성 순서

① 매크로 기록 상자에 이름, 바로 가기 키, 저장 위치 지정

② 매크로 기록할 내용 기록

③ [보기] → [매크로] → [매크로] → [기록 중지]
또는 [개발 도구] → [코드] → [기록 중지] 선택

[매크로 기록]에서 상대 참조로 기록과 일반 매크로 기록(절대 참조로 기록)의 차이점
- 매크로 기록할 때 '상대 참조로 기록'을 선택하지 않으면 절대 참조로 기록됨
- 절대 참조는 커서가 어디에 있든 매크로가 항상 정해진 위치에서 실행되지만, 상대 참조는 현재 커서의 위치에 따라 매크로 실행 위치가 달라짐

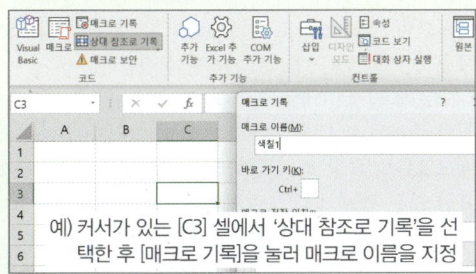

예) 커서가 있는 [C3] 셀에서 '상대 참조로 기록'을 선택한 후 [매크로 기록]을 눌러 매크로 이름을 지정

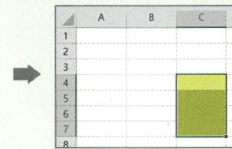

[C4:C7] 영역에 채우기 색을 적용하는 매크로 작성

4) 매크로 실행 ★
- ☐ [보기] → [매크로] → [매크로] 또는 [개발 도구] → [코드] → [매크로] 선택
- ☐ 바로 가기 키: Alt + F8
- ☐ 매크로를 기록할 때 지정한 바로 가기 키를 눌러 해당 매크로를 실행할 수 있음
- ☐ 도형 개체에 매크로를 연결해 실행할 수 있음
- ☐ 양식 도구 모음의 컨트롤에 매크로를 연결해 실행할 수 있음
- ☐ [개발 도구] → [코드] → [Visual Basic] 선택하고 매크로 구문 내에 커서를 위치시킨 후 F5를 누르면 매크로 바로 실행

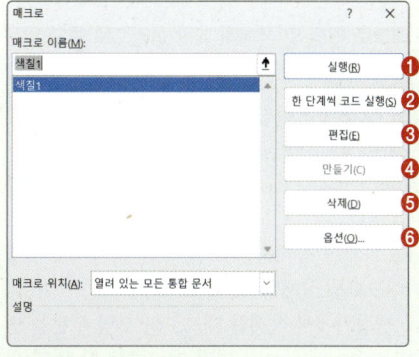

① 선택한 매크로를 실행
② 선택한 매크로의 코드를 한 줄씩 실행
③ 매크로 기록 내용을 편집할 수 있는 Visual Basic Editor 창이 나타남
④ 새 매크로 이름을 입력 후 [만들기]를 클릭해 매크로를 기록
⑤ 선택한 매크로를 제거

❻ 옵션을 누르면 다음과 같이 매크로의 바로 가기 키를 변경하거나 매크로 설명을 입력할 수 있음(이름 변경은 할 수 없음)

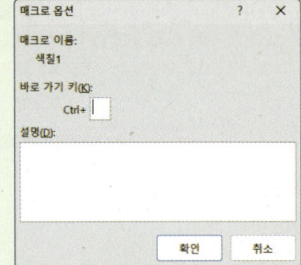

5) 매크로 보안 📎

☐ [파일] → [옵션] → [Excel 옵션] → [보안 센터] → [보안 센터 설정] → [매크로 설정] 또는 [개발 도구] → [코드] → [매크로 보안] 선택

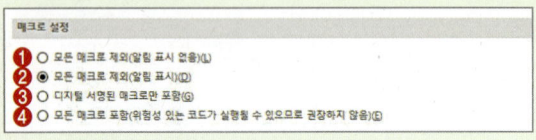

❶ 모든 매크로를 사용하지 않고 사용자에게도 알리지 않음

❷ 모든 매크로에 대해 보안 표시줄 알림을 위와 같이 사용자에

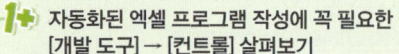

게 보여 줌(기본값)
❸ 디지털 서명한 매크로에 대해서만 사용자에게 알림 표시를 보여 줌
❹ 모든 매크로를 사용자가 사용할 수 있도록 설정함

🌱 자동화된 엑셀 프로그램 작성에 꼭 필요한 [개발 도구] → [컨트롤] 살펴보기

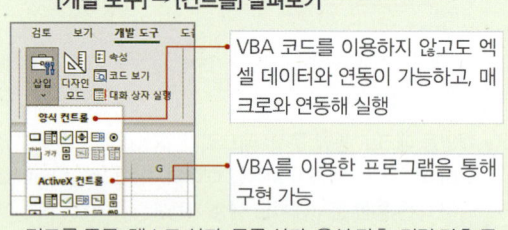

VBA 코드를 이용하지 않고도 엑셀 데이터와 연동이 가능하고, 매크로와 연동해 실행

VBA를 이용한 프로그램을 통해 구현 가능

• 컨트롤 종류: 텍스트 상자, 목록 상자, 옵션 단추, 명령 단추 등
• ActiveX 컨트롤: 양식 컨트롤보다 다양한 이벤트에 반응할 수 있지만, 호환성은 낮음
• 양식 컨트롤의 '단추(양식 컨트롤)'를 클릭하거나 드래그해서 추가하면 [매크로 지정] 대화 상자가 자동으로 표시
• [디자인 모드] 상태에서 ActiveX 컨트롤의 선택, 크기 조절, 이동 등의 작업 수행

한.번.에. 기출문제

01 다음 중 매크로 편집 및 삭제에 대한 설명으로 옳지 않은 것은? [20.07]

① [매크로] 대화 상자에서 편집할 매크로를 선택하고 [편집] 단추를 클릭하면 Visual Basic 편집기를 실행할 수 있다.
② Alt + F8 을 눌러 Visual Basic 편집기를 실행하면 매크로를 수정할 수 있다.
③ personal.xlsb 파일을 삭제하면 모든 통합 문서에서 실행할 수 있는 매크로를 삭제할 수 있다.
④ Visual Basic 편집기에서 삭제할 매크로의 코딩 부분을 범위로 지정한 뒤 Delete 를 눌러 여러 매크로를 한 번에 삭제할 수 있다.

02 다음 중 매크로를 작성하고 사용하는 방법에 대한 설명으로 옳지 않은 것은? [19.03]

① 매크로를 기록하는 경우 기본적으로 셀은 절대 참조로 기록되며, 상대 참조로 기록하고자 할 때 '상대 참조로 기록'을 선택한 다음 매크로 기록을 실행한다.
② 매크로에 지정된 바로 가기 키가 엑셀 고유의 바로 가기 키와 중복될 때 엑셀 고유의 바로 가기 키가 우선한다.
③ 매크로를 기록할 때 실행하려는 작업을 완료하는 데 필요한 모든 단계가 매크로 레코더에 기록되며, 리본 메뉴에서의 탐색은 기록된 단계에 포함되지 않는다.
④ 개인용 매크로 통합 문서에 저장한 매크로는 엑셀을 시작할 때마다 자동으로 로드되므로 다른 통합 문서에서도 실행할 수 있다.

03 다음 중 매크로에 대한 설명으로 옳지 않은 것은? [19.08]

① 매크로 기록 시 리본 메뉴에서의 탐색도 매크로 기록에 포함된다.
② 매크로 이름은 숫자나 공백으로 시작할 수 없다.
③ 매크로를 사용하면 반복적인 작업들을 빠르고 쉽게 실행할 수 있다.
④ 그래픽 개체에 매크로를 지정한 후 개체를 클릭하여 매크로를 실행할 수 있다.

04 다음 중 [매크로] 대화 상자에 대한 설명으로 옳지 않은 것은? [18.03]

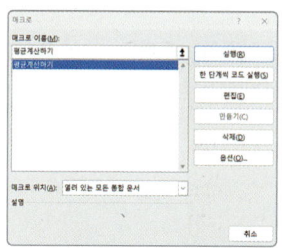

① 매크로 이름 상자에서는 매크로의 이름을 선택하여 변경할 수 있다.
② [한 단계씩 코드 실행] 단추를 클릭하면 선택한 매크로를 한 줄씩 실행한다.
③ [편집] 단추를 클릭하면 선택한 매크로를 수정할 수 있도록 VBA가 실행된다.
④ [옵션] 단추를 클릭하면 바로 가기 키를 설정하거나 변경할 수 있다.

05 다음 중 [개발 도구] 탭의 [컨트롤] 그룹에 대한 설명으로 옳지 않은 것은? [20.02]

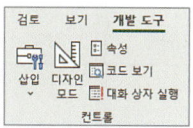

① 컨트롤 종류에는 텍스트 상자, 목록 상자, 옵션 단추, 명령 단추 등이 있다.

② ActiveX 컨트롤은 양식 컨트롤보다 다양한 이벤트에 반응할 수 있지만, 양식 컨트롤보다 호환성은 낮다.
③ [디자인 모드] 상태에서는 양식 컨트롤과 ActiveX 컨트롤 모두 매크로 등 정해진 동작은 실행하지 않지만 컨트롤의 선택, 크기 조절, 이동 등의 작업을 할 수 있다.
④ 양식 컨트롤의 '단추(양식 컨트롤)'를 클릭하거나 드래그해서 추가하면 [매크로 지정] 대화 상자가 자동으로 표시된다.

> **풀이** 'ActiveX 컨트롤'은 [디자인 모드]에서 크기 조절, 이동은 가능하지만 매크로 동작을 연결할 수 없음. '양식 컨트롤'은 [디자인 모드] 상태와 상관없이 매크로 동작 실행, 크기 조절, 이동 등이 가능함

06 아래 그림과 같이 설정한 상태에서 [매크로 기록] 대화 상자의 [확인] 단추를 누른다. [A2:A6] 영역을 선택한 후 글꼴 스타일을 굵게 지정하고 [기록 중지]를 눌러 '서식' 매크로의 작성을 완료하였다. 다음 중 매크로 작성 후 [C1] 셀을 선택하고 '서식' 매크로를 실행한 결과로 옳은 것은? [20.07]

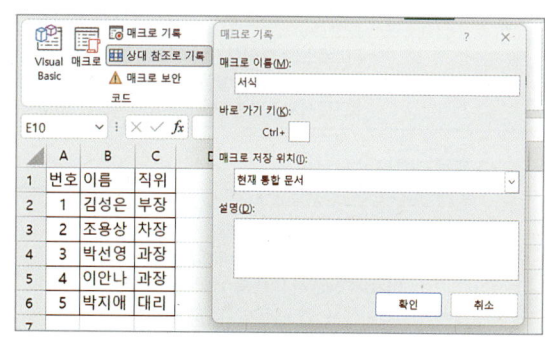

① [A2:A6] 영역의 글꼴 스타일이 굵게 지정된다.
② [A1] 셀만 글꼴 스타일이 굵게 지정된다.
③ [C2:C6] 영역의 글꼴 스타일이 굵게 지정된다.
④ [C1] 셀만 글꼴 스타일이 굵게 지정된다.

> **풀이** – [A1] 셀을 선택한 상태에서 상대 참조로 매크로 기록이 시작됨
> – [A2:A6] 영역은 [A1] 셀 + 1행 위치이므로 [C1] 셀을 선택하고 매크로를 실행하면 [C1] 셀 + 1행 위치인 [C2:C6] 영역에 매크로가 적용됨

한.번.에. 기출문제 풀이는 모바일 앱에서 확인하세요!

정답 1.② 2.① 3.① 4.① 5.③ 6.③

12 프로그래밍(VBA)

VBA(Visual Basic for Applications)란?
엑셀에서 매크로를 작성할 수 있도록 MS OFFICE에 내장된 프로그램으로 Visual Basic 언어와 문법이 유사하고, Visual Basic 편집기인 VBE(Visual Basic Editor)로 프로그래밍함

1) 모듈(Module)과 프로시저(Procedure)

☐ 모듈: 매크로를 작성하는 공간으로, 한 단위로 저장된 VBA 선언문, 명령문, 프로시저의 집합

☐ 프로시저: 프로그램에서 특정 작업을 수행하기 위한 명령문을 뜻하며 프로시저의 기본 구조는 Sub ~ End Sub임

프로시저 구성 요소	설명
개체(Object)	통합 문서, 워크시트, 셀, 콤보 상자, 명령 단추 등 프로그램의 요소이자 처리할 대상
속성(Property)	개체의 크기, 색, 화면에서의 위치 등 개체의 특징
메서드(Method)	선택한다, 연다, 닫는다, 추가한다, 삭제한다, 복사한다 등 개체가 수행할 수 있는 동작
변수(Variable)	프로그램 상의 특정 값, 계산 결과를 임시로 기억하는 저장 공간 i = 1: 1을 'i' 변수에 넣는다(대입한다/저장한다)
이벤트(Event)	마우스를 클릭하거나 키보드를 누름과 같은 이벤트 발생 시 실행하는 프로시저를 이벤트 프로시저라고 함(Private Sub ~ End Sub)

☐ VBA 프로그램 프로시저

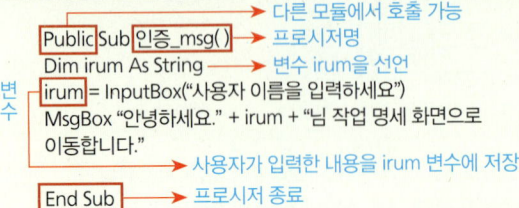

2) VBA 문법

☐ For ~ Next문
원하는 횟수만큼 반복 작업을 수행, 즉 반복을 시작할 시작값부터 반복이 끝나는 종료값 사이에 실행할 명령문을 기술함

<형식>
For 제어 변수 = 시작값 to 종료값 [step 증가]
   반복 실행 명령 기술
Next (제어 변수)

예) [A1:A5] 영역에 "엑셀vba" 문자를 표시하는 프로그램
a변수가 1부터 시작해서 종료값 5가 될 때까지 계속 반복 작업 수행, 한 번 실행할 때마다 1씩 값이 증가

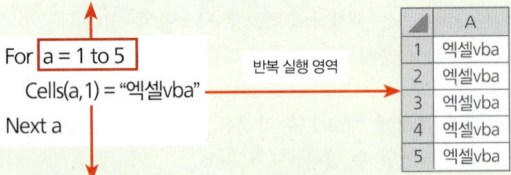

For a = 1 to 5
   Cells(a, 1) = "엑셀vba"
Next a

Cells(행, 열)을 의미 Cells(1,1) 은 [A1] 셀 의미
a=1이면, Cells(1,1) → 즉, [A1] 셀에 "엑셀vba" 출력
a=2이면, Cells(2,1) → 즉, [A2] 셀에 "엑셀vba" 출력

☐ Do ~ Loop문
정해진 횟수 없이 **특정 조건을 만족하는 동안(Do ~ While)** 혹은 **만족하지 않는 동안(Do ~ Until)** 프로그램을 반복 수행

<형식>
Do While 조건식
   반복 실행문
Loop

또는

Do Until 조건식
   반복 실행문
Loop

예) [a1:a5] 셀 영역에 "컴활1급" 문자를 표시하는 프로그램

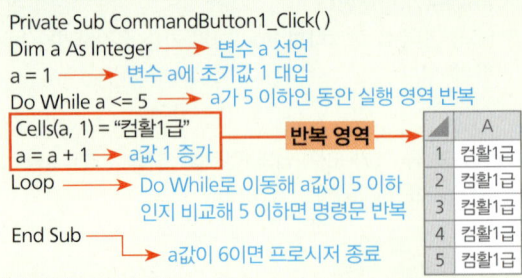

3) 프로시저

☐ 프로시저의 종류
- Sub ~ End Sub: **반환 값이 존재하지 않는** 가장 기본적인 프로시저임
- Function ~ End Function: **반환 값이 존재하는** 프로시저로 사용자 정의 함수를 작성할 때 이용

- Property ~ End Property: 반환 값 존재하며, 개체 **속성을 새로 정의**할 때 사용

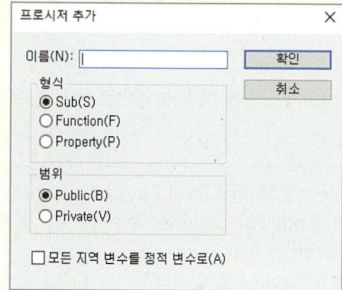

☐ 프로시저의 예

```
Sub Macro()                    ①
 'Macro1 Macro
 '바로가기키 : ctrl + a           ②
 Range("A3:E7").Select          ③
 Selection.Font.Bold = True
End Sub                         ④
```

① 프로시저는 Sub로 시작함
② 주석은 작은따옴표(')로 시작함
③ 실제 수행할 명령을 입력함
④ 프로시저는 End Sub로 끝나야 함

☐ FormulaR1C1
- 셀 주소를 ROW, COLUMN 절대 단위로 표시
  예) A1 = R1C1, B2 = R2C2
- 주로 기준 셀 에서 OFFSET할 위치를 지정할 때 사용
- 현재 셀에서 왼쪽 2번째 셀과 아래쪽 3번째 셀을 더할 경우의 표현
- ActiveCell.FormulaR1C1 = "=RC[-2]+R[3]C"

☐ 프로시저 호출하기
- 프로시저 내에서 sub 프로시저를 호출하기
- 프로시저명 인수1, 인수2, 인수3…
  test 200, 500, "이순신"
  call 프로시저명(인수1, 인수2, 인수3…)
  call TEST(200, 500, "이순신")
  괄호에 주의

☐ 모듈

표준 모듈	워크시트 모듈(Sheet로 표시되는 모듈)과 This Workbook 모듈, 공용 모듈(일반적으로 사용하는 모듈)
폼 모듈	사용자 정의 폼을 디자인하고 사용자 정의 폼의 컨트롤에 이벤트 프로시저를 작성하는 모듈
클래스 모듈	개체를 새롭게 정의해서 사용할 수 있도록 작성하는 모듈로 개체의 속성, 메서드, 이벤트를 정의하는 모듈

- 프로그램 ⊃ 모듈 ⊃ 프로시저
- 한 단위로 저장된 VBA의 선언문과 프로시저의 집합이며, 프로젝트를 구성하는 기본 단위
- 모듈은 여러 개의 프로시저로 구성할 수 있음
- 프로시저는 특정 기능을 실행할 수 있도록 나열된 명령문의 집합으로 모듈 안에 구성되며 Sub, Function 프로시저가 있음
- 전역 변수 선언을 위해서는 Public으로 변수명 앞에 지정해 주어야 함
- 모듈은 선언부를 가지며, 선언문에서 변수에 데이터 형식을 생략하면 변수는 VARIANT 형식을 가짐
- 이벤트 프로시저는 특정 개체에 적용되는 Sub 프로시저임

☐ 프로시저 범위
- Private: 모듈의 처음에 선언하며, 해당 모듈 내의 **모든 프로시저**에서 사용이 가능함
- Public: 모듈의 처음에 선언하며, **모든 모듈**에서 사용이 가능함

☐ 프로시저 형식
- Sub: 코드를 실행하고, 결과값을 반환하지 않음
- Function: 코드를 실행하고 실행된 결과값을 반환하는 함수
- Property: 개체의 속성을 새로 정의할 때 사용되는 것으로 반환값이 있음

4) 시험에 자주 출제되는 VBA 코드 ✶

Range("A5").Select	[A5] 셀 선택
Range("A1:D10").Select	[A1:D10] 영역 선택
Range("A1", "C5").Select	[A1:C5] 영역 선택
Range("A1, C5").Select	[A1] 셀과 [C5] 셀 선택
Range(Cells(1, 1), Cells(5, 3)).Select	[A1:C5] 영역 선택
Range("판매량").Select	"판매량"으로 정의된 이름 영역 선택
Range("A:A").Font.Bold = True	A열의 글꼴을 굵게 함
Columns(1).Font.Bold = True	A열의 글꼴을 굵게 함
Columns("A").Font.Bold = True	A열의 글꼴을 굵게 함
Range("C2").Font.Bold = "True"	[C2] 셀의 글꼴을 굵게 함
Range("A1").Formula = 3*4	[A1] 셀에 수식 결과값 12가 입력
Workbooks.Add	새 통합 문서를 추가
Workbooks.Close	활성화된 통합 문서만 종료
ActiveCell.FormulaR1C1 = "=RC[-2]*RC[-1]"	활성 셀에 왼쪽 두 번째 셀과 왼쪽 첫 번째 셀을 곱하는 수식 입력
ColorIndex = 3	3(빨강), 5(파랑), 6(노랑)

한.번.에. 기출문제

01 다음 중 아래의 프로시저가 실행된 후 [A1] 셀에 입력되는 값으로 옳은 것은? [20.02]

```
Sub 예제( )
    Test = 0
    Do Until Test > 10
        Test = Test + 1
    Loop
    Range("A1").Value = Test
End Sub
```

① 10 ② 11
③ 0   ④ 55

풀이 0~11까지 반복함. 최종적으로 변수 Test의 값은 11이 되며, 이 값이 [A1] 셀에 입력됨

02 다음 중 VBA에서 [프로시저 추가] 대화 상자의 각 옵션에 대한 설명으로 옳지 않은 것은? [18.03]

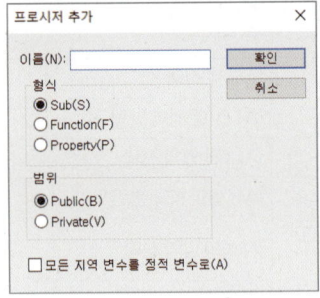

① Sub와 Public을 선택한 경우 Sub 프로시저는 모듈 내의 모든 프로시저에서 해당 Sub 프로시저를 호출 할 수 있다.
② Sub와 Private를 선택한 경우 Sub 프로시저는 선언된 모듈 내의 다른 프로시저에서만 호출할 수 있다.
③ Function과 Public을 선택한 경우 Function 프로시저는 모든 모듈의 모든 프로시저에 액세스할 수 있다.
④ Function과 Private를 선택한 경우 Function 프로시저는 모든 모듈의 다른 프로시저에서만 액세스할 수 있다.

풀이 Function과 Private를 선택한 경우 Function 프로시저는 해당 모듈 내의 모든 프로시저에서 사용이 가능함

03 다음 중 아래의 VBA 코드에 대한 설명으로 옳지 않은 것은? [19.03]

```
Private Sub Worksheet_Change(ByVal Target As Range)
If Target.Address = Range ("a1").Address Then
    Target.Font.ColorIndex = 5
    MsgBox Range("a1").Value & "입니다."
End If
End Sub
```

① 일반 모듈이 아닌 워크시트 이벤트를 사용한 코드이다.
② [A1] 셀을 선택하면 [A1] 셀의 값이 메시지 박스에 표시된다.
③ VBA 코드가 작성된 워크시트에서만 동작한다.
④ [A1] 셀이 변경되면 [A1] 셀의 글꼴 색이 ColorIndex가 5인 색으로 변경된다.

04 아래의 워크시트에서 [D2] 셀에 SUM 함수를 사용하여 총점을 계산한 후 채우기 핸들을 [D5] 셀까지 드래그해 총점을 계산하는 '총점' 매크로를 생성하였다. 다음 중 아래 '총점' 매크로의 VBA 코드 창에서 괄호( ) 안에 해당하는 값을 올바르게 나열한 것은? [18.03]

	A	B	C	D
1	성명	국어	영어	총점
2	강동식	81	89	
3	최서민	78	97	
4	박동수	87	88	
5	박두식	67	78	

```
Sub 총점( )
    Range(" ⓐ ").Select
    ActiveCell.FormulaR1C1 = "=SUM( ⓑ )"
    Range("D2").Select
    Selection.AutoFill Destination:=Range(" ⓒ "),_
    Type:=xlFillDefault
    Range(" ⓓ ").Select
    Range("D6").Select
End Sub
```

① ⓐ D2 ⓑ (RC[-1]:RC[-1]) ⓒ D5 ⓓ D5
② ⓐ A6 ⓑ (RC[-1]:RC[-O]) ⓒ D2:D5 ⓓ D5
③ ⓐ D2 ⓑ (RC[-2]:RC[-O]) ⓒ D5 ⓓ D2:D5
④ ⓐ D2 ⓑ (RC[-2]:RC[-1]) ⓒ D2:D5 ⓓ D2:D5

정답 1.② 2.④ 3.② 4.④

스프레드시트 화면 구성

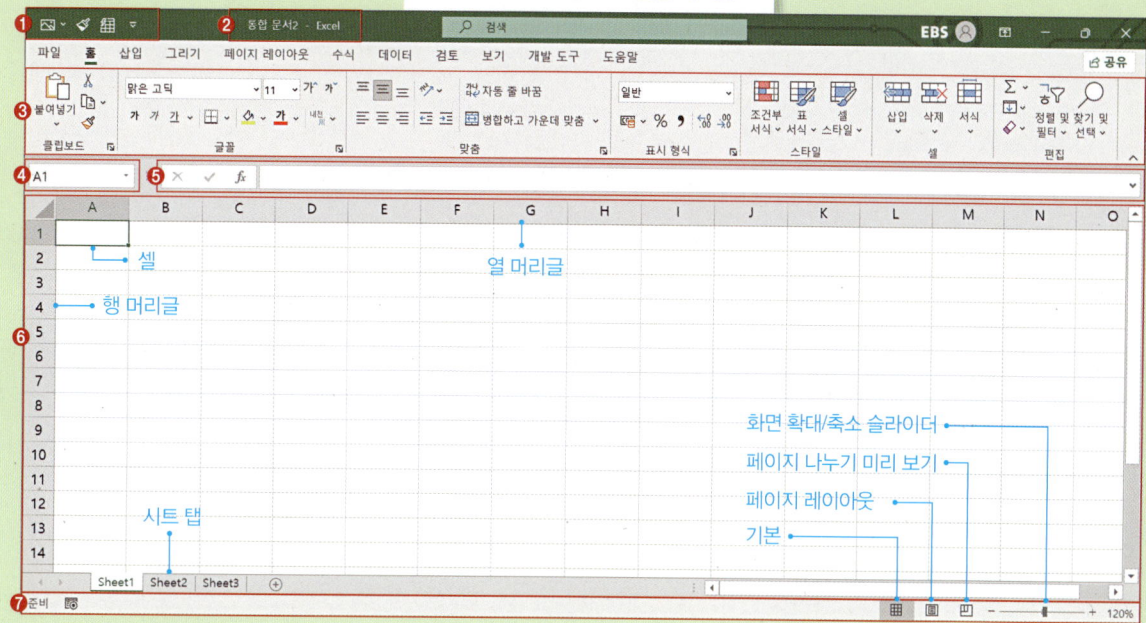

① **빠른 실행 도구 모음**
- 저장, 실행 취소 등 자주 사용하는 기능을 모아 둔 공간으로 필요한 기능을 추가 또는 삭제할 수 있음
- 위치: 제목 표시줄 또는 리본 메뉴 아래

② **엑셀 통합 문서 제목**
- 현재 엑셀 문서의 이름과 프로그램 이름 표시

③ **리본 메뉴**
- 엑셀의 다양한 기능을 수행하기 위한 명령들을 각각의 용도에 맞게 탭으로 분류
- 화면에서 숨기거나 표시하는 방법
  - 현재 실행 중인 탭 메뉴 이름 더블클릭
  - 바로 가기 키: Ctrl + F1

④ **이름 상자**
- 현재 작업 중인 셀의 주소나 이름 표시, 또는 이름 정의가 가능함
- 특정 셀 주소나 이름을 입력하고 Enter를 누르면 해당 셀로 셀 포인터 이동

⑤ **수식 입력줄**
- 셀에 입력된 데이터나 수식을 보여 주고, 수식이나 데이터를 직접 입력하거나 수정하는 공간

⑥ **워크시트**
- 엑셀에서 실제 데이터 작업이 이루어지는 공간

⑦ **상태 표시줄**
- 현재 작업 중인 문서를 "기본", "페이지 레이아웃", "페이지 나누기 미리 보기" 상태로 변환해 볼 수 있음
- 슬라이더를 이용해 화면을 10~400% 배율로 확대 또는 축소 가능
  * 단축키를 이용한 확대/축소
    화면 확대: Ctrl + 마우스 휠 위로 스크롤
    화면 축소: Ctrl + 마우스 휠 아래로 스크롤

EBS 컴퓨터활용능력 1급 필기

한.번.만.
교재에서 모바일까지 **한 번**에 **만**나는 컴활 수험서

한.번.에. 이론 & 문제
3과목 데이터베이스 일반

Part	단원	출제 비율
Part Ⅰ	**DBMS 파일 사용**	
1	데이터베이스의 개요	100%
Part Ⅱ	**테이블 활용**	
2	테이블	60%
3	외부 데이터와 관계 편집	40%
Part Ⅲ	**쿼리 활용**	
4	쿼리	45%
5	SQL(Structured Query Language)	35%
6	Access 연산자와 함수	20%
Part Ⅳ	**폼 활용**	
7	폼의 기본 구조	50%
8	폼 컨트롤과 도메인 함수	50%
Part Ⅴ	**보고서 활용**	
9	보고서의 기본 구조	60%
10	보고서 만들기	40%
Part Ⅵ	**모듈 활용**	
11	매크로 및 프로그래밍(VBA)	100%

DBMS 파일 사용

1. 데이터베이스의 개요 출제 비율 100%

학습 방향
DBMS(Access)를 활용하기 위한 데이터베이스의 장단점과 DBMS의 기능 등 데이터베이스 기본 이론을 학습합니다.

핵심 키워드
데이터베이스의 장단점, 데이터베이스 언어, DBMS의 기능, 데이터베이스 스키마 구조, E-R Diagram, 관계형 데이터베이스 모델, 릴레이션의 구성과 특징, 데이터베이스 정규화

01 데이터베이스의 개요

1) 데이터베이스(Database)의 개념

☐ 데이터베이스 특징
- 어느 한 조직의 응용 시스템들이 공유될 수 있도록 통합, 저장한 데이터의 집합
- 실시간으로 질의를 처리하고 응답함(실시간 접근성)
- 데이터의 삽입, 삭제, 수정을 통해서 최신 데이터를 유지함
- 여러 사용자가 동시에 접근하여 각 목적에 맞게 데이터를 사용할 수 있음

🔖 데이터베이스의 장단점

장점	단점
• 데이터 중복 최소화 • 데이터 공유 • 데이터 일관성 유지 • 데이터 무결성 유지 • 데이터 보안성 보장 • 최신 데이터 유지 • 데이터 논리/물리적 독립성 유지	• 하드웨어나 DBMS 구입 비용, 전산화 비용 등이 증가 • DBMS와 데이터베이스 언어를 조작할 수 있는 고급 프로그래머가 필요(전문가 부족) • 데이터의 백업과 복구에 많은 비용과 시간이 소요됨

2) 데이터베이스 관리 시스템(DBMS)

☐ 사용자와 데이터베이스 사이에서 사용자의 요구에 따른 연산 및 정보를 생성하고 데이터베이스를 관리하는 소프트웨어
☐ 자료 처리 시스템의 문제인 데이터 종속성과 데이터 중복성을 해결하는 방안
☐ DBMS의 종류: MSSQL, Oracle, MySQL 등

🔖 데이터베이스 관리 시스템의 기능

정의 기능	• 데이터베이스에 저장될 데이터의 형식·구조에 대한 정의, 제약 조건, 처리 방식 등을 명시 • 다양한 형태의 데이터 요구를 지원해 줄 수 있도록 가장 적절한 데이터베이스 구조를 정의함
조작 기능	데이터베이스에 접근해 데이터의 검색, 삽입, 삭제, 갱신 등의 작업이 가능하도록 함
제어 기능	데이터의 무결성과 보안을 유지하기 위해 필요한 권한 검사와 병행 제어 작업을 수행

3) 데이터베이스 시스템의 구성 🔖

☐ 일반적으로 데이터베이스를 사용하기 위해서는 데이터베이스 외에도 스키마, DBMS, 데이터베이스 사용자, 하드웨어와 같은 구성 요소가 필요함
☐ 스키마: 전체 데이터베이스의 논리적인 구조와 표현 방법, 제약 조건 등을 언어로 정의한 구조

외부 스키마 (여러 개 존재)	전체 데이터베이스 중 **특정 사용자나 응용 프로그램 관점**에서 데이터베이스의 일부분만 정의한 것
개념 스키마 (한 개)	데이터베이스 전체의 **논리적인 구조**를 보여 주는 것(일반적인 스키마)
내부 스키마	데이터베이스의 **물리적인 저장 형태**를 정의한 것

🔖 데이터베이스 언어

데이터 정의어 (DDL)	• **데이터베이스를 생성하거나 수정하는 데 사용**하는 언어 • 데이터베이스 관리자나 데이터베이스 설계자가 사용 • 데이터의 형식, 항목 구성, 접근 방법 등을 정의 • 종류: CREATE, ALTER, DROP
데이터 조작어 (DML)	• 사용자가 DBMS를 통해 데이터베이스에 저장된 **데이터의 검색, 삽입, 삭제, 갱신 등을 처리하는 데 사용**하는 언어 • 조작 방법에 따라 절차적 데이터 조작어와 비절차적 데이터 조작어로 구분됨 • 종류: SELECT, UPDATE, INSERT, DELETE

데이터 제어어 (DCL)	• 데이터 보안, 무결성, 데이터 회복, 병행 수행 제어 등을 설정하는 데 사용하는 언어 • 데이터베이스 관리자가 데이터베이스 접근 및 사용 권한 할당과 회수 등의 데이터 관리를 목적으로 사용함 • 종류: COMMIT, ROLLBACK, GRANT, REVOKE

☐ 데이터베이스 사용자

데이터베이스 관리자(DBA)	데이터베이스 스키마 정의/삭제, 데이터베이스의 구성 요소 결정, 시스템의 성능 분석 및 감시, 데이터베이스 보안과 무결성을 유지하기 위한 정책 수립 등과 같은 **시스템 운영에 대한 모든 것을 책임지는 사람 또는 집단**
응용 프로그래머	호스트 프로그래밍 언어와 DML을 이용해 프로그램을 개발하고 이를 통해 데이터를 조작하는 사람
일반 사용자	데이터베이스를 단순 이용하는 사용자

1+ 데이터베이스 설계 순서

요구 조건 분석 → 현실 세계에서 사용자의 요구 조건을 수집하고 분석하는 단계
↓
개념적 설계 → 현실 세계의 데이터를 개념적으로 추상화시키는 단계 → E-R 다이어그램 사용
↓
논리적 설계 → DBMS가 처리할 수 있는 논리적 데이터베이스 작성
↓
물리적 설계 → 물리적 데이터베이스 구조를 작성
↓
구현

☐ 데이터 모델의 개념: 현실 세계를 데이터베이스에 표현하는 중간 과정, 즉 데이터베이스 설계 과정에서 데이터의 구조를 표현하기 위해 사용되는 도구

☐ 데이터 모델의 구성 요소
- 데이터 구조(Structure): 데이터 구조 및 정적 성질 표현
- 연산(Operations): 데이터에 적용 가능한 연산 명세와 조작 기법 표현
- 제약 조건(Constraints): 데이터의 논리적 제한 명시와 조작의 규칙 표현

☐ 데이터 모델의 종류
- 개념적 데이터 모델: ERD
- 논리적 데이터 모델: 계층형, 네트워크형, 관계형, 객체 지향형

4) 데이터베이스 모델과 개체-관계(E-R) 모델

☆ **데이터베이스 모델**: 데이터들 간의 관계, 접근 방식 등을 정의한 모형

계층형 모델	하나의 루트 레코드와 종속된 다수의 레코드로 구성된 트리 구조를 가짐
네트워크형 모델	다수의 상위 레코드와 다수의 하위 레코드를 갖는 그래프 구조를 이루며 다대다(N:M)의 관계를 표현할 수 있음
관계 데이터베이스 모델	행과 열로 구성되는 테이블로 표시되고, 각 테이블 간에는 공통 속성을 통해 관계가 성립됨
객체 관계형 모델	데이터를 개체와 관계로 표현하여 일반화, 집단화 등의 개념을 추가해 복잡한 데이터 표시
객체 지향형 모델	정보를 객체의 형태로 표현하는 데이터베이스 모델

☐ 개체-관계 모델(Entity-Relationship Model)
- 현실 세계를 개념적 데이터로 표현
- 데이터를 개체, 속성, 관계로 표시

개체	표현하려는 대상을 의미하며 유사한 개체의 집합을 개체 집합(Entity set)이라고 함
속성	개체를 구성하는 각 원소들을 표현하는 값
관계	둘 이상 개체 간의 연결성

- 특정 DBMS를 고려하지는 않음
- E-R 다이어그램으로 도식화함

| 개체 (Entity) | 속성 (Attribute) | 관계 (Relationship) | 기본 키 속성 |

☆ 관계형 데이터베이스 구성
- **릴레이션(Relation)**: 데이터들을 행과 열로 이루어진 하나의 표 형태로 표현한 것(테이블)

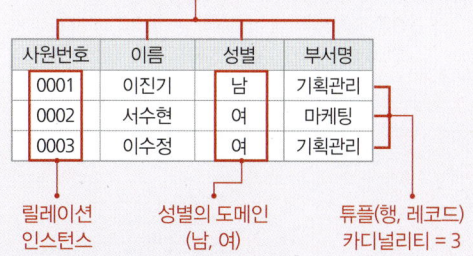

- **튜플(Tuple)**: 테이블의 행(레코드)
- **애트리뷰트(Attribute)**: 테이블의 열을 구성하는 항목(속성)
- **디그리(Degree)**: 애트리뷰트(Attribute)의 개수(차수)
- **카디널리티(Cardinality)**: 튜플의 개수(기수)
- **도메인(Domain)**: 하나의 애트리뷰트가 취할 수 있는 같은 타입의 원자값들의 집합. 즉, 값의 범위
- **릴레이션 인스턴스(Relation Instance)**: 데이터 개체를 구성하고 있는 속성들에 데이터 타입이 정의되어 구체적인 데이터 값을 갖고 있는 것

1+ 릴레이션(테이블) 특징
- 테이블에 속한 튜플은 중복되지 않으며 순서에 제한이 없음
- 테이블을 구성하는 속성(필드)들의 순서는 중요하지 않고 속성(필드)의 이름은 유일해야 함
- 각 튜플을 식별하기 위해 속성의 일부를 키(Key)로 설정

NOTE

5) 데이터 정규화 ✩
- 정규화(Normalization): 이상(Anomaly) 현상이 발생하지 않도록 데이터의 중복을 최소화하고, 종속성을 배제하는 것
  - 이상(Anomaly): 테이블의 중복성과 종속성으로 인해 데이터 조작 시 발생하는 여러 문제점
  - 이상(Anomaly)은 서로 관련성이 없는 속성(애트리뷰트)을 하나의 테이블에 포함하면서 발생
  - 정규화 단계가 높아질수록 테이블 설계의 제약 조건은 많아지고 이상(Anomaly) 현상은 줄어듦

한.번.에. 기출문제

01 다음 중 데이터 보안 및 회복, 무결성, 병행 수행 제어 등을 정의하는 데이터베이스 언어로 데이터베이스 관리자가 데이터 관리를 목적으로 주로 사용하는 언어는? [20.02]

① 데이터 제어어(DCL) ② 데이터 부속어(DSL)
③ 데이터 정의어(DDL) ④ 데이터 조작어(DML)

풀이 데이터 제어어(DCL)
  - 데이터 보안, 데이터 무결성, 병행 수행 제어, 보안 및 권한 검사, 데이터 복구 등을 위해 사용하는 언어
  - 종류: COMMIT(데이터 처리 승인), ROLLBACK(데이터 되돌림), GRANT(권한 부여), REVOKE(권한 해제)

02 다음 중 데이터베이스의 3단계 구조 중 하나로 데이터베이스 전체의 논리적인 구조를 보여 주는 스키마는? [18.09]

① 외부 스키마   ② 서브 스키마
③ 개념 스키마   ④ 내부 스키마

풀이 개념 스키마(Conceptual Schema)
  - 데이터베이스 전체의 논리적인 구조를 보여 줌
  - 개체 간의 관계와 제약 조건을 나타내고, 데이터베이스 접근 권한, 보안 및 무결성 규칙 명세가 있음

03 다음 중 E-R 다이어그램 표기법의 기호와 의미가 바르게 연결된 것은? [18.03]

① 사각형 - 속성(Attribute) 타입
② 마름모 - 관계(Relationship) 타입
③ 타원 - 개체(Entity) 타입
④ 밑줄 타원 - 의존 개체 타입

04 다음 중 관계형 데이터 모델에서 데이터의 정확성과 일관성을 보장하기 위한 것은? [18.03]

① 릴레이션   ② 관계 연산자
③ 무결성 제약 조건 ④ 속성의 집합

풀이 무결성 제약 조건
  - 관계형 데이터 모델에서 데이터의 정확성과 일관성을 보장하기 위한 조건
  - 기본 키는 개체 무결성의 제약 조건을, 외래 키는 참조 무결성의 제약 조건을 가짐

05 다음 중 데이터를 입력 또는 삭제 시 이상(Anomaly) 현상이 일어나지 않도록 데이터베이스를 설계하기 위한 기술을 의미하는 용어는? [20.07]

① 자동화 ② 정규화
③ 순서화 ④ 추상화

풀이 ▶ 정규화(Normalization): 데이터의 중복 및 종속으로 인한 이상 현상(Anomaly)이 발생하지 않도록 하는 것

06 다음 데이터베이스 관련 용어 중에서 성격이 다른 것은? [13.03]

① DDL ② DBA
③ DML ④ DCL

풀이 ▶ 데이터베이스 언어: DDL, DCL, DML

07 다음 중 데이터베이스 설계에 대한 설명으로 옳지 않은 것은? [14.10]

① 스키마는 전체 데이터베이스의 논리적인 구조와 정의를 기술하는 것을 말한다.
② 물리적 데이터베이스의 기본 데이터 단위는 저장 레코드이다.
③ 데이터의 저장 또는 물리적인 표현 방법을 정의한 것을 내부 스키마라 한다.
④ 네트워크 데이터 모델은 두 레코드 타입을 부모 자식 관계로 설명한다.

풀이 ▶ 네트워크형 데이터 모델: 데이터베이스를 그래프 구조로 표현(오너-멤버 관계), CODASYL DBTG 모델이라고도 함
부모-자식 관계로 설명하는 종류는 계층형임

08 다음 중 관계 데이터 모델에 대한 설명으로 옳지 않은 것은? [19.08]

① 애트리뷰트가 취할 수 있는 같은 타입의 모든 원자 값들의 집합을 도메인이라 한다.
② 관계형 데이터베이스에서 릴레이션은 데이터들을 표(Table) 형태로 표현한 것이다.
③ 속성들로 구성된 튜플들 사이에는 순서가 없다.
④ 애트리뷰트는 널(NULL) 값을 가질 수 없다.

09 다음 중 데이터베이스 관리 시스템(DBMS)의 장점에 해당하지 않는 것은? [17.09]

① 데이터의 일관성 유지
② 데이터의 무결성 유지
③ 데이터의 보안 보장
④ 데이터 간의 종속성 유지

10 다음 중 다양한 사용자의 요구 사항을 분석하여 정보 구조를 표현한 관계도(ERD)를 생성하는 데이터베이스 설계 단계는? [15.06]

① 데이터베이스 기획 ② 개념적 설계
③ 논리적 설계 ④ 물리적 설계

풀이 ▶ 데이터베이스 설계 순서
- 데이터베이스 계획 → 요구 사항 분석 → 개념적 데이터 설계 → 논리적 데이터 설계 → 물리적 데이터 설계 → 구현
- 개념적 설계 단계에서 관계도(ERD)를 작성함

한.번.에. 기출문제 풀이는 모바일 앱에서 확인하세요!

정답 1. ② 2. ③ 3. ② 4. ③ 5. ② 6. ② 7. ④ 8. ④ 9. ④ 10. ②

테이블 활용

2. 테이블 **60%**
3. 외부 데이터와 관계 편집 **40%**

학습 방향

DBMS(Access)를 통하여 현실 세계의 대상을 테이블로 만드는 과정을 학습합니다. 실습을 기반으로 필드와 레코드를 구분하고, 테이블 디자인 보기에서 필드명을 정의하고 각 필드의 기본 데이터 형식 설정 방법을 익힙니다. 특히 각 필드에 입력값을 제한할 수 있는 유효성 검사 규칙에 적용할 수 있는 규칙 표현은 반드시 숙지하고 외부 데이터 가져오기, 테이블에 지정하는 기본 키의 제약 조건, 두 개 이상의 테이블을 연결하는 외래 키의 제약 조건, 관계 설정 등도 중점적으로 학습합니다. 필기와 실기 시험에 100% 출제되는 부분이므로 꼭 정리하도록 합니다.

핵심 키워드

테이블 디자인, 테이블 보기 방식, 데이터 형식별 입력 가능한 값, 입력 마스크 문자, 필드 속성, 유효성 검사 규칙, 외부 데이터 가져오기, 내보내기 가능한 파일 형식, 키의 종류, 관계 종류, 무결성 제약

02 테이블

출제 비율 60%

1) 테이블 만들기

- □ 데이터를 입력할 수 있도록 테이블의 구조를 설계하는 작업
- □ 각 필드와 입력될 데이터의 형식 및 속성 등을 지정할 수 있음
- □ 디자인 보기, 데이터시트 보기, 테이블 서식 파일, 테이블 가져오기, 테이블 연결 등을 이용하여 작성할 수 있음
- □ 개체(테이블, 쿼리 등) 및 필드명 작성 규칙
  - 최대 64자까지 입력할 수 있음
  - !, ., [ ]를 제외한 특수 기호, 공백, 숫자, 문자를 조합한 모든 기호를 사용할 수 있음
  - 필드명 첫 글자는 반드시 문자로 시작해야 함
  - 테이블명과 동일한 필드명을 지정할 수 있지만, 한 테이블 내에 중복된 필드명은 지정할 수 없음

2) 데이터 형식

- □ 데이터 형식은 [디자인 보기]에서 설정할 수 있음
- □ 데이터 형식을 통해 입력할 데이터의 속성과 크기를 지정함

종류	설명
짧은 텍스트	문자 또는 숫자와 문자가 혼합된 데이터를 최대 **255자까지** 입력 가능
긴 텍스트	짧은 텍스트 형식에서 지원하는 문자 수보다 더 많은 내용을 입력하는 경우 사용하며, 최대 **64,000자까지** 입력 가능
숫자	• 숫자 값으로 제한하여 크기를 제어할 수 있음 • 기본적으로 숫자 형식의 필드 크기는 정수(Long)로 설정되어 있음 • 바이트, 정수, 정수(Long), 실수(Single), 실수(Double), 복제 ID, 10진수에서 선택할 수 있음
통화	• 화폐를 표시하는 숫자 데이터 형식이며, 소수점 왼쪽(앞쪽)으로 15자리까지, 소수점 오른쪽(뒤쪽)으로 최대 4자리까지 표현이 가능함 • 기본 필드 크기 8바이트
날짜/시간	• 100년에서 9999년까지의 날짜 및 시간 데이터를 표현하는 형식 • 기본 필드 크기 **8바이트**
일련번호	• 새로운 레코드가 추가될 때마다 자동으로 고유한 순차 번호가 할당됨 • 한 번 생성된 일련번호는 삭제 가능, 수정 불가 • 기본 필드 크기 **4바이트**
Yes/No	• True/False, Yes/No, On/Off처럼 두 값 중 하나를 선택할 수 있음 • 기본 필드 크기 **1비트**
OLE 개체	• Microsoft사의 Excel 파일이나 Word 문서, 그래픽, 사운드 또는 2진 데이터와 같은 개체가 액세스 테이블에 연결되거나 포함된 개체임 • 최대 1GB이며 사용 가능한 디스크 공간에 의해 제한됨
하이퍼링크	웹 문서나 컴퓨터의 파일을 연결할 때 사용

첨부 파일	이메일에 파일을 첨부하는 것처럼 이미지, 엑셀 파일, 문서, 차트 및 기타 유형의 지원되는 파일을 데이터베이스의 레코드에 첨부할 수 있음

3) 테이블 보기 방식

☐ **[데이터시트 보기]**
- 테이블에 입력된 레코드 전체 목록을 확인할 수 있음
- 폼 필터를 적용하여 조건에 맞는 레코드만 표시할 수 있음
- 새로운 레코드는 항상 테이블의 마지막 행에서만 추가되며 중간에 삽입할 수 없음
- **레코드를 삭제하면 영구적으로 삭제됨**

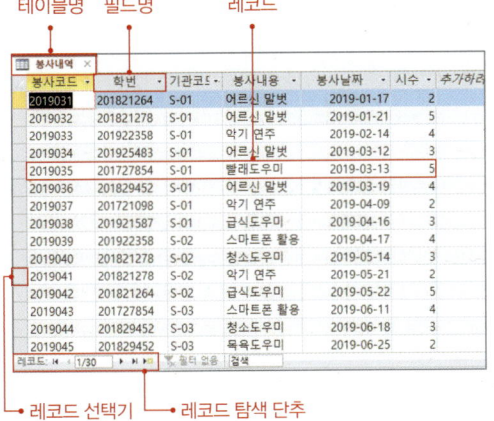

☐ **[디자인 보기]**
- [만들기] → [테이블] → [테이블 디자인] 선택
- 테이블을 구성하는 필드를 추가 및 제거, 수정할 수 있음
- 각 필드의 순서를 변경할 수 있고 데이터 형식, 필드 속성을 지정하거나 변경할 수 있음
- 한 개 이상의 필드를 선택하여 기본 키를 설정할 수 있음

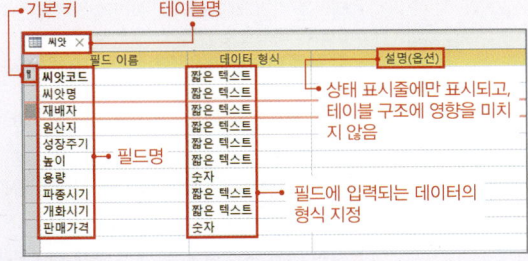

필드 삽입·삭제·이동 방법
- 재배자 필드에 커서를 위치한 후 [디자인] → [도구] → [행 삽입] 선택하면 씨앗명과 재배자 필드 사이에 한 행이 삽입됨
- 재배자 필드에 커서를 위치한 후 [디자인] → [도구] → [행 삭제] 선택하면 해당 필드가 삭제됨

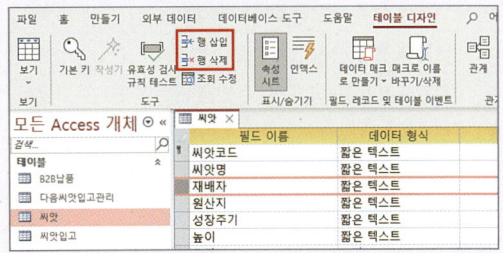

- 해당 필드의 행 선택기를 누른 채 원하는 위치로 드래그 하면 필드가 이동됨

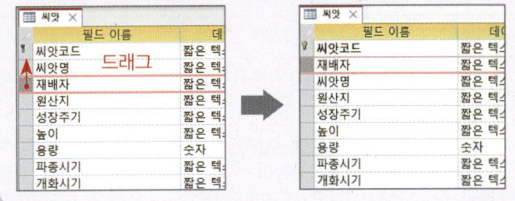

4) 필드 속성

☐ **입력 마스크**
- 사용자가 데이터를 신속, 정확하게 입력할 수 있도록 주어진 데이터 형식에 적합하게 입력 틀을 생성
- 입력 마스크를 이용하면 일관된 형식의 데이터를 입력할 수 있음
- 텍스트, 숫자, 날짜/시간, 통화 형식에서 사용할 수 있음
- 입력 마스크 사용자 지정 형식

마스크 형식;서식 기호 저장 유무;마스크 표시 문자

마스크 서식 이용한 입력 마스크 설정	• 데이터 간 입력될 자리에 표시될 문자 모양 • 입력 마스크 기본 문자는 '_'

- -,/,= 같은 서식 기호를 테이블에 저장할지 여부
- 0: 테이블에 저장, 1 또는 생략: 입력값만 저장

☐ **입력 마스크 사용자 지정 서식 기호**

기호	설명	입력 여부
0	• 0~9까지 숫자만 입력할 수 있음 • 공백과 더하기, 빼기 기호는 입력할 수 없음	필수
9	• 0~9까지 숫자만 입력할 수 있음 • 공백 입력은 가능하고 더하기, 빼기 기호는 입력할 수 없음	선택
#	• 0~9까지 숫자를 입력할 수 있음 • 공백과 더하기, 빼기 기호입력할 수 있음	선택

기호	설명	입력 여부
L	영문자와 한글만 입력할 수 있음	필수
?	영문자와 한글만 입력할 수 있음	선택
A	영문자, 한글, 숫자만 입력할 수 있음	필수
a	영문자, 한글, 숫자만 입력할 수 있음	선택
&	모든 문자와 공백 입력할 수 있음	필수
C	모든 문자와 공백을 입력할 수 있음	선택
>	모든 문자를 대문자로 변환함	
<	모든 문자를 소문자로 변환함	
!	모든 문자가 오른쪽부터 채워짐	

표기	의미
₩(999₩)999₩-9999	(032)788-1234
>LL000	앞에 영문 대문자 2자리와 숫자 3자리 표기 예) AB121, AA011
9999₩-99₩-99;0;_	공백 포함한 숫자 4자리 - 공백 포함한 숫자 2자리 - 공백 포함한 숫자 2자리로 저장 시 "-" 기호도 저장하며 입력 시 "_" 기호가 나오도록 함 ____-__-__ 형태로 화면에 표시됨

☆ **인덱스**
- 인덱스를 설정하면 레코드의 검색과 정렬 속도가 향상되고 레코드의 추가, 수정, 삭제 속도는 느려짐
- 데이터 형식이 OLE 개체인 필드에는 인덱스 설정 불가
- 테이블을 저장할 때 생성되며 레코드를 변경하거나 추가할 때마다 자동 업데이트됨
- 인덱스를 삭제해도 필드나 필드 데이터는 삭제되지 않음
- 테이블 디자인 보기 상태에서 인덱스를 추가·삭제 가능
- 인덱스는 여러 개의 필드에 설정 가능하며 기본 키는 자동으로 인덱스가 설정됨
- 인덱스 설정 옵션

아니요	인덱스를 설정하지 않음(기본값)
예 (중복 가능)	인덱스를 설정하되 중복된 데이터의 **입력 허용**
예 (중복 불가능)	인덱스를 설정하되 중복된 데이터의 **입력을 허용하지 않음**

☐ **필드 속성 - 기타**

형식	데이터의 표시 형식을 지정
소수 자릿수	데이터에 소수 자릿수를 지정
☆ 캡션	• 필드 레이블의 값을 [데이터시트 보기] 상태에서 표시하고자 할 때 사용하는 값 • 원래의 필드명과 다르게 설정 가능

기본값	새 레코드에 사용자가 입력하지 않아도 기본적으로 입력되는 값
필수	• 필드에 값 필수 입력 여부 지정 • 필드 값이 반드시 있어야 하는 경우 필수 속성을 '예'로 설정
빈 문자열 허용	필드에 **빈 문자열 허용** 여부를 지정
☆ 유효성 검사 규칙	필드에 입력할 데이터 값을 제한하여 설정하는 것으로 정확한 데이터 입력을 유도
☆ 유효성 검사 텍스트	데이터가 유효성 검사 규칙에 어긋날 경우 표시할 오류 메시지 설정
☆ IME 모드	데이터 입력 시 한글, 영숫자 등의 입력 상태를 설정

1+ 유효성 검사: 값을 제한할 때 사용 ☆
- Between 0 and 100: 0에서 100 사이의 숫자만 입력 가능
- Like "가*": '가'로 시작하는 데이터만 입력 가능
- Like "*가*": '가'가 포함된 데이터만 입력 가능

1+ 필드의 데이터 형식이 날짜/시간일 때 날짜 시간 형식 ☆

기본 날짜	2024-11-12 오후 5:34:23
자세한 날짜	2024년 11월 12일 목요일
보통 날짜	24년 11월 12일
간단한 날짜	2024-11-12
자세한 시간	오후 5:34:23
보통 시간	오후 5:34
간단한 시간	17:34

☐ **필드 속성 - 조회**
- 사용자가 직접 값을 입력하는 대신 콤보 상자나 목록 상자를 통해 값을 선택해 입력 시 발생하는 오류를 줄임

컨트롤 표시	컨트롤의 유형에는 텍스트 상자, 콤보 상자, 목록 상자가 있으며 조회 속성을 지정하려면 콤보 상자나 목록 상자로 선택해야 함
행 원본 유형	목록의 원본 유형을 지정 • 테이블/쿼리: 테이블이나 쿼리에서 가져온 데이터를 목록으로 만듦 • 값 목록: 사용자가 입력한 데이터를 목록으로 만듦 • 필드 목록: 테이블이나 쿼리에 있는 필드명을 목록으로 만듦
행 원본	'행 원본 유형'의 선택에 따라 설정 사항이 달라지며 행 원본으로 사용할 데이터를 지정
바운드 열	가져온 여러 개의 필드(열) 중에 현재 컨트롤에 저장되는 필드(열)를 지정
열 개수	콤보 상자나 목록 상자에 표시되는 열의 개수를 지정
열 이름	목록에 열 이름 표시 여부 지정

열 너비	• 열의 너비 지정 • 열 너비를 0으로 지정하면 해당 값이 표시되지 않음	값 목록 편집 허용	'예', '아니요' 둘 중 하나를 선택할 수 있으며 기본값은 '아니요'로 지정되어 있으며 '예'를 선택하면 목록에 있는 데이터를 편집할 수 있음
행 수	콤보 상자에서 표시되는 **행의 수**를 지정	목록 항목 편집 폼	목록을 편집할 수 있는 폼 지정
목록 너비	콤보 상자에서 목록의 **전체 너비**를 지정	행 원본 값만 표시	현재 행 원본과 일치하는 값만 표시할지 여부 설정
목록 값만 허용	'예', '아니요' 둘 중 하나를 선택할 수 있으며 '예'를 선택하면 **목록에서만 값을 선택할 수 있음**		
여러 값 허용	'예', '아니요' 둘 중 하나를 선택할 수 있으며 '예'를 선택하면 **여러 값을 선택할 수 있음**		

한.번.에. 기출문제

01 다음 중 테이블에서 입력 마스크를 "LA09?"로 설정한 경우 입력할 수 없는 값은? [20.02]

① AA111　　② A11
③ AA11　　④ A111A

02 다음 중 [학생] 테이블의 'S_Number' 필드 레이블을 [데이터시트 보기] 상태에서 '학번'으로 표시하고자 할 때 설정해야 할 항목은? [19.08]

① 형식　　② 캡션
③ 스마트 태그　　④ 입력 마스크

03 다음 중 하나의 필드에 할당되는 크기(바이트 수 기준)가 가장 작은 데이터 형식은? [19.03]

① Yes/No　　② 날짜/시간
③ 통화　　④ 일련번호

04 다음 중 필드의 각 데이터 형식에 대한 설명으로 옳지 않은 것은? [18.03]

① 통화 형식은 소수점 이하 4자리까지의 숫자를 저장할 수 있으며, 기본 필드 크기는 8바이트이다.
② Yes/No 형식은 Yes/No, True/False, On/Off 등과 같이 두 값 중 하나만 입력하는 경우에 사용하는 것으로 기본 필드 크기는 1비트이다.
③ 일련번호 형식은 새 레코드를 만들 때 1부터 시작하는 정수가 자동 입력된다.
④ 긴 텍스트 형식은 텍스트 및 숫자 데이터가 최대 255자까지 저장된다.

05 다음 중 테이블의 '디자인 보기'에서 필드마다 한/영 키를 사용하지 않고도 데이터 입력 시의 한글이나 영문 입력 상태를 정할 수 있는 필드 속성은? [18.09]

① 캡션　　② 문장 입력 시스템 모드
③ IME 모드　　④ 스마트 태그

1.④ 2.② 3.① 4.④ 5.③

한.번.에. 기출문제

06 다음 중 테이블의 필드 속성 설정 시 사용하는 인덱스에 관한 설명으로 옳지 않은 것은? [20.07]

① 인덱스를 설정하면 레코드의 검색과 정렬 속도가 빨라진다.
② 인덱스를 설정하면 레코드의 추가, 수정, 삭제 속도는 느려진다.
③ 데이터 형식이 OLE 개체인 필드에는 인덱스를 설정할 수 없다.
④ 인덱스는 한 개의 필드에만 설정 가능하므로 주로 기본 키에 설정한다.

07 다음 중 아래와 같이 필드 속성을 설정한 경우 입력값에 따른 결과가 옳지 않은 것은? [17.03]

필드 크기	실수(Single)
형식	표준
소수 자릿수	1
입력 마스크	
캡션	
기본값	0
유효성 검사 규칙	<>1 And <>-1
유효성 검사 텍스트	
필수	예

① '1'을 입력하는 경우 값이 입력되지 않는다.
② '-1'을 입력하는 경우 값이 입력되지 않는다.
③ 필드 값을 입력하지 않는 경우 기본값으로 '0.0'이 입력된다.
④ '1234'를 입력하는 경우 표시되는 값은 '1234.0'이 된다.

풀이
- 필드 크기: 실수(Single)는 소수점까지 표시할 수 있음
- 형식: 표준(숫자를 천 단위마다 쉼표(,)로 표시)
- 소수 자릿수: 1(소수 첫째 자리까지 표현)
- 유효성 검사 규칙: <>1 and <>-1(1과 -1이 아닌 값만 입력)
- 필수: 예(반드시 값을 입력)
④번 1234 입력: 1,234.0

08 다음 중 필드 속성에 대한 설명으로 옳지 않은 것은? [16.06]

① 입력 마스크는 텍스트, 숫자, 날짜/시간, 통화 형식에서 사용할 수 있다.
② 필드 값이 반드시 있어야 하는 경우, 필수 속성을 '예'로 설정하면 된다.
③ '예/아니요'의 세부 형식은 'Yes/No'와 'True/False' 두 가지만을 제공한다.
④ 텍스트, 숫자, 일련번호 형식에서만 필드 크기를 지정할 수 있다.

풀이 '예/아니요'의 세부 형식은 'Yes/No', 'True/False', 'On/Off' 세 가지 제공

09 다음 중 테이블의 조회 속성에 대한 설명으로 옳지 않은 것은? [18.09]

① 조회 속성을 이용하면 사용자가 직접 값을 입력하는 과정에서 발생하는 오류를 줄일 수 있다.
② 조회 열에서 다른 테이블이나 쿼리에 있는 값을 조회하도록 설정할 수 있다.
③ 원하는 값을 직접 입력하여 조회 목록을 만들 수 있다.
④ 조회 목록으로 표시할 열의 개수는 변경할 수 없으며, 행 원본에 맞추어 자동으로 설정된다.

10 다음 중 데이터시트 보기 상태에서의 레코드 추가/삭제에 대한 설명으로 옳은 것은? [16.03]

① 레코드를 여러 번 복사한 경우 첫 번째 복사한 레코드만 사용 가능하다.
② 새로운 레코드는 항상 테이블의 마지막 행에서만 추가되며 중간에 삽입될 수 없다.
③ 레코드를 추가하는 단축키는 Ctrl + Insert 이다.
④ 여러 레코드를 선택하여 한 번에 삭제할 수 있으며, 삭제된 레코드는 복원할 수 있다.

풀이
- 레코드를 여러 번 복사한 경우 마지막 복사한 레코드만 기억함
- 레코드를 추가하는 단축키는 Ctrl + +
- 삭제된 레코드는 복원할 수 없음

정답 ② 10. ⑦ 9. ⑧ 8. ⑦ 7. ② 6.

03 외부 데이터와 관계 편집

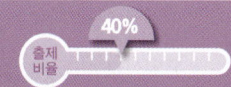

1) 외부 데이터 가져오기 ★

- 다른 응용 프로그램(Excel, 텍스트 파일, XML 파일, HTML 문서 등)에서 작성한 데이터를 Access의 테이블로 사용하는 작업
- **가져온 데이터를 이용해 새 테이블 또는 기존 테이블에 레코드만 추가하거나 연결 테이블을 만드는 작업**
- 외부 데이터를 가져오는 과정에서 필드의 데이터를 수정하는 기능은 없음
- Excel, 텍스트 파일, HTML 문서 등은 가져오기 할 때 제외할 필드를 지정할 수 있음

2) 외부 데이터 가져오기 종류

- Excel 통합 문서 가져오기
  - Excel 워크시트를 Access의 새 테이블이나 기존 테이블에 데이터 복사본으로 만들 수 있음
  - Excel 파일을 가져올 때 한 번에 하나의 워크시트만 가져올 수 있으므로 여러 워크시트에서 데이터를 가져오려면 각 워크시트에 대해 가져오기 명령을 반복해야 함
- Access 파일 가져오기
  - 테이블의 관계도 함께 복사할 수 있음
  - 테이블의 정의만 가져오면 데이터가 없는 빈 테이블이 만들어짐
- 연결 테이블 만들기
  - 다른 응용 프로그램(Excel, 텍스트 파일, XML 파일, HTML 문서 등)에서 만들어진 데이터를 Access로 가져와 **연결 테이블을 만듦**
  - 연결 테이블을 만들 수 있는 외부 데이터: Excel, Access, 텍스트 파일, XML 파일, ODBC 데이터베이스, SharePoint 목록, HTML 문서, Outlook 폴더, dBASE 파일
  - 연결된 테이블의 데이터를 수정, 삭제하면 원본 데이터도 자동으로 변경됨
  - 연결된 테이블을 삭제해도 원본 데이터는 그대로 남아 있음
  - 원본 테이블의 데이터를 삭제하면 연결 테이블의 데이터도 삭제할 수 있음
  - 연결 테이블도 기존 테이블과 같이 폼 또는 보고서를 생성할 수 있음

3) 데이터 내보내기 ★

- 데이터베이스 개체(테이블/쿼리, 폼, 보고서)를 다른 응용 프로그램에서 사용할 수 있도록 파일 형식을 변경하여 출력함
- 테이블의 데이터, 서식, 구조는 내보낼 수 있지만 관계, 제약 조건 같은 속성은 내보낼 수 없음
- 쿼리를 Excel이나 HTML 형식으로 내보내는 경우, 쿼리의 SQL문이 아니라 SQL문의 실행 결과가 저장됨
- Word RTF 파일로 내보내기 할 경우 테이블이나 쿼리는 표 형태로 데이터가 출력되고 보고서는 데이터와 레이아웃이 함께 출력됨
- 개체별 내보내기 할 수 있는 파일 형식

테이블/쿼리	Excel, SharePoint 목록, Word RTF 파일, PDF/XPS, Access, 텍스트 파일, ODBC 데이터베이스, HTML 문서, dBASE 파일, Word 병합
폼/보고서	Excel, Word RTF 파일, PDF/XPS, Access, 텍스트 파일, HTML 문서

4) 키(Key)의 종류

- 기본 키
  - 모든 레코드를 고유하게 식별할 수 있는 유일한 키
  - **기본 키 필드는 중복된 값이 없어야 하고, NULL(비어 있는) 값이 없어야 함**
  - 테이블의 [디자인 보기] 상태에서 설정함
  - **관계 설정된 테이블에서 기본 키를 해제할 수 없음**(관계를 먼저 삭제하고 테이블에서 기본 키를 해제)
  - 기본 키가 필요한 테이블만 기본 키를 설정함
  - 데이터가 이미 입력된 필드에서도 중복된 값이 없고 NULL 값이 없으면 기본 키로 설정할 수 있음
  - [데이터시트 보기]에서 새 테이블을 만들면 기본 키가 자동으로 만들어지고 일련번호 데이터 형식이 할당됨
- 외래 키
  - **기본 테이블을 참조하는 데 사용되는 필드를 의미**
  - 중복된 레코드가 존재할 수 있음
  - NULL 값을 입력할 수 있음

코딩학과			동아리		
기본 키	대체 키		외래 키		
학번	이름	전화번호	학번	이름	동아리
202201	이수정	019-1234-1234	202201	이수정	탈춤
202202	이은성	018-3215-7777	202202	이은성	축구
202203	정문우	017-1523-3333	202203	정문우	독서
202204	이진기	016-2564-2222	202204	이진기	야구
202205	김수현	016-1478-1111	202205	김수현	개그

- [ ] 후보 키
  - 유일성과 최소성을 만족할 수 있는 키
  - 기본 키를 지정할 수 있는 속성들의 집합
- [ ] 대체 키: 후보 키들 중에 기본 키를 제외한 나머지 키
- [ ] 슈퍼 키: 유일성을 만족하지만 최소성을 만족하지 않는 키

5) 관계 설정

- [ ] 연관된 데이터들로 테이블을 만들어 저장한 후 각각의 테이블을 필요에 따라 연결하여 데이터를 가져올 수 있도록 설정하는 작업
- [ ] 관계 설정 작업이 이뤄지면 쿼리, 폼, 보고서 작업에서 유용하게 활용할 수 있음
- [ ] [데이터베이스 도구] → [관계] → [관계] 선택
- [ ] 관계 설정 방법: 기본 테이블의 기본 키 필드와 연관된 테이블의 외래 키 필드를 서로 연결시킴
- [ ] 관계 설정 시 기본 키와 외래 키의 필드명은 달라도 상관없으나 데이터 형식, 종류는 동일해야 함
- ✨ 관계 종류
  - 1:1(일대일): 기본 테이블의 개체와 상대 테이블의 개체가 일대일로 대응하는 관계(예: 학생과 학생 성적 관계)
  - 1:N(일대다): 기본 테이블의 한 개체가 상대 테이블의 여러 개체와 대응하는 관계(예: 부모와 자식 관계)
  - N:M(다대다): 기본 테이블의 임의의 여러 개체가 상대 테이블의 임의의 여러 개체와 대응하는 관계(예: 학생과 수강 과목 관계)
  - 관계선: 클릭하면 관계선이 굵게 표시되고 Delete 를 누르면 관계가 삭제되며 더블클릭하면 [관계 편집] 대화 상자가 나타남

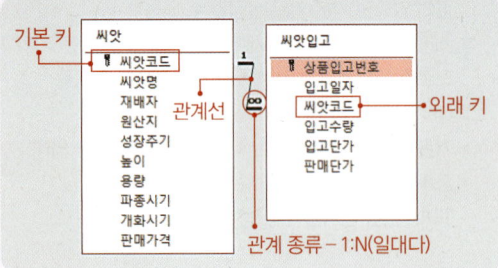

- 💡 관계 편집
  - 관계를 구성하는 어느 한쪽의 테이블 또는 필드 및 쿼리를 변경할 수 있음
  - 조인 유형은 내부 조인, 왼쪽 우선 외부 조인, 오른쪽 우선 외부 조인 중에서 선택할 수 있음
  - '항상 참조 무결성 유지'를 선택하면 '관련 필드 모두 업데이트'와 '관련 레코드 모두 삭제' 옵션을 선택할 수 있음

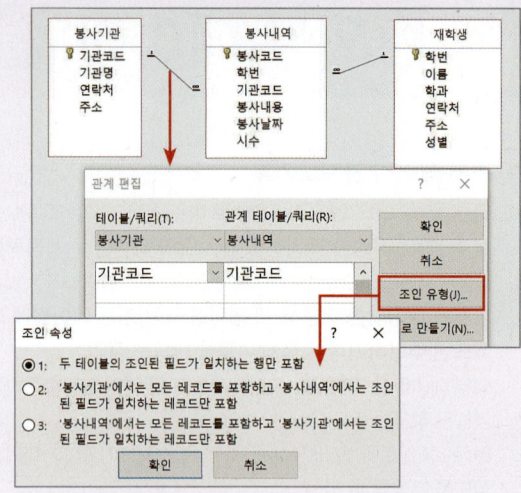

- [봉사기관] 테이블과 [봉사내역] 테이블 간의 관계를 설정하면 관계 종류는 1:N(일대다) 관계로 자동 지정됨

6) 무결성 제약

- ✨ 참조 무결성: 관계된 두 테이블 간 데이터를 일관성 있게 유지할 수 있는 제약 규칙
  - 외래 키 필드에는 기본 키 필드에 존재하는 데이터만 추가할 수 있음
  - 외래 키 필드에 없는 데이터를 기본 키 필드에 추가할 수 있음
  - 외래 키 필드에 있는 데이터는 언제든 삭제할 수 있지만 기본 키 필드에 데이터가 외래 키 필드에 있으면 기본 키 필드에 있는 데이터는 삭제할 수 없음
  - 관계 설정 시 참조 무결성을 지정하려면 관계 편집 대화 상자에서 '항상 참조 무결성 유지'를 선택
  - 기본 키 필드는 NULL 값과 중복 값이 존재하면 안 되지만 외래 키 필드에는 NULL 값과 중복 값이 존재할 수 있음

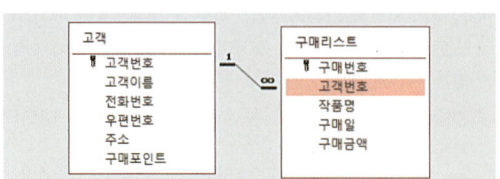

- <고객> 테이블의 '고객번호' 필드는 기본 키이고 <구매리스트>의 '고객번호' 필드는 외래 키임
- <고객> 테이블의 '고객번호' 필드에 있는 값만 <구매리스트>의 '고객번호' 필드에 있어야 함
- <고객> 테이블의 '고객번호' 필드는 <구매리스트>의 '고객번호' 필드에 없을 수도 있음
- <구매리스트>의 '고객번호' 필드는 중복 값과 NULL 값을 가질 수 있음

한.번.에. 기출문제

01 다음 중 외부 데이터 가져오기 기능에 대한 설명으로 옳지 않은 것은? [20.02]

① 텍스트 파일을 가져와 기존 테이블의 레코드로 추가하려는 경우 기본 키에 해당하는 필드의 값들이 고유한 값이 되도록 데이터를 수정하며 가져올 수 있다.
② Excel 워크시트에서 정의된 이름의 영역을 Access의 새 테이블이나 기존 테이블에 데이터 복사본으로 만들 수 있다.
③ Access에서는 한 테이블에 256개 이상의 필드를 지원하지 않으므로 원본 데이터는 열의 개수가 255개를 초과하지 않아야 한다.
④ Excel 파일을 가져오는 경우 한 번에 하나의 워크시트만 가져올 수 있으므로 여러 워크시트에서 데이터를 가져오려면 각 워크시트에 대해 가져오기 명령을 반복해야 한다.

02 다음 중 Access의 기본 키에 대한 설명으로 옳지 않은 것은? [19.08]

① 기본 키는 테이블의 [디자인 보기] 상태에서 설정할 수 있다.
② 기본 키로 설정된 필드에는 널(NULL) 값이 허용되지 않는다.
③ 기본 키로 설정된 필드에는 항상 고유한 값이 입력되도록 자동으로 확인된다.
④ 관계가 설정되어 있는 테이블에서 기본 키 설정을 해제하면 해당 테이블에 설정된 관계도 삭제된다.

03 다음 중 기본 키(Primary Key)에 대한 설명으로 옳은 것은? [19.03]

① 모든 테이블에는 기본 키를 반드시 설정해야 한다.
② 액세스에서는 단일 필드 기본 키와 일련번호 기본 키만 정의 가능하다.
③ 데이터가 이미 입력된 필드도 기본 키로 지정할 수 있다.
④ OLE 개체나 첨부 파일 형식의 필드에도 기본 키를 지정할 수 있다.

04 다음 중 외래 키 값을 관련된 테이블의 기본 키 값과 동일하게 유지해 주는 제약 조건은? [16.06]

① 동시 제어성
② 관련성
③ 참조 무결성
④ 동일성

풀이 참조 무결성: 관계 설정된 두 테이블 간 데이터를 일관성 있게 유지할 수 있는 제약 규칙

05 다음 중 아래 <고객>과 <구매리스트> 테이블 관계에 참조 무결성이 항상 유지되도록 설정할 수 없는 경우는? [20.02]

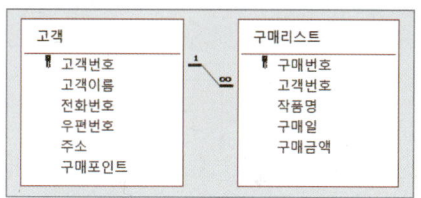

① <고객> 테이블의 '고객번호' 필드 값이 <구매리스트> 테이블의 '고객번호' 필드에 없는 경우
② <고객> 테이블의 '고객번호' 필드 값이 <구매리스트> 테이블의 '고객번호' 필드에 하나만 있는 경우
③ <구매리스트> 테이블의 '고객번호' 필드 값이 <고객> 테이블의 '고객번호' 필드에 없는 경우
④ <고객> 테이블의 '고객번호' 필드 값이 <구매리스트> 테이블의 '고객번호' 필드에 두 개 이상 있는 경우

풀이
- <고객> 테이블의 '고객번호' 필드는 기본 키, <구매리스트> 테이블의 '고객번호' 필드는 외래 키임
- <고객> 테이블의 '고객번호' 필드에 없는 값을 <구매리스트> 테이블의 '고객번호' 필드에 입력하는 것은 불가함

06 다음 중 테이블에서 내보내기가 가능한 파일 형식에 해당하지 않는 것은? [17.09]

① 엑셀(Excel) 파일
② ODBC 데이터베이스
③ HTML 문서
④ VBA 코드

정답 1.④ 2.④ 3.③ 4.③ 5.① 6.④

쿼리 활용

4. 쿼리 — 45%
5. SQL — 35%
6. Access 연산자와 함수 — 20%

출제 비율

PART III

학습 방향
테이블 만들기 단계에서 생성된 테이블의 데이터를 다양한 조건으로 가공하고 출력하는 쿼리에 대해 학습합니다. 실습 파일에서 직접 쿼리를 만들어 보고 조건을 작성하거나 다양한 쿼리를 생성해 보도록 합니다. 또한 SQL문의 명령어를 구분하고 명령어 문법 구조를 연습해 봅니다. Access에서는 디자인 요소로 쿼리를 작성하거나 SQL을 직접 작성하여 쿼리를 작성하는 부분을 중점적으로 학습합니다.

핵심 키워드
쿼리 종류, SQL, DDL, DCL, DML 명령어 구분, Select문의 문법 구조, 조건, 정렬, 그룹 등의 모든 SQL문, Access에서 사용할 수 있는 연산자, 함수의 기능과 활용

04 쿼리

출제 비율 45%

1) 쿼리(질의, Query)
- ☐ 테이블의 데이터를 사용자가 원하는 형식으로 가공하여 보여줄 수 있음
- ☐ 테이블이나 다른 쿼리를 이용하여 새로운 쿼리를 생성할 수 있음
- ☐ 쿼리는 단순한 조회 이외에도 데이터의 추가, 삭제, 수정 등을 수행할 수 있음
- ☐ 추출한 결과는 폼, 보고서, 다른 쿼리의 원본으로 사용할 수 있음

2) 쿼리 유형

추가(삽입) 쿼리	• 필드 값을 직접 지정하거나 다른 테이블의 레코드를 추출하여 추가할 수 있음 • 레코드의 전체 필드를 추가할 경우 필드명을 생략할 수 있음 • 하나의 INSERT문을 이용해 여러 개의 레코드와 필드를 삽입할 수 있음
선택 쿼리	하나 이상의 테이블 또는 기존 쿼리의 조합으로 데이터를 가져올 수 있음
실행 쿼리	• 쿼리 유형 중 "!" 아이콘 쿼리 • 종류: 테이블 만들기, 추가, 업데이트, 삭제

- ☐ 매개 변수 쿼리
  - 실행할 때 검색 조건이나 필드에 삽입할 값과 같은 정보를 물어보는 쿼리
  - 쿼리를 열 때마다 사용자가 입력한 조건에 해당하는 것만 검색할 수 있음
  - 디자인 보기의 '조건' 행에서 매개 변수 대화 상자에 표시할 텍스트를 대괄호([ ])로 묶어 입력함
  - 표시할 텍스트에 '.', '!', '[ ]' 와 같은 특수 문자는 포함시키면 안 됨
  - 쿼리를 실행하면 매개 변수 대화 상자가 나타남
  - 쿼리 실행 시 매개 변수 대화 상자에 조건값으로 **조건식을 입력할 수 없음**
  - Like 키워드와 와일드 카드(*) 문자를 사용하여 필드 값의 일부로 검색할 수 있는 조건을 만들 수 있음
- ☐ 크로스탭 쿼리
  - 테이블에서 특정한 필드의 합계, 평균, 개수와 같은 요약 값을 표시하고, 그 값들을 묶어 데이터시트의 행(왼쪽)과 열(위쪽)에 나열해 주는 쿼리
  - 필드 행/열 교차 위치에 합계, 평균, 분산, 표준 편차 등을 계산할 수 있음
  - 열 머리글은 한 개의 필드만 지정할 수 있지만 **행 머리글은 여러 개의 필드를 지정할 수 있으며 3개까지 가능함**
  - 결과를 Excel 워크시트와 비슷한 표 형태로 표시하는 특수한 형식의 쿼리
- ☐ 쿼리 디자인 요약(Σ)
  - 쿼리 디자인 창에서 'Σ 요약' 기능을 실행했을 때 생기는 요약 행을 통해 집계 함수를 쉽고 빠르게 사용할 수 있음

- 요약의 종류: 합계, 평균, 최소값, 최대값, 개수, 표준 편차, 분산, 처음 값, 마지막 값, 식, 조건 ('텍스트' 형식 필드: '개수' 함수만 가능)
- 'Σ 요약' 기능이 설정된 상태에서 '예/아니오' 데이터 형식의 필드에 '개수' 함수를 지정하면 체크된 레코드의 총 개수가 표시됨

한.번.에. 기출문제

01 다음 중 데이터시트 보기에서 레코드의 요약 정보를 표시하는 'Σ 요약' 기능에 관한 설명으로 옳지 않은 것은? [16.03]

① 'Σ 요약' 기능을 실행했을 때 생기는 요약 행을 통해 집계 함수를 좀 더 쉽고 빠르게 사용할 수 있다.
② 'Σ 요약' 기능은 데이터시트 형식으로 표시되는 테이블, 폼, 쿼리, 보고서 등에서 사용할 수 있다.
③ 'Σ 요약' 기능이 설정된 상태에서 '텍스트' 데이터 형식의 필드에는 '개수' 집계 함수만 지정할 수 있다.
④ 'Σ 요약' 기능이 설정된 상태에서 '예/아니오' 데이터 형식의 필드에 '개수' 집계 함수를 지정하면 체크된 레코드의 총 개수가 표시된다.

풀이 'Σ 요약' 기능은 쿼리 디자인에서 사용할 수 있음

03 다음 중 크로스탭 쿼리에 대한 설명으로 옳지 않은 것은? [19.03]

① 쿼리 결과를 Excel 워크시트와 비슷한 표 형태로 표시하는 특수한 형식의 쿼리이다.
② 맨 왼쪽에 세로로 표시되는 행 머리글과 맨 위에 가로 방향으로 표시되는 열 머리글로 구분하여 데이터를 그룹화한다.
③ 그룹화한 데이터에 대해 레코드 개수, 합계, 평균 등을 계산할 수 있다.
④ 열 머리글로 사용될 필드는 여러 개를 지정할 수 있지만, 행 머리글로 사용할 필드는 하나만 지정할 수 있다.

풀이 열 머리글은 한 개의 필드만 지정할 수 있지만 행 머리글은 여러 개의 필드를 지정할 수 있음

02 다음 중 하나의 테이블로만 구성되어 있는 데이터베이스에서 쿼리 마법사를 이용하여 만들 수 없는 쿼리는? [17.09]

① 단순 쿼리
② 중복 데이터 검색 쿼리
③ 크로스탭 쿼리
④ 불일치 검색 쿼리

풀이 불일치 검색 쿼리
- 두 개 이상의 테이블에서 서로 다른 레코드를 검색하는 쿼리
- 비교 기준, 비교 대상의 테이블이나 쿼리를 비교하여 불일치하는 레코드를 추출

04 다음 중 쿼리 실행 시 값이나 패턴을 묻는 메시지를 표시한 후 사용자에게 조건 값을 입력받아 사용하는 쿼리는? [16.10]

① 선택 쿼리
② 요약 쿼리
③ 매개 변수 쿼리
④ 크로스탭 쿼리

풀이 매개 변수 쿼리: 쿼리를 실행할 때마다 값이나 패턴을 묻는 메시지를 표시하여 조건에 맞는 필드만 반환함

한.번.에. 기출문제 풀이는 모바일 앱에서 확인하세요!

정답 1. ③ 2. ④ 3. ④ 4. ③

한.번.에. 기출문제

05 다음 중 각 쿼리 유형에 대한 설명으로 옳지 않은 것은? [14.10]

① 매개 변수 쿼리 - 쿼리를 실행할 때마다 값이나 패턴을 묻는 메시지를 표시하여 조건에 맞는 필드만 반환한다.
② 크로스탭 쿼리 - 레코드의 합계나 평균 등의 요약을 계산한 다음, 데이터시트의 왼쪽 세로 방향과 위쪽 가로 방향 두 종류로 결과를 그룹화하는 쿼리로 데이터를 쉽게 분석할 수 있게 해 준다.
③ 추가 쿼리 - 테이블의 데이터를 복사하거나 데이터를 보관해야 하는 경우에 사용되며, 새로운 테이블을 생성한다.
④ 선택 쿼리 - 하나 이상의 테이블, 기존 쿼리 또는 이 두 가지의 조합에서 데이터를 가져올 수 있다.

> 풀이 추가 쿼리: 쿼리를 이용하여 기존 테이블이나 새로운 테이블에 레코드를 추가할 수 있음

06 다음 중 실행 쿼리에 해당하지 않는 것은? [16.06]

① 테이블 만들기 쿼리　② 추가 쿼리
③ 업데이트 쿼리　　　④ 선택 쿼리

> 풀이
> - 쿼리 유형 중 "!" 아이콘 쿼리가 실행 쿼리
> - 종류: 테이블 만들기, 추가, 업데이트, 크로스탭, 삭제

07 다음 중 요약 데이터를 보다 쉽게 이해할 수 있도록 합계, 평균 등의 집계 함수를 계산한 다음 데이터시트의 측면과 위쪽에 두 세트의 값으로 그룹화하는 쿼리 유형은? [19.08]

① 선택 쿼리　　　　② 크로스탭 쿼리
③ 통합 쿼리　　　　④ 업데이트 쿼리

08 아래와 같이 조회할 고객의 최소 나이를 입력받아 검색하는 매개 변수 쿼리를 작성하려고 한다. 다음 중 'Age' 필드의 조건식으로 옳은 것은? [20.07]

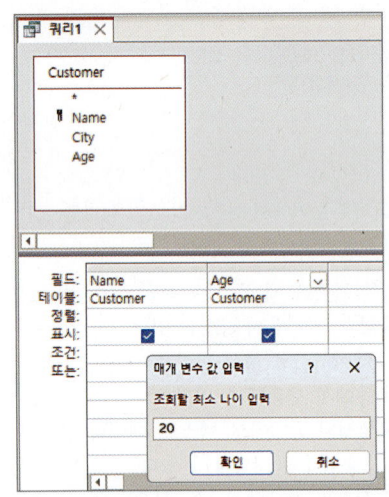

① >=(조회할 최소 나이 입력)　② >="조회할 최소 나이 입력"
③ >=[조회할 최소 나이 입력]　④ >=(조회할 최소 나이 입력)

> 풀이 매개 변수 쿼리
> - 디자인 보기의 '조건' 행에서 매개 변수 대화 상자에 표시할 텍스트를 대괄호([ ])로 묶어 입력
> - 매개 변수를 조건으로 입력받는 경우 where절에 대괄호([ ])로 매개 변수 창에 표시될 문구를 입력

09 다음 중 매개 변수 쿼리를 작성하기 위한 설명으로 옳지 않은 것은? [14.06]

① 매개 변수 쿼리는 쿼리 실행 시 조건을 입력받아 조건에 맞는 레코드만 반환하는 쿼리이다.
② 매개 변수를 적용할 필드의 조건 행에서 매개 변수 대화 상자에 표시할 텍스트를 { } 중괄호로 묶어 입력한다.
③ Like 키워드와 와일드 카드 문자를 사용하여 필드 값의 일부로 검색할 수 있는 조건을 만들 수 있다.
④ 매개 변수 대화 상자에 표시할 텍스트에 '.', '!', '[ ]'와 같은 특수 문자는 포함시키면 안 된다.

한.번.에. 기출문제 풀이는 모바일 앱에서 확인하세요!

정답　5. ③　6. ④　7. ②　8. ③　9. ②

05 SQL(Structured Query Language)

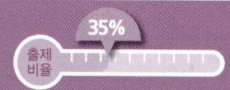

1) 데이터 정의어(DDL; Data Definition Language)
- 데이터베이스를 생성하거나 수정을 위해 사용하는 언어
- 데이터 형(type), 구조, 데이터를 이용하는 방식을 정의
- 종류: CREATE(생성), ALTER(수정), DROP(삭제)함
- CREATE문: 테이블 생성

```
CREATE TABLE 테이블명
    PRIMARY KEY 기본 키 필드명
    CONSTRAINT 이름 CHECK(조건식)
```

- ALTER문: 수정 / DROP문: 삭제

```
ALTER TABLE 테이블명
    DROP 필드명 CASCADE | RESTRICT
```
- ※ CASCADE: 삭제 시 참조 테이블도 같이 삭제(연쇄 작용)
- ※ RESTRICT: 삭제 시 참조 테이블이 있으면 실행 안 됨(제한)

2) 데이터 제어어(DCL; Data Control Language)
- 데이터 보안, 데이터 무결성, 병행 수행 제어, 보안 및 권한 검사, 데이터 복구 등을 위해 사용하는 언어
- 종류: COMMIT(데이터 처리 승인), ROLLBACK(데이터 되돌림), GRANT(권한 부여), REVOKE(권한 해제)

3) 데이터 조작어 (DML; Data Manipulation Language)
- 개념
  - 데이터 처리를 위한 연산의 집합으로 데이터의 **검색, 삽입, 삭제, 갱신** 등 데이터 조작을 제공하는 언어
  - 절차적 조작 언어와 비절차적 조작 언어로 구분됨
  - 데이터 처리를 위하여 응용 프로그램과 DBMS 사이의 인터페이스를 제공함
  - 종류: SELECT(검색), INSERT(삽입), DELETE(삭제), UPDATE(갱신)
- SELECT문: 테이블에서 조건에 해당하는 값을 검색

```
SELECT [DISTINCT] 필드명       [옵션]
    FROM 테이블명              DISTINCT: 중복 내용 생략
      [WHERE 조건식]           WHERE: 조건문
      [GROUP BY 필드명]        GROUP BY: 그룹에 대한 연산
      [HAVING 조건식];         HAVING: 그룹 내의 조건 지정
```

```
SELECT [DISTINCT]  → 검색하고자 하는 필드(열)명 기술
    필드명 [AS 별칭]
    FROM 테이블명   → 필드를 가져올 테이블명 기술
    [WHERE 조건식]; → 조건문 기술(조건이 없는 경우 기술하지 않음)
```

- UPDATE문: 레코드(튜플) 값 갱신

```
UPDATE 테이블명  SET 속성명=데이터
    WHERE 조건;
```

- INSERT문: 테이블에 레코드 값 추가
  - 테이블에 레코드를 추가하는 명령어로 값을 직접 지정하여 추가할 수도 있고, 다른 테이블의 레코드를 추출하여 추가할 수도 있음
  - 레코드의 전체 필드를 추가할 경우에는 필드명을 생략할 수 있음
  - 한 번에 하나의 테이블에만 추가할 수 있음

<직접 입력하기>
```
INSERT INTO 테이블명(필드명1, 필드명2,…)
    VALUES(필드값1, 필드값2,…);
```

<외부 테이블에서 입력하기>
```
INSERT INTO 테이블명(필드명1, 필드명2,…)
    SELECT 필드명
      FROM 테이블명
        WHERE 조건;
```

예제 <학생> 테이블에 학번: "200878", 이름: "정몽주", 학년: "1"인 자료를 삽입하시오.

답
```
INSERT INTO 학생(학번,이름,학년)
    VALUES("200878", "정몽주", "1");
```

- DELETE문: 테이블의 특정 레코드를 삭제

```
DELETE *
FROM 테이블명
WHERE 조건;
```
  - 모든 레코드를 삭제할 때는 WHERE절을 생략

4) 하위 질의와 통합

☐ 하위 질의(Sub Query)
- 질의를 1차 수행한 다음, 반환 값을 다른 테이블의 WHERE절에 포함시켜 사용
- 하위 질의는 WHERE절이나 HAVING절에 사용

예제 <직원> 테이블에서 직원의 성명과 거주지를 검색하라. 단, 회사활동 테이블의 평가가 "우수"인 것.

답
SELECT 성명, 거주지
FROM 직원
WHERE 성명=(SELECT 성명 FROM 회사활동 WHERE 평가 ='우수');

☐ UNION(통합)문
- 두 개 이상의 테이블이나 쿼리에서 대응되는 필드들을 결합하여 하나의 필드로 만들어 주는 쿼리
- 성격이 유사한 두 개의 테이블이나 질의에 내용을 합쳐서 하나의 테이블을 만들기 위한 쿼리
- 통합 질의를 사용하면 같은 레코드는 한 번만 기록됨

SELECT 필드명1
FROM 테이블명1
UNION SELECT 필드명2
FROM 테이블명2;

예제 <갑> 테이블의 필드 A가 1, 2, 3, 4, 5의 값을 가지고 있고, <을> 테이블의 필드 A가 0, 2, 3, 4, 6의 값을 가지고 있다고 가정할 때 다음 SQL 구문의 실행 결과는?

SELECT A FROM 갑 UNION SELECT A FROM 을;

답 0, 1, 2, 3, 4, 5, 6

5) 정렬 및 그룹화

☐ 정렬: ORDER BY절은 SELECT 문장에서 한 개 또는 그 이상의 필드를 기준으로 오름차순 또는 내림차순으로 정렬하고자 할 때 사용

SELECT [DISTINCT] 필드명
FROM 테이블명
　　[WHERE 조건식]
　　　[ORDER BY 필드명 [ASC | DESC]];

예제 <성적> 테이블에서 영어성적이 제일 높은 사람부터 학번, 영어성적을 검색하라.

답
SELECT 학번, 영어성적
FROM 성적
ORDER BY 영어성적 DESC;

1+ ASC와 DESC
'ASCend'를 입력하거나 생략하면 오름차순, 'DESCend'를 입력하면 내림차순으로 정렬

☐ 그룹
- GROUP BY절은 특정 필드를 기준으로 그룹화하여 검색할 때 사용
- GROUP BY절은 일반적으로 SUM, AVG, COUNT, MAX, MIN과 같은 그룹 함수와 함께 사용
- HAVING절은 GROUP BY절의 그룹에 대한 조건을 지정할 때 사용

SELECT [DISTINCT] 필드명
FROM 테이블명
　　[WHERE 조건식]
　　　[GROUP BY 필드명]
　　　　[HAVING 조건식];

한.번.에. 기출문제

01 아래와 같이 관계가 설정된 데이터베이스에 [Customer] 테이블에는 고객번호가 1004인 레코드만 있고, [Artist] 테이블에는 작가이름이 CAT인 레코드만 있다. 다음 중 이 데이터베이스에서 실행 가능한 SQL문은? (단, SQL문에 입력되는 데이터 형식은 모두 올바르다고 간주함) [20.07]

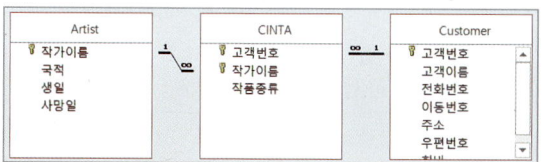

① INSERT INTO Artist VALUES ('ACE', '한국', Null, Null);
② INSERT INTO CINTA (고객번호, 작가이름) VALUES (1004, 'ACE');
③ INSERT INTO Customer (고객번호, 고객이름) VALUES (1004, 'ACE');
④ INSERT INTO CINTA VALUES (1234, 'CAT', '유화');

풀이 기본 키, 외래 키, 참조 무결성을 이해하는 문제임
(외래 키인 CINTA 테이블의 고객번호는 '1004', 작가이름은 'CAT' 값만 가질 수 있음)
① 작가이름 'ACE'는 중복 값이 아니므로 삽입 가능
② Artist 테이블에는 'ACE'라는 작가가 없음(없는 키 참조)
③ Customer 테이블에는 이미 1004 고객이 있으므로 안 됨(중복)
④ Customer 테이블에 '1234' 고객이 없음(없는 키 참조)

02 다음 중 아래와 같은 필드로 구성된 〈SERVICE〉 테이블에서 실행 가능한 쿼리로 적절하지 않은 것은? [16.10]

필드 이름	데이터 형식
등급	짧은 텍스트
비용	숫자
번호	숫자

① INSERT INTO SERVICE(등급, 비용) VALUES ('C', 7000);
② UPDATE SERVICE SET 등급 = 'C' WHERE 등급 = 'D';
③ INSERT INTO SERVICE(등급, 비용, 번호) VALUES ('A', 10000, 10);
④ UPDATE SERVICE SET 비용 = 비용*1.1;

풀이 – 기본 키로 지정된 번호 필드는 Null 값이 입력되면 안 됨
즉, 기본 키를 포함하여 아래와 같이 쿼리를 구성해야 함
– INSERT INTO SERVICE(등급, 비용, 번호) VALUES ('C', 7000, 4);

03 다음 중 주어진 [Customer] 테이블을 참조하여 아래의 SQL문을 실행한 결과로 옳은 것은? [20.07]

```
SELECT Count(*)
FROM (SELECT Distinct City From Customer);
```

City	Age	Holyday
부산	30	축구
서울	26	영화감상
부산	45	낚시
서울	25	야구
대전	21	축구
서울	19	음악감상
광주	19	여행
서울	38	야구
인천	53	배구

① 3   ② 5
③ 7   ④ 9

풀이 – Customer 테이블에서 City 필드를 중복 없이 구한 뒤 그 레코드 개수를 계산
– 부산, 서울, 대전, 광주, 인천

04 다음 중 아래 〈학생〉 테이블에 대한 SQL문의 실행 결과로 옳은 것은? [20.02]

학번	전공	학년	나이
1002	영문	SO	19
1004	통계	SN	23
1005	영문	SN	21
1008	수학	JR	20
1009	영문	FR	18
1010	통계	SN	25

```
SELECT AVG([나이]) FROM 학생
WHERE 학년="SN" GROUP BY 전공
HAVING COUNT(*) >= 2;
```

① 21   ② 22
③ 23   ④ 24

풀이 – 학생 테이블에서 학년이 SN이면서, 전공 기준으로 그룹을 설정하여 전공이 2개 이상인 행의 나이 평균을 구하면 됨
– SN 학년 중 1004, 1010이 2개 레코드가 존재하는 '통계' 학과이면서 SN 학년이므로 두 나이의 평균을 구하면 (23+25)/2=24가 됨

1. ① 2. ① 3. ② 4. ④

05 다음 중 아래 SQL문에 대한 설명으로 옳은 것은? [19.08]

```
UPDATE 학생 SET 주소='서울'
WHERE 학번=100;
```

① [학생] 테이블에 주소가 '서울'이고 학번이 100인 레코드를 추가한다.
② [학생] 테이블에서 주소가 '서울'이고 학번이 100인 레코드를 검색한다.
③ [학생] 테이블에서 학번이 100인 레코드의 주소를 '서울'로 갱신한다.
④ [학생] 테이블에서 주소가 '서울'인 레코드의 학번을 100으로 갱신한다.

풀이　UPDATE 테이블명 SET 속성명=데이터
　　　WHERE 조건;
　　－[학생] 테이블에서 학번이 100인 레코드의 주소를 '서울'로 갱신

06 다음 중 SQL 질의에 대한 설명으로 옳지 않은 것은? [20.02]

① ORDER BY절 사용 시 정렬 방식을 별도로 지정하지 않으면 기본값은 'DESC'로 적용된다.
② GROUP BY절은 특정 필드를 기준으로 그룹화하여 검색할 때 사용한다.
③ FROM절에는 테이블 또는 쿼리 이름을 지정하며, WHERE절에는 조건을 지정한다.
④ SELECT DISTINCT문을 사용하면 중복 레코드를 제거할 수 있다.

풀이　ORDER BY절 사용 시 정렬 방식을 별도로 지정하지 않으면 기본값은 오름차순이므로 'ASC'로 적용

07 [평균성적] 테이블에서 '평균' 필드 값이 90 이상인 학생들을 검색하여 '학년' 필드를 기준으로 내림차순, '반' 필드를 기준으로 오름차순 정렬하여 표시하고자 한다. 다음 중 아래 SQL문의 각 괄호 안에 넣을 예약어로 옳은 것은? [19.08]

```
SELECT 학년, 반, 이름
FROM 평균성적
WHERE 평균 >= 90
( ㉠ ) 학년 ( ㉡ ) 반 ( ㉢ );
```

① ㉠ GROUP BY ㉡ DESC ㉢ ASC
② ㉠ GROUP BY ㉡ ASC ㉢ DESC
③ ㉠ ORDER BY ㉡ DESC ㉢ ASC
④ ㉠ ORDER BY ㉡ ASC ㉢ DESC

풀이　SELECT [DISTINCT] 필드명
　　　FROM 테이블명
　　　[WHERE 조건식]
　　　[ORDER BY 필드명 [ASC | DESC]];
　　　ORDER BY 필드명
　　　－ASC: Ascending(오름차순)
　　　－DESC: Descending(내림차순)

08 다음 중 SQL문에서 HAVING문을 사용하여 조건을 설정할 수 있는 것은? [13.03]

① GROUP BY절　　② LIKE절
③ WHERE절　　　④ ORDER BY절

풀이　HAVING문은 GROUP BY절의 그룹에 대한 조건을 지정할 때 사용

정답　5. ③　6. ①　7. ③　8. ①

06 Access 연산자와 함수

1) 연산자

☐ 산술 연산자

+	두 숫자를 더함
-	두 숫자를 빼거나 음수를 나타냄
*	두 숫자를 곱함
/	두 숫자를 나눔
\	두 숫자를 나눈 몫을 구함
Mod	첫 번째 숫자를 두 번째 숫자로 나눈 나머지를 구함
^	숫자를 지수 값만큼 제곱함

☐ 비교 연산자

a < b	a가 b보다 작은지 확인
a <= b	a가 b보다 작거나 같은지 확인
a > b	a가 b보다 큰지 확인
a >= b	a가 b보다 크거나 같은지 확인
a = b	a가 b와 같은지 확인
a <> b	a가 b와 같지 않은지(다른지) 확인

☐ 논리 연산자

AND	두 값 모두 참일 경우 참
OR	두 값 중 하나 이상이 참일 경우 참
NOT	값이 참이 아닐 경우 참

☐ 연결 연산자

&	두 문자열을 하나로 결합함. 예) "가" & "나" = 가나
+	두 문자열을 결합하여 하나의 문자열을 만들고 Null값 전파

☆ 특수 연산자

IN	지정한 항목에 값이 포함되는지를 확인하기 위해 사용 → OR 연산자와 같은 결과 예) 지역이 서울, 경기, 인천에 해당하는 레코드 - WHERE 지역 IN ("서울", "경기", "인천");
BETWEEN	두 수의 사이 값을 나타낼 때 사용 → AND 연산자 BETWEEN 하한값 AND 상한값 예) 나이가 30~40 사이에 해당하는 레코드 - WHERE 나이 BETWEEN 30 AND 40; - WHERE 나이 >= 30 AND 나이 <= 40;

LIKE	• 사용자가 지정한 패턴과 일치하는 데이터를 찾고자 할 때 사용 • 데이터에 지정한 문자(문자열)가 포함되어 있는지를 판별할 때 사용 → 유사 검색을 할 때 - LIKE "김*": "김"으로 시작하는 모든 레코드 검색 - LIKE "*신림*": "신림"이 포함된 모든 레코드 검색 - LIKE "[ㄱ-ㄷ]*": "ㄱ"에서 "ㄷ" 사이에 있는 문자로 시작하는 필드 값을 검색
NOT	NOT 조건식 → 조건식 결과를 부정함 예) 지역이 "서울"과 "경기"를 제외한 레코드 - WHERE 지역 NOT IN ("서울", "경기");

예제) SELECT AVG(나이) FROM 학생 WHERE 전공 NOT IN ("수학", "회계");
학생 테이블에서 전공이 "수학", "회계"가 아닌 학생들의 평균 나이를 구함

1+ 와일드 카드 사용 방법
- 1*3 → 103, 113, 1003, 11223 등 검색
- 소?자 → 소비자, 소유자, 소개자 등 검색
- 소[!비유]자 → 소개자 검색('비'와 '유'를 포함하지 않는 값 검색)
- b[a-c]d → bad, bbd, bcd 검색

2) 날짜 시간 함수

☐ 함수 사용 방법: 액세스 함수식은 엑셀과 마찬가지로 '='을 식 앞에 붙여야 함

☆ 날짜 시간 함수

YEAR(날짜)	• 날짜에서 연도만 구함 • YEAR(DATE( )) → 시스템의 현재 날짜에서 연도만 구함
MONTH(날짜)	날짜에서 월만 구함
DAY(날짜)	날짜에서 일만 구함
WEEKDAY(날짜)	날짜에서 요일 숫자를 구함
DATEVALUE(날짜)	텍스트 형식의 날짜를 일련번호로 반환
DATESERIAL (연도, 월, 일)	지정된 연도, 월, 일에 해당하는 값을 날짜로 반환
TIMESERIAL (시, 분, 초)	지정된 시, 분, 초에 해당하는 값을 시간으로 반환
TIMEVALUE(시간)	텍스트 형식의 시간을 일련번호로 반환
DATEADD (옵션, 값, 날짜)	날짜에서 옵션(일수, 시간, 월 등)으로 지정된 값만큼 더한 날짜를 표시
DATEPART(옵션, 날짜)	날짜에서 옵션에 제시된 값만 표시

DATEDIFF(옵션, 날짜1, 날짜2)	• 두 날짜 간의 옵션의 경과값을 표시 • SELECT DATEDIFF("yyyy", #1990-03-02#, DATE( )); 입사일이 '1990-03-02'인 사원의 현재까지 근무 연수를 출력	
HOUR(시간)	시간에서 시만 구함	
MINUTE(시간)	시간에서 분만 구함	
SECOND(시간)	시간에서 초만 구함	

예제) - SELECT WEEKDAY([출고일], 1) FROM 출고;
→ 출고일 필드의 날짜 값에서 요일을 나타내는 정수를 표시하며, 일요일을 1로 시작해서 토요일 7까지 표시
- SELECT DATEDIFF("d", [출고일], Date( )) FROM 출고;
→ 출고일 필드의 날짜 값에서 오늘 날짜까지 경과한 일자 수를 표시
- SELECT DATEADD("yyyy", 5, Date( ));
→ 현재 날짜에서 5년을 더한 날짜를 표시
- SELECT * FROM 출고 WHERE MONTH([출고일])=9;
→ 출고일 필드 값에서 9월에 해당하는 레코드만 표시

DATEADD, DATEDIFF, DATEPART 함수

yyyy	연	w	요일
q	분기	ww	주(1년 기준)
m	월	h	시
d	일	n	분
y	일(1년 기준)	s	초

3) 텍스트 함수

LEFT(문자열, 개수)	• 왼쪽으로부터 지정된 개수만큼 문자열 추출 • LEFT([주민번호], 2)="19" → [주민번호] 필드에서 맨 앞의 두 자리가 '19'인 레코드를 추출
RIGHT(문자열, 개수)	• 오른쪽으로부터 지정된 개수만큼 문자열 추출 • RIGHT([주민번호], 2)="01" → [주민번호] 필드에서 맨 뒤의 두 자리가 '01'인 레코드를 추출
MID(문자열, 시작 위치, 개수)	시작 위치에서부터 지정한 개수만큼 문자열 추출
INSTR(문자열, 찾는 문자)	• 문자열에서 특정 문자 또는 문자열을 찾아서 해당 위치 표시 • INSTR("KOREA", "R") → 'KOREA'라는 문자열에서 'R'의 위치 '3'을 반환
STRCOMP(문자열1, 문자열2)	문자열1과 문자열2를 비교하여 두 문자열이 같으면 0 표시
STRING(개수, 문자)	• 문자를 지정한 숫자만큼 반복해서 표시 • STRING(5, "*") → *****

STRREVERSE(문자열)	문자열을 역순으로 정렬하여 반환
TRIM(문자열)	문자열의 앞뒤에 공백을 제거
LEN(문자열)	문자열의 길이를 반환
UCASE(문자열)	문자열을 모두 대문자로 변환
LCASE(문자열)	문자열을 모두 소문자로 변환

4) 수학 삼각 함수

ABS(숫자)	지정한 숫자의 절대값을 구함
INT(숫자)	지정한 숫자의 정수 부분을 구함
ROUND(숫자, 자릿수)	숫자를 지정한 자릿수로 반올림함
RND( )	0~1 사이의 난수를 구함
MOD	• 나머지를 구함 • 3 mod 2 → 나머지 1 출력

5) 분기, 그룹, 별칭 함수

☐ 분기 함수

IIF(조건, 실행1, 실행2)	조건이 참이면 실행1을 수행하고, 조건이 거짓이면 실행2를 수행함
CHOOSE(색인 번호, 실행1, 실행2,…)	색인 번호가 1이면 실행1을 수행하고, 2면 실행2를 수행함
SWITCH(조건1, 실행1, 조건2, 실행2,…)	조건1이 참이면 실행1을 수행하고, 조건2가 참이면 실행2를 수행함

☐ 그룹 함수

AVG(필드명)	필드의 평균을 구함
SUM(필드명)	필드의 합계를 구함
COUNT(필드명)	레코드의 개수를 구함
MAX(필드명)	필드의 최대값을 구함
MIN(필드명)	필드의 최소값을 구함

예제) SELECT COUNT(*)
FROM (SELECT DISTINCT City FROM Customer)
Customer 테이블에서 City 필드의 중복되지 않은 개수를 구함

☐ 별칭 함수

AS	원본 필드명 AS 실제 표시할 필드명

예제) SELECT SUM([합계]) AS 국어합계 FROM 성적 WHERE 과목="국어"
출력 필드명: 국어합계

한.번.에. 기출문제

01 다음 중 아래 문자열 함수의 결과 값으로 옳은 것은? [16.06]

InStr(3,"I Have A Dream", "A",1)

① 0　　② 1　　③ 3　　④ 4

풀이 InStr(start, "문자열", "찾을 문자열", 옵션)
- 문자열의 3번째 글자부터 A를 찾음: 3번째 글자인 H부터 A를 찾아 위치를 반환하면 Have의 a 위치를 출력 → 결과는 4
- 0: 대소문자를 구분
- 1: 대소문자를 구분 안 함

02 다음 중 SQL 문장의 WHERE절에 대한 설명으로 옳지 않은 것은? [15.03]

① WHERE 부서 = '영업부' : 부서 필드의 값이 '영업부'인 레코드들이 검색됨
② WHERE 나이 Between 28 in 40 : 나이 필드의 값이 29에서 39 사이인 레코드들이 검색됨
③ WHERE 생일 = #1996-5-10# : 생일 필드의 값이 1996-5-10인 레코드들이 검색됨
④ WHERE 입사년도 = 1994 : 입사년도 필드의 값이 1994인 레코드들이 검색됨

풀이 WHERE 나이 Between 28 and 40: 나이 필드의 값이 28에서 40 사이인 레코드들이 검색됨

03 도서명에 '액세스'라는 단어가 포함된 도서 정보를 검색하려고 할 때, 다음 SQL문의 WHERE절에 들어갈 조건으로 적당한 것은? [14.03]

SELECT 도서명, 저자, 출판년도, 가격 FROM 도서
WHERE _____ ;

① 도서명 = '*액세스*'
② 도서명 IN '*액세스*'
③ 도서명 BETWEEN '*액세스*'
④ 도서명 LIKE '*액세스*'

풀이 SQL 만능 문자는 와일드 카드(*)를 사용함
와일드 카드(*) 사용 시에 =이 아니라 Like문을 사용함

04 다음 중 선택 쿼리에서 사용자가 지정한 패턴과 일치하는 데이터를 찾고자 할 때 사용되는 연산자는? [20.02]

① Match　　② Some　　③ Like　　④ Any

05 다음 중 각 쿼리문에 대한 설명으로 옳지 않은 것은? [15.10]

① SELECT Weekday([출고일], 1) FROM 출고; → 출고일 필드의 날짜 값에서 요일을 나타내는 정수를 표시하며, 일요일을 1로 시작한다.
② SELECT DateDiff("d", [출고일], Date()) FROM 출고; → 출고일 필드의 날짜 값에서 오늘 날짜까지 경과한 일자 수를 표시한다.
③ SELECT DateAdd("y", 5, Date()) AS 날짜계산; → 오늘 날짜에서 5년을 더한 날짜를 표시한다.
④ SELECT * FROM 출고 WHERE Month([출고일])=9; → 출고일 필드의 날짜 값에서 9월에 해당하는 레코드들만 표시한다.

풀이 DATEADD, DATEDIFF, DATEPART 함수
- DateAdd("y", 5, Date()): 오늘 날짜에서 5일 후의 날짜를 표시
- 액세스 날짜/시간 함수의 y는 1년을 기준으로 하는 일 단위라는 것에 주의함

06 다음 중 쿼리 작성 시 사용하는 특수 연산자와 함수에 대한 설명으로 옳지 않은 것은? [16.03]

① YEAR(DATE()) → 시스템의 현재 날짜 정보에서 연도 값만을 반환한다.
② INSTR("KOREA", "R") → 'KOREA'라는 문자열에서 'R'의 위치 '3'을 반환한다.
③ RIGHT([주민번호], 2)="01" → [주민번호] 필드에서 맨 앞의 두 자리가 '01'인 레코드를 추출한다.
④ LIKE "[ㄱ-ㄷ]*" → 'ㄱ'에서 'ㄷ' 사이에 있는 문자로 시작하는 필드 값을 검색한다.

풀이 RIGHT([주민번호], 2)="01" → [주민번호] 필드에서 맨 뒤의 두 자리가 '01'인 레코드를 추출

한.번.에. 기출문제 풀이는 모바일 앱에서 확인하세요!

정답 1. ④ 2. ② 3. ④ 4. ③ 5. ③ 6. ③

3과목 • 데이터베이스 일반　125

폼 활용

PART IV

학습 방향
7. 폼의 기본 구조 — 출제 비율 50%
8. 폼 컨트롤과 도메인 함수 — 50%

폼은 테이블이나 쿼리에 입력된 데이터를 조회하거나 입력, 수정하는 기능이다. 직접 폼을 만들어 보고 폼 디자인에서 확인할 수 있는 폼의 구성 요소와 역할, 상위/하위 폼의 연결 방식, 폼에서 사용되는 주요 컨트롤의 이름과 기능, 특징을 학습합니다.

핵심 키워드
폼의 종류, 분할 폼, 폼의 구성 요소(폼 머리글, 페이지 머리글), 폼의 주요 속성, 하위 폼의 특징, 텍스트 상자, 레이블, 콤보 상자, 탭 정지, 조건부 서식

07 폼의 기본 구조

출제 비율 50%

1) 폼의 개념

- ☐ 테이블이나 쿼리를 원본으로 해서 레코드 조회, 입력, 편집 작업을 수월하게 할 수 있도록 도와주는 데이터베이스 개체
- ■ **테이블이나 쿼리, SQL문을 레코드 원본으로 설정**
- ☐ 데이터의 입력 및 편집 작업을 위한 일종의 인터페이스로, 데이터를 시각적으로 돋보이게 하는 역할을 함
- ☐ 폼을 사용하여 데이터베이스의 보안성과 사용자의 편의성을 높일 수 있음
- ☐ 폼에서 데이터를 추가, 제거, 변경하면 원본 테이블, 쿼리 등에 반영됨
- ☐ 폼에 이벤트를 지정하여 여러 가지 작업을 자동으로 수행할 수 있음
- ☐ 폼과 컨트롤의 속성은 [디자인 보기] 형식에서 [속성 시트]를 이용하여 설정
- ☐ [폼] 생성
  - 자동 폼은 기본적으로 한 개의 테이블이나 쿼리를 원본으로 생성됨
  - 자동 폼 생성 도구: 폼 → [기타 폼]

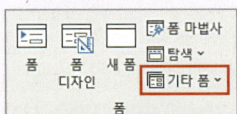

폼	기본 보기가 '단일 폼'인 폼을 자동 생성
폼 디자인	폼 만들기 도구로 빈 양식의 폼에서 사용자가 직접 텍스트 상자, 레이블, 단추 등의 필요한 컨트롤들을 삽입하여 폼을 생성
새 폼	컨트롤이나 형식이 없는 새로운 폼을 생성하여 필드 목록 작업 창을 통해 필드를 추가

폼 마법사	마법사 기능으로 폼을 생성
탐색	탭 형식의 탐색 단추(Navigation Button)와 폼이나 보고서를 담은 탐색 하위 폼(Navigation Sub Form) 등이 가미된 양식을 생성
기타 폼	• 여러 항목: 기본 보기가 '연속 폼'인 폼을 생성 • 데이터시트: 기본 보기가 '데이터시트'인 폼을 생성 • 폼 분할: 위쪽 구역에 데이터시트를 표시하는 분할 폼을 만들고 아래쪽 구역에 데이터시트에서 선택한 레코드에 대한 정보를 입력하는 폼을 생성 • 모달 대화 상자: 폼이 닫힐 때까지 포커스를 유지하는 창 모드의 폼을 생성(포커스를 다른 개체로 이동하기 위해서는 반드시 폼을 닫아야 함)

☆ 데이터 연결 여부에 따른 분류

바운드 폼	• 테이블이나 쿼리의 레코드와 연결된 폼 • [레코드 원본] 속성에서 테이블, 쿼리를 연결
언바운드 폼	• 테이블이나 쿼리의 레코드와 연결되어 있지 않은 폼 • 데이터가 없으므로 프로그램을 작동하는 데 필요한 명령 단추나 컨트롤을 포함

☆ 폼 마법사에서 모양 지정

열 형식	각 필드가 왼쪽의 레이블과 함께 각 행에 표시되고 컨트롤 레이아웃이 자동으로 설정됨
테이블 형식	각 레코드의 필드들이 한 줄(행)에 표시되고, 레이블은 폼의 맨 위(열)에 한 번 표시됨

데이터시트		폼이 데이터시트 형태로 표시되고, 레코드는 행으로 필드는 열로 표시됨
맞춤		필드 내용의 길이에 따라 균형감 있게 화면 배치됨

2) 폼 분할(분할 표시 폼)

- 위쪽 구역에 데이터시트를 표시하는 열 형식의 폼을 만들고, 아래쪽 구역에 선택한 레코드에 대한 정보를 입력할 수 있는 데이터시트 형식의 폼
- [만들기] → [폼] → [기타 폼] → [폼 분할] 선택
- 데이터시트 보기와 폼 보기를 동시에 표시하는 기능이며, 이 두 보기는 같은 데이터 원본에 연결되어 있어 항상 상호 동기화되고, 위아래 모두에서 데이터 변경이 가능함
- 분할 표시 폼을 만든 후에 컨트롤의 크기 변경 및 새로운 필드 추가가 가능함
- 폼 속성 창의 '분할 표시 폼 방향' 항목을 이용하여 데이터시트가 표시되는 위치를 폼의 위쪽, 아래쪽, 왼쪽, 오른쪽으로 설정할 수 있음

3) 폼의 구성 요소

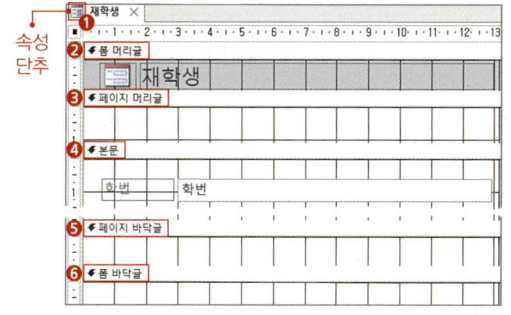

❶	속성 단추	더블클릭하면 폼의 속성 시트 창이 열림
❷	폼 머리글	인쇄할 때 첫 페이지 상단에 한 번 표시되는 영역으로 주로 전체 레코드에 적용되는 폼 제목을 입력함
❸	페이지 머리글	• 제목이나 날짜, 페이지 번호처럼 모든 페이지의 상단에 동일하게 표시될 정보를 입력하는 구역 • 인쇄 미리 보기에서만 확인할 수 있음
❹	본문(세부 구역)	• 사용할 실제 내용을 입력하는 구역 • 폼 보기 형식에 따라 하나의 레코드만 표시하거나 여러 개의 레코드를 표시함
❺	페이지 바닥글	• 날짜나 페이지 번호처럼 모든 페이지의 하단에 동일하게 표시될 정보를 입력하는 구역 • 인쇄 미리 보기에서만 확인할 수 있음
❻	폼 바닥글	• 폼 요약 정보 등과 같이 각 레코드에 동일하게 표시될 정보가 입력되는 구역 • 인쇄 미리 보기에서 맨 마지막 페이지의 본문 영역 다음에 표시됨

폼 탐색 단추

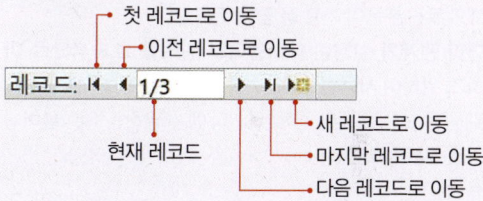

4) 폼의 주요 속성

- 디자인 보기에서 폼 속성 단추를 더블클릭하거나 폼 디자인 도구에서 [디자인] → [도구] → [속성 시트] 선택
- 속성 시트에서 폼의 보기 형식, 레코드 원본, 구성 형태, 이벤트 프로시저 등을 지정할 수 있음
- [형식] 탭 속성

캡션	폼의 제목 표시줄에 표시할 텍스트 입력
기본 보기	폼을 열 때 처음 열리는 상태를 지정 • 단일 폼: 한 화면에 한 개의 레코드만을 표시 • 연속 폼: 한 화면에 여러 개의 레코드를 표시 • 데이터시트: 스프레드시트처럼 행과 열로 구성된 형태로 표시 • 분할 표시 폼: 폼 보기와 데이터시트 보기를 한 화면에 분할 표시
그림 맞춤	그림을 왼쪽 위, 오른쪽 위, 가운데, 왼쪽 아래, 오른쪽 아래로 설정할 수 있음

- [데이터] 탭 속성

레코드 원본	폼에 연결할 데이터를 설정하며 폼의 레코드 원본은 테이블, 쿼리, SQL문으로 지정
필터	폼 보기에서 필터링할 조건식을 설정

정렬 기준	레코드를 정렬할 기준을 지정
필터 사용	지정한 필터의 사용 여부를 설정
편집 가능	폼 보기에서 레코드의 편집 가능 여부를 설정
삭제 가능	폼 보기에서 레코드의 삭제 가능 여부를 설정
추가 가능	폼 보기에서 레코드의 추가 가능 여부를 설정
레코드 잠금	여러 사용자가 동시에 동일한 레코드를 편집하려고 할 경우 레코드 보호를 위한 잠금 방법을 설정

☐ [기타] 탭 속성

팝업	'예'로 지정하면 폼이 팝업 창처럼 열림
모달	• '예'로 지정하면 폼이 열려 있을 때 다른 개체를 선택할 수 없음 • VBA 코드를 이용하여 대화 상자의 모달 속성을 지정할 수 있음 • 폼이 모달 대화 상자이면 디자인 보기로 전환 후 다른 개체를 선택할 수 있음

5) 하위 폼 ★

☐ 별도의 독립된 폼이 기본 폼 안에 존재함
☐ 일대다 관계가 설정된 테이블이나 쿼리를 효과적으로 이용하기 위하여 사용함
☐ 하위 폼은 보통 일대다 관계에서 '다'에 해당하는 테이블이나 쿼리를 원본으로 함

☐ 연결 필드의 데이터 형식과 필드 크기는 같거나 호환돼야 함
☐ 하위 폼에서 여러 개의 연결 필드를 지정할 때 세미콜론(;)을 이용하여 구분함
☐ 관계 설정이 되지 않은 상태에서도 기본 폼의 기본 키와 호환되는 필드를 가졌다면 하위 폼을 설정할 수 있음
☐ 하위 폼은 하위 폼/하위 보고서 컨트롤을 이용해서 쉽게 생성할 수 있음
  예) 반석 복지관이 기본 폼에 표시되고 아래 하위 폼에는 반석 복지관에서 봉사한 자세한 내역을 볼 수 있음

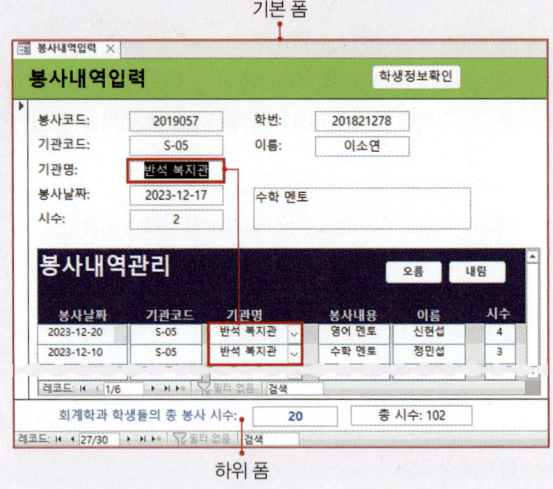

한.번.에. 기출문제

01 다음 중 위쪽 구역에 데이터시트를 표시하는 열 형식의 폼을 만들고, 아래쪽 구역에 선택한 레코드에 대한 정보를 수정하거나 입력할 수 있는 데이터시트 형식의 폼을 자동으로 만들어 주는 도구는? [20.02]

① 폼
② 폼 분할
③ 여러 항목
④ 폼 디자인

풀이 ▸ 폼 분할 표시: 분할된 화면에서 데이터를 [폼 보기]와 [데이터시트 보기]로 동시에 볼 수 있음

02 다음 중 폼의 모달 속성에 관한 설명으로 옳지 않은 것은?
[20.07]

① 폼이 열려 있는 경우 다른 화면을 선택할 수 있다.
② VBA 코드를 이용하여 대화 상자의 모달 속성을 지정할 수 있다.
③ 폼이 모달 대화 상자이면 디자인 보기로 전환 후 데이터시트 보기로 전환이 가능하다.
④ 사용자 지정 대화 상자의 작성이 가능하다.

03 다음 중 폼의 구성 요소에 대한 설명으로 옳지 않은 것은?
[20.02]

① 폼 머리글은 인쇄할 때 모든 페이지의 상단에 매번 표시된다.
② 하위 폼은 폼 안에 있는 또 하나의 폼을 의미한다.
③ 폼 바닥글은 폼 요약 정보 등과 같이 각 레코드에 동일하게 표시될 정보가 입력되는 구역이다.
④ 본문은 사용할 실제 내용을 입력하는 구역으로 폼 보기 형식에 따라 하나의 레코드만 표시하거나 여러 개의 레코드를 표시한다.

풀이 폼 머리글
- 폼의 제목과 같은 항목을 지정하는 영역으로 인쇄할 때 한 번만 표시
페이지 머리글
- 폼을 인쇄할 때 표시할 정보를 지정하는 영역으로 폼 보기 상태에서는 표시되지 않음
- 제목을 작성하면 인쇄 시 매 페이지 상단에 출력됨

04 다음 중 폼 작성 시 사용하는 컨트롤에 대한 설명으로 옳지 않은 것은? [19.08]

① 레이블 컨트롤은 제목이나 캡션 등의 설명 텍스트를 표현하기 위해 많이 사용된다.
② 텍스트 상자는 바운드 컨트롤로 사용할 수 있으나 언바운드 컨트롤로는 사용할 수 없다.
③ 목록 상자 컨트롤은 여러 개의 데이터 행으로 구성되며 대개 몇 개의 행을 항상 표시할 수 있는 크기로 지정되어 있다.
④ 콤보 상자 컨트롤은 선택 항목 목록을 보다 간단한 방식으로 나타내기 위해 드롭다운 화살표를 클릭하기 전까지는 목록이 숨겨져 있다.

풀이 텍스트 상자
- 어떤 값을 입력받거나 표시하는 경우에 주로 사용하는 컨트롤이며 기본적으로 언바운드 컨트롤로 설정되어 있음
- '컨트롤 원본'에 테이블이나 쿼리의 필드를 지정하면 바운드 컨트롤로 변경됨

05 다음 중 폼의 탭 순서(Tab Order)에 대한 설명으로 옳지 않은 것은? [17.09]

① 기본으로 설정되는 탭 순서는 폼에 컨트롤을 추가하여 작성한 순서대로 설정된다.
② [탭 순서] 대화 상자의 [자동 순서]는 탭 순서를 위에서 아래로, 오른쪽에서 왼쪽으로 설정한다.
③ 폼 보기에서 Tab 을 눌렀을 때 각 컨트롤 사이에 이동되는 순서를 설정하는 것이다.
④ 탭 정지 속성의 기본 값은 '예'이다

풀이 탭 순서를 [자동 순서]로 하면 탭 순서가 위에서 아래로, 왼쪽에서 오른쪽으로 자동 설정됨

06 다음 중 하위 폼에 관한 설명으로 옳지 않은 것은? [19.03]

① 하위 폼은 기본 폼 내에서만 존재하며 별도의 독립된 폼으로 열 수 없다.
② 일대다 관계가 설정되어 있는 테이블이나 쿼리를 효과적으로 사용하기 위하여 사용한다.
③ 하위 폼은 보통 일대다 관계에서 '다'에 해당하는 테이블이나 쿼리를 원본으로 한다.
④ 연결 필드의 데이터 형식과 필드 크기는 같거나 호환되어야 한다.

풀이 하위 폼은 별도로 이미 만들어져 있는 폼을 이용하여 작성할 수 있으므로 별도의 독립된 폼으로 열 수 있음

07 다음 중 폼에 대한 설명으로 옳지 않은 것은? [19.08]

① 모든 폼은 기본적으로 테이블이나 쿼리와 연결되어 표시되는 바운드 폼이다.
② 폼 내에서 단추를 눌렀을 때 매크로와 모듈이 특정 기능을 수행하도록 할 수 있다.
③ 일대다 관계에 있는 테이블이나 쿼리는 폼 안에 하위 폼을 작성할 수 있다.
④ 폼과 컨트롤의 속성은 [디자인 보기] 형식에서 [속성 시트]를 이용하여 설정한다.

풀이 모든 폼은 기본적으로 언바운드 폼으로 만들어 짐

정답 1.② 2.① 3.① 4.② 5.② 6.① 7.①

08 폼 컨트롤과 도메인 함수

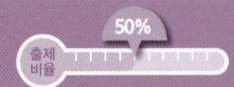

1) 컨트롤의 주요 속성

★ **컨트롤:** 폼 양식을 구성하는 요소로써 데이터를 입력, 표시하는 데 필요한 개체를 의미

- 텍스트 상자
- 옵션 그룹
- 하위 폼/하위 보고서
- 레이블
- 단추
- 콤보 상자
- 언바운드 개체 틀
- 바운드 개체 틀

☐ 주요 컨트롤

☆ 텍스트 상자	• 바운드 텍스트 상자는 컨트롤 원본 속성이 테이블의 필드명으로 지정된 상태를 의미 • 언바운드 텍스트 상자는 컨트롤 원본 속성이 비어 있는 경우를 의미 • 계산 텍스트 상자는 컨트롤 원본 속성이 식으로 입력된 경우를 의미 • '컨트롤 원본' 속성은 텍스트 상자와 테이블의 필드를 연결하는 역할을 수행
☆ 레이블	• 마법사를 이용한 만들기가 제공되지 않으며, 레이블 컨트롤을 추가한 후 내용을 입력하지 않으면 추가된 레이블 컨트롤이 자동으로 사라짐 • 제목이나 캡션 등의 설명 텍스트를 표시할 때 사용
단추 (명령 단추)	명령 단추 마법사를 이용하여 다양한 매크로 함수를 제공
옵션 그룹	옵션 단추, 확인란, 토글 단추가 하나의 그룹으로 표시되는 컨트롤로 여러 개의 값 중에 선택할 수 있음
☆ 콤보 상자	• 선택 항목 목록을 보다 간단한 방식으로 나타내기 위해 드롭다운 화살표를 클릭하기 전까지는 목록이 숨겨져 있음 • 콤보 상자의 '바운드 열' 속성은 콤보 상자에 표시되는 열 중에서 '컨트롤 원본' 속성에 연결된 필드에 입력할 열을 지정
토글 단추	Yes와 No 중에 하나 선택할 수 있음
목록 상자	• 여러 개의 데이터 행으로 구성되며 대개 몇 개의 행을 항상 표시할 수 있는 크기로 지정 • 바운드 또는 언바운드 컨트롤로 사용 가능
확인란	여러 개의 값 중에 하나 이상 선택할 수 있음
옵션 단추	여러 개의 값 중에 하나만 선택할 수 있음

☐ 콤보 상자 컨트롤 주요 속성 정리
- 행 원본: 목록 상자, 콤보 상자 컨트롤에서 목록에 사용할 데이터 설정
- 컨트롤 원본: 연결(바운드)할 데이터 설정
- 행 원본 유형: 목록으로 표시할 데이터 제공 방법을 '테이블/쿼리', '값 목록', '필드 목록' 중 선택
- 바운드 열: 선택한 항목에서 몇 번째 열을 컨트롤에 저장할 것인지를 설정
- 목록 값만 허용: '예'로 설정하면 목록에 제공된 데이터 이외의 값을 추가할 수 없음
- 사용 가능: 기본으로 '예'로 설정되어 있으며 '아니요'로 설정하면 해당 컨트롤을 사용할 수 없음

☐ 탭 순서 속성
- 기본적으로 컨트롤을 만든 순서대로 탭 순서가 결정됨
- 자동으로 만들어진 폼은 탭 순서가 '위에서 아래', '왼쪽에서 오른쪽'으로 이동함
- 폼 보기에서 Tab 을 눌렀을 때 각 컨트롤 사이에 이동되는 순서를 설정하는 것

☐ 탭 정지 속성
- 탭 정지 속성의 기본 값은 '예'임
- Tab 을 누를 때 특정 컨트롤에 포커스가 이동하지 않도록 하기 위한 방법 → '탭 정지' 속성을 '아니요'로 설정

☐ 읽기 전용 폼을 만들기 위한 폼의 속성
- [추가 가능] 속성을 '아니요'로 설정함
- [삭제 가능] 속성을 '아니요'로 설정함
- [편집 가능] 속성을 '아니요'로 설정함

☐ 컨트롤의 이동과 복사
- 다른 구역에서 복사하여 붙여 넣으면 붙여넣기 구역의 왼쪽 위에 붙여짐
- 같은 구역 내에서 복사하여 붙여 넣으면 복사한 컨트롤의 바로 아래에 붙여짐
- Shift 를 누른 상태에서 이동하면 다른 컨트롤과 세로 및 가로 맞춤을 유지할 수 있음
- Ctrl 을 누른 상태에서 방향키를 눌러 컨트롤의 위치를 변경할 수 있음

2) 조건부 서식

☐ 폼 또는 보고서에서 사용자가 특정 컨트롤에 지정한 조건식이 만족되면 서식을 지정
☐ [폼/디자인 도구] → [형식] → [컨트롤 서식] → [조건부 서식]
☐ 레이블 컨트롤에는 조건부 서식을 지정할 수 없음
☐ 하나의 컨트롤에 대해 규칙을 64개까지 지정할 수 있으며, 규칙별로 다양한 서식을 지정할 수 있음
☐ '규칙 유형 선택' 시 '다른 레코드와 비교'를 선택하면 데이터 막대 형식을 설정할 수 있음

- ☐ 하나 이상의 조건에 따라 폼과 보고서의 컨트롤 서식 또는 컨트롤 값의 서식을 변경할 수 있음
- ☐ 컨트롤 값이 변경되어 조건에 만족하지 않으면 적용된 서식이 해제되고, 기본 서식이 적용됨
- ☐ 지정한 조건 중 두 개 이상이 TRUE이면 TRUE인 첫 번째 조건의 서식만 적용됨
- ☐ 식이 TRUE 또는 FALSE로 평가되는 경우에 서식을 지정할 수 있음
- ☐ 조건을 지정할 때 와일드 카드 문자(*, ?)를 사용할 수 없음
- ☐ 폼이나 보고서를 다른 파일 형식으로 출력하면 조건부 서식은 적용되지 않음
- ☐ 서식 설정은 '필드 값이', '식이', '필드에 포커스 있음'으로 설정할 수 있음

3) 수식

- ☐ 도메인 계산 함수
  - 레코드 집합에 대한 통계를 구하는 함수
  - 엑셀의 데이터베이스 함수와 같은 결과를 구하지만 사용법이 다름
  - 인수로 필드명, 폼의 컨트롤, 상수, 함수를 사용할 수 있음
  - 도메인은 테이블, 쿼리를 포함함
  - 함수의 각 항목은 ""로 묶어 줘야 함
  - 문자열을 연결할 때는 &를 이용
- ☐ 함수의 종류
  - DAVG("인수[필드]", "도메인[테이블/쿼리]", "조건"): 레코드 집합의 평균
  - DSUM("인수[필드]", "도메인[테이블/쿼리]", "조건"): 레코드 집합의 합계
  - DCOUNT("인수[필드]", "도메인[테이블/쿼리]", "조건"): 레코드 집합의 레코드 개수
  - DMIN("인수[필드]", "도메인[테이블/쿼리]", "조건"): 레코드 집합의 최소값
  - DMAX("인수[필드]", "도메인[테이블/쿼리]", "조건"): 레코드 집합의 최대값
  - DLOOKUP("인수[필드]", "도메인[테이블/쿼리]", "조건"): 레코드 집합의 특정 필드에 입력된 값을 반환

한.번.에. 기출문제

01 다음 중 폼 작성에 대한 설명으로 옳지 않은 것은? [19.08]

① 컨트롤 마법사를 사용하여 폼을 닫는 매크로 함수를 실행하는 '명령 단추'를 삽입할 수 있다.
② 폼에서 연결된 테이블의 레코드를 삭제한 경우 영구적인 작업이므로 되돌릴 수 없다.
③ 폼에 컨트롤을 삽입하면 탭 순서가 위에서 아래로, 왼쪽에서 오른쪽 순으로 자동 지정된다.
④ 폼 디자인 도구를 이용하여 여러 컨트롤의 크기와 간격을 일정하게 설정할 수 있다.

풀이 사용자가 직접 컨트롤을 추가하는 경우 추가 순서에 따라 탭 순서가 정해짐

02 다음 중 폼과 보고서에서 설정 가능한 [조건부 서식]에 대한 설명으로 옳지 않은 것은? [17.03]

① 원하는 필드 값에 대한 서식을 지정할 수 있다.
② 식이 TRUE 또는 FALSE로 평가되는 경우에 대한 서식을 지정할 수 있다.
③ 필드에 포커스가 있는지 여부에 따라 서식을 지정할 수도 있다.
④ 조건에 맞지 않는 경우의 서식은 조건을 식으로만 지정할 수 있다.

풀이 조건에 맞지 않는 경우의 서식은 기본 서식으로 지정함

정답 1.③ 2.④

보고서 활용

9. 보고서의 기본 구조 — 출제 비율 60%
10. 보고서 만들기 — 40%

학습 방향

보고서는 테이블, 쿼리에서 작성된 데이터를 종이에 출력하기 위한 기능입니다. 보고서의 구성 요소별 기능, 페이지 설정, 페이지 번호 표시, 정렬 및 그룹화 등이 자주 출제됩니다. 교재를 참고해 직접 보고서를 작성해 보고 보고서의 종류와 특징을 정리합니다.

핵심 키워드

보고서 구성 요소(페이지 머리글과 보고서 머리글 구분), 보고서 보기 형태(보고서 보기, 레이아웃 보기), 페이지 설정 대화 상자, 정렬 및 그룹화, [page]와 [pages] 구분, 보고서의 종류(레이블, 우편 엽서 마법사)

09 보고서의 기본 구조

출제 비율 60%

1) 보고서의 개념

- 보고서는 테이블이나 쿼리를 원본으로 해서 데이터를 보기 쉽게 요약하고 계산하여 인쇄하기 위한 개체
- 보고서의 레코드 원본으로 테이블, 쿼리, SQL문을 사용
- 보고서에도 조건부 서식을 적용할 수 있음
- 보고서에 포함할 필드가 모두 한 테이블에 있을 경우 해당 테이블을 레코드 원본으로 사용
- 둘 이상의 테이블을 이용하여 보고서를 작성하는 경우 쿼리를 만들어 레코드 원본으로 사용
- '보고서' 도구를 사용하면 정보를 입력하지 않아도 바로 보고서가 생성되므로 매우 쉽고 빠르게 보고서를 만들 수 있음
- 보고서도 폼처럼 이벤트 프로시저를 작성할 수 있음
- 보고서 레이아웃 보기에서는 실제 보고서 데이터를 바탕으로 열 너비를 조정하거나 그룹 수준 및 합계를 추가할 수 있음
- '보고서 마법사'를 이용할 때 필드 선택은 여러 개의 테이블과 쿼리에서 가능
- 데이터 그룹화 및 정렬 방법을 지정할 수도 있음

2) 보고서의 구성 요소 ♦

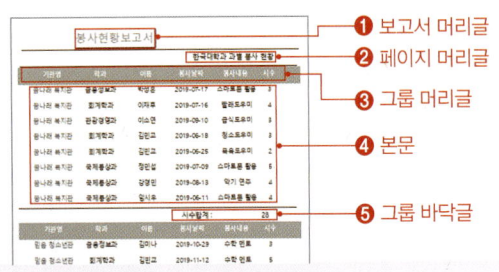

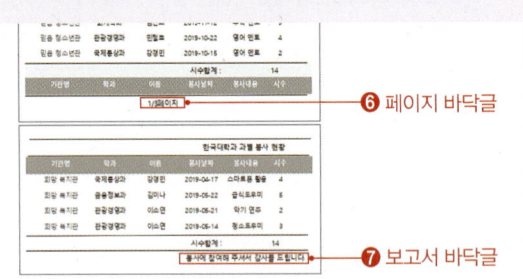

❶ 보고서 머리글	• 보고서의 맨 앞에 한 번만 표시되며, 함수를 이용한 집계 정보를 표시할 수 있음 • 일반적으로 회사 로고, 제목 등을 표시하는 구역
❷ 페이지 머리글	인쇄 시 매 페이지의 위쪽에 출력되며, 모든 페이지에 특정 내용을 반복해서 인쇄할 때 사용
❸ 그룹 머리글	• 새 레코드 그룹의 맨 앞에 출력되며, 그룹 이름이나 그룹별 계산 결과를 표시하여 그룹별 요약 값을 계산할 때 사용 • 그룹의 첫 번째 레코드 위에 표시
❹ 본문	• 실제 데이터가 출력되는 부분 • 레코드 원본의 모든 행에 대해 한 번씩 출력되며, 보고서의 본문을 구성하는 컨트롤이 여기에 표시
❺ 그룹 바닥글	• 그룹의 마지막 레코드 아래에 표시 • 그룹별 요약 정보를 표시할 때 사용
❻ 페이지 바닥글	• 인쇄 시 매 페이지의 아래쪽에 출력되며, 모든 페이지에 특정 내용을 반복할 때 사용 예) 페이지 번호, 날짜 등

❼ 보고서 바닥글
- 보고서 맨 마지막 페이지에 한 번 인쇄됨
- 보고서 전체에 대한 요약 정보가 표시

☐ 보고서 모든 구역에 대해 숨김 설정 가능

3) 보고서 보기 형태

보고서 보기	인쇄 미리 보기와 비슷하지만 페이지 구분 없이 한 페이지에 출력할 수 있음
레이아웃 보기	• 출력될 보고서의 레이아웃을 보여 주며 컨트롤의 크기 및 위치를 변경할 수도 있음 • 실제 보고서 데이터를 바탕으로 열 너비를 조정하거나 그룹 수준 및 합계를 추가할 수 있음
디자인 보기	보고서에 삽입된 컨트롤의 속성, 맞춤, 위치 등을 설정해서 보고서를 생성, 수정할 수 있음
인쇄 미리 보기	• 종이에 출력되는 인쇄 모양 전체를 표시 • 보고서가 인쇄되었을 때의 모양을 미리 확인할 수 있음

4) 보고서 인쇄

☐ [페이지 번호] 대화 상자
- 현재 페이지 번호/전체 페이지 번호 표시
- 현재 페이지 번호 표시

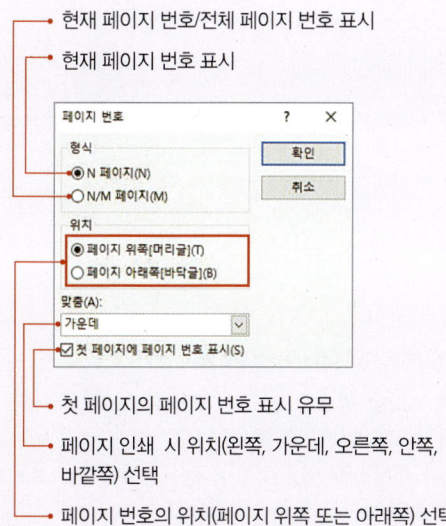

- 첫 페이지의 페이지 번호 표시 유무
- 페이지 인쇄 시 위치(왼쪽, 가운데, 오른쪽, 안쪽, 바깥쪽) 선택
- 페이지 번호의 위치(페이지 위쪽 또는 아래쪽) 선택

☐ [페이지 설정] 대화 상자
- [인쇄 옵션] 탭

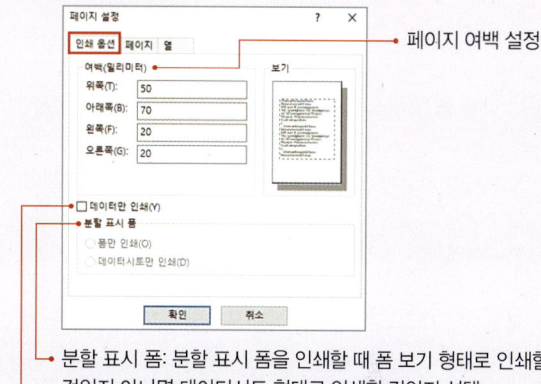

- 페이지 여백 설정
- 분할 표시 폼: 분할 표시 폼을 인쇄할 때 폼 보기 형태로 인쇄할 것인지 아니면 데이터시트 형태로 인쇄할 것인지 선택
- 데이터만 인쇄: 체크 시 레이블, 컨트롤 테두리, 눈금선, 선, 텍스트 상자 등이 인쇄되지 않음

- [페이지] 탭

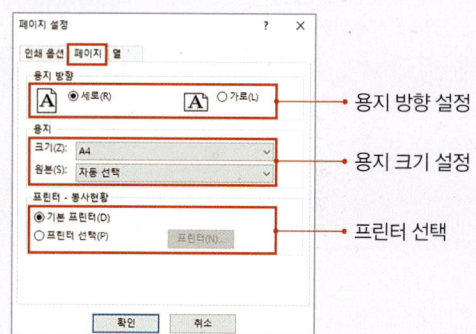

- 용지 방향 설정
- 용지 크기 설정
- 프린터 선택

- [열] 탭

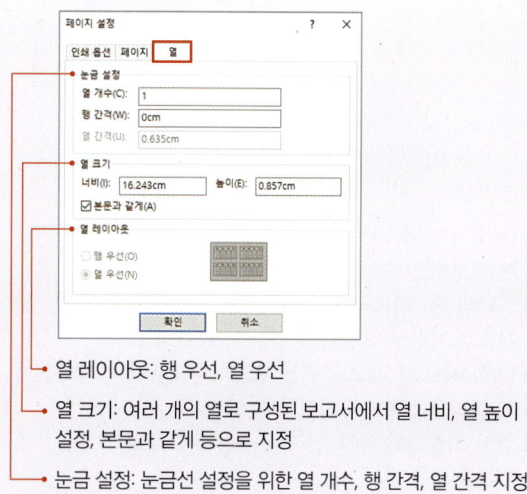

- 열 레이아웃: 행 우선, 열 우선
- 열 크기: 여러 개의 열로 구성된 보고서에서 열 너비, 열 높이 설정, 본문과 같게 등으로 지정
- 눈금 설정: 눈금선 설정을 위한 열 개수, 행 간격, 열 간격 지정

한.번.에. 기출문제

01 다음 중 액세스의 보고서에 대한 설명으로 옳은 것은? [19.03]

① 보고서 머리글과 보고서 바닥글의 내용은 모든 페이지에 출력된다.
② 보고서에서도 폼에서와 같이 이벤트 프로시저를 작성할 수 있다.
③ 보고서의 레코드 원본으로 테이블, 쿼리, 엑셀과 같은 외부 데이터, 매크로 등을 지정할 수 있다.
④ 컨트롤을 이용하지 않고도 보고서에 테이블의 데이터를 표시할 수 있다.

> 풀이 ①번 보고서 머리글과 보고서 바닥글의 내용은 첫 페이지와 마지막 페이지에 출력됨
> ③번 보고서의 레코드 원본으로 테이블, 쿼리는 사용 가능하지만 엑셀과 같은 외부 데이터, 매크로 등을 지정할 수 없음
> ④번 컨트롤을 이용해야 보고서에 테이블의 데이터를 표시할 수 있음

02 다음 중 보고서의 레코드 원본에 대한 설명으로 옳지 않은 것은? [18.03]

① [보고서 마법사]를 통해 원하는 필드들을 손쉽게 선택하여 레코드 원본으로 지정할 수 있다.
② 하나의 테이블에서만 필요한 필드를 선택하여 레코드 원본으로 지정할 수 있다.
③ [속성 시트]의 '레코드 원본' 드롭다운 목록에서 테이블이나 쿼리를 선택하여 지정할 수 있다.
④ 쿼리 작성기를 통해 쿼리를 작성하여 레코드 원본으로 지정할 수 있다.

> 풀이 ②번 쿼리나 SQL문을 이용하면 2개 이상의 테이블에서 필드를 선택하여 레코드 원본으로 지정할 수 있음

03 다음 중 보고서에서 [페이지 번호] 대화 상자를 이용한 페이지 번호 설정에 대한 설명으로 옳지 않은 것은? [20.07]

① 첫 페이지에만 페이지 번호가 표시되거나 표시되지 않도록 설정할 수 있다.
② 페이지 번호의 표시 위치를 '페이지 위쪽', '페이지 아래쪽', '페이지 양쪽' 중 선택할 수 있다.
③ 페이지 번호의 형식을 'N 페이지'와 'N/M 페이지' 중 선택할 수 있다.
④ [페이지 번호] 대화 상자를 열 때마다 페이지 번호 표시를 위한 수식이 입력된 텍스트 상자가 자동으로 삽입된다.

> 풀이 ②번 페이지 번호의 표시 위치를 '페이지 위쪽', '페이지 아래쪽' 중 선택할 수 있음

04 다음 중 보고서에 대한 설명으로 옳지 않은 것은? [20.07]

① 보고서에 포함할 필드가 모두 한 테이블에 있을 때 해당 테이블을 레코드 원본으로 사용한다.
② 둘 이상의 테이블을 이용하여 보고서를 작성하는 경우 쿼리를 만들어 레코드 원본으로 사용한다.
③ '보고서' 도구를 사용하면 정보를 입력하지 않아도 바로 보고서가 생성되므로 매우 쉽고 빠르게 보고서를 만들 수 있다.
④ '보고서 마법사'를 이용하는 경우 필드 선택은 여러 개의 테이블 또는 하나의 쿼리에서만 가능하며, 데이터 그룹화 및 정렬 방법을 지정할 수도 있다.

> 풀이 ④번 '보고서 마법사'를 이용하는 경우 필드 선택은 여러 개의 테이블 또는 여러 개의 쿼리에서 가능하며, 데이터 그룹화 및 정렬 방법을 지정할 수도 있음

05 다음 중 아래 보고서에 대한 설명으로 옳지 않은 것은?
[20.02]

대리점명: 서울지점				
순번	모델명	판매날짜	판매량	판매단가
1	PC4203	2018-07-31	7	₩1,350,000
2		2018-07-23	3	₩1,350,000
3	PC4204	2018-07-16	4	₩1,400,000
		서울지점 소계 :		₩19,100,000

대리점명: 충북지점				
순번	모델명	판매날짜	판매량	판매단가
1	PC3102	2018-07-13	6	₩830,000
2		2018-07-12	4	₩830,000
3	PC4202	2018-07-31	4	₩1,300,000
4		2018-07-07	1	₩1,300,000
		충북지점 소계 :		₩14,800,000

① '모델명' 필드를 기준으로 그룹이 설정되어 있다.
② '모델명' 필드에는 '중복 내용 숨기기' 속성을 '예'로 설정하였다.
③ 지점별 소계가 표시된 텍스트 상자는 그룹 바닥글에 삽입하였다.
④ 순번은 컨트롤 원본을 '=1'로 입력한 후 '누적 합계' 속성을 '그룹'으로 설정하였다.

> 풀이 대리점명 필드를 기준으로 그룹이 설정되어 있음

06 다음 중 보고서의 보기 형태에 대한 설명으로 옳지 않은 것은? [20.02]

① [보고서 보기]는 출력되는 보고서를 화면 출력용으로 보여주며 페이지를 구분하여 표시한다.
② [디자인 보기]에서는 보고서에 삽입된 컨트롤의 속성, 맞춤, 위치 등을 설정할 수 있다.
③ [레이아웃 보기]는 출력될 보고서의 레이아웃을 보여주며 컨트롤의 크기 및 위치를 변경할 수도 있다.
④ [인쇄 미리 보기]에서는 종이에 출력되는 모양을 표시 하며 인쇄를 위한 페이지 설정이 용이하다.

> 풀이 보고서 보기: 인쇄 미리 보기와 비슷하지만 페이지의 구분 없이 한 화면에 보고서를 표시

07 다음 중 보고서의 각 구역에 대한 설명으로 옳지 않은 것은? [19.08]

① '페이지 머리글'은 인쇄 시 모든 페이지의 맨 위에 출력되며, 모든 페이지에 특정 내용을 반복하려는 경우 사용한다.
② '보고서 머리글'은 보고서의 맨 앞에 한 번 출력되며, 함수를 이용한 집계 정보를 표시할 수 없다.
③ '그룹 머리글'은 각 새 레코드 그룹의 맨 앞에 출력되며, 그룹 이름이나 그룹별 계산 결과를 표시할 때 사용한다.
④ '본문'은 레코드 원본의 모든 행에 대해 한 번씩 출력되며, 보고서의 본문을 구성하는 컨트롤이 추가된다.

> 풀이 보고서 머리글
> – 보고서의 제목과 같이 보고서의 첫 페이지에서 맨 위에 한 번만 인쇄됨
> – 함수를 이용한 집계 정보를 표시할 수 있음

정답 1.② 2.③ 3.② 4.③ 5.① 6.① 7.②

10 보고서 만들기

1) 정렬 및 그룹화

- '그룹'은 머리글과 같은 소계 및 요약 정보와 함께 표시되는 레코드의 모음으로 그룹 머리글, 세부 레코드 및 그룹 바닥글로 구성됨
- 그룹화할 필드가 날짜 데이터이면 전체 값(기본), 일, 주, 월, 분기, 연도 중 선택한 기준으로 그룹화할 수 있음
- SUM 함수를 사용하는 계산 컨트롤을 그룹 머리글에 추가하면 현재 그룹에 대한 합계를 표시할 수 있음
- 그룹 머리글과 그룹 바닥글에는 그룹별 요약 정보를 삽입할 수 있음
- 그룹화 기준이 되는 필드는 데이터가 정렬되어 표시됨(기본 오름차순 정렬)
- 보고서 마법사를 이용하여 기본적인 그룹화 보고서를 작성할 수 있음
- '전체 그룹을 같은 페이지에 표시' 옵션을 선택하면 페이지의 일부에 그룹을 표시할 수 없을 때 비워 두고 대신 다음 페이지에서 그룹이 시작됨
- 그룹 간격 옵션은 레코드가 그룹화하는 방식을 결정하는 설정이며, 텍스트 필드일 때 '전체 값', '첫 문자', '처음 두 문자', '사용자 지정 문자'를 기준으로 그룹화할 수 있음
- 필드나 식을 기준으로 최대 10단계까지 그룹화할 수 있으며, 같은 필드나 식도 여러 번 그룹화 가능

2) 보고서 만드는 방법과 종류

- 보고서 만드는 방법: 보고서, 보고서 디자인, 새 보고서, 보고서 마법사, 레이블 보고서, 업무 문서 양식 마법사, 우편 엽서 마법사
- 보고서 종류

레이블 보고서	• 서류 봉투에 초대장을 넣어 발송하려는 경우 우편물에 사용할 수신자의 주소를 인쇄할 때 가장 적합한 보고서 • 수신자 성명 뒤에 일괄적으로 '귀하'와 같은 문구를 넣을 수도 있음 • 레이블의 크기는 다양하게 준비되어 있으며, 필요에 따라 사용자가 직접 지정 가능 • 레이블 형식은 낱장 용지나 연속 용지 선택 가능 • 레이블은 표준 레이블 또는 사용자 지정 레이블 사용 가능
우편 엽서 마법사	• 마법사로 완성된 보고서의 [인쇄 미리 보기] 상태에서는 [페이지 설정] 대화 상자를 사용하여 레이블 사이의 간격이나 여백을 변경 가능 • 마법사의 각 단계에서 레이블 크기, 텍스트 모양, 사용 가능한 필드, 정렬 기준 등을 지정 가능 • 마법사의 마지막 단계에서 '인쇄될 우편물 레이블 미리 보기'를 선택할 경우 완성된 보고서가 [인쇄 미리 보기] 상태로 표시됨 • 마법사에서 사용 가능한 필드 지정 시 우편물 레이블에 추가 가능한 필드의 개수는 최대 12개임
업무 문서 양식 마법사	거래 명세서나 세금 계산서와 같은 업무용 문서 양식을 손쉽게 생성할 수 있는 보고서

3) 머리글/바닥글의 활용

- 날짜/시간과 페이지 번호 표시
  - 보고서 작성 시 NOW( ) 또는 TIME( ) 등과 같은 함수를 이용하여 현재 날짜나 시간을 표시하는 기능
  - 일반적으로 페이지 머리글과 페이지 바닥글에 표시함
  - [Page]: 현재 페이지 번호 표시
  - [Pages]: 전체 페이지 번호 표시
  - 페이지 번호의 표시 방법

전체 페이지가 3이고, 현재 페이지는 1
=[Page] & "페이지" → 1페이지
=Format([Page], "00") → 01
=[Page] & "/" & [Pages] & "페이지" → 1/3페이지
=[Page] → 1
=[Pages] & "중" & [Page] → 3중1
="Page" & [Page] & "/" & [Pages] → Page 1/3
=[Page] & "/" & [Pages] & "Page" → 1/3 Page

- 집계 정보 표시
  - 보고서의 머리글이나 바닥글에 텍스트 상자를 만든 후 함수를 이용하여 집계(요약) 정보를 표시할 수 있음
  - 집계 정보를 각 그룹마다 표시하려면 그룹 머리글/바닥글에, 보고서 전체 레코드 집계 정보를 표시하려면 보고서 머리글/바닥글에 입력함

- 누적 합계 표시
  - 컨트롤 원본에서 바운드된 필드의 값을 누적하여 표시할 수 있음 → 텍스트 상자 컨트롤에만 적용 가능한 속성
  - 텍스트 상자 컨트롤 속성에서 [데이터] 탭의 '누적 합계' 속성을 이용
  - 표시 방법

아니요 (기본값)	현재 레코드의 원본으로 사용하는 필드의 데이터를 표시
그룹	그룹별 누계를 계산해 표시
모두	전체 누계를 계산해 표시

4) 데이터 형식 지정

- [ ] Date(): 현재 날짜를 표시
  - General Date: 기본 날짜 (2024-12-31 오후 12:32:22)
  - Long Date: 자세한 날짜 (2024년 12월 31일 토요일)
  - Medium Date: 보통 날짜 (24년 12월 31일)
  - Short Date: 간단한 날짜 (2024-12-31)
- [ ] Time(): 현재 시간을 표시
  - Long Time: 자세한 시간 (오전 12:32:22)
  - Medium Time: 보통 시간 (오전 12:32)
  - Short Time: 간단한 시간 (12:32)
- [ ] Format문: 텍스트 상자에 식을 입력해 데이터 형식을 설정
  예) Format(Date(), "yy년 mm월") → 24년 12월
  예) Format(Date(), "mmm") → JAN(날짜가 2024년 1월이라 가정했을 때) (mmmm: January, mmm: JAN, mm: 01, m: 1)
  예) Format([단가]*[수량]*(1-[할인율]), "0.0") → 10.2
  예) Format([Page], "000") → 010 (현재 페이지가 10인 경우)

5) 주 보고서/하위 보고서

- [ ] 주 보고서와 하위 보고서는 일대다, 일대일 관계를 가짐
- [ ] 주 보고서는 기본 키가 설정된 필드를, 하위 보고서는 기본 키 필드와 같거나 호환되는 데이터 형식을 가진 필드를 사용해야 함

🔥 **하위 보고서 작성**
- 보고서 안에 추가되는 또 다른 보고서를 의미
- 하위 보고서를 통해서 기본 보고서 내용을 보강한 보고서를 만들 수 있음
- **일대다 관계에 있는 테이블이나 쿼리를 효과적으로 표시할 수 있음**
- 일반적으로 하위 보고서의 개수에는 제한이 없으나 하위 보고서를 중첩하는 경우 7개의 수준까지 가능
- 관계 설정에 문제가 있을 때 하위 보고서가 제대로 표시되지 않을 수 있음
- [디자인 보기] 상태에서 하위 보고서의 크기 조절 및 이동이 가능
- 테이블, 쿼리, 폼 또는 다른 보고서를 이용하여 하위 보고서를 작성할 수 있음
- 주 보고서와 하위 보고서에 모두 그룹화 및 정렬 기능을 설정할 수 있음

한.번.에. 기출문제

01 다음 중 보고서에서 '페이지 번호'를 표현하는 식과 그 결과의 연결이 옳은 것은?(단, 전체 페이지는 3이고, 현재 페이지는 1이다.) [19.03]

① =[Page] → 3
② =[Page] & "페이지" → 1& 페이지
③ =Format([Page], "000") → 1000
④ =[Page] & "/" & [Pages] & "페이지" → 1/3페이지

풀이 ① = [Page] → 1
　　 ② = [Page] & "페이지" → 1페이지
　　 ③ = Format([Page], "000") → 001

02 다음 중 서류 봉투에 초대장을 넣어 발송하려는 경우 우편물에 사용할 수신자의 주소를 프린트하기에 가장 적합한 보고서는? [20.07]

① 업무 문서 양식 보고서
② 우편 엽서 보고서
③ 레이블 보고서
④ 크로스탭 보고서

풀이　레이블 보고서
　　 – 우편 발송용 레이블을 만드는 보고서로, 많은 양의 우편물을 발송할 때 편리하게 주소를 출력할 수 있음
　　 – 레이블은 우편물 발송을 위한 것이지만 테이블에 우편 번호와 주소가 없어도 됨

한.번.에. 기출문제 풀이는 모바일 앱에서 확인하세요!

정답

 1. ④ 2. ③

모듈 활용

11. 매크로 및 프로그래밍(VBA)

출제 비율 **100%**

학습 방향
매크로와 VBA는 반복되는 Access 작업을 자동화하는 기능입니다. 매크로의 개념과 매크로 함수, 이벤트 프로시저에 사용되는 주요 이벤트 명령어를 학습하고 직접 작성해 보면서 연습합니다.

핵심 키워드
폼/보고서 매크로 함수, 실행 관련 매크로 함수, 이벤트 프로시저의 각 이벤트 명령어, VBA 모듈의 개념과 특징

11 매크로 및 프로그래밍(VBA)

출제 비율 100%

1) 매크로 개념

- □ 액세스의 작업을 자동화하고 폼이나 보고서의 컨트롤에 기능들을 미리 정의하여 사용할 수 있게 하는 기능
- □ 반복적으로 수행되는 작업을 자동화하여 간단히 처리할 수 있도록 하는 기능
- □ 매크로 함수 또는 매크로 함수 집합으로 구성되며, 각 매크로 함수의 수행 방식을 제어하는 인수를 추가할 수 있음
- □ 매크로를 이용하여 폼을 열고 닫거나 메시지 박스를 표시할 수도 있음
- □ 매크로를 한 단계씩 이동하면서 매크로의 흐름과 각 동작에 대한 정보를 확인할 수 있음
- □ 이미 매크로에 추가한 작업을 반복해야 하는 경우 매크로 동작을 복사해 붙여 넣으면 됨
- □ 특정 조건이 참일 때만 매크로 함수를 실행하도록 설정할 수 있음
- □ 매크로를 컨트롤의 이벤트 속성에 포함시킬 수 있음
- □ 매크로 개체는 탐색 창의 매크로에 표시되지만 포함된 매크로는 표시되지 않음
- □ 매크로가 실행 중일 때 한 단계씩 실행을 시작하려면 F8 을 누름
- □ 하나의 매크로에 여러 개의 매크로 함수를 포함할 수 있음
- □ 각 매크로는 하위 매크로를 포함함

2) 매크로 함수

 폼과 보고서 관련 매크로 함수

ApplyFilter	테이블이나 쿼리로부터 레코드를 필터링
GoToControl	현재 폼에서 커서를 특정 컨트롤로 자동 이동
GoToPage	현재 폼에서 지정한 페이지의 첫 번째 컨트롤로 이동
GoToRecord	지정한 레코드로 이동
FindRecord	지정한 조건에 부합하는 첫 번째 레코드를 검색
FindNextRecord	FindRecord 함수나 [찾기 및 바꾸기] 대화 상자에서 지정한 조건에 맞는 다음 레코드를 검색

☆ 실행 관련 및 기타 매크로 함수

RunMenuCommand	액세스 내부에서 제공하는 명령을 실행시킴
QuitAccess	액세스를 종료함
RunMacro	매크로를 실행함
RunSQL	SQL문을 실행함
RunApplication	응용 프로그램을 실행함(엑셀, 메모장 등)
CancelEvent	이벤트를 취소함
☆ OpenQuery	• VBA 모듈에서 선택 쿼리를 데이터시트 보기, 디자인 보기, 인쇄 미리 보기 등으로 열기 위해 사용하는 메서드 • 쿼리를 실행 모드로 열어 줌
☆ OpenForm	폼을 폼 보기, 디자인 보기, 인쇄 미리 보기, 데이터시트 보기 등으로 열어 줌
☆ OpenReport	• 작성된 보고서를 호출하여 데이터시트 보기, 디자인 보기, 인쇄 미리 보기 등으로 열어 줌 • 보고서를 호출하여 실행함
Requery	데이터를 수정, 삭제, 추가할 경우 원본 데이터를 재설정함

MessageBox	• 메시지 상자를 통해 경고나 알림 등의 정보를 표시함 • 사용자에게 필요한 메시지를 화면에 보여 주며, 경고음을 설정할 수 있음

☐ 가져오기/내보내기 관련 매크로 함수

EMailDatabase-Object	전자 메일에 Access 데이터시트, 폼, 보고서 또는 모듈을 포함하여 전송함
ImportExport-Data	현재 Access 데이터베이스(.mdb 또는 .accdb) 또는 Access 프로젝트(.adp) 및 다른 데이터베이스 간에 데이터를 내보내기, 가져오기, 연결 작업을 할 수 있음
ImportExport-Spreadsheet	스프레드시트 파일을 내보내기, 가져오기, 연결 작업을 할 수 있음
ExportWith-Formatting	Access 데이터베이스 개체(데이터시트, 폼, 보고서 또는 모듈)를 출력할 수 있음
ImportExport-Text	텍스트 파일을 내보내기, 가져오기, 연결 작업을 할 수 있음

3) 이벤트 프로시저

☆ 데이터의 주요 이벤트

이벤트	이벤트 속성	발생 시기
AfterUpdate	After Update	폼의 컨트롤에서 데이터를 입력하거나 변경한 데이터가 업데이트된 후에 이벤트 발생
BeforeUpdate	Before Update	폼의 컨트롤에서 데이터를 입력하거나 변경한 데이터가 업데이트되기 전에 이벤트 발생
Current	On Current	포커스가 레코드로 이동하여 레코드를 현재 레코드로 설정하거나 폼을 새로 고치거나 다시 쿼리할 때 이벤트 발생
Change	On Change	텍스트 상자나 콤보 상자의 텍스트를 변경할 때, 즉 컨트롤의 내용이 변경될 때마다 이벤트 발생
Delete	On Delete	레코드를 삭제할 때, 실제로 삭제되기 전에 이벤트 발생

☆ 마우스의 주요 이벤트

이벤트	이벤트 속성	발생 시기
Click	On Click	마우스 왼쪽을 클릭할 때 이벤트 발생
DblClick	On Dbl Click	마우스 왼쪽을 두 번 클릭할 때 이벤트 발생
MouseDown	On Mouse Down	마우스 왼쪽을 누를 때 이벤트 발생
MouseUp	On Mouse Up	마우스 왼쪽을 눌렀다 놓을 때 이벤트 발생

☐ 포커스 이벤트

이벤트	이벤트 속성	발생 시기
Activate	On Activate	폼이나 보고서가 활성화될 때 이벤트 발생
Deactivate	On Deactivate	폼이나 보고서가 비활성화될 때 이벤트 발생
Enter	On Enter	폼이나 컨트롤에 포커스가 이동될 때 이벤트 발생
GotFocus	On Got Focus	폼이나 컨트롤이 포커스를 받을 때 이벤트 발생
LostFocus	On Lost Focus	폼이나 컨트롤이 포커스를 잃을 때 이벤트 발생

1+ 이벤트 프로시저 사용

재고 버튼을 클릭하면 cmb조회와 일치하는 제품번호 레코드만 인쇄 미리 보기로 표시하는 작업

```
Private Sub cmd재고_Click( )
    txt재고수량 = txt입고량 - txt총주문량
    DoCmd.OpenReport "제품별재고현황", _
    acViewPreview, , "제품번호 = ' "& cmb조회 &' "
End Sub
```

• 'cmd재고' 컨트롤을 클릭했을 때 실행
• 'txt재고수량' 컨트롤에는 'txt입고량' 컨트롤에 표시된 값에서 'txt총주문량' 컨트롤에 표시되는 값을 차감한 값으로 표시됨
• '제품별재고현황' 보고서를 '제품번호' 필드 값이 'cmb조회' 컨트롤 값과 일치하는 데이터만 인쇄 미리 보기로 열어 줌

4) Application의 개체

☐ DoCmd 개체
  • Visual Basic에서 Access 매크로 함수를 실행할 수 있는 액세스 개체
  • 주요 메서드(작업)

OpenReport	OpenReport 매크로 함수를 실행
OpenForm	OpenForm 매크로 함수를 실행
OpenQuery	OpenQuery 매크로 함수를 실행
RunSQL	RunSQL 매크로 함수를 실행
RunCommand	RunCommand 매크로 함수를 실행
RunMacro	RunMacro 매크로 함수를 실행
OutputTo	OutputTo 매크로 함수를 실행
Close	Close 매크로 함수를 실행
Quit	Quit 매크로 함수를 실행

- [ ] ADO(ActiveX Data Objects)는 데이터베이스에 접근하기 위한 개체
  - 데이터베이스에 포함된 각종 개체를 열 수 있음
  - 사용하기 쉽고 속도가 빠름
  - ASP를 이용하여 웹 사이트를 개발할 수도 있음
  - 레코드의 수정, 추가, 삭제 등 편집 작업을 할 수 있음
- [ ] Connection 개체
  - 데이터 원본에 대해 열려 있는 연결을 나타냄
  - 개체 변수를 선언할 때는 New 키워드를 함께 선언하여 개체 변수를 선언하면서 개체 인스턴스를 만들 수 있음
  - 주요 메서드(작업)

Open	연결된 데이터 원본을 열기
Close	열려 있는 개체를 닫음
Execute	질의나 SQL문 등을 실행
Save	Recordset을 파일에 저장

- [ ] Recordset 개체
  - 테이블에서 가져온 레코드를 임시로 저장해 두는 레코드 집합
  - Recordset 개체는 레코드(행)와 필드(열)를 사용하여 구성
  - Recordset 개체는 언제나 현재 레코드의 설정 내에서 단일 레코드만 참조
  - 공급자 지원 기능에 따라 Recordset의 일부 속성이나 메서드를 사용할 수 없음
  - Recordset 개체를 사용하면 공급자의 데이터를 조작할 수 있음
  - 주요 메서드(작업)

Open	연결된 Recordset을 열기
Close	열려 있는 개체와 관련된 종속 개체를 모두 닫기
AddNew	업데이트 가능한 Recordset 개체를 위한 새 레코드를 만듦
Update	Recordset 개체의 변경된 내용을 저장
Delete	현재 레코드 또는 레코드 그룹을 삭제
Find	Recordset에서 정의된 기준에 맞는 레코드를 검색
Seek	Recordset의 인덱스를 검색하여 지정하는 값과 일치하는 행을 찾고 현재 행의 위치를 해당 행으로 변경

- [ ] Application 개체
  - 마이크로소프트 액세스 응용 프로그램을 참조하는 개체
  - 액세스의 모든 개체와 컬렉션이 포함됨
  - Application 개체의 속성을 설정하거나 메서드를 적용하면 액세스 응용 프로그램 전체에 영향을 줌

속성	• CurrentData: CurrentData 개체와 이와 관련된 컬렉션에 액세스 • CurrentProject: CurrentProject와 이와 관련된 컬렉션, 속성, 메서드에 액세스 • DoCmd: DoCmd 개체와 이와 관련된 메서드 액세스 • Name: AccessObject 개체, 컨트롤, Reference 개체의 이름 • Visible: 폼, 보고서, 폼이나 보고서의 구역, 컨트롤을 보이거나 숨길 수 있음
메서드	Quit: Microsoft Access를 종료할 때 사용 • acSaveYes(기본값): 무조건 저장 후 종료 • acPrompt: 저장 여부를 묻는 대화 상자 표시 • acExit: 저장하지 않고 종료
	Run: 지정한 Microsoft Access나 사용자 정의 • Function, Sub 프로시저를 수행

5) VBA

- [ ] 프로시저
  - 프로시저는 연산을 수행하거나 값을 계산하는 일련의 명령문과 메서드로 구성됨
  - 이벤트 프로시저는 특정 객체에 해당 이벤트가 발생하면 자동적으로 실행되며 다른 프로시저에서도 이를 호출하여 실행할 수 있음
  - Function 프로시저는 Function문으로 함수를 선언하고 End Function문으로 종료함
- [ ] VBA 모듈
  - 모듈은 여러 개의 프로시저로 구성할 수 있음
  - 모듈은 표준 모듈과 클래스 모듈로 구분함
  - 선언부에서는 변수, 상수, 외부 프로시저 등을 정의함
  - 폼의 이벤트 프로시저로 작성된 모듈은 폼과 함께 저장됨
  - 전역 변수 선언을 위해서는 변수명 앞에 "PUBLIC"을 지정해 주어야 함
  - 선언문에서 변수에 데이터 형식을 생략하면 변수는 VARIANT 형식을 가짐

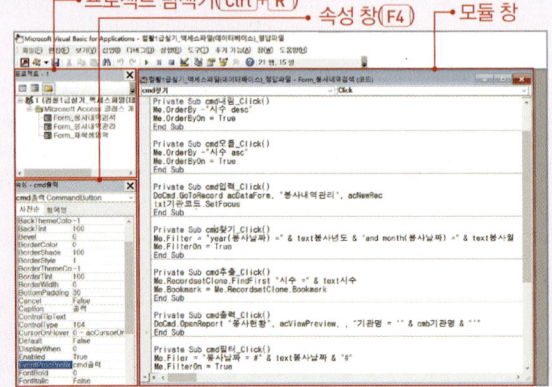

한.번.에. 기출문제

01 다음 중 매크로 함수에 대한 설명으로 옳지 않은 것은?
[20.07]

① FindRecord 함수는 필드, 컨트롤, 속성 등의 값을 설정한다.
② ApplyFilter 함수는 테이블이나 쿼리로부터 레코드를 필터링한다.
③ OpenReport 함수는 작성된 보고서를 호출하여 실행한다.
④ MessageBox 함수는 메시지 상자를 통해 경고나 알림 등의 정보를 표시한다.

풀이 ▶ FindRecord 함수: 지정한 조건에 맞는 첫 번째 레코드를 찾음

02 다음 중 아래의 이벤트 프로시저에 대한 설명으로 옳지 않은 것은? [20.07]

```
Private Sub cmd재고_Click( )
    txt재고수량 = txt입고량 - txt총주문량
    DoCmd.OpenReport "제품별재고현황", _
    acViewDesign, , "제품번호 = '"& cmb조회 &"'"
End Sub
```

① 'cmd재고' 컨트롤을 클릭했을 때 실행된다.
② 'txt재고수량' 컨트롤에는 'txt입고량' 컨트롤에 표시되는 값에서 'txt총주문량' 컨트롤에 표시되는 값을 차감한 값으로 표시된다.
③ '제품별재고현황' 보고서가 즉시 프린터로 출력된다.
④ '제품별재고현황' 보고서가 출력될 때 '제품번호' 필드 값이 'cmb조회' 컨트롤 값과 일치하는 데이터만 표시된다.

풀이 ▶ 보고서 디자인 보기 상태로 보고서 열림(acViewDesign)

03 다음 중 액세스의 매크로에 대한 설명으로 옳지 않은 것은? [20.02]

① 반복적으로 수행되는 작업을 자동화하여 간단히 처리할 수 있도록 하는 기능이다.
② 매크로 함수 또는 매크로 함수 집합으로 구성되며, 각 매크로 함수의 수행 방식을 제어하는 인수를 추가할 수 있다.
③ 매크로를 이용하여 폼을 열고 닫거나 메시지 박스를 표시할 수도 있다.
④ 매크로는 주로 컨트롤의 이벤트에 연결하여 사용하며, 폼 개체 내에서만 사용할 수 있다.

04 다음 중 아래의 매크로 함수에 대한 설명으로 옳은 것은?
[16.06]

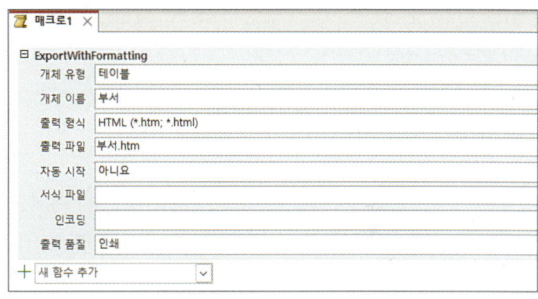

① 부서.htm 파일을 인쇄한 후 부서.htm 파일의 내용을 [부서] 테이블로 저장한다.
② HTML 문서인 부서.htm 파일을 읽어 [부서] 테이블로 가져오기 마법사를 실행한다.
③ [부서] 테이블의 내용을 HTML 문서인 부서.htm 파일로 저장한다.
④ [부서] 테이블의 형식을 HTML 형식으로 변경한 후 [부서] 테이블에 저장한다.

05 다음 중 VBA 모듈에서 선택 쿼리를 데이터시트 보기, 디자인 보기, 인쇄 미리 보기 등으로 열기 위해 사용하는 메서드는? [17.03]

① Docmd.RunSQL ② DoCmd.OpenQuery
③ DoCmd.RunQuery ④ Docmd.OpenSQL

풀이 ▶ OpenQuery
- 이벤트 프로시저에서 쿼리를 실행 모드로 열기
- 선택 쿼리나 크로스탭 쿼리를 데이터시트 보기, 디자인 보기, 또는 인쇄 미리 보기로 열기

06 다음 중 이름이 'txt제목'인 텍스트 상자 컨트롤에 '매출내역'이라는 내용을 입력하는 VBA 명령으로 옳지 않은 것은? [16.06]

① txt제목 = "매출내역"
② txt제목.text = "매출내역"
③ txt제목.value = "매출내역"
④ txt제목.caption = "매출내역"

풀이 ▶ 텍스트 표시하기: caption 속성을 이용하면 개체의 별칭을 지정할 수 있으며 내용이 변경되지는 않음

한.번.에. 기출문제 풀이는 모바일 앱에서 확인하세요!

정답 1.① 2.③ 3.④ 5.② 6.④

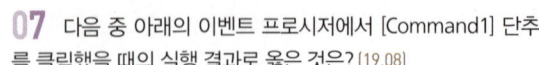

07 다음 중 아래의 이벤트 프로시저에서 [Command1] 단추를 클릭했을 때의 실행 결과로 옳은 것은? [19.08]

```
Private Sub Command1_Click()
    DoCmd.OpenForm "사원정보", acNormal
    DoCmd.GoToRecord , , acNewRec
End Sub
```

① [사원정보] 테이블이 열리고, 가장 마지막 행의 새 레코드에 포커스가 표시된다.
② [사원정보] 폼이 열리고, 첫 번째 레코드의 가장 왼쪽 컨트롤에 포커스가 표시된다.
③ [사원정보] 폼이 열리고, 마지막 레코드의 가장 왼쪽 컨트롤에 포커스가 표시된다.
④ [사원정보] 폼이 열리고, 새 레코드를 입력할 수 있도록 비워진 폼이 표시된다.

풀이 DoCmd.OpenForm "사원정보", acNormal
  – 사원정보 폼을 기본 보기로 열기
  DoCmd.GoToRecord , , acNewRec
  – 폼의 마지막에 추가되는 빈 레코드로 이동하여 새로운 데이터를 입력할 수 있도록 함

08 다음 중 아래의 프로그램을 수행한 후 변수 Sum의 값으로 옳은 것은? [15.10]

```
Sum = 0
For i = 1 to 20
    Select Case (i Mod 4)
        Case 0
            Sum = Sum + i
        Case 1, 2, 3
    End Select
Next
```

① 45   ② 55
③ 60   ④ 70

풀이 – 1~20까지 정수 중에 4의 배수의 누적 합계를 계산
  – MOD: 나머지를 구하는 함수(i 값을 4로 나눈 나머지)

09 다음 중 VBA에서 [프로시저 추가] 대화 상자의 각 옵션에 대한 설명으로 옳지 않은 것은? [18.03]

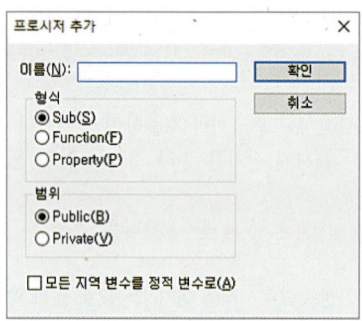

① Sub와 Public을 선택한 경우 Sub 프로시저는 모듈 내의 모든 프로시저에서 해당 Sub 프로시저를 호출할 수 있다.
② Sub와 Private를 선택한 경우 Sub 프로시저는 선언된 모듈 내의 다른 프로시저에서만 호출할 수 있다.
③ Function과 Public을 선택한 경우 Function 프로시저는 모든 모듈의 모든 프로시저에 액세스할 수 있다.
④ Function과 Private를 선택한 경우 Function 프로시저는 모든 모듈의 다른 프로시저에서만 액세스할 수 있다.

풀이 Function과 Private를 선택한 경우 Function 프로시저는 해당 모듈 내의 모든 프로시저에서 사용이 가능함

10 다음 중 VBA의 모듈에 대한 설명으로 적절하지 않은 것은? [17.09]

① 모듈은 여러 개의 프로시저로 구성할 수 있다.
② 전역 변수 선언을 위해서는 PUBLIC으로 변수명 앞에 지정해 주어야 한다.
③ SUB는 결과값을 SUB를 호출한 곳으로 반환한다.
④ 선언문 변수에 데이터 형식을 생략하면 변수는 VARIANT 형식을 가진다.

풀이 PUBLIC은 처리된 결과값을 호출한 곳으로 반환하지만 SUB는 반환하지 않음

정답 7.④ 8.③ 9.④ 10.③

데이터베이스 화면 구성

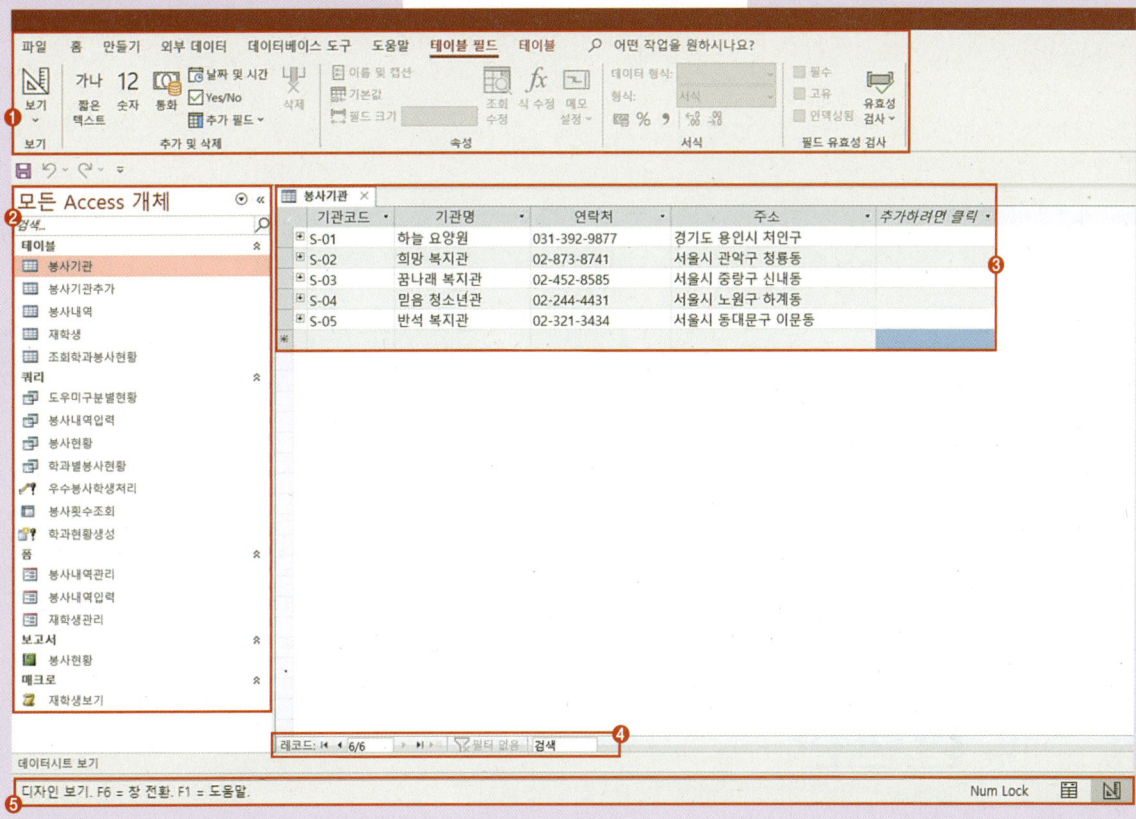

① **리본 메뉴**: Access 메뉴 표시
② **개체 창**
③ **작업 창**: 사용자가 선택한 개체를 화면에 표시
④ **레코드 탐색 단추**: 레코드 이동과 검색을 할 수 있음
⑤ **상태 표시줄**: Access 개체의 보기 상태 정보를 나타냄

Access 개체

- **테이블(Table)**: 모든 개체 중에서 기본이 되는 것으로 관련 있는 데이터를 하나의 표로 저장하기 위해 각 필드와 데이터 형식 등을 지정
- **쿼리(Query)**: 하나 이상의 테이블에서 사용자 질의에 필요한 작업을 수행하고 완성된 쿼리 개체를 이용해 폼이나 보고서 개체를 생성할 수 있음
- **폼(Form)**: 테이블 또는 쿼리를 원본으로 해 제공되는 양식 컨트롤을 이용해 데이터 검색 및 입력을 손쉽게 할 수 있는 작업 화면 인터페이스
- **보고서(Report)**: 테이블 또는 쿼리를 원본으로 해 데이터 서식이나 요약 작업을 표시하거나 인쇄할 수 있음
- **매크로(Macro)**: 데이터베이스의 작업을 자동화하고 폼, 보고서 컨트롤에 기능을 추가할 수 있게 해주는 도구

EBS 컴퓨터활용능력 1급 필기

한.번.만.
교재에서 모바일까지 한 번에 만나는 컴활 수험서

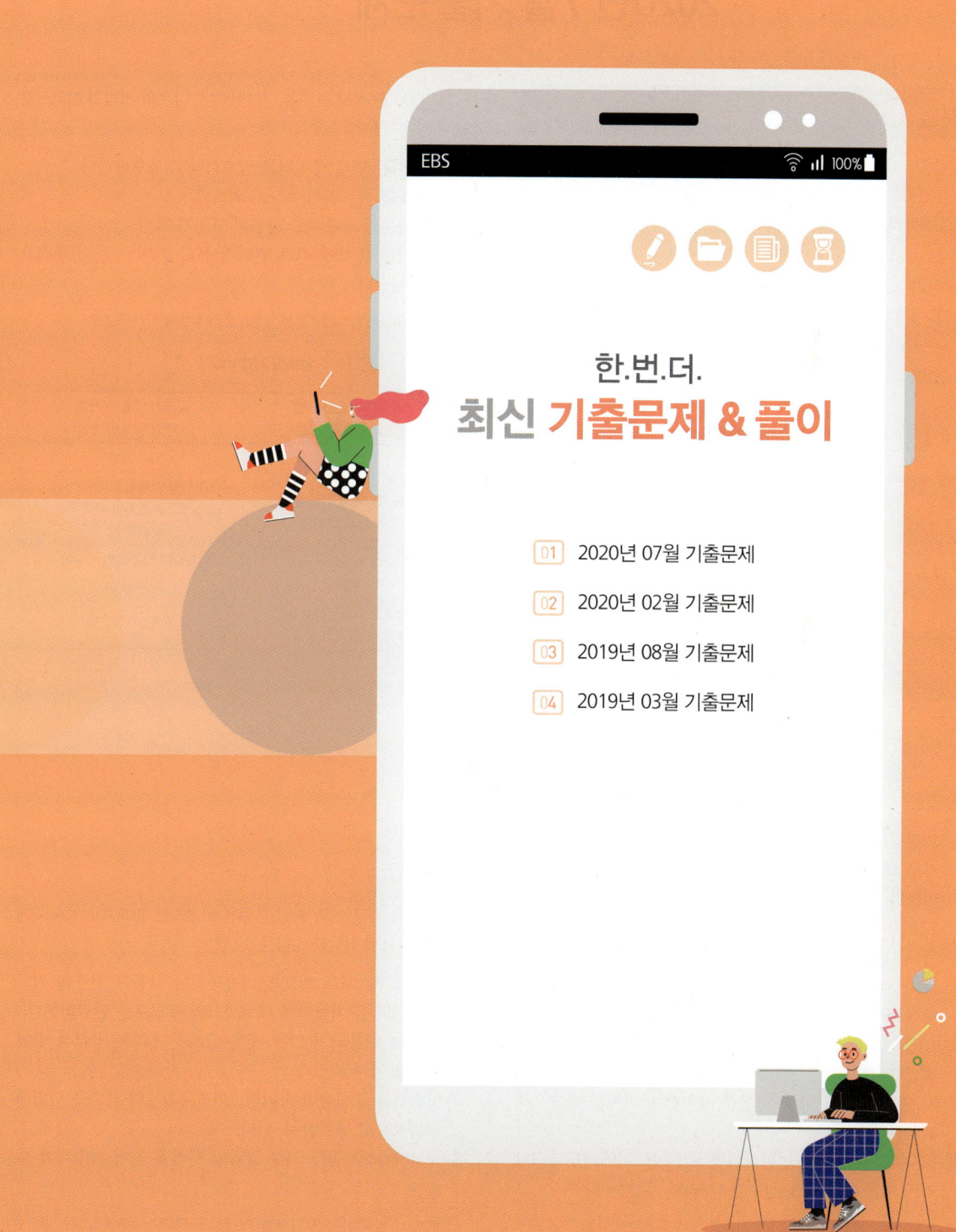

2020년 7월 기출문제

컴퓨터활용능력 1급

1과목 컴퓨터 일반

01 다음 중 컴퓨터 및 정보 기기에서 사용하는 펌웨어(Firmware)에 관한 설명으로 옳은 것은?

① 주로 하드 디스크의 부트 레코드 부분에 저장된다.
② 인터프리터 방식으로 번역되어 실행된다.
③ 운영체제의 일부로 입출력을 전담한다.
④ 소프트웨어의 업그레이드만으로도 기능을 향상시킬 수 있다.

풀이 펌웨어(Firmware)
- ROM에 저장되며 하드웨어를 제어하는 마이크로 프로그램의 집합으로 부팅 시 작동됨
- 하드웨어 교체 없이 소프트웨어(펌웨어)의 업그레이드만으로도 기능을 향상시킬 수 있음
- 하드웨어의 동작을 지시하는 소프트웨어지만 하드웨어적으로 구성되어 하드웨어의 일부분으로도 볼 수 있음
- 기계어 처리, 데이터 전송, 부동 소수점 연산, 채널 제어 등의 처리 루틴을 가지고 있음
- 하드웨어와 소프트웨어의 성질을 동시에 가짐

02 다음 중 수의 표현에 있어 진법에 대한 설명으로 옳지 않은 것은?

① 16진수(Hexadecimal)는 0~9까지의 숫자와 A~F까지 문자로 표현하는 진법으로 한 자릿수를 표현하는 데 4개의 비트가 필요하다.
② 2진수, 8진수, 16진수를 10진수 실수(Float)로 변환하려면 정수 부분과 소수 부분을 나누어서 변환하려는 각 진수의 자릿값과 자리의 지수 승을 곱한 결과값을 모두 더하여 계산한다.
③ 10진수(Decimal) 정수를 2진수, 8진수, 16진수로 변환하려면 10진수 값을 변환할 진수로 나누어 더 이상 나눠지지 않을 때까지 나누고, 몫을 제외한 나머지를 역순으로 표시한다.
④ 8진수를 16진수로 변환하려면 8진수를 뒤에서부터 2자리씩 자른 후 각각 16진수를 1자리로 계산한다.

풀이
- 8진수를 16진수로 변환하려면 2진수로 변환한 다음 뒷자리부터 4자리씩 자른 후 각각 16진수를 1자리로 계산함
- 16진수: 0, 1, 2, 3, 4, 5, 6, 7, 8, 9, A, B, C, D, E, F

03 다음 중 정보 보안을 위한 비밀키 암호화 기법의 설명으로 옳지 않은 것은?

① 서로 다른 키로 데이터를 암호화하고 복호화한다.
② 암호화와 복호화의 속도가 빠르다.
③ 알고리즘이 단순하고 파일의 크기가 작다.
④ 사용자의 증가에 따라 관리해야 할 키의 수가 상대적으로 많아진다.

풀이 비밀키 암호화 기법은 암호화 키와 복호화 키가 동일함

한.번.더! 체크 암호화 기법 비교

비밀키 암호화 기법 (대칭 암호화 기법)	공개키 암호화 기법 (비대칭 암호화 기법)
DES 기법	RSA 기법
암호화와 복호화할 때의 키가 동일한 기법	데이터를 암호화할 때의 키를 공개하고 복호화할 때의 키는 비밀로 함
암호화와 복호화의 속도가 빠름	암호화와 복호화의 속도가 느림
알고리즘이 단순하고 파일의 크기가 작음	알고리즘이 복잡함

04 다음 중 시스템 보안을 위해 사용하는 방화벽(Firewall)에 대한 설명으로 적절하지 않은 것은?

① IP 주소 및 포트 번호를 이용하거나 사용자 인증을 기반으로 접속을 차단하여 네트워크의 출입로를 단일화한다.
② '명백히 허용되지 않은 것은 금지한다'라는 적극적 방어 개념을 가지고 있다.
③ 방화벽을 운영하면 바이러스와 내/외부의 새로운 위험에 효과적으로 대처할 수 있다.
④ 로그 정보를 통해 외부 침입의 흔적을 찾아 역추적할 수 있다.

풀이
- 방화벽은 외부의 불법적인 침입을 막으나 내부의 침입은 막을 수 없음
- 바이러스에 대한 대처는 백신의 기능임

05 다음 중 Windows 운영체제에서의 백업과 복원에 관한 설명으로 옳지 않은 것은?

① 특정 날짜와 시간에 백업할 수 있도록 백업 주기를 예약할 수 있다.
② Windows에서 백업에 사용되는 파일의 확장자는 .bkf이다.
③ 백업 파일을 복원할 때 복원 위치를 지정할 수 있다.
④ 여러 파일이 백업되어 있는 경우 원하는 파일을 선택하여 복원할 수 없다.

풀이 여러 파일이 백업되어 있을 경우 원하는 파일을 선택하여 복원할 수 있음

06 다음 중 스마트폰을 모뎀처럼 활용하는 방법으로, 컴퓨터나 노트북 등의 IT 기기를 스마트폰에 연결하여 무선 인터넷을 사용할 수 있게 하는 기능은?

① 와이파이(WiFi)   ② 블루투스(Bluetooth)
③ 테더링(Tethering)   ④ 와이브로(WiBro)

풀이 ③번 테더링: 블루투스를 이용하여 가까운 거리의 기기와 인터넷을 함께 사용하는 기능(1대1 연결)
①번 와이파이: 좁은 지역에서 사용하는 무선 랜으로 노트북을 무선 핫스팟(Hotspot)에 연결
②번 블루투스: 휴대 전화, 노트북 등과 같은 단말 장치의 근거리 무선 접속을 지원하기 위한 통신 기술
④번 와이브로: 이동 중 초고속 인터넷을 사용할 수 있는 무선 인터넷 환경

07 다음 중 네트워크 관련 장비로 브리지(Bridge)에 관한 설명으로 옳지 않은 것은?

① OSI 참조 모델의 데이터 링크 계층에 속한다.
② 두 개의 근거리 통신망을 상호 접속할 수 있도록 하는 통신망 연결 장치이다.
③ 통신 프로토콜을 변환하여 네트워크를 확장한다.
④ 통신량을 조절하여 데이터가 다른 곳으로 가지 않도록 한다.

풀이 ③번 게이트웨이
• 게이트웨이(Gateway): 다른 네트워크와 데이터를 주고받기 위한 출입구 역할을 하는 장비(서로 다른 프로토콜을 사용하는 네트워크 연결)
• 브리지(Bridge): 프로토콜을 변환하지 않고 네트워크를 확장함

08 다음 중 인터넷 기반 기술을 이용하여 기업들이 외부 보안을 유지한 상태에서 협력 업체 간의 효율적인 업무 처리를 위해 사용하는 네트워크로 옳은 것은?

① 인트라넷(Intranet)   ② 원거리 통신망(WAN)
③ 엑스트라넷(Extranet)   ④ 근거리 통신망(LAN)

풀이 ①번 인터넷 기술을 기업 내의 전자 우편, 전자 결재 등과 같은 정보 시스템에 적용한 통신망
②번 국가 간 또는 대륙 간처럼 넓은 지역을 연결하는 통신망
④번 자원 공유를 목적으로 비교적 좁은 지역의 컴퓨터들을 연결한 통신망

09 다음 중 TCP/IP 프로토콜에서 IP 프로토콜의 개요 및 기능에 관한 설명으로 옳은 것은?

① 메시지를 송/수신자의 주소와 정보로 묶어 패킷 단위로 나눈다.
② 패킷 주소를 해석하고 경로를 결정하여 다음 호스트로 전송한다.
③ 전송 데이터의 흐름을 제어하고 데이터의 에러를 검사한다.
④ OSI 7계층에서 전송 계층에 해당한다.

풀이 ①, ③, ④번 모두 TCP 프로토콜
• IP 프로토콜은 OSI 7계층 중 네트워크 계층에 해당됨

10 다음 중 디지털 콘텐츠의 생성·거래·전달·관리 등 전체 과정을 관리할 수 있는 기술로 멀티미디어 프레임워크의 MPEG 표준은?

① MPEG-1   ② MPEG-3
③ MPEG-7   ④ MPEG-21

풀이

MPEG-1	CD-ROM, VHS 수준의 영상
MPEG-2	차세대 텔레비전 방송이나 ISDN, 케이블망 등을 이용한 영상 전송을 위해 제정되었으며, HDTV, 위성 방송, DVD 등이 이 규격에 해당됨
MPEG-4	• 화상 회의 시스템, 비디오 전화, DIVX, H.264 등 • 통신, PC, 방송 등을 결합하는 복합 멀티미디어 서비스의 통합 표준을 위한 기술
MPEG-7	데이터 검색, 전자 상거래에 사용되는 기술
MPEG-21	멀티미디어 프레임워크로 디지털 콘텐츠의 제작·유통·관리 등 전 분야에 필요한 기술

11 다음 중 GIF 파일 형식에 대한 설명으로 옳지 않은 것은?

① 인터넷 표준 그래픽 형식으로, 8비트 컬러를 사용하여 256색만 지원한다.
② 간단한 애니메이션 표현이 가능하다.
③ 색상의 무손실 압축 기술을 사용한다.
④ 벡터 방식으로 이미지를 표현한다.

> 풀이 ④번 GIF는 비트맵 방식으로 이미지를 표현
> • 비트맵: JPG(JPEG), GIF, BMP, PNG, PCX, TIF, TIFF 등
> • 벡터: AI, CDR, WMF, EPS 등

한.번.더! 체크 중앙 처리 장치의 구성 요소

제어장치	프로그램 카운터 (Program Counter)	다음에 수행할 명령어의 주소를 기억하는 레지스터
	명령 레지스터(IR)	현재 수행 중인 명령어를 기억하는 레지스터
	명령 해독기 (Decoder)	명령어를 해독하는 회로
	부호기 (Encoder)	해독된 명령어에 따라 각 장치에 보낼 제어 신호를 생성하는 회로
	메모리 번지 레지스터(MAR)	데이터의 주소를 기억하는 레지스터
	메모리 버퍼 레지스터(MBR)	데이터를 임시로 기억하는 레지스터
연산장치	누산기 (Accumulator)	연산의 중간 결과를 일시적으로 저장하는 레지스터
	가산기 (Adder)	두 개 이상 수의 덧셈을 수행하는 회로
	보수기 (Complementor)	뺄셈 작업을 위해 입력값을 보수로 변환하는 회로
	데이터 레지스터 (Data Register)	기억 장치에서 보낸 데이터를 저장하는 레지스터
	상태 레지스터 (Status Register)	연산 과정 중 발생하는 상태 정보(오버플로우)를 저장하는 레지스터
레지스터	• 메모리 중 가장 빠른 접근 속도를 가짐 • CPU 내부에서 처리할 명령어나 연산 결과값을 일시적으로 저장하는 기억 장치 • 레지스터의 크기: 컴퓨터가 한 번에 처리할 수 있는 데이터의 크기 • 플립플롭(Flip-Flop)이나 래치(Latch)를 직렬 또는 병렬로 연결	

12 다음 중 Windows의 [설정] → [장치]에 표시되지 않는 것은?

① Bluetooth 및 기타 디바이스
② 하드 디스크 드라이브와 사운드 카드
③ USB
④ 프린터 및 스캐너

> 풀이 [시작] → [설정] → [장치]에서 설정 가능한 장치 목록

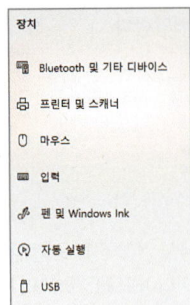

13 다음 중 컴퓨터의 제어 장치에 있는 부호기(Encoder) 레지스터에 관한 설명으로 옳은 것은?

① 명령 레지스터에 있는 명령어를 해독한다.
② 해독된 명령어에 따라 각 장치로 보낼 제어 신호를 생성한다.
③ 다음 순서에 실행할 명령어의 주기억 장치 주소를 기억한다.
④ 뺄셈 연산을 위해 음수로 변환한다.

> 풀이 ①번 명령 해독기, ③번 명령 레지스터, ④번 보수기

14 다음 중 Windows에서 바로 가기 아이콘에 관한 설명으로 옳지 않은 것은?

① 바로 가기 아이콘을 실행하면 연결된 원본 파일이 실행된다.
② 파일, 폴더뿐만 아니라 디스크 드라이브나 프린터에도 바로 가기 아이콘을 만들 수 있다.
③ 일반 아이콘과 비교하여 왼쪽 아랫부분에 화살표가 포함되어 표시된다.
④ 하나의 바로 가기 아이콘에 여러 개의 원본 파일을 연결할 수 있다.

> 풀이 ④번 하나의 원본 파일에 여러 개의 바로 가기 아이콘을 만들 수 있음(개수에 상관없음)
> - 바로 가기 아이콘
>   - 파일이나 폴더를 선택하고 Ctrl + Shift 를 누른 채 드래그하면 바로 가기 아이콘이 생성됨
>   - 바로 가기 아이콘의 확장자는 .lnk
>   - 바로 가기 아이콘은 왼쪽으로 꺾어진 화살표 모양임
>   - 바로 가기 아이콘은 원본 파일과 다른 위치에 만들 수 있음

15 다음 중 Windows에서 파일이나 폴더, 프린터, 드라이브 등 컴퓨터 자원의 공유에 관한 설명으로 옳지 않은 것은?

① 공유 폴더에 대한 접근 권한은 사용자에 따라 다르게 설정할 수 있다.
② 탐색기의 주소 표시줄에 '₩₩localhost'를 입력하면 네트워크를 통해 공유한 파일이나 폴더를 확인할 수 있다.
③ 탐색기의 공유 기능을 이용하면 파일이나 폴더를 쉽게 다른 사용자와 공유할 수 있다.
④ 공유한 파일명 뒤에 '$'를 붙이면 네트워크의 다른 사용자가 해당 파일을 사용하고 있는지 여부를 바로 확인할 수 있다.

> 풀이 ④번 공유 폴더명 뒤에 '$'가 붙어 있으면 네트워크의 다른 사용자가 해당 파일을 사용하는지 여부를 알 수 없게 됨

16 다음 중 출력 장치인 디스플레이 어댑터와 모니터에 관련된 용어의 설명으로 옳지 않은 것은?

① 픽셀(Pixel) : 화면을 이루는 최소 단위로 같은 크기의 화면에서 픽셀 수가 많을수록 해상도가 높아진다.
② 해상도(Resolution) : 모니터 화면의 픽셀 수와 관련이 있으며 픽셀 수가 많을수록 표시할 수 있는 색상의 수가 증가한다.
③ 점 간격(Dot Pitch) : 픽셀들 사이의 공간을 나타내는 것으로 간격이 가까울수록 영상이 선명하다.
④ 재생률(Refresh Rate) : 픽셀들이 밝게 빛나는 것을 유지하기 위한 것으로, 재생률이 높을수록 모니터의 깜빡임이 줄어든다.

> 풀이 ②번 해상도가 높으면 색상 수가 증가하는 것이 아니라 선명도가 좋아지게 되고, 색상 수는 비트 수에 따라 결정됨

17 다음 중 컴퓨터에서 사용하는 기억 장치에 관한 설명으로 옳지 않은 것은?

① 플래시(Flash) 메모리는 비휘발성 기억 장치로 주로 디지털 카메라나 MP3, 개인용 정보 단말기, USB 드라이브 등 휴대용 기기에서 대용량 정보를 저장하는 용도로 사용된다.
② 하드 디스크 인터페이스 방식은 EIDE, SATA, SCSI 방식 등이 있다.
③ 캐시(Cache) 메모리는 CPU와 주기억 장치 사이에 위치하여 두 장치 간의 속도 차이를 줄여 컴퓨터의 처리 속도를 빠르게 하기 위한 메모리이다.
④ 연관(Associative) 메모리는 보조 기억 장치를 마치 주기억 장치와 같이 사용하여 실제 주기억 장치 용량보다 기억 용량을 확대하여 사용하는 방법이다.

> 풀이 ④번 가상(Virtual) 메모리
> - 연관(Associative) 메모리 : 주소를 참조하지 않고 기억된 데이터 내용의 일부를 이용해 기억 장치에 접근하는 메모리
> - 가상(Virtual) 메모리 : 보조 기억 장치 일부를 주기억 장치처럼 사용하여 실제 주기억 장치 용량보다 기억 용량을 확대하여 사용하는 방법

18 다음 중 패치(Patch) 버전 소프트웨어에 관한 설명으로 옳은 것은?

① 정식으로 대가를 지불하고 사용하는 소프트웨어이다.
② 홍보용으로 사용 기간이나 기능에 제한을 둔 소프트웨어이다.
③ 오류 수정이나 성능 향상을 위해 프로그램 일부를 변경해 주는 소프트웨어이다.
④ 정식 프로그램 출시 전에 테스트용으로 제작되어 일반인에게 공개하는 소프트웨어이다.

> 풀이 ①번 상용 소프트웨어, ②번 데모 버전, ④번 베타 버전

한.번.더! 체크 □ 소프트웨어 종류

오픈 소스 소프트웨어	소스 코드를 제공해 사용자들이 자유롭게 수정하거나 변경할 수 있는 소프트웨어
프리웨어	누구나 무료로 사용할 수 있는 공개 소프트웨어
애드웨어	광고를 보는 대가로 사용하는 소프트웨어
셰어웨어	특정 기능이나 사용 기간에 제한을 두고 무료로 배포하는 소프트웨어
알파 버전	소프트웨어 개발사에서 자체적으로 테스트하기 위해 만든 소프트웨어

19 다음 중 컴퓨터에서 사용하는 압축 프로그램에 관한 설명으로 옳지 않은 것은?

① 압축한 파일을 모아 재압축을 반복하면 파일 크기를 계속 줄일 수 있다.
② 여러 개의 파일을 압축하면 하나의 파일로 생성되어 파일 관리를 용이하게 할 수 있다.
③ 대부분의 압축 프로그램에는 분할 압축이나 암호 설정 기능이 있다.
④ 파일의 전송 시간과 비용을 절약하고, 디스크 공간을 효율적으로 사용할 수 있다.

 풀이
- 여러 번 압축해도 한 번 압축한 것과 용량이 같음
- 압축 포맷: ZIP, RAR, ARJ, APK, TAR 등

20 다음 중 Windows에서 바탕 화면의 바로 가기 메뉴에 관한 설명으로 옳지 않은 것은?

① 바탕 화면에서 Shift + F10 을 누르면 바로 가기 메뉴가 표시된다.
② 바탕 화면에 폴더나 텍스트 문서, 압축 파일 등을 새로 만들 수 있다.
③ 삭제된 컴퓨터, 휴지통, 네트워크 등의 바탕 화면 아이콘을 다시 표시할 수 있다.
④ 아이콘의 정렬 기준을 변경하거나 아이콘의 크기를 변경하여 볼 수 있다.

 풀이
③번 ⊞(시작) → ⚙(설정) → [개인 설정] → [테마] → 관련 설정 [바탕 화면 아이콘 설정]에서 컴퓨터, 휴지통, 문서, 제어판, 네트워크 아이콘을 표시할 수 있음
①번 Shift + F10 을 누르면 마우스 오른쪽을 클릭하는 것과 동일함
②번 바탕 화면의 바로 가기 메뉴 → [새로 만들기]에서 새 폴더, 바로 가기 아이콘, 압축 폴더, 각종 응용 프로그램의 새 문서를 생성할 수 있음
④번 바탕 화면의 바로 가기 메뉴 → [정렬 기준]에서 이름, 크기, 항목, 수정한 날짜로 정렬이 가능하고, [보기]에서 큰 아이콘, 보통 아이콘, 작은 아이콘으로 표시할 수 있음

2과목 스프레드시트 일반

21 다음 중 피벗 테이블에 대한 설명으로 옳지 않은 것은?

① 피벗 테이블 보고서를 작성한 후 원본 데이터를 수정하면 피벗 테이블 보고서에 자동으로 반영된다.
② [피벗 테이블 필드 목록]에서 보고서에 추가할 필드 선택 시 데이터 형식이 텍스트이거나 논리값인 필드를 선택하여 '행 레이블' 영역에 추가한다.
③ 값 영역에 추가된 필드가 2개 이상이면 ∑값 필드가 열 레이블 또는 행 레이블 영역에 추가된다.
④ 열 레이블/행 레이블 단추를 클릭하여 레이블 필터나 값 필터를 설정할 수 있다.

풀이
①번 피벗 테이블은 원본 데이터를 수정 후 [피벗 테이블 도구] → [분석] → [데이터]에서 반드시 [새로 고침]을 해야 피벗 테이블에 반영됨
②번 [피벗 테이블 필드] 목록에서 데이터 형식이 텍스트이거나 논리값인 필드를 선택하면 '행 레이블'에 추가되고, 데이터 형식이 숫자인 필드를 선택하면 '값'에 추가됨

22 아래 그림과 같이 설정한 상태에서 [매크로 기록] 대화 상자의 [확인] 단추를 누른다. [A2:A6] 범위를 선택한 후 글꼴 스타일을 굵게 지정하고 [기록 중지]를 눌러 '서식' 매크로의 작성을 완료하였다. 다음 중 매크로 작성 후 [C1] 셀을 선택하고 '서식' 매크로를 실행한 결과로 옳은 것은?

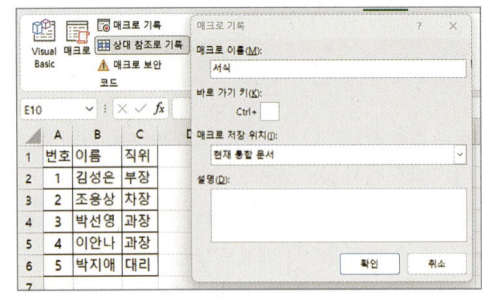

① [A2:A6] 영역의 글꼴 스타일이 굵게 지정된다.
② [A1] 셀만 글꼴 스타일이 굵게 지정된다.
③ [C2:C6] 영역의 글꼴 스타일이 굵게 지정된다.
④ [C1] 셀만 글꼴 스타일이 굵게 지정된다.

풀이
- 절대 참조 매크로는 현재 셀의 위치에 따라 작업 위치가 달라지지 않지만, 상대 참조 매크로는 셀의 위치에 따라 작업 위치가 달라짐
- 그림은 '상대 참조로 기록' 상태이고, [A1] 셀이 선택되어 있음. 이 상태에서 [A2:A6] 범위의 글꼴 스타일을 굵게 지정하는 매크로를 작성한 후 [C1] 셀을 선택하고 매크로를 실행하면 [C2:C6] 셀의 글꼴 스타일이 굵게 지정됨

23 다음 중 아래 그림과 같은 시나리오 요약 보고서에 대한 설명으로 옳지 않은 것은?

시나리오요약		현재 값:	호황	불황
변경 셀:				
	냉장고판매	2%	4%	-2%
	세탁기판매	3%	6%	-3%
	$C$5	5%	10%	-5%
결과 셀:				
	예상판매금액	516,600,000	533,200,000	483,400,000

① '호황'과 '불황' 두 개의 시나리오로 작성한 시나리오 요약 보고서는 새 워크시트에 표시된다.
② 원본 데이터에 '냉장고판매', '세탁기판매', '예상판매금액'으로 이름을 정의한 셀이 있다.
③ 원본 데이터에서 변경 셀의 현재 값을 수정하면 시나리오 요약 보고서가 자동으로 업데이트된다.
④ 시나리오 요약 보고서 내의 모든 내용은 수정 가능하며, 자동으로 설정된 윤곽도 지울 수 있다.

풀이
③번 시나리오 요약 보고서가 만들어지면 원본 데이터를 수정해도 시나리오 요약 보고서의 값은 업데이트되지 않음
①번 '현재 값' 열은 원본 데이터의 값이고 '호황'과 '불황' 열이 추가된 시나리오
②번 '냉장고판매'와 '세탁기판매', '예상판매금액'은 정의한 이름이고, 변경 셀 [$C$5]는 이름이 정의되지 않음
④번 시나리오 요약 보고서의 모든 내용은 수정 가능하고, 윤곽도 지울 수 있음
- 참고: 현재 값은 시나리오 요약 보고서가 작성될 때의 변경 셀 값을 나타냄. 각 시나리오의 변경 셀들은 회색으로 표시됨

한.번.더! 체크 시나리오 특징
- 다양한 상황과 변수에 따른 여러 가지 결과값의 변화를 가상의 상황을 통해 예측하고 분석하는 도구
- [데이터] → [예측] → [가상 분석] → [시나리오 관리자] 선택
- 변경 요소가 되는 값들을 변경 셀이라고 하며 하나 이상 셀을 지정할 때는 Ctrl을 누른 후 선택
- 결과 셀은 반드시 변경 셀을 참조하는 수식 셀 지정
- 원본 데이터 내용을 변경해도 기존에 작성된 시나리오 보고서에는 영향을 미치지 않음
- 시나리오의 결과는 요약 보고서나 피벗 테이블 보고서로 작성할 수 있음(시나리오 요약 보고서는 결과 셀을 지정하지 않아도 생성되지만 피벗 테이블 보고서는 결과 셀을 반드시 지정해야 함)
- 시나리오 병합 작업을 통해 다른 통합 문서나 워크시트에 저장된 시나리오를 가져올 수 있음

24 다음 중 아래 시트에서 사원명이 두 글자이면서 실적이 전체 실적의 평균을 초과하는 데이터를 검색할 때, 고급 필터의 조건으로 옳은 것은?

	A	B
1	사원명	실적
2	유민	15,030,000
3	오성준	35,000,000
4	김근채	18,000,000
5	김원	9,800,000
6	정영희	12,000,000
7	남궁정훈	25,000,000
8	이수	30,500,000
9	김용훈	8,000,000

①
사원명	실적조건
="=??"	=$B2>AVERAGE($B$2:$B$9)

②
사원명	실적
="=??"	=$B2& ">AVERAGE($B$2:$B$9)"

③
사원명	실적
=LEN($A2)=2	=$B2>AVERAGE($B$2:$B$9)

④
사원명	실적조건
="="	=$B2>AVERAGE($B$2:$B$9)

풀이
- 함수나 수식으로 작성된 조건의 결과값이 TRUE 또는 FALSE이면 그 조건의 필드명은 원본 데이터의 필드명과 다르거나 빈 셀이어야 함
  ②번, ③번의 필드명(실적)이 원본 데이터의 필드명과 동일하여 틀림
- 사원명이 두 글자이면서 실적이 평균 이상인 값을 추출하는 조건은 AND 조건이므로 같은 행에 작성
- ?는 한 글자를 의미하고, ="=??"로 작성하면 조건이 "=??"가 되면서 두 글자인 값을 추출
- ③번에서 두 조건의 필드명을 원본 데이터의 필드명과 다르게 하면 맞는 조건이 됨
- 조건식을 '=LEN(A2)=2'와 '=$B2>AVERAGE($B$2:$B$9)'로 작성해도 됨

한.번.더! 체크 만능 문자(와일드 카드) 익히기
- *: 여러 문자를 의미
- ?: 하나의 문자 의미
- 김*: 김으로 시작하는 문자
- *김: 김으로 끝나는 문자
- *김*: 김이 포함된 모든 문자
- 김??: 김으로 시작하고 반드시 세 글자

25 다음 중 데이터가 입력되어 있는 연속된 셀 범위를 선택하는 방법으로 옳지 않은 것은?

① 첫 번째 셀을 클릭한 후 Ctrl + Shift + <방향키>를 눌러 선택 영역을 확장한다.
② 첫 번째 셀을 클릭한 후 Shift를 누른 상태에서 범위의 마지막 셀을 클릭한다.
③ 첫 번째 셀을 클릭한 후 F8을 누른 후 <방향키>를 눌러 선택 영역을 확장한다.
④ 첫 번째 셀을 클릭한 후 Ctrl을 누른 상태에서 <방향키>를 눌러 선택 영역을 확장한다.

풀이
- ④번 [A1] 셀 선택 후 Ctrl을 누른 채 <방향키>를 누르면 데이터가 입력된 마지막 셀로 포인터가 이동됨
- 첫 번째 셀을 클릭한 후 Shift를 누른 채 <방향키>를 눌러 선택 영역을 확장함

26 다음 중 [데이터 가져오기] 기능에 대한 설명으로 옳지 않은 것은?

① 텍스트 파일은 구분 기호나 일정한 너비로 분리된 모든 열을 엑셀로 가져오기 때문에 일부 열만 가져올 수는 없다.
② 액세스 파일은 표, 피벗 테이블, 워크시트의 특정 위치 등으로 다양하게 불러올 수 있다.
③ 웹상의 데이터 중 일부를 워크시트로 가져오고, 새로 고침 기능을 이용하여 최신 데이터로 업데이트할 수 있다.
④ 기타 원본의 Microsoft Query 기능을 이용하면 외부 데이터베이스에서 가져올 데이터의 추출 조건을 설정하여 원하는 데이터만 가져올 수 있다.

풀이
- 텍스트 마법사 1단계에서 '구분 기호로 분리됨'과 '너비가 일정함' 중 하나를 선택함
- 텍스트 마법사 1단계에서 '구분 기호로 분리됨'을 선택하면 2단계에서 세미콜론, 탭, 쉼표, 공백, 기타를 선택할 수 있고 '너비가 일정함'을 선택하면 2단계에서 열 구분선을 넣어서 열을 구분함
- 텍스트 마법사 3단계에서 원하지 않는 열을 선택해서 가져오지 않을 수 있음

27 다음 중 [찾기 및 바꾸기] 대화 상자에 대한 설명으로 옳지 않은 것은?

① 찾을 내용에 '*수정*', 바꿀 내용에 '*변경*'으로 입력하고, [모두 바꾸기] 단추를 클릭하면 '수정'이라는 모든 글자를 '*변경*'으로 바꾼다.
② '=A1*B1'과 같은 수식을 검색하려면 찾는 위치를 '수식'으로 선택한 후 찾을 내용에 '=A1~*B1'으로 입력한다.
③ 찾을 내용과 바꿀 내용은 입력하지 않고, 찾을 서식과 바꿀 서식으로 설정할 수 있다.
④ 셀 포인터 위치를 기준으로 앞에 위치한 데이터를 찾으려면 Shift를 누른 상태에서 [다음 찾기] 단추를 클릭한다.

풀이
- ①번 '*수정*'은 수정이 포함된 모든 글자를 '*변경*'으로 바꿈

한.번.더! 체크

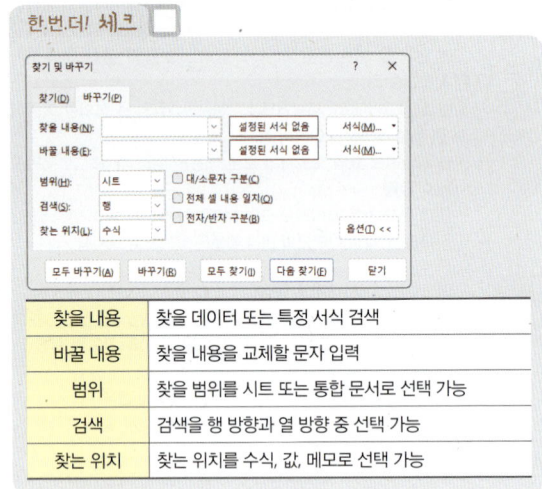

찾을 내용	찾을 데이터 또는 특정 서식 검색
바꿀 내용	찾을 내용을 교체할 문자 입력
범위	찾을 범위를 시트 또는 통합 문서로 선택 가능
검색	검색을 행 방향과 열 방향 중 선택 가능
찾는 위치	찾는 위치를 수식, 값, 메모로 선택 가능

28 다음 중 엑셀에서 날짜 데이터의 입력 방법에 대한 설명으로 옳지 않은 것은?

① 날짜 데이터는 하이픈(-)이나 슬래시(/)를 이용하여 연, 월, 일을 구분한다.
② 날짜의 연도를 생략하고 월과 일만 입력하면 자동으로 현재 연도가 추가된다.
③ 날짜의 연도를 두 자리로 입력할 때 연도가 30 이상이면 1900년대로 인식하고, 29 이하이면 2000년대로 인식한다.

④ Ctrl + Shift + ; 을 누르면 오늘 날짜가 입력된다.

풀이
- Ctrl + Shift + ; : 현재 시간이 입력됨
- Ctrl + ; : 현재 날짜가 입력됨

29 다음 중 아래 차트에 대한 설명으로 옳지 않은 것은?

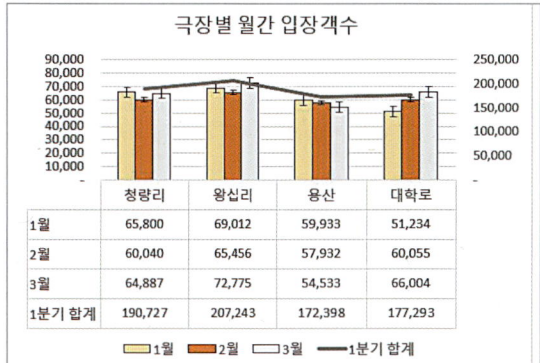

① 계열 옵션에서 '간격 너비'가 0%로 설정되어 있다.
② 범례 표지 없이 데이터 표가 표시되어 있다.
③ '1월', '2월', '3월' 계열에 오차 막대가 표시되어 있다.
④ '1분기 합계' 계열은 '보조 축'으로 지정되어 있다.

풀이
①번 계열 옵션에서 '간격 너비'가 아니라 '계열 겹치기'가 0%로 설정됨
계열 겹치기가 0이면 계열(막대 그래프)이 붙고, 겹치기 값이 클수록 계열은 겹침
겹치기 값이 음수면 계열이 벌어짐
- 계열 겹치기
  - ①번 계열이 붙어 있으므로 '계열 겹치기'는 0임
  - ③번 오차 막대

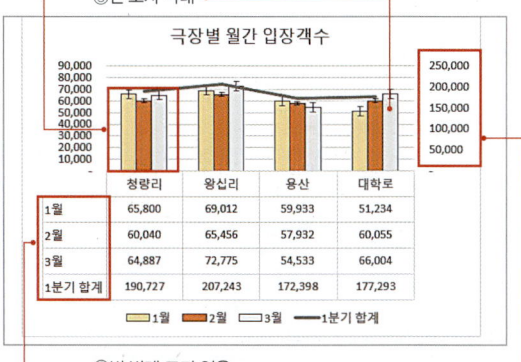

- ②번 범례 표지 없음
- ④번 '1분기 합계' 계열의 값이 다른 계열에 비해 크므로 보조 축으로 설정함

30 다음 중 서식 코드를 셀의 사용자 지정 표시 형식으로 설정한 경우 입력 데이터와 표시 결과가 옳지 않은 것은?

	서식 코드	입력 데이터	표시
ⓐ	# ???/???	3.75	3 3/4
ⓑ	0,00#,	-6789	-0,007
ⓒ	*-#,##0	6789	*----6789
ⓓ	▲#;▼#;0	-6789	▼6789

① ⓐ
② ⓑ
③ ⓒ
④ ⓓ

풀이
③번 *-#,##0: '-' 앞에 '*'가 있으므로 셀의 너비만큼 '-'로 채우라는 의미
#,##0은 천 단위마다 쉼표(,)를 표시함
따라서, 결과값은 ----6,789가 됨

입력 데이터	표시 형식	표시 결과
ⓐ 3.75	# ???/???	3 3/4

?는 데이터가 없으면 공백을 표시함(분모와 분자를 3자리로 표시)
- # ?/? → 3 3/4: 분모와 분자를 1자리로 표시

| ⓑ -6789 | 0,00#, | -0.007 |

0,00#,: 맨 오른쪽 쉼표로 천 단위를 절삭해 반올림하면 '-7'이 되고, 기호 0으로 자릿수를 표시하면 '-0,007'이 됨
- -6789 → #,##0, → -7: #은 0이 없으면 표시하지 않음
- -6789 → 0,00#, → -0,007: 0은 반드시 표시

| ⓓ -6789 | ▲#;▼#;0 | ▼6789 |

사용자 지정 표시 형식: 양수;음수;0
- 양수이면 숫자 앞에 '▲'가 붙고 음수이면 숫자 앞에 '▼'가 붙고 0이면 0으로 표시

31 다음 중 매크로 편집 및 삭제에 대한 설명으로 옳지 않은 것은?

① [매크로] 대화 상자에서 편집할 매크로를 선택하고 [편집] 단추를 클릭하면 Visual Basic 편집기를 실행할 수 있다.
② Alt + F8 을 눌러 Visual Basic 편집기를 실행하면 매크로를 수정할 수 있다.
③ PERSONAL.XLSB 파일을 삭제하면 모든 통합 문서에서 실행할 수 있는 매크로를 삭제할 수 있다.
④ Visual Basic 편집기에서 삭제할 매크로의 코딩 부분을 범위로 지정한 뒤 Delete 를 눌러 여러 매크로를 한 번에 삭제할 수 있다.

풀이
②번 Alt + F8 : 매크로 대화 상자 실행
- Alt + F11 를 눌러 Visual Basic 편집기를 실행하면 매크로를 수정할 수 있음

32 다음 중 아래의 워크시트에서 수식의 결과로 '부사장'을 출력하지 않는 것은?

	A	B	C	D
1	사원번호	성명	직함	생년월일
2	101	김경은	영업 과장	1980-12-08
3	102	정아현	부사장	1965-02-19
4	103	고봉주	영업 사원	1991-08-30
5	104	변정원	영업 사원	1990-09-19
6	105	박지수	영업 부장	1971-09-20

① =CHOOSE(CELL("row", B3), C2, C3, C4, C5, C6)
② =CHOOSE(TYPE(B4), C2, C3, C4, C5, C6)
③ =OFFSET(A1:A6, 2, 2, 1, 1)
④ =INDEX(A2:D6,MATCH(A3, A2:A6, 0), 3)

풀이
①번 '영업 사원'을 반환
②, ③, ④번 '부사장'을 반환
①번 CHOOSE(인덱스 번호, 값1, 값2, …): 인덱스 번호에 맞는 값을 구함(인덱스 번호가 1이면 값1, 2이면 값2 반환)
• CELL("정보 유형", [참조 범위]) 셀에 대한 정보를 나타냄
  =CHOOSE(CELL("row", B3), C2, C3, C4, C5, C6)
• =CELL("row", B3) → 3: "row"는 행. [B3] 셀은 3행이므로 결과값 3
• =CHOOSE(3,C2, C3, C4, C5, C6) → 영업 사원: 3번째가 C4이므로 결과값 [C4] 셀 값 표시
②번 TYPE(값): 데이터 형식을 숫자로 표시함
• 숫자: 1, 문자: 2, 논리값: 4, 오류 값: 16, 배열: 64 반환
  =CHOOSE(TYPE(B4), C2, C3, C4, C5, C6)
• =TYPE(B4) → 2: 값이 문자이므로 2를 반환
• =CHOOSE(2, C2, C3, C4, C5, C6) → 부사장: 값이 2면 C3가 선택되므로 결과값은 부사장이 표시됨
③번 OFFSET(기준 셀, 행, 열, [높이], [너비]): 기준 셀에서 지정한 행과 열만큼 떨어진 위치에 있는 영역의 값을 구함
• =OFFSET(A1:A6, 2, 2, 1, 1) → 부사장: [A1] 셀에서 2행 2열만큼 이동하면 [C3] 셀이고 결과값이 부사장이 표시됨
④번 INDEX(배열, 행 번호, 열 번호): 배열(원본 데이터) 범위에서 행과 열이 교차하는 위치의 값을 구함
MATCH(찾을 값, 찾을 값이 있는 범위, 일치하는 방법): 셀 범위에서 지정된 항목을 검색하고 범위에서 해당 항목이 차지하는 상대 위치를 구함
  일치하는 방법 = 0: 정확한 값
  일치하는 방법 = 1: 범위가 오름차순(유사한 값)
  일치하는 방법 = -1: 범위가 내림차순(유사한 값)
=INDEX(A2:D6,MATCH(A3, A2:A6, 0), 3)
• =MATCH(A3, A2:A6, 0) → 2: [A3] 셀은 [A2:A6] 영역에서 2번째 위치
• =INDEX(A2:D6, 2, 3) → 부사장: [A2:D6] 영역에서 2행 3열에 위치한 값임

33 다음 중 아래의 워크시트에서 작성한 수식으로 결과값이 다른 것은?

	A	B	C
1	10	30	50
2	40	60	80
3	20	70	90

① =SMALL(B1:B3, COLUMN(C3))
② =SMALL(A1:B3, AVERAGE({1;2;3;4;5}))
③ =LARGE(A1:B3, ROW(A1))
④ =LARGE(A1:C3, AVERAGE({1;2;3;4;5}))

풀이
①번 =SMALL(B1:B3, COLUMN(C3)) → SMALL(B1:B3, 3) → 70
②번 =SMALL(A1:B3, AVERAGE({1;2;3;4;5})) → SMALL(B1:B3, 3) → 30
③번 =LARGE(A1:B3, ROW(A1)) → LARGE(A1:B3,1) → 70
④번 =LARGE(A1:C3, AVERAGE({1;2;3;4;5})) → LARGE(A1:C3, 3) → 70
• LARGE(배열, k): 배열 범위에서 k번째로 큰 값을 구함
  =LARGE(C7:C28, 2): [C7:C28] 영역에서 두 번째로 큰 값을 찾음
• SMALL(배열, k): 배열 범위에서 k번째로 작은 값을 구함
  =SMALL(C7:C28, 2): [C7:C28] 영역에서 두 번째로 작은 값을 찾음

34 다음 중 통합 문서에 대한 설명으로 옳지 않은 것은?

① 시트 보호는 통합 문서 전체가 아닌 특정 시트만을 보호한다.
② 공유된 통합 문서는 여러 사용자가 동시에 변경 및 병합할 수 있다.
③ 통합 문서 보호 설정 시 암호를 지정하면 워크시트에 입력된 내용을 수정할 수 없다.
④ 사용자가 워크시트를 추가, 삭제하거나 숨겨진 워크시트를 표시하지 못하도록 통합 문서의 구조를 잠글 수 있다.

풀이 통합 문서 보호는 시트의 구조(시트 이동, 삭제, 추가)를 보호하는 것이므로 시트 안에서 데이터 입력 및 편집은 모두 가능함(보호할 대상: 구조, 창)

한.번.더! 체크 □ **통합 문서 보호**

• 실행: [검토] → [변경 내용] → [통합 문서 보호] 선택
  해제: [검토] → [변경 내용] → [통합 문서 보호] 한 번 더 클릭(암호를 지정한 경우 암호를 입력하여 해제)
• 보호할 대상에서 '구조'를 체크하면 문서에서 시트에 대한 삽입, 삭제, 이름 바꾸기, 이동, 복사, 탭 색, 숨기기, 숨기기 취소 등의 작업을 할 수 없음
• [시트 보호]가 아니므로 워크시트 안에서 데이터 입력 및 편집 작업을 수행하는 데 아무런 문제가 없음

35 아래 시트에서 각 부서마다 직위별로 종합점수의 합계를 구하려고 한다. 다음 중 [B17] 셀에 입력된 수식으로 옳은 것은?

	A	B	C	D	E
1	부서명	직위	업무평가	구술평가	종합점수
2	영업부	사원	35	30	65
3	총무부	대리	38	33	71
4	총무부	과장	45	36	81
5	총무부	대리	35	40	75
6	영업부	과장	46	39	85
7	홍보부	과장	30	37	67
8	홍보부	부장	41	38	79
9	총무부	사원	33	29	62
10	영업부	대리	36	34	70
11	홍보부	대리	27	36	63
12	영업부	과장	42	39	81
13	영업부	부장	40	39	79
14					
15					
16	부서명	부장	과장	대리	
17	영업부				
18	총무부				
19	홍보부				

① {=SUMIFS($E$2:$E$13, $A$2:$A$13, $A$17, $B$2:$B$13, $B$16)}
② {=SUM(($A$2:$A$13=A17)*($B$2:$B$13=B16)*$E$2:$E$13)}
③ {=SUM(($A$2:$A$13=$A17)*($B$2:$B$13=B$16)*$E$2:$E$13)}
④ {=SUM(($A$2:$A$13=A$17)*($B$2:$B$13=$B16)*$E$2:$E$13)}

🔓 풀이
- 배열 수식: 조건1과 조건2를 만족하는 범위의 합계
  방법 1: =SUM((조건1)*(조건2)*범위)
  방법 2: =SUM(IF((조건1)*(조건2),범위))
  ③번 {=SUM(($A$2:$A$13=$A17)*($B$2:$B$13=B$16)*$E$2:$E$13)}: [$A$2:$A$13]에서 [$A17]를 만족하고 [$B$2:$B$13]에서 [B$16]를 만족하는 [$E$2:$E$13]의 합계를 구함
  [$A17]은 오른쪽으로 자동 채우기 하는 경우 A열이 B열로 바뀌면 안 되므로 열만 고정
  [B$16]은 아래로 자동 채우기 할 경우 16행이 17행으로 바뀌면 안 되므로 행만 고정

한.번.더! 쳬크 ☐ **배열 수식**
- 배열 수식에 사용되는 배열 인수는 길이가 같은 열(동일한 개수의 행과 열)을 사용
- 배열 수식 입력 후 Ctrl + Shift + Enter 를 누름
- Ctrl + Shift + Enter 를 누르면 수식의 앞뒤에 중괄호({ })가 자동으로 표시됨

36 다음 중 셀에 수식을 입력하는 방법에 대한 설명으로 옳지 않은 것은?

① 통합 문서의 여러 워크시트에 있는 동일한 셀 범위 데이터를 이용하려면 수식에서 3차원 참조를 사용한다.
② 계산할 셀 범위를 선택하여 수식을 입력한 후 Ctrl + Enter 를 누르면 선택한 영역에 수식을 한 번에 채울 수 있다.
③ 수식을 입력한 후 결과값이 상수로 입력되게 하려면 수식을 입력한 후 바로 Alt + F9 를 누른다.
④ 배열 상수에는 숫자나 텍스트 외에 'TRUE', 'FALSE' 등의 논리값 또는 '#N/A'와 같은 오류 값도 포함될 수 있다.

🔓 풀이 수식을 입력한 후 결과값을 상수로 입력하려면 수식을 입력한 후 바로 F9 를 누르면 됨
예를 들어, 직위가 '대리'인 개수를 구하는 수식 =SUM((B2:B6="대리")*1)에서 조건식 B2:B6="대리"를 블록 지정한 후 F9 를 누르면 배열 상수 {TRUE;FALSE;FALSE;FALSE;TRUE}로 변경됨

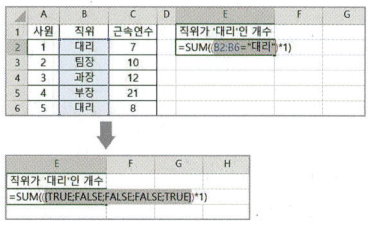

37 다음 중 아래 그림 [보기] → [창]의 각 명령에 대한 설명으로 옳지 않은 것은?

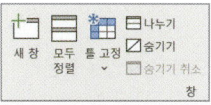

① [새 창]을 클릭하면 새로운 빈 통합 문서가 표시된다.
② [모두 정렬]은 현재 열려 있는 통합 문서를 바둑판식, 계단식, 가로, 세로 등 4가지 형태로 배열한다.
③ [숨기기]는 현재 활성화된 통합 문서 창을 보이지 않도록 숨긴다.
④ [나누기]를 클릭하면 워크시트를 최대 4개의 창으로 분할하여 멀리 떨어져 있는 여러 부분을 한 번에 볼 수 있다.

🔓 풀이 [새 창]을 클릭하면 현재 창과 동일한 창이 하나 더 실행됨

한.번.더! 체크 — 창 나누기와 틀 고정

	창 나누기	틀 고정
실행	[보기] → [창] → [나누기]	[보기] → [창] → [틀 고정]
기능	하나의 창을 여러 개 창으로 나누어 서로 떨어져 있는 데이터를 한 화면에 표시할 수 있음	특정 행/열을 고정시켜 스크롤해도 계속 화면에 해당 행/열이 표시됨
특징	• 현재 화면을 수평·수직으로 나눌 수 있음 (최대 4개까지 분할 가능) • 선택된 셀의 왼쪽과 위쪽에 창 분할선이 표시됨 • 화면 확대/축소 비율은 모든 창에 동일하게 적용됨 • 창 나누기, 틀 고정은 인쇄 시 적용 안 됨	
	창 분할선을 드래그해 분할 영역을 조정할 수 있음	선택된 셀의 왼쪽과 위쪽이 틀 고정됨
삭제	창 분할선을 더블클릭하거나 워크시트 바깥쪽으로 이동	반드시 [보기] → [창] → [틀 고정 취소] 선택

38 다음 중 엑셀의 상태 표시줄에 대한 설명으로 옳지 않은 것은?

① 상태 표시줄에서 워크시트의 보기 상태를 기본 보기, 페이지 레이아웃 보기, 페이지 나누기 미리 보기 중 선택하여 변경할 수 있다.
② 상태 표시줄에는 확대/축소 슬라이더가 기본적으로 표시된다.
③ 상태 표시줄의 바로 가기 메뉴를 이용하여 셀의 특정 범위에 대한 이름을 정의할 수 있다.
④ 상태 표시줄은 현재의 작업 상태에 대한 기본적인 정보가 표시되는 곳이다.

풀이 ③번 셀의 특정 범위에 대한 이름은 이름 상자에서 정의
- 상태 표시줄에서 매크로 기록과 중지 가능
- 상태 표시줄의 바로 가기 메뉴를 이용해 셀 범위에 대한 합계, 평균, 최대, 최소, 개수를 표시할 수 있음

39 다음 중 차트의 편집에 대한 설명으로 옳지 않은 것은?

① 차트와 연결된 워크시트의 데이터에 열을 추가하면 차트에 자동적으로 반영되지 않는다.
② 차트 크기를 조정하면 새로운 크기에 가장 적합하도록 차트 크기는 조정되지만 텍스트의 크기는 조정되지 않는다.
③ 차트에 적용된 원본 데이터의 행이나 열을 숨겨도 차트에는 반영되지 않는다.
④ 데이터 계열의 순서가 변경되면 범례의 순서도 자동으로 변경된다.

풀이 ②번 텍스트 크기는 사용자가 조정해야 함
③번 차트는 원본 데이터를 반영하므로 원본 데이터의 행이나 열을 숨기면 차트에 반영되어 표시되지 않음
- 차트 편집: 차트 선택 후 [차트 도구] → [디자인] 또는 [서식]
- 차트 제목, 축 제목, 데이터 표, 데이터 레이블 등을 설정
- 데이터 계열 서식, 스타일 변경 등을 설정

40 다음 중 엑셀의 인쇄 기능에 대한 설명으로 옳지 않은 것은?

① 차트만 제외하고 인쇄하기 위해서는 [차트 영역 서식] 창에서 '개체 인쇄'의 체크를 해제한다.
② 시트에 표시된 오류 값을 제외하고 인쇄하기 위해서는 [페이지 설정] 대화 상자에서 '셀 오류 표시'를 <공백>으로 선택한다.
③ 인쇄 내용을 페이지의 가운데에 맞춰 인쇄하려면 [페이지 설정] 대화 상자에서 '문서에 맞게 배율 조정'을 선택한다.
④ 인쇄되는 모든 페이지에 특정 행을 반복하려면 [페이지 설정] 대화 상자에서 '인쇄 제목'의 '반복할 행'에 열 레이블이 포함된 행의 참조를 입력한다.

풀이 ③번 인쇄할 내용을 페이지 가운데 맞추려면 [페이지 설정] → [여백] 탭에서 페이지 가운데 맞춤의 '가로', '세로'를 선택
①번 차트의 바로 가기 메뉴에서 [차트 영역 서식] 선택한 후 [차트 영역 서식] → '크기 및 속성' → '속성'에서 '개체 인쇄' 선택 해제
②번 [페이지 설정] → [시트] 탭에서 '셀 오류 표시'의 '<공백>' 선택
④번 [페이지 설정] → [시트] 탭에서 '인쇄 제목'의 '반복할 행'에 워크시트에서 반복 인쇄하고자 하는 행을 선택
- [페이지 설정] - [시트] 탭

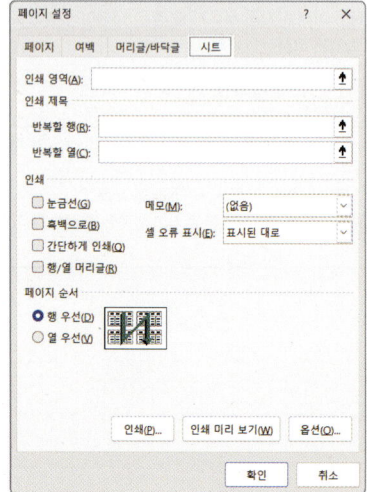

3과목 데이터베이스 일반

41 다음 중 관계형 데이터베이스 모델에 대한 설명으로 옳지 않은 것은?

① 도메인(Domain)은 하나의 애트리뷰트(Attribute)가 취할 수 있는 같은 타입의 원자값들의 집합이다.
② 한 릴레이션(Relation)에 포함된 튜플(Tuple)들은 모두 상이하며, 튜플(Tuple) 사이에는 순서가 있다.
③ 튜플(Tuple)의 수를 카디널리티(Cardinality), 애트리뷰트(Attribute)의 수를 디그리(Degree)라고 한다.
④ 애트리뷰트(Attribute)는 데이터베이스를 구성하는 가장 작은 논리적 단위이며, 파일 구조상의 데이터 필드에 해당된다.

풀이 • 릴레이션 특징
- 릴레이션에 포함된 튜플은 중복되지 않으며 튜플 사이에는 순서가 없음
- 릴레이션에서 애트리뷰트(필드)의 순서는 중요하지 않음
- 한 릴레이션에서 애트리뷰트의 이름은 유일해야 함
• 튜플(Tuple): 테이블의 행을 구성하는 개체(레코드)로, 여러 속성들을 묶음
• 테이블: 데이터들을 행과 열로 표현한 것으로 애트리뷰트와 튜플(레코드)의 집합(릴레이션)
• 애트리뷰트(Attribute): 테이블의 열을 구성하는 항목(필드)으로, 데이터베이스의 가장 작은 논리적 단위로서 개체의 특성이나 상태를 기술함(속성)
• 도메인(Domain): 하나의 속성에서 취할 수 있는 값의 범위 (예: 성별의 도메인은 '남', '여')
• 디그리(Degree): 속성의 개수(차수)
• 카디널리티(Cardinality): 튜플의 개수(기수)

애트리뷰트(열, 필드, 속성), 디그리 = 4

사원번호	이름	성별	부서명
0001	이진기	남	기획관리
0002	서수현	여	마케팅
0003	이수정	여	기획관리

릴레이션 인스턴스 / 성별의 도메인 (남, 여) / 튜플(행, 레코드) 카디널리티 = 3

42 다음 중 입력 마스크 설정에 사용하는 사용자 정의 입력 마스크 기호에 대한 설명으로 옳은 것은?

① 9: 소문자로 변환
② >: 숫자나 공백을 입력받도록 설정
③ <: 영문 대문자로 변환하여 입력받도록 설정
④ L: 영문자와 한글만 입력받도록 설정

풀이 ①번 9: 숫자나 공백의 입력이 가능하고 더하기, 빼기 기호를 사용할 수 없음
②번 >: 모든 문자를 대문자로 변환
③번 <: 모든 문자를 소문자로 변환

한.번.더! 체크 **사용자 지정 기호**

기호	설명	입력 여부
0	• 0~9까지 숫자만 입력할 수 있음 • 공백과 더하기, 빼기 기호 입력할 수 없음	필수
9	• 0~9까지 숫자만 입력할 수 있음 • 공백 저장 가능하고 더하기, 빼기 기호 입력할 수 없음	선택
#	• 0~9까지 숫자만 입력할 수 있음 • 공백 저장 가능하고 더하기, 빼기 기호 입력할 수 있음	선택
L	영문자와 한글만 입력할 수 있음	필수
?	영문자와 한글만 입력할 수 있음	선택
A	영문자, 한글, 숫자만 입력할 수 있음	필수
a	영문자, 한글, 숫자만 입력할 수 있음	선택
&	모든 문자와 공백 입력할 수 있음	필수
C	모든 문자와 공백을 입력할 수 있음	선택
>	모든 문자를 대문자로 변환	
<	모든 문자를 소문자로 변환	
!	모든 문자가 오른쪽부터 채워짐	

43 다음 중 데이터를 입력 또는 삭제 시 이상(Anomaly) 현상이 일어나지 않도록 데이터베이스를 설계하기 위한 기술을 의미하는 용어는?

① 자동화   ② 정규화
③ 순서화   ④ 추상화

풀이 정규화
• 대체로 더 작은 필드를 갖는 테이블로 분해하는 과정
• 데이터 중복을 최소화하기 위한 작업
• 테이블의 불일치 위험을 최소화하고 데이터 구조의 안정성을 최대화함
• 추가, 갱신, 삭제 등 작업 시의 이상 현상이 발생하지 않도록 하기 위한 작업 과정

44 다음 중 [관계 편집] 대화 상자에 대한 설명으로 옳지 않은 것은?

① 관계를 구성하는 어느 한쪽의 테이블 또는 필드 및 쿼리를 변경할 수 있다.
② 조인 유형을 내부 조인, 왼쪽 우선 외부 조인, 오른쪽 우선 외부 조인 중에서 선택할 수 있다.
③ '항상 참조 무결성 유지'를 선택한 경우 '관련 필드 모두 업데이트'와 '관련 레코드 모두 삭제' 옵션을 선택할 수 있다.
④ 관계의 종류를 일대다, 다대다, 일대일 중에서 선택할 수 있다.

> 풀이 관계의 종류는 선택하는 것이 아니라 기본 테이블과 참조 테이블의 상태에 따라 자동으로 설정됨

45 다음 중 테이블의 필드 속성 설정 시 사용하는 인덱스에 관한 설명으로 옳지 않은 것은?

① 인덱스를 설정하면 레코드의 검색과 정렬 속도가 빨라진다.
② 인덱스를 설정하면 레코드의 추가, 수정, 삭제 속도는 느려진다.
③ 데이터 형식이 OLE 개체인 필드에는 인덱스를 설정할 수 없다.
④ 인덱스는 한 개의 필드에만 설정 가능하므로 주로 기본 키에 설정한다.

> 풀이 인덱스는 여러 개의 필드에 설정 가능하며 기본 키는 자동으로 인덱스가 설정됨

46 다음 중 테이블의 [디자인 보기]에서 설정 가능한 작업에 해당하지 않는 것은?

① 폼 필터를 적용하여 조건에 맞는 레코드만 표시할 수 있다.
② 필드의 '설명'에 입력한 내용은 테이블 구조에 영향을 미치지 않고, 상태 표시줄에 표시된다.
③ 컨트롤 표시 속성은 텍스트 상자, 목록 상자, 콤보 상자 중 선택할 수 있다.
④ 한 개 이상의 필드를 선택하여 기본 키로 설정할 수 있다.

> 풀이 폼 필터나 정렬은 테이블의 [데이터시트 보기]에서 설정할 수 있음

47 아래와 같이 관계가 설정된 데이터베이스에 [Customer] 테이블에는 고객번호가 1004인 레코드만 있고, [Artist] 테이블에는 작가이름이 CAT인 레코드만 있다. 다음 중 이 데이터베이스에서 실행 가능한 SQL문은?(단, SQL문에 입력되는 데이터 형식은 모두 올바르다고 간주함)

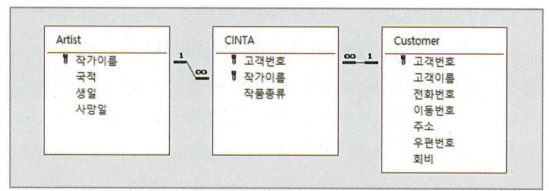

① INSERT INTO Artist VALUES('ACE', '한국', Null, Null);
② INSERT INTO CINTA(고객번호, 작가이름)
   VALUES(1004, 'ACE');
③ INSERT INTO Customer(고객번호, 고객이름)
   VALUES(1004, 'ACE');
④ INSERT INTO CINTA VALUES(1234, 'CAT', '유화');

> 풀이 기본 키, 외래 키, 참조 무결성을 이해하는 문제임
> (외래 키인 CINTA 테이블의 고객번호는 '1004', 작가이름은 'CAT' 값만 가질 수 있음)
> ① 작가이름 'ACE'는 중복되지 않은 값이므로 삽입 가능
> ② Artist 테이블에는 'ACE'라는 작가가 없음(없는 키 참조)
> ③ Customer 테이블에는 이미 1004 고객이 있으므로 안 됨(중복)
> ④ Customer 테이블에 '1234' 고객이 없음(없는 키 참조)

48 다음 중 주어진 [학생] 테이블을 참조하여 아래의 SQL문을 실행한 결과로 옳은 것은?

```
SELECT AVG(나이) FROM 학생
WHERE 전공 NOT IN('수학', '회계');
```

[학생] 테이블			
학번	전공	학년	나이
100	국사	4	21
150	회계	2	19
200	수학	3	30
250	국사	3	31
300	회계	4	25
350	수학	2	19
400	국사	1	23

① 25 ② 23
③ 21 ④ 19

> 풀이
> • 학생 테이블에서 전공이 '수학'과 '회계'가 아닌 학생들의 나이의 평균을 구함
> • 전공이 '수학', '회계'가 아닌 레코드는 3건
> • 나이 21, 31, 23의 평균은 25
> • NOT IN('수학', '회계'): 수학, 회계를 제외하는 것

49 아래와 같이 조회할 고객의 최소 나이를 입력받아 검색하는 매개 변수 쿼리를 작성하려고 한다. 다음 중 'Age' 필드의 조건식으로 옳은 것은?

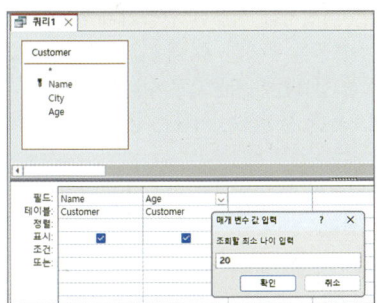

① >={조회할 최소 나이 입력}
② >="조회할 최소 나이 입력"
③ >=[조회할 최소 나이 입력]
④ >=(조회할 최소 나이 입력)

 매개 변수를 적용할 필드의 조건 행에서 매개 변수 대화 상자에 표시할 텍스트를 대괄호([ ])로 묶어 입력

50 다음 중 아래의 이벤트 프로시저에 대한 설명으로 옳지 않은 것은?

```
Private Sub cmd재고_Click( )
    txt재고수량 = txt입고량 - txt총주문량
    DoCmd.OpenReport "제품별재고현황", _
    acViewDesign, , "제품번호 = ' "& cmb조회 &" ' "
End Sub
```

① 'cmd재고' 컨트롤을 클릭했을 때 실행된다.
② 'txt재고수량' 컨트롤에는 'txt입고량' 컨트롤에 표시되는 값에서 'txt총주문량' 컨트롤에 표시되는 값을 차감한 값으로 표시된다.
③ '제품별재고현황' 보고서가 즉시 프린터로 출력된다.
④ '제품별재고현황' 보고서가 출력될 때 '제품번호' 필드 값이 'cmb조회' 컨트롤 값과 일치하는 데이터만 표시된다.

- txt재고수량 = txt입고량 - txt총주문량: txt재고수량 필드는 txt입고량에서 txt총주문량을 뺀 값을 표시함
- DoCmd.OpenReport "제품별재고현황", acViewDesign, "제품번호 = ' "& Cmb조회 &" ' ": 제품번호 필드의 값과 cmb조회에 입력한 값과 일치하는 값의 제품별재고현황 보고서를 디자인 보기로 열라는 의미
- OpenReport: 보고서를 열어 줌
  - 보기 옵션
    acViewNormal: 보고서를 프린터로 인쇄
    acViewDesige: 보고서를 디자인 보기로 열기
    acViewPreview: 보고서를 인쇄 미리 보기로 열기

51 다음 중 주어진 [Customer] 테이블을 참조하여 아래의 SQL문을 실행한 결과로 옳은 것은?

```
SELECT Count(*)
FROM(SELECT Distinct City From Customer);
```

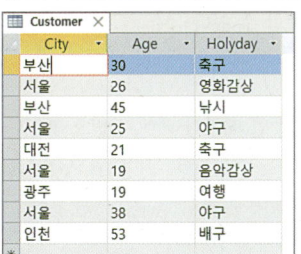

① 3   ② 5
③ 7   ④ 9

- 하위 질의(Sub Query): SELECT문 안에 또 하나의 SELECT문을 포함하는 쿼리를 의미
  - 형식1: SELECT 필드명 FROM(**SELECT 필드명 FROM 테이블 WHERE 조건**);
  - 형식2: SELECT 필드명 FROM 테이블
    WHERE 조건(**SELECT 필드명 FROM 테이블 WHERE 조건**);
- ②번 SELECT Count(*) → ① 결과의 개수를 계산하여 표시(결과 5)
FROM
① (**SELECT Distinct City From Customer**) → Customer 테이블에서 City 검색(Distinct는 중복된 데이터를 한 번만 표시하므로 부산, 서울, 대전, 광주, 인천이 표시됨)

52 다음 중 보고서에서 '텍스트 상자' 컨트롤의 속성 설정에 대한 설명으로 옳지 않은 것은?

① '상태 표시줄 텍스트' 속성은 컨트롤을 선택했을 때 상태 표시줄에 표시할 메시지를 설정한다.
② '컨트롤 원본' 속성에서 함수나 수식 사용 시 문자는 작은따옴표(' '), 필드명이나 컨트롤 이름은 큰따옴표(" ")를 사용하여 구분한다.
③ '사용 가능' 속성은 컨트롤에 포커스를 이동시킬 수 있는지의 여부를 설정한다.
④ '중복 내용 숨기기' 속성은 데이터가 이전 레코드와 같을 때 컨트롤의 숨김 여부를 설정한다.

 ②번 문자는 큰따옴표(" ") 필드명은 대괄호([ ])로 구분

53 다음 중 보고서에서 [페이지 번호] 대화 상자를 이용한 페이지 번호 설정에 대한 설명으로 옳지 않은 것은?

① 첫 페이지에만 페이지 번호가 표시되거나 표시되지 않도록 설정할 수 있다.
② 페이지 번호의 표시 위치를 '페이지 위쪽', '페이지 아래쪽', '페이지 양쪽' 중 선택할 수 있다.
③ 페이지 번호의 형식을 'N 페이지'와 'N/M 페이지' 중 선택할 수 있다.
④ [페이지 번호] 대화 상자를 열 때마다 페이지 번호 표시를 위한 수식이 입력된 텍스트 상자가 자동으로 삽입된다.

🔓 풀이 페이지 번호의 표시 위치를 '페이지 위쪽', '페이지 아래쪽' 중 선택

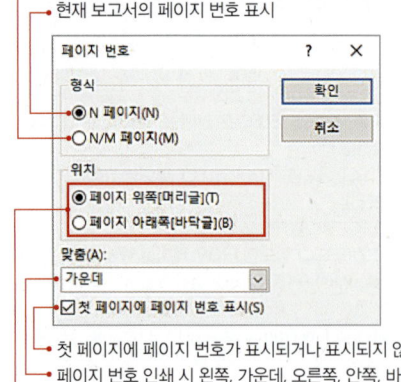

- 첫 페이지에 페이지 번호가 표시되거나 표시되지 않도록 설정
- 페이지 번호 인쇄 시 왼쪽, 가운데, 오른쪽, 안쪽, 바깥쪽에서 선택
- 페이지 번호를 페이지 위쪽 또는 아래쪽에 표시를 선택

54 다음 중 서류 봉투에 초대장을 넣어 발송하려는 경우 우편물에 사용할 수신자의 주소를 프린트하기에 가장 적합한 보고서는?

① 업무 문서 양식 보고서   ② 우편 엽서 보고서
③ 레이블 보고서   ④ 크로스탭 보고서

🔓 풀이 레이블 보고서
- 서류 봉투에 초대장을 넣어 발송하려는 경우 우편물에 사용할 수신자의 주소를 인쇄할 때 가장 적합한 보고서
- 수신자 성명 뒤에 일괄로 '귀하'와 같은 문구를 넣을 수 있음
- 레이블의 크기는 다양하게 준비되어 있으며, 필요에 따라 사용자가 직접 지정할 수 있음
- 레이블 형식은 낱장 용지나 연속 용지를 선택할 수 있음
- 레이블은 표준 레이블 또는 사용자 지정 레이블을 사용할 수 있음

55 다음 중 폼 작성에 대한 설명으로 옳지 않은 것은?

① [폼 디자인 도구]의 [디자인] 탭에서 [컨트롤 마법사 사용] 여부를 선택할 수 있다.
② [레이블] 컨트롤은 마법사를 이용한 만들기가 제공되지 않으며, 레이블 컨트롤을 추가한 후 내용을 입력하지 않으면 추가된 레이블 컨트롤이 자동으로 사라진다.
③ [텍스트 상자] 컨트롤을 지칭하는 이름은 중복 설정이 가능하다.
④ [단추] 컨트롤은 명령 단추 마법사를 이용하여 다양한 매크로 함수를 제공한다.

🔓 풀이 ③번 [텍스트 상자] 컨트롤의 이름은 중복 불가능

56 다음 중 폼의 모달 속성에 관한 설명으로 옳지 않은 것은?

① 폼이 열려 있는 경우 다른 화면을 선택할 수 있다.
② VBA 코드를 이용하여 대화 상자의 모달 속성을 지정할 수 있다.
③ 폼이 모달 대화 상자이면 디자인 보기로 전환 후 데이터 시트 보기로 전환이 가능하다.
④ 사용자 지정 대화 상자의 작성이 가능하다.

🔓 풀이 모달은 폼이 열려 있는 동안 다른 개체를 선택할 수 없음

57 다음 중 보고서에 대한 설명으로 옳지 않은 것은?

① 보고서에 포함할 필드가 모두 한 테이블에 있는 경우 해당 테이블을 레코드 원본으로 사용한다.
② 둘 이상의 테이블을 이용하여 보고서를 작성하는 경우 쿼리를 만들어 레코드 원본으로 사용한다.
③ '보고서' 도구를 사용하면 정보를 입력하지 않아도 바로 보고서가 생성되므로 매우 쉽고 빠르게 보고서를 만들 수 있다.
④ '보고서 마법사'를 이용하는 경우 필드 선택은 여러 개의 테이블 또는 하나의 쿼리에서만 가능하며, 데이터 그룹화 및 정렬 방법을 지정할 수도 있다.

🔓 풀이
- '보고서 마법사'를 이용 시 필드 선택은 여러 개의 테이블과 여러 개의 쿼리에서 가능하며 데이터 그룹화 및 정렬 방법을 지정할 수 있음
- 서로 다른 테이블의 항목 설정 시 다른 테이블과 관계 설정이 되어 있어야 함

58 다음 중 분할 표시 폼에 대한 설명으로 옳지 않은 것은?

① 분할 표시 폼은 [만들기] 탭의 → [폼] 그룹에서 → [기타 폼] → [폼 분할]을 클릭하여 만들 수 있다.
② 분할 표시 폼은 데이터시트 보기와 폼 보기를 동시에 표시하는 기능이며, 이 두 보기는 같은 데이터 원본에 연결되어 있어 항상 상호 동기화된다.
③ 분할 표시 폼을 만든 후에는 컨트롤의 크기 조정은 할 수 없으나, 새로운 필드의 추가는 가능하다.
④ 폼 속성 창의 '분할 표시 폼 방향' 항목을 이용하여 폼의 위쪽, 아래쪽, 왼쪽, 오른쪽 등 데이터시트가 표시되는 위치를 설정할 수 있다.

🔓 풀이
- 분할 표시 폼은 데이터시트와 폼 보기를 동시에 표시하는 기능
- 레이아웃 보기에서 컨트롤의 크기를 조절할 수 있으며 새로운 필드 추가도 가능함

59 다음 중 매크로 함수에 대한 설명으로 옳지 않은 것은?

① FindRecord 함수는 필드, 컨트롤, 속성 등의 값을 설정한다.
② ApplyFilter 함수는 테이블이나 쿼리로부터 레코드를 필터링한다.
③ OpenReport 함수는 작성된 보고서를 호출하여 실행한다.
④ MessageBox 함수는 메시지 상자를 통해 경고나 알림 등의 정보를 표시한다.

🔓 풀이 ①번 특정한 조건에 맞는 첫 번째 레코드를 검색하는 매크로 함수

한.번.더! 체크 ☐ 매크로 함수

GoToControl	현재 폼에서 커서를 특정 컨트롤로 자동 이동
FindNextRecord	FindRecord 함수나 [찾기 및 바꾸기] 대화 상자에서 지정한 조건에 맞는 다음 레코드를 검색
RunMacro	매크로 실행
OpenQuery	• VBA 모듈에서 선택 쿼리를 데이터시트 보기, 디자인 보기, 인쇄 미리 보기 등으로 열기 위해 사용하는 메서드 • 쿼리를 실행 모드로 열어 줌
OpenForm	폼을 폼 보기, 디자인 보기, 인쇄 미리 보기, 데이터시트 보기 등으로 열어 줌

60 다음 중 하위 폼에 대한 설명으로 옳지 않은 것은?

① 기본 폼과 하위 폼을 연결할 필드의 데이터 형식은 같거나 호환되어야 한다.
② 본 폼 내에 삽입된 다른 폼을 하위 폼이라 한다.
③ 일대다 관계가 설정되어 있는 테이블들을 효과적으로 표시하기 위해 사용된다.
④ '폼 분할' 도구를 이용하여 폼을 생성하면 하위 폼 컨트롤이 자동으로 삽입된다.

🔓 풀이 분할 표시 폼(폼 분할)을 이용해 폼을 생성하면 상단에 폼 보기, 하단에 데이터시트 보기가 동시에 나타나지만, 하위 폼이 생성되는 것은 아님

한.번.더! 체크 ☐ 하위 폼

- 별도의 독립된 폼이 기본 폼 안에 존재함
- 일대다 관계가 설정된 테이블이나 쿼리를 효과적으로 사용하기 위하여 사용
- 하위 폼은 보통 일대다 관계에서 '다'에 해당하는 테이블이나 쿼리를 원본으로 함
- 연결 필드의 데이터 형식과 필드 크기는 같거나 호환돼야 함
- 하위 폼에서 여러 개의 연결 필드를 지정할 때 세미콜론(;)을 이용하여 구분함
- 관계 설정이 되지 않은 상태에서도 기본 폼의 기본 키와 호환되는 필드를 가졌다면 하위 폼을 설정할 수 있음
- 하위 폼은 하위 폼/하위 보고서 컨트롤을 이용해서 쉽게 생성할 수 있음
  예) 반석 복지관이 기본 폼에 표시되고 아래 하위 폼에는 반석 복지관에서 봉사한 자세한 내역을 볼 수 있음

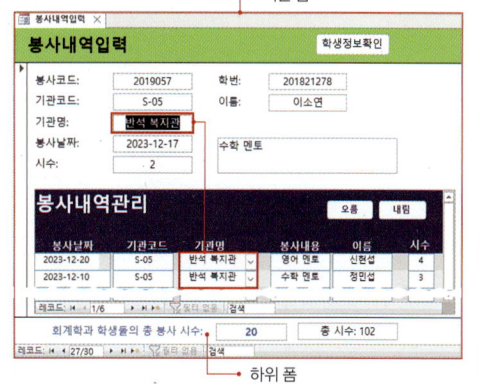

모바일 앱에서도 기출문제를 풀어 보세요!

01.④ 02.④ 03.① 04.③ 05.④ 06.③ 07.③ 08.③ 09.② 10.④ 11.② 12.③ 13.② 14.③ 15.④ 16.③ 17.④ 18.③ 19.① 20.③
21.① 22.③ 23.③ 24.① 25.④ 26.① 27.① 28.④ 29.① 30.③ 31.② 32.① 33.③ 34.③ 35.③ 36.③ 37.① 38.③ 39.① 40.③
41.② 42.④ 43.① 44.④ 45.④ 46.① 47.① 48.① 49.③ 50.③ 51.② 52.② 53.② 54.③ 55.③ 56.① 57.④ 58.③ 59.① 60.④

2020년 2월 기출문제

컴퓨터활용능력 1급

1과목 컴퓨터 일반

01 다음 중 사운드의 압축 및 복원과 관련된 기술에 해당하지 않는 것은?

① FLAC
② AIFF
③ H.264
④ WAV

 ③번 H.264: 동영상 압축 및 복원 기술 멀티미디어 압축 포맷
• 그래픽
  - 비트맵: JPG(JPEG), GIF, BMP, PNG, PCX, TIF, TIFF 등
  - 벡터: AI, CDR, WMF, EPS 등
• 사운드: FLAC, AIFF, WAV, MID, MP3 등
• 비디오: H.264, MPEG, AVI, MOV, DivX 등

02 다음 중 컴퓨터 게임이나 컴퓨터 기반 훈련과 같이 사용자와의 상호 작용을 통해 진행 상황을 제어하는 멀티미디어의 특징을 나타내는 용어는?

① 선형 콘텐츠
② 비선형 콘텐츠
③ VR 콘텐츠
④ 4D 콘텐츠

 ②번 비선형 콘텐츠: 정해진 규칙이나 논리적인 구조에 의해 접근하는 것이 아니라 사용자의 선택에 따라 임의의 순서로 처리하는 방식
①번 선형 콘텐츠: 정해진 논리적인 구조에 의해 접근하는 방식

03 다음 중 정보 보안을 위한 비밀키 암호화 기법에 대한 설명으로 옳지 않은 것은?

① 비밀키 암호화 기법의 안전성은 키의 길이 및 키의 비밀성 유지 여부에 영향을 많이 받는다.
② 암호화와 복호화 시 사용하는 키가 동일한 암호화 기법이다.
③ 복잡한 알고리즘으로 인해 암호화와 복호화 속도가 느리다.
④ 사용자가 증가할 때 상대적으로 관리해야 할 키의 수가 많아진다.

• 비밀키 암호화 기법은 알고리즘이 단순하고 크기가 작아 암호화와 복호화 속도가 빠름
• 공개키 암호화 기법
  - 암호화 키와 복호화 키가 서로 다름
  - 알고리즘이 복잡함
  - 암호화와 복호화 속도가 느림
  - 관리할 키의 수가 적음

04 다음 중 분산 서비스 거부 공격(DDos)에 관한 설명으로 옳은 것은?

① 네트워크 주변을 돌아다니는 패킷을 엿보면서 계정과 패스워드를 알아내는 행위
② 검증된 사람이 네트워크를 통해 데이터를 보낸 것처럼 데이터를 변조하여 접속을 시도하는 행위
③ 여러 대의 장비를 이용하여 특정 서버에 대량의 데이터를 집중적으로 전송함으로써 서버의 정상적인 동작을 방해하는 행위
④ 키보드의 키 입력 시 캐치 프로그램을 사용하여 ID나 암호 정보를 빼내는 행위

• 분산 서비스 공격(DDos): 여러 대의 분산된 서버에서 대량의 데이터를 보냄으로써 서버를 마비시킴
  ①번 스니핑, ②번 스푸핑, ④번 키 로거

05 다음 중 VoIP에 대한 설명으로 옳지 않은 것은?

① 인터넷 IP 기술을 사용한 디지털 음성 전송 기술이다.
② 원거리 통화 시 PSTN(Public Switched Telephone Network)보다는 요금이 높지만 일정 수준의 통화 품질이 보장된다.
③ 기존 회선 교환 방식과 달리 네트워크를 통해 음성을 패킷 형태로 전송한다.
④ 보컬텍(VocalTec)사의 인터넷 폰으로 처음 소개되었으며, PC to PC, PC to Phone, Phone to Phone 방식으로 발전하였다.

②번 PSTN: 회선을 이용한 전화 서비스(공중 전화망)
• VoIP(Voice over Internet Protocol)
  - 음성 데이터를 인터넷 프로토콜 네트워크를 통해 전송하여 통화할 수 있게 하는 음성 통신 기술
  - 시내 전화 요금으로 인터넷에서 전화를 사용해 시외 및 국제 전화를 사용하므로 요금이 저렴함

06 다음 중 대량의 데이터 안에서 일정한 패턴을 찾아내고, 이로부터 가치 있는 정보를 추출해 내는 기술을 의미하는 것은?

① 데이터 웨어하우스(Data Warehouse)
② 데이터 마이닝(Data Mining)
③ 데이터 마이그레이션(Data Migration)
④ 메타데이터(Metadata)

🔓 풀이 ②번 Data(데이터)와 Mining(채굴)의 합성어
- ①번 데이터 웨어하우스(Data Warehouse)
  - 정보(Data)와 창고(Warehouse)의 합성어
  - 사용자의 의사 결정에 도움을 주기 위해 데이터베이스에 축적된 데이터를 공통의 형식으로 변환해서 관리하는 데이터베이스
- ③번 데이터 마이그레이션(Data Migration): 데이터의 저장 위치나 형식, 환경을 바꾸는 것
- ④번 메타데이터(Metadata): 데이터의 속성을 설명해 주는 데이터

07 다음 중 네트워크 프로토콜(Protocol)의 기능에 해당하지 않는 것은?

① 패킷 수를 조정하는 흐름 제어 기능
② 송/수신기를 같은 상태로 유지하는 동기화 기능
③ 데이터 전송 도중에 발생하는 에러 검출 기능
④ 네트워크 기반 하드웨어 연결 문제 해결 기능

🔓 풀이 프로토콜(Protocol): 컴퓨터 간에 데이터를 주고받기 위한 약속, 통신 규약
- 흐름 제어: 통신망에 전송되는 패킷(전송 시 사용하는 데이터 묶음)의 흐름을 제어해서 시스템 전체의 안정성 유지
- 동기화: 정보를 전송하기 위해 송·수신기 사이에 같은 상태를 유지하도록 동기화 기능 수행
- 오류 검출: 데이터 전송 도중에 발생하는 오류 검출

08 다음 중 인터넷 서버까지의 경로를 추적하는 명령어인 'Tracert'의 실행 결과에 관한 설명으로 옳지 않은 것은?

① IP 주소, 목적지까지 거치는 경로의 수, 각 구간 사이의 데이터 왕복 속도를 확인할 수 있다.
② 특정 사이트가 열리지 않을 때 해당 서버가 문제인지 인터넷망이 문제인지 확인할 수 있다.
③ 인터넷 속도가 느릴 때 어느 구간에서 정체를 일으키는지 확인할 수 있다.
④ 현재 자신의 컴퓨터에 연결된 다른 컴퓨터의 IP 주소나 포트 정보를 확인할 수 있다.

🔓 풀이 ④번 Netstat

09 다음 중 IPv6 주소에 관한 설명으로 옳지 않은 것은?

① 16비트씩 8부분으로 총 128비트로 구성된다.
② 각 부분은 10진수로 표현되며, 세미콜론(;)으로 구분한다.
③ 주소 체계는 유니캐스트, 멀티캐스트, 애니캐스트로 나누어진다.
④ 실시간 흐름 제어로 향상된 멀티미디어 기능을 지원한다.

🔓 풀이 ②번 IPv6 주소는 16진수로 표현되며, 콜론(:)으로 구분됨
- IPv4: 10진수로 표기하고 마침표(.)로 구분하며 32비트(8비트씩 4개)로 구성됨
- IPv6: IPv4의 주소 부족을 해결하기 위한 차세대 IP 주소

10 다음 중 객체 지향 프로그래밍 특징으로 옳은 것은?

① 객체에 대하여 절차적 프로그래밍의 장점을 사용할 수 있다.
② 객체 지향 프로그램은 주로 인터프리터 번역 방식을 사용한다.
③ 객체 지향 프로그램은 코드의 재사용과 유지 보수가 용이하다.
④ 프로그램의 구조와 절차에 중점을 두고 작업을 진행한다.

🔓 풀이 • 객체 지향 프로그램
- 크고 복잡한 프로그램 구축이 어려운 절차형 언어의 문제점을 해결하기 위해 개발된 프로그래밍 기법
- 데이터와 그 데이터를 처리하는 함수를 객체로 묶어서 문제를 해결하는 언어
- 시스템의 확장성이 높고 정보 은폐가 용이
- 코드의 재사용과 유지 보수가 용이
- 특징: 상속성, 캡슐화, 추상화, 다형성 등
- 종류: C++, Smalltalk, Java
• 절차 지향 프로그램: 프로그램의 구조와 절차에 중점을 두고, 순차적으로 처리하는 프로그램
- 종류: C언어, PASCAL, COBOL 등

11 다음 중 ASCII 코드에 대한 설명으로 옳지 않은 것은?

① 3개의 Zone 비트와 4개의 Digit 비트로 하나의 문자를 표현한다.
② 데이터 통신용으로 사용하며, 128가지 문자를 표현할 수 있다.
③ 2비트의 에러 검출 및 1비트의 에러 교정 비트를 포함한다.
④ 확장 ASCII 코드는 8비트를 사용하여 문자를 표현한다.

🔓 풀이 ③번 해밍 코드
- ASCII 코드: 개인용 PC, 데이터 통신에서 사용

12 다음 중 하나의 컴퓨터에 여러 개의 중앙 처리 장치를 설치하여 주기억 장치나 주변 장치들을 공유하여 신뢰성과 연산 능력을 향상시키는 시스템은?

① 시분할 처리 시스템(Time Sharing System)
② 다중 프로그래밍 시스템(Multi-Programming System)
③ 듀플렉스 시스템(Duplex System)
④ 다중 처리 시스템(Multi-Processing System)

> **풀이** ①번 시분할 처리 시스템: CPU를 시간 단위로 나누어 데이터를 처리하는 시스템
> ②번 다중 프로그래밍 시스템: 하나의 CPU에 두 개 이상의 프로그램이 돌아가면서 데이터를 처리하는 시스템
> ③번 듀플렉스 시스템: 한 개의 CPU는 가동되고 다른 CPU는 대기 중인 시스템

13 다음 중 CPU의 제어 장치를 구성하는 레지스터에 관한 설명으로 옳지 않은 것은?

① 프로그램 카운터: 프로그램의 실행된 명령어의 개수를 계산한다.
② 명령 레지스터: 현재 실행 중인 명령을 기억한다.
③ 부호기: 해독된 명령에 따라 각 장치로 보낼 제어 신호를 생성한다.
④ 메모리 주소 레지스터: 기억 장치에 입출력되는 데이터의 번지를 기억한다.

> **풀이** ①번 프로그램 카운터(PC): 다음에 수행할 명령어의 주소를 기억하는 레지스터

14 다음 중 프린터에서 출력할 파일의 해상도를 조절하거나 스캐너를 이용해 스캔한 파일의 해상도를 조절하기 위해 쓰는 단위는?

① CPS(Character Per Second)
② BPS(Bits Per Second)
③ PPM(Page Per Minute)
④ DPI(Dots Per Inch)

> **풀이** ④번 DPI: 1인치당 몇 개의 점이 있는지를 나타내며 점의 수가 많으면 해상도가 높음
> ①번 CPS: 초당 출력되는 문자 수로 인쇄 속도 단위
> ②번 BPS: 초당 전송되는 비트 수로 전송 속도 단위
> ③번 PPM: 분당 인쇄되는 페이지 수를 의미하며 인쇄 속도의 단위

15 다음 중 BIOS(Basic Input Output System)에 관한 설명으로 옳지 않은 것은?

① BIOS는 메인보드상에 위치한 EPROM, 혹은 플래시 메모리 칩에 저장되어 있다.
② 컴퓨터의 전원을 켜면 자동으로 가장 먼저 기동되며, 기본 입출력 장치나 메모리 등 하드웨어의 이상 유무를 검사한다.
③ CMOS 셋업 프로그램을 이용하여 시스템의 날짜와 시간, 부팅 순서 등 일부 BIOS 정보를 설정할 수 있다.
④ 주기억 장치의 접근 속도 개선을 위한 가상 메모리의 페이징 파일 크기를 설정할 수 있다.

> **풀이** • BIOS는 ROM에 저장되며, 운영체제 부팅과 메인보드의 각종 하드웨어의 설정을 담당
> ④번 설정 → 시스템 → 정보 → 고급 시스템 설정 → [고급]에서 설정

16 다음 중 반도체를 이용한 컴퓨터 보조 기억 장치로 크기가 작고 충격에 강하며, 소음 발생이 없는 대용량 저장 장치는?

① HDD(Hard Disk Drive)
② DVD(Digital Versatile Disk)
③ SSD(Solid State Drive)
④ CD-RW(Compact Disk Re Writable)

> **풀이** SSD
> • 하드 디스크에 비해 속도가 빠르고 기계적 지연이나 에러 확률 및 발열, 소음이 적음
> • 소형화, 경량화할 수 있는 하드 디스크 대체 저장 장치
> • 자기 디스크가 아닌 반도체로 저장(섹터나 트랙이 없음)

17 다음 중 Windows의 [시스템 구성]에 대한 설명으로 옳지 않은 것은?

① Windows가 제대로 시작되지 않는 문제를 식별하도록 도와주는 고급 도구이다.
② 시작 모드 선택에서 '선택 모드'는 기본 장치 및 서비스로만 Windows를 시작하여 발생된 문제를 진단하는 데 유용하다.
③ 한 번에 하나씩 공용 서비스 및 시작 프로그램을 끈 상태에서 Windows를 재시작한 후 다시 켤 때 문제가 발생하면 해당 서비스가 문제의 원인임을 알 수 있다.
④ 부팅 옵션 중 '안전 부팅'의 '최소 설치'를 선택하면 중요한 시스템 서비스만 실행되는 안전 모드로 Windows를 시작하며, 네트워킹은 사용할 수 없다.

> **풀이** • 시작 모드 선택에서 '진단 모드'는 기본 장치 및 서비스로만 Windows를 시작하여 발생된 문제를 진단하는 데 유용함
> • 시스템 구성 실행: Windows 검색 상자에 시스템 구성 또는 'msconfig' 입력

18 다음 중 Windows의 [폴더 옵션] 창에서 설정할 수 있는 작업으로 옳지 않은 것은?

① 탐색 창, 미리 보기 창, 세부 정보 창의 표시 여부를 선택할 수 있다.
② 숨김 파일이나 폴더의 표시 여부를 지정할 수 있다.
③ 폴더에서 시스템 파일을 검색할 때 색인의 사용 여부를 선택할 수 있다.
④ 알려진 파일 형식의 파일 확장명을 숨기도록 설정할 수 있다.

> **풀이**
> ①번 파일 탐색기 [보기] → 탐색 창에서 탐색 창, 미리 보기 창, 세부 정보 창의 표시 여부를 선택할 수 있음
> • [폴더 옵션] 창 실행: 파일 탐색기의 [보기] → [옵션]
> ②번, ④번 [폴더 옵션] → [보기]
> ③번 [폴더 옵션] → [검색]

19 다음 중 Windows의 백업과 복원에 관한 설명으로 옳지 않은 것은?

① 특정한 날짜나 시간에 주기적으로 백업이 되도록 예약할 수 있다.
② 백업 시 드라이브를 선택할 수 있다.
③ 백업된 파일을 복원할 때 복원 위치를 설정할 수 있다.
④ 직접 선택한 폴더에 있는 알려진 시스템 폴더나 파일도 백업할 수 있다.

> **풀이**
> • 백업: 시스템 파일을 별도로 복사해 두는 작업
> • 복원: 백업한 파일을 원위치로 복구시킴
> • 백업 복구 실행: [설정] → [업데이트 및 보안] → [백업], [복구]
>   - 알려진 시스템 폴더나 파일은 백업되지 않음
>   - 알려진 시스템 폴더: Windows가 실행하는 데 필요한 파일들이 있는 폴더
>   - 알려진 시스템 파일: Windows가 실행하는 데 필요한 파일

20 다음 중 Windows의 작업 표시줄에 대한 설명으로 옳지 않은 것은?

① 작업 표시줄의 위치나 크기를 변경할 수 있으며, 크기는 화면의 1/2까지만 늘릴 수 있다.
② 작업 표시줄에 있는 단추를 작은 아이콘으로 표시되도록 설정할 수 있다.
③ 작업 표시줄을 자동으로 숨길 것인지의 여부를 선택할 수 있다.
④ 작업 표시줄에 있는 시작 단추, 검색 상자(검색 아이콘), 작업 보기 단추의 표시 여부를 설정할 수 있다.

> **풀이**
> • 작업 표시줄에 있는 시작 단추()는 설정할 수 없음
> • 작업 표시줄의 바로 가기 메뉴에서 검색 아이콘 표시 여부, 작업 보기 단추 표시 여부를 설정 가능
> • 작업 표시줄 위치는 상, 하, 좌, 우로 이동 가능

2과목 스프레드시트 일반

21 다음 중 자동 필터와 고급 필터에 대한 설명으로 옳은 것은?

① 자동 필터는 각 열에 입력된 데이터의 종류가 혼합되어 있는 경우 날짜, 숫자, 텍스트 필터가 모두 표시된다.
② 고급 필터는 조건을 수식으로 작성할 수 있으며, 조건의 첫 셀은 반드시 필드명으로 입력해야 한다.
③ 자동 필터에서 여러 필드에 조건을 설정한 경우 필드 간은 OR 조건으로 처리되어 결과가 표시된다.
④ 고급 필터는 필터링한 결과를 원하는 위치에 별도의 표로 생성할 수 있다.

> **풀이**
> ④번 고급 필터의 결과를 원본 데이터의 위치나 다른 위치에 표시할 수 있음
> ①번 자동 필터는 각 열에 입력된 데이터의 종류가 혼합된 경우 많이 입력된 데이터 형식으로 필터가 표시됨
> ②번 고급 필터의 조건을 수식으로 작성 시 조건의 필드명은 빈 셀 또는 원본 데이터의 필드명과 다르게 작성해야 함
> ③번 자동 필터에서 여러 필드에 조건을 설정한 경우 필드 간은 AND 조건으로 처리됨

한.번.더! 체크 ☐ 필터

자동 필터	고급 필터
• 전체 데이터에 대해 비교 조건에 맞는 데이터 행만 추출해 표시하는 기능	• 자동 필터보다 복잡한 조건이 필요하거나 여러 필드를 이용한 조건식 지정 시 유용
• [데이터] → [정렬 및 필터] → [필터] 선택	• [데이터] → [정렬 및 필터] → [고급] 선택
• 자동 필터를 실행하면 각 필드에 필터 단추가 표시되고, 이를 이용해 쉽고 빠른 데이터 추출 작업 수행	• 고급 필터 실행 시 조건 범위는 반드시 필요함
• 필터를 실행한 결과는 레코드 단위로 표시	• 추출된 결과를 원본 데이터가 있는 위치에 표시할 수 있고 원본 데이터가 없는 다른 위치에도 표시 가능
• 둘 이상의 필드에 조건을 지정하는 경우 AND 조건으로만 설정됨(OR 조건 불가)	

22 다음 중 데이터 정렬에 관한 설명으로 옳지 않은 것은?

① 대/소문자를 구분하여 정렬할 수 있다.
② 표 안에서 다른 열에는 영향을 주지 않고 선택한 한 열 내에서만 정렬하도록 할 수 있다.
③ 정렬 기준으로 '셀 아이콘'을 선택한 경우 기본 정렬 순서는 '위에 표시'이다.
④ 행을 기준으로 정렬하려면 [정렬] 대화 상자의 [옵션]에서 정렬 옵션의 방향을 '위쪽에서 아래쪽'으로 선택한다.

🔓 풀이
- 행을 기준으로 정렬하려면 [정렬] 대화 상자의 [옵션]에서 정렬 옵션의 방향을 '왼쪽에서 오른쪽'으로 선택
- '위쪽에서 아래쪽'은 열을 기준으로 행 단위로 정렬됨(일반적인 정렬)

24 다음 중 셀 스타일에 대한 설명으로 옳지 않은 것은?

① 셀 스타일은 글꼴과 글꼴 크기, 숫자 서식, 셀 테두리, 셀 음영 등의 정의된 서식의 집합으로 셀 서식을 일관성 있게 적용하는 경우 편리하다.
② 기본 제공 셀 스타일을 수정하거나 복제하여 사용자 지정 셀 스타일을 직접 만들 수 있다.
③ 사용 중인 셀 스타일을 수정한 경우 해당 셀에는 셀 스타일을 다시 적용해야 수정한 서식이 반영된다.
④ 특정 셀을 다른 사람이 변경할 수 없도록 셀을 잠그는 셀 스타일을 사용할 수도 있다.

🔓 풀이
사용 중인 셀 스타일을 수정할 경우 해당 셀 스타일이 적용된 모든 셀은 자동으로 수정한 서식이 반영됨

23 다음 중 시나리오에 대한 설명으로 옳지 않은 것은?

① 시나리오 요약 보고서를 만들 때에는 결과 셀을 반드시 지정해야 하지만, 시나리오 피벗 테이블 보고서를 만들 때에는 결과 셀을 지정하지 않아도 된다.
② 여러 시나리오를 비교하여 하나의 테이블로 요약하는 보고서를 만들 수 있다.
③ 시나리오 요약 보고서를 생성하기 전에 변경 셀과 결과 셀에 이름을 정의하면 셀 참조 주소 대신 정의된 이름이 보고서에 표시된다.
④ 시나리오 요약 보고서는 자동으로 다시 갱신되지 않으므로 변경된 값을 요약 보고서에 표시하려면 새 요약 보고서를 만들어야 한다.

🔓 풀이
- 시나리오 요약 보고서를 만들 때는 결과 셀을 지정하지 않아도 보고서가 생성됨
- 시나리오 피벗 테이블 보고서를 만들 때는 결과 셀을 반드시 지정해야 함

한.번.더! 체크 ☐ **시나리오**
- 다양한 상황과 변수에 따른 여러 가지 결과값의 변화를 가상의 상황을 통해 예측하고 분석하는 도구
- 실행: [데이터] → [예측] → [가상 분석] → [시나리오 관리자] 선택
- 변경 요소가 되는 값들을 변경 셀이라고 하며 하나 이상 셀을 지정할 때는 Ctrl 을 누른 후 선택
- 결과 셀은 반드시 변경 셀을 참조하는 수식 셀 지정
- 원본 데이터 내용을 변경해도 기존에 작성된 시나리오 보고서에는 영향을 미치지 않음
- 시나리오의 결과는 요약 보고서나 피벗 테이블 보고서로 작성 가능
- 시나리오 병합 작업을 통해 다른 통합 문서나 워크시트에 저장된 시나리오를 가져올 수 있음

25 다음 중 피벗 테이블과 피벗 차트에 대한 설명으로 옳지 않은 것은?

① 새 워크시트에 피벗 테이블을 생성하면 보고서 필터의 위치는 [A1] 셀, 행 레이블은 [A3] 셀에서 시작한다.
② 피벗 테이블과 연결된 피벗 차트가 있는 경우 피벗 테이블에서 [피벗 테이블 도구]의 [모두 지우기] 명령을 사용하면 피벗 테이블과 피벗 차트의 필드, 서식 및 필터가 제거된다.
③ 하위 데이터 집합에도 필터와 정렬을 적용하여 원하는 정보만 강조할 수 있으나 조건부 서식은 적용되지 않는다.
④ [피벗 테이블 옵션] 대화 상자에서 오류 값을 빈 셀로 표시하거나 빈 셀에 원하는 값을 지정하여 표시할 수도 있다.

🔓 풀이 ③번 피벗 테이블에 필터, 정렬, 조건부 서식이 적용 가능함

한.번.더! 체크 ☐ **피벗 테이블과 피벗 차트**

피벗 테이블	피벗 차트
• 방대한 양의 데이터를 손쉽게 요약하고 분석하는 도구	• 피벗 차트에 필터를 적용하면 피벗 테이블에도 자동 적용됨
• 실행: [삽입] → [표] → [피벗 테이블]	• 피벗 차트를 생성하면 자동으로 피벗 테이블도 생성됨
• 삭제: 피벗 테이블 전체를 범위로 지정한 후 Delete	• 피벗 테이블을 삭제하면 피벗 차트는 일반 차트로 변경됨
• 원본 데이터가 변경되면 [모두 새로 고침]을 해야 피벗 테이블에 반영됨	
• 값 영역의 항목을 더블클릭하면 관련 세부 데이터가 새 시트에 생성됨	

26 다음 중 입력 데이터에 사용자 지정 표시 형식을 설정한 경우 그 표시 결과로 옳지 않은 것은?

	입력 데이터	표시 형식	표시 결과
①	0	#	
②	123.456	#.#	123.5
③	100	##.##	100.00
④	12345	#,###	12,345

🔓 풀이
- 0: 해당 자릿수만큼 표시하고 없으면 0으로 나타냄
- #: 해당 자릿수만큼 표시하고 없으면 아무것도 표시하지 않음
- ③번 100 → ##.## → 100.: 데이터가 소수 이하가 없으므로 정수까지 표시하되 소수점이 표시됨
- ①번 기호 #은 데이터가 0일 때 아무것도 표시하지 않음(실제 0 값은 존재함)
- ②번 존재하는 숫자에 대해 소수 1자리까지 표시하되 자동으로 반올림됨
- ④번 데이터에 천 단위 구분 기호(,)를 표시함

27 다음 중 데이터가 입력된 셀에서 채우기 핸들을 드래그하여 데이터를 채우는 경우에 대한 설명으로 옳은 것은?

① 일반적인 문자 데이터나 날짜 데이터는 그대로 복사되어 채워진다.
② 1개의 숫자와 문자가 조합된 텍스트 데이터는 숫자만 1씩 증가하고 문자는 그대로 복사되어 채워진다.
③ 숫자 데이터는 1씩 증가하면서 채워진다.
④ 숫자가 입력된 두 셀을 블록 설정하여 채우기 핸들을 드래그하면 두 숫자가 반복하여 채워진다.

🔓 풀이
- ①번 문자 데이터는 그대로 복사되고 날짜 데이터는 1일씩 증가하며 채워짐
- ③번 숫자 데이터는 [Ctrl]을 누른 채 채우기 핸들을 드래그해야 1씩 증가하며 채워짐
- ④번 숫자가 입력된 두 셀을 블록 설정하여 채우기 핸들을 드래그하면 두 숫자의 차이만큼 증가하며 채워짐

28 다음 중 셀 포인터의 이동 작업에 대한 설명으로 옳지 않은 것은?

① [Alt] + [Page Down]을 눌러 현재 시트를 기준으로 오른쪽에 있는 다음 시트로 이동한다.
② 이름 상자에 셀 주소를 입력한 후 [Enter]를 눌러 원하는 셀의 위치로 이동한다.
③ [Ctrl] + [Home]을 눌러 [A1] 셀로 이동한다.
④ [Home]을 눌러 해당 행의 A 열로 이동한다.

🔓 풀이
- [Ctrl] + [Page Down]: 현재 시트를 기준으로 오른쪽에 있는 다음 시트로 이동
- [Ctrl] + [Page Up]: 현재 시트를 기준으로 왼쪽에 있는 이전 시트로 이동

29 다음 중 아래 시트의 [A9] 셀에 수식 '=OFFSET(B3,-1,2)'을 입력한 경우 결과값은?

① 심수정　　② 서울
③ 고양　　　④ 박경석

🔓 풀이
- OFFSET(기준 셀, 행, 열, [높이], [너비]): 기준 셀에서 지정한 행과 열만큼 떨어진 위치에 있는 영역의 값을 구함([높이]와 [너비]는 생략 가능)
- =OFFSET(B3,-1,2): [B3] 셀에서 위로 한 칸, 오른쪽으로 두 칸 이동한 값

30 다음 중 [개발 도구] 탭의 [컨트롤] 그룹에 대한 설명으로 옳지 않은 것은?

① 컨트롤 종류에는 텍스트 상자, 목록 상자, 옵션 단추, 명령 단추 등이 있다.
② ActiveX 컨트롤은 양식 컨트롤보다 다양한 이벤트에 반응할 수 있지만, 양식 컨트롤보다 호환성은 낮다.
③ [디자인 모드] 상태에서는 양식 컨트롤과 ActiveX 컨트롤 모두 매크로 등 정해진 동작은 실행하지 않지만 컨트롤의 선택, 크기 조절, 이동 등의 작업을 할 수 있다.
④ 양식 컨트롤의 '단추(양식 컨트롤)'를 클릭하거나 드래그해서 추가하면 [매크로 지정] 대화 상자가 자동으로 표시된다.

🔓 풀이
- ③번 [디자인 모드] 상태에서는 ActiveX 컨트롤의 선택, 크기 조절, 이동 등의 작업을 수행하지만 양식 컨트롤은 디자인 모드와 상관없음
- 따라서 디자인 모드 상태에서 매크로 실행 가능

31 다음 중 아래의 프로시저가 실행된 후 [A1] 셀에 입력되는 값으로 옳은 것은?

```
Sub 예제( )
    Test = 0
    Do Until Test > 10
        Test = Test + 1
    Loop
    Range("A1").Value = Test
End Sub
```

① 10
② 11
③ 0
④ 55

 풀이
- Test = Test + 1 값이 10을 초과하는 값 11이 되면 멈춤
- Range("A1").Value = Test: [A1] 셀에 Test 변수에 마지막으로 저장된 값 11이 들어감

한.번.더! 체크 프로시저

- Sub 예제( ): 프로시저 이름은 '예제'
- Test = 0: Test 변수 초기값 0
- Do Until Test > 10: Test가 10보다 클 때까지 반복해서 실행
- Test = Test + 1: Test에 1씩 더해서 누적 계산
- Loop: 반복
- Range("A1").Value = Test: [A1] 셀에 반복해 계산된 Test 결과값이 할당됨
- End Sub: 프로시저 종료

Test = 0	0	1	2	3	4	5	6	7	8	9	10
Test = Test + 1	1	2	3	4	5	6	7	8	9	10	11

32 다음 중 아래 시트에 대한 각 수식의 결과값이 나머지 셋과 다른 것은?

	A	B	C	D	E	F	G
1	10	20	30	40	50	60	70

① =SMALL(A1:G1,{3})
② =AVERAGE(SMALL(A1:G1,{1;2;3;4;5}))
③ =LARGE(A1:G1,{5})
④ =SMALL(A1:G1,COLUMN(D1))

 풀이
①번 =SMALL(A1:G1,{3}) → 30: (A1:G1)에서 3번째로 작은 값
②번 =AVERAGE(SMALL(A1:G1,{1;2;3;4;5})) → 30: (A1:G1)에서 1번째로 작은 값부터 5번째로 작은 값까지의 평균을 구함
③번 =LARGE(A1:G1,{5}) → 30: (A1:G1)에서 5번째로 큰 값
④번 =SMALL(A1:G1,COLUMN(D1)) → 40: COLUMN(D1)의 결과는 4이고, 4번째로 작은 값은 40

33 아래 시트에서 주민등록번호의 여덟 번째 문자가 '1' 또는 '3'이면 '남', '2' 또는 '4'이면 '여'로 성별 정보를 알 수 있다. 다음 중 성별을 계산하기 위한 [D2] 셀의 수식으로 옳지 않은 것은?(단, [F2:F5] 영역은 숫자 데이터임)

	A	B	C	D	E	F	G
1	번호	성명	주민등록번호	성별		코드	성별
2	1	이경훈	940209-1******	남		1	남
3	2	서정연	920305-2******	여		2	여
4	3	이정재	971207-1******	남		3	남
5	4	이준호	990528-1******	남		4	여
6	5	김지수	001128-4******	여			

① =IF(OR(MID(C2, 8, 1)="2", MID(C2, 8, 1)="4"), "여", "남")
② =CHOOSE(VALUE(MID(C2, 8, 1)), "남", "여", "남", "여")
③ =VLOOKUP(VALUE(MID(C2, 8, 1)), $F$2:$G$5, 2, 0)
④ =IF(MOD(VALUE(MID(C2, 8, 1)), 2)=0, "남", "여")

풀이
①번, ②번, ③번의 결과는 '남', ④번의 결과는 '여'임
④번 =IF(MOD(VALUE(MID(C2, 8, 1), 2)=0), "남", "여"): MID 함수로 추출한 값을 2로 나눈 나머지가 0이면 '남', 그렇지 않으면 '여' 표시함
[C2] 셀에서 8번째부터 1글자를 추출하면 1이고, 이 값을 VALUE 함수를 이용해 숫자로 변경하면 MOD(1, 2)가 됨. 1을 2로 나눈 나머지는 1이므로 전체 수식은 IF(1=0, "남", "여")가 됨. IF 함수의 조건식이 거짓이므로 결과 '여'를 구함

- VALUE(문자열): 문자열을 숫자로 변환
①번 =IF(OR(MID(C2, 8, 1)="2", MID(C2, 8, 1)="4"), "여", "남"): [C2] 셀에서 8번째에서 1글자를 추출한 값이 2이거나 4이면 '여', 그렇지 않으면 '남'을 구함
- MID(문자열, 추출할 문자의 시작 위치, 추출할 문자 수): 문자열의 시작 위치에서 지정한 수만큼 추출
- OR(조건1, 조건2, …): 조건 중 하나라도 참이면 참의 결과값을 구함
- IF(조건, 참의 결과값, 거짓의 결과값): 조건에 대한 참과 거짓의 결과값을 구함
②번 =CHOOSE(VALUE(MID(C2, 8, 1)), "남", "여", "남", "여"): [C2] 셀 8번째에서 1글자를 추출한 값이 1이면 '남', 2이면 '여', 3이면 '남', 4이면 '여'
- CHOOSE(인덱스 번호, A, B, C, D, …): 인덱스 번호에 맞는 값을 구함
  - 인덱스값이 1이면 A, 2면 B, 3이면 C, 4이면 D를 구함
③번 =VLOOKUP(VALUE(MID(C2, 8, 1)), $F$2:$G$5, 2, 0): MID 함수의 결과(1)은 [F2:G5] 영역의 첫 열에서 검색해 2번째 열의 값 '남'을 반환함
- VLOOKUP(찾으려는 값, 데이터를 검색하고 추출하려는 표, 열 번호, 찾는 방법): 표의 첫 열에서 찾으려는 값을 검색해 지정한 열에서 값을 반환
  - 찾는 방법: 정확하게 일치하는 것을 찾으려면 FALSE 또는 0, 비슷하게 일치하는 것을 찾으려면 TRUE 또는 1, 생략

34 아래 시트에서 국적별 영화 장르의 편수를 계산하기 위해 [B12] 셀에 작성해야 할 배열 수식으로 옳지 않은 것은?

	A	B	C	D	E
1					
2	No.	영화명	관객수	국적	장르
3	1	럭키	66,962	한국	코미디
4	2	허드슨강의 기적	33,317	미국	드라마
5	3	그물	9,103	한국	드라마
6	4	프리즘☆투어즈	2,778	한국	애니메이션
7	5	드림 쏭	1,729	미국	애니메이션
8	6	춘몽	382	한국	드라마
9	7	파수꾼	106	한국	드라마
10					
11		코미디	드라마	애니메이션	
12	한국	1	3	1	
13	미국	0	1	1	

① {=SUM(($D$3:$D$9=$A12)*($E$3:$E$9=B$11))}
② {=SUM(IF($D$3:$D$9=$A12, IF($E$3:$E$9=B$11, 1)))}
③ {=COUNT(($D$3:$D$9=$A12)*($E$3:$E$9=B$11))}
④ {=COUNT(IF(($D$3:$D$9=$A12)*($E$3:$E$9=B$11), 1))}

🔓 풀이
- 배열 수식에서는 COUNT 함수만 단독으로 사용하지 않음 COUNT 함수와 IF 함수를 중첩해 사용
- 조건1과 조건2를 만족하는 개수를 구하는 배열 수식
  방법1: =SUM((조건1)*(조건2))
  방법2: =SUM(IF((조건1)*(조건2),1))
  방법3: =COUNT(IF((조건1)*(조건2),1))

35 다음 중 이름 상자에 대한 설명으로 옳지 않은 것은?

① Ctrl을 누르고 여러 개의 셀을 선택한 경우 마지막 선택한 셀 주소가 표시된다.
② 셀이나 셀 범위에 이름을 정의해 놓은 경우 이름이 표시된다.
③ 차트가 선택되어 있는 경우 차트의 종류가 표시된다.
④ 수식을 작성 중인 경우 최근 사용한 함수 목록이 표시된다.

🔓 풀이
- 차트를 선택하면 이름 상자에 차트의 이름이 표시됨(차트1, 차트2, 차트3 …)
- 이름 상자는 셀의 셀 주소 대신에 셀에 대한 이름을 만들 수 있음

36 다음 중 엑셀의 화면 확대/축소 작업에 관한 설명으로 옳지 않은 것은?

① 문서의 확대/축소는 10%에서 400%까지 설정할 수 있다.
② 설정한 확대/축소 배율은 통합 문서의 모든 시트에 자동으로 적용된다.
③ 화면의 확대/축소는 단지 화면에서 보이는 상태만을 확대/축소하는 것으로 인쇄 시 적용되지 않는다.
④ Ctrl을 누른 채 마우스의 스크롤을 위로 올리면 화면이 확대되고, 아래로 내리면 화면이 축소된다.

🔓 풀이 설정한 확대/축소 배율은 현재 시트에만 적용됨

37 다음 중 인쇄 기능에 대한 설명으로 옳지 않은 것은?

① 기본적으로 워크시트의 눈금선은 인쇄되지 않으나 인쇄되도록 설정할 수 있다.
② [페이지 설정] 대화 상자의 [시트] 탭에서 '간단하게 인쇄'를 선택하면 셀의 테두리를 포함하여 인쇄할 수 있다.
③ [인쇄 미리 보기 및 인쇄] 화면을 표시하는 단축키는 Ctrl + F2 이다.
④ [인쇄 미리 보기 및 인쇄]에서 '여백 표시'를 선택한 경우 마우스로 여백을 변경할 수 있다.

🔓 풀이 [페이지 설정] → [시트]에서 '간단하게 인쇄'를 선택하면 개체와 서식을 제외한 텍스트만 인쇄됨

38 다음 중 차트 도구의 [데이터 선택]에 대한 설명으로 옳지 않은 것은?

① [차트 데이터 범위]에서 차트에 사용하는 데이터 전체의 범위를 수정할 수 있다.
② [행/열 전환]을 클릭하여 가로 (항목) 축의 데이터 계열과 범례 항목(계열)을 바꿀 수 있다.
③ 범례에서 표시되는 데이터 계열의 순서를 바꿀 수 없다.
④ 데이터 범위 내에 숨겨진 행이나 열의 데이터도 차트에 표시할 수 있다.

🔓 풀이 ③번 [데이터 원본 선택] 대화 상자에서 범례 항목(계열)의 ▼▲를 클릭해 계열의 순서를 바꿀 수 있음
- [데이터 원본 선택] 대화 상자 실행: 차트에서 마우스 오른쪽 클릭 → [데이터 선택] 선택

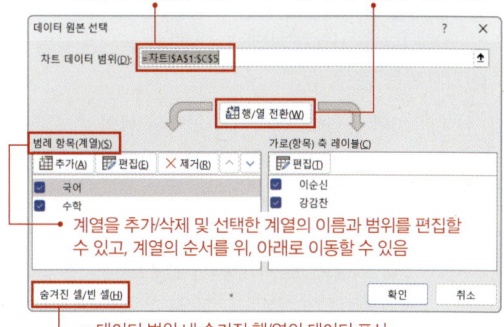

39 다음 중 아래 데이터를 차트로 작성하여 사원별로 각 분기의 실적을 비교·분석하려는 경우 가장 비효율적인 차트는?

사원	1분기	2분기	3분기	4분기
김수정	75	141	206	185
박덕진	264	288	383	353
이미영	305	110	303	353
구본후	65	569	227	332
안정인	246	483	120	204
정주리	209	59	137	317
유경철	230	50	116	239

① 누적 세로 막대형 차트   ② 표식이 있는 꺾은선형
③ 원형 대 가로 막대형   ④ 묶은 가로 막대형

- 원형 차트, 원형 대 가로 막대형 차트는 단일 데이터 계열에 대해서만 작성 가능
- 1분기부터 4분기까지 4개의 데이터 계열이 존재하므로 원형 대 가로 막대형은 적절하지 않음

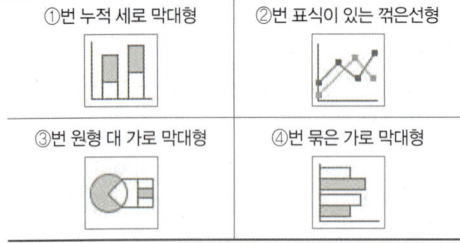

40 다음 중 셀 영역을 선택한 후 상태 표시줄의 바로 가기 메뉴인 [상태 표시줄 사용자 지정]에서 선택할 수 있는 자동 계산에 해당되지 않는 것은?

① 선택한 영역 중 숫자 데이터가 입력된 셀의 수
② 선택한 영역 중 문자 데이터가 입력된 셀의 수
③ 선택한 영역 중 데이터가 입력된 셀의 수
④ 선택한 영역의 합계, 평균, 최소값, 최대값

- 상태 표시줄의 바로 가기 메뉴인 [상태 표시줄 사용자 지정]에는 숫자 셀의 개수는 세지만 문자만 세는 메뉴는 없음
- 선택 영역의 전체 데이터 개수, 숫자 개수 정보만 표시됨
- 선택 영역이 모두 숫자로 구성되어 있으면 합계, 평균, 최소값, 최대값도 자동 표시됨

3과목 데이터베이스 일반

41 다음 중 Access 파일에 암호를 설정하는 방법으로 옳은 것은?

① [데이터베이스 압축 및 복구] 도구에서 파일 암호를 설정할 수 있다.
② 데이터베이스를 단독 사용 모드(단독으로 열기)로 열어야 파일 암호를 설정할 수 있다.
③ 데이터베이스를 MDE 형식으로 저장한 후 파일을 열어야 파일 암호를 설정할 수 있다.
④ [Access 옵션] 창의 보안 센터에서 파일 암호를 설정할 수 있다.

- 데이터베이스를 단독 사용 모드(단독으로 열기)로 열어야 파일 암호 설정 및 해제가 가능
- 데이터베이스 파일 암호 설정/해제 방법

1. 파일을 열 때 '단독으로 열기' 선택

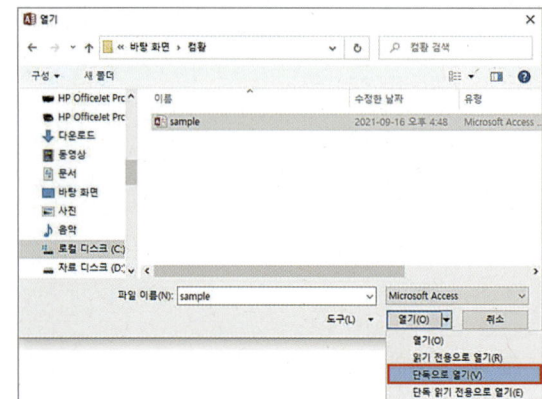

2. [파일] → [정보] → '데이터베이스 암호 설정' 선택

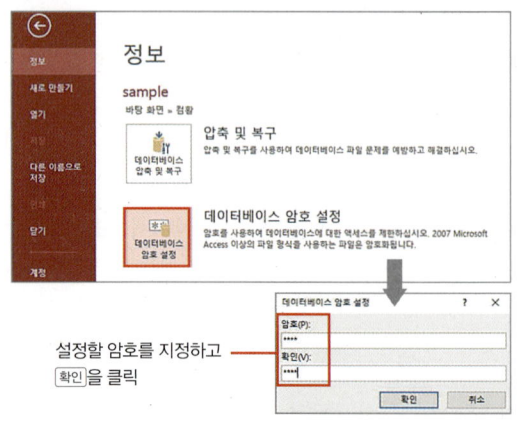

3. 암호 해제 방법은 해당 파일을 '단독으로 열기'로 연 다음 [파일] → [정보] → '데이터베이스 암호 해독' 선택

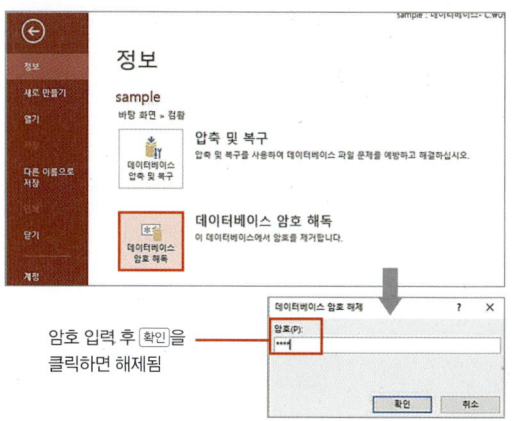

암호 입력 후 확인을 클릭하면 해제됨

42 다음 중 데이터 보안 및 회복, 무결성, 병행 수행 제어 등을 정의하는 데이터베이스 언어로 데이터베이스 관리자가 데이터 관리를 목적으로 주로 사용하는 언어는?

① 데이터 제어어(DCL)
② 데이터 부속어(DSL)
③ 데이터 정의어(DDL)
④ 데이터 조작어(DML)

풀이 ①번 데이터 제어어(DCL): 데이터 보안, 무결성, 데이터 회복, 병행 수행 제어 등을 정의하는 데 사용되는 언어
예) COMMIT, ROLLBACK, GRANT, REVOKE
③번 데이터 정의어(DDL): 데이터베이스를 생성하거나 수정하는 데 사용되는 언어
예) CREATE, ALTER, DROP
④번 데이터 조작어(DML): 사용자가 응용 프로그램을 통해 데이터베이스에 저장된 데이터를 실질적으로 처리(검색, 변경, 삽입, 삭제 등)하는 데 사용하는 언어
예) SELECT, UPDATE, INSERT, DELETE

43 다음 중 SQL 질의에 대한 설명으로 옳지 않은 것은?

① ORDER BY절 사용 시 정렬 방식을 별도로 지정하지 않으면 기본값은 'DESC'로 적용된다.
② GROUP BY절은 특정 필드를 기준으로 그룹화하여 검색할 때 사용한다.
③ FROM절에는 테이블 또는 쿼리 이름을 지정하며, WHERE 절에는 조건을 지정한다.
④ SELECT DISTINCT문을 사용하면 중복 레코드를 제거할 수 있다.

풀이 ①번 ORDER BY 필드명 [ASC|DESC]: 특정 필드를 기준으로 오름차순(생략하면 기본 ASC) 또는 내림차순(DESC) 정렬 수행
따라서 정렬 방식을 별도로 지정하지 않으면 기본값은 오름차순이므로 'ASC'가 적용됨

44 다음 중 보고서의 그룹화 및 정렬에 대한 설명으로 옳지 않은 것은?

① '그룹'은 머리글과 같은 소개 및 요약 정보와 함께 표시되는 레코드의 모음으로 그룹 머리글, 세부 레코드 및 그룹 바닥글로 구성된다.
② 그룹화할 필드가 날짜 데이터이면 전체 값(기본), 일, 주, 월, 분기, 연도 중 선택한 기준으로 그룹화할 수 있다.
③ SUM 함수를 사용하는 계산 컨트롤을 그룹 머리글에 추가하면 현재 그룹에 대한 합계를 표시할 수 있다.
④ 필드나 식을 기준으로 최대 5단계까지 그룹화할 수 있으며, 같은 필드나 식은 한 번씩만 그룹화할 수 있다.

풀이 필드나 식을 최대 10단계까지 그룹할 수 있고, 같은 필드나 식도 여러 번 그룹화할 수 있음

45 다음 중 보고서 작업 시 필드 목록 창에서 선택한 필드를 본문 영역에 추가할 때 자동으로 생성되는 컨트롤은?

① 단추
② 텍스트 상자
③ 하이퍼링크
④ 언바운드 개체 틀

풀이 필드를 본문 영역으로 추가할 때는 텍스트 상자로 추가됨

한번.더! 체크 □ 주요 컨트롤

텍스트 상자	• 바운드 텍스트 상자는 컨트롤 원본 속성이 테이블의 필드명으로 지정된 상태를 의미 • 언바운드 텍스트 상자는 컨트롤 원본 속성이 비어 있는 경우를 의미 • 계산 텍스트 상자는 컨트롤 원본 속성이 식으로 입력된 경우를 의미 • '컨트롤 원본' 속성은 텍스트 상자와 테이블의 필드를 연결하는 역할을 수행
단추 (명령 단추)	명령 단추 마법사를 이용하여 다양한 매크로 함수를 제공
목록 상자	• 여러 개의 데이터 행으로 구성되며 대개 몇 개의 행을 항상 표시할 수 있는 크기로 지정 • 바운드 또는 언바운드 컨트롤로 사용 가능

46 다음 중 보고서의 보기 형태에 대한 설명으로 옳지 않은 것은?

① [보고서 보기]는 출력되는 보고서를 화면 출력용으로 보여 주며 페이지를 구분하여 표시한다.
② [디자인 보기]에서는 보고서에 삽입된 컨트롤의 속성, 맞춤, 위치 등을 설정할 수 있다.
③ [레이아웃 보기]는 출력될 보고서의 레이아웃을 보여 주며 컨트롤의 크기 및 위치를 변경할 수도 있다.
④ [인쇄 미리 보기]에서는 종이에 출력되는 모양을 표시하며 인쇄를 위한 페이지 설정이 용이하다.

풀이 [보고서 보기]는 인쇄 미리 보기와 비슷하지만 페이지의 구분 없이 한 화면에 보고서를 표시함

47 다음 중 아래 보고서에 대한 설명으로 옳지 않은 것은?

대리점명 : 서울지점				
순번	모델명	판매날짜	판매량	판매단가
1	PC4203	2018-07-31	7	₩1,350,000
2		2018-07-23	3	₩1,350,000
3	PC4204	2018-07-16	4	₩1,400,000
			서울지점 소계 :	₩19,100,000

대리점명 : 충북지점				
순번	모델명	판매날짜	판매량	판매단가
1	PC3102	2018-07-13	6	₩830,000
2		2018-07-12	4	₩830,000
3	PC4202	2018-07-31	4	₩1,300,000
4		2018-07-07	1	₩1,300,000
			충북지점 소계 :	₩14,800,000

① '모델명' 필드를 기준으로 그룹이 설정되어 있다.
② '모델명' 필드에는 '중복 내용 숨기기' 속성을 '예'로 설정하였다.
③ 지점별 소계가 표시된 텍스트 상자는 그룹 바닥글에 삽입하였다.
④ 순번은 컨트롤 원본을 '=1'로 입력한 후 '누적 합계' 속성을 '그룹'으로 설정하였다.

풀이 '대리점명' 필드를 기준으로 그룹화되어 있음(그룹 머리글을 표시해서 그룹을 표시)

48 다음 중 아래 <학생> 테이블에 대한 SQL문의 실행 결과로 옳은 것은?

학번	전공	학년	나이
1002	영문	SO	19
1004	통계	SN	23
1005	영문	SN	21
1008	수학	JR	20
1009	영문	FR	18
1010	통계	SN	25

SELECT AVG([나이]) FROM 학생
WHERE 학년 = "SN" GROUP BY 전공
HAVING COUNT(*) >= 2;

① 21　　② 22
③ 23　　④ 24

풀이
- 학생 테이블에서 학년이 'SN'이면서 전공이 2개 이상인 학생의 나이의 평균
- 학년이 SN에서 전공의 개수가 2개 이상인 것은 '통계'이므로 23과 25의 평균을 구함

49 다음 중 선택 쿼리에서 사용자가 지정한 패턴과 일치하는 데이터를 찾고자 할 때 사용되는 연산자는?

① Match　　② Some
③ Like　　　④ Any

풀이 '*'는 반드시 Like 연산자를 수반함
예) Like "*도훈*": 도훈을 포함한 모든 글자를 찾아 줌

한.번.더! 체크 　특수 연산자

IN	지정한 항목에 값이 포함되는지를 확인하기 위해 사용 → OR 연산자와 같은 결과 예) 지역이 서울, 경기, 인천에 해당하는 레코드 　- WHERE 지역 IN ("서울", "경기", "인천");
BETWEEN	두 수의 사이 값을 나타낼 때 사용 → AND 연산자 BETWEEN 하한값 AND 상한값 예) 나이가 30~40 사이에 해당하는 레코드 　- WHERE 나이 BETWEEN 30 AND 40; 　→ WHERE 나이 >= 30 AND 나이 <= 40
LIKE	• 사용자가 지정한 패턴과 일치하는 데이터를 찾고자 할 때 사용 • 데이터에 지정한 문자(문자열)가 포함되어 있는지를 판별할 때 사용 → 유사 검색을 할 때 　- LIKE "김*": "김"으로 시작하는 모든 레코드 검색 　- LIKE "*신림*": "신림"이 포함된 모든 레코드 검색 　- LIKE "[ㄱ-ㄷ]*": "ㄱ"에서 "ㄷ" 사이에 있는 문자로 시작하는 필드 값을 검색
NOT	NOT 조건식 → 조건식 결과를 부정함 예) 지역이 "서울"과 "경기"를 제외한 레코드 　- WHERE 지역 NOT IN ("서울", "경기");

50 다음 중 아래 SQL문으로 생성된 테이블에서의 레코드 작업에 대한 설명으로 옳지 않은 것은?(단, 고객과 계좌 간의 관계는 1:M이다.)

```
CREATE TABLE 고객
  (고객ID   CHAR(20) NOT NULL,
   고객명   CHAR(20) NOT NULL,
   연락번호 CHAR(12),
   PRIMARY KEY (고객ID)
  );
CREATE TABLE 계좌
  (계좌번호 CHAR(10) NOT NULL,
   고객ID   CHAR(20) NOT NULL,
   잔액 INTEGER DEFAULT 0,
   PRIMARY KEY (계좌번호),
   FOREIGN KEY (고객ID) REFERENCES 고객
  );
```

① 〈고객〉 테이블에서 '고객ID' 필드는 동일한 값을 입력할 수 없다.
② 〈계좌〉 테이블에서 '계좌번호' 필드는 반드시 입력해야 한다.
③ 〈고객〉 테이블에서 '연락번호' 필드는 원하는 값으로 수정하거나 생략할 수 있다.
④ 〈계좌〉 테이블에서 '고객ID' 필드는 동일한 값을 입력할 수 없다.

풀이
- 〈고객〉 테이블에서 '고객ID' 필드와 〈계좌〉 테이블에서 '계좌번호' 필드는 기본 키(PRIMARY KEY)로 설정되어 있어서 값을 반드시 입력해야 하고 중복 값을 입력할 수 없음
- 〈계좌〉 테이블에서 '고객ID'는 외래 키이므로 중복 값을 허용하며 NOT NULL로 선언했으므로 NULL 값을 허용하지 않음

한.번.더! 체크 기본 키와 외래 키

기본 키	외래 키
• 모든 레코드를 고유하게 식별할 수 있는 유일한 키 • 기본 키 필드는 중복된 값이 없어야 하고, NULL(비어 있는) 값이 없어야 함 • 관계 설정된 테이블에서 기본 키를 해제할 수 없음	• 기본 테이블을 참조하는 데 사용되는 필드를 의미 • 중복된 레코드가 존재할 수 있음 • NULL 값을 입력할 수 있음

51 다음 중 테이블에서 입력 마스크를 "LA09?"로 설정한 경우 입력할 수 없는 값은?

① AA111 ② A11
③ AA11   ④ A111A

풀이 "LA09?"의 5번째 글자 '?'는 한글과 영문 입력이 가능하므로 5번째 글자가 숫자인 'AA111'가 틀림

기호	설명	입력 여부
0	• 0~9까지 숫자만 입력할 수 있음 • 공백과 더하기, 빼기 기호 입력할 수 없음	필수
9	• 0~9까지 숫자만 입력할 수 있음 • 공백 저장 가능하고 더하기, 빼기 기호 입력할 수 없음	선택
#	• 0~9까지 숫자만 입력할 수 있음 • 공백 저장 가능하고 더하기, 빼기 기호 입력할 수 있음	선택
L	영문자와 한글만 입력할 수 있음	필수
?	영문자와 한글만 입력할 수 있음	선택
A	영문자, 한글, 숫자만 입력할 수 있음	필수
a	영문자, 한글, 숫자만 입력할 수 있음	선택

52 다음 중 아래 〈고객〉과 〈구매리스트〉 테이블 관계에 참조 무결성이 항상 유지되도록 설정할 수 없는 경우는?

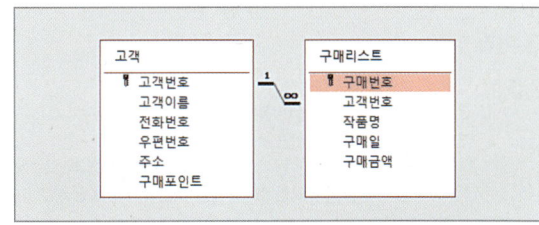

① 〈고객〉 테이블의 '고객번호' 필드 값이 〈구매리스트〉 테이블의 '고객번호' 필드에 없는 경우
② 〈고객〉 테이블의 '고객번호' 필드 값이 〈구매리스트〉 테이블의 '고객번호' 필드에 하나만 있는 경우
③ 〈구매리스트〉 테이블의 '고객번호' 필드 값이 〈고객〉 테이블의 '고객번호' 필드에 없는 경우
④ 〈고객〉 테이블의 '고객번호' 필드 값이 〈구매리스트〉 테이블의 '고객번호' 필드에 두 개 이상 있는 경우

풀이
- 〈고객〉 테이블의 '고객번호' 필드는 기본 키, 〈구매리스트〉 테이블의 '고객번호' 필드는 외래 키임
- 〈고객〉 테이블의 '고객번호' 필드에 없는 값을 〈구매리스트〉 테이블의 '고객번호' 필드에 입력하는 것은 불가함

53 다음 중 외부 데이터 가져오기 기능에 대한 설명으로 옳지 않은 것은?

① 텍스트 파일을 가져와 기존 테이블의 레코드로 추가하려는 경우 기본 키에 해당하는 필드의 값들이 고유한 값이 되도록 데이터를 수정하며 가져올 수 있다.
② Excel 워크시트에서 정의된 이름의 영역을 Access의 새 테이블이나 기존 테이블에 데이터 복사본으로 만들 수 있다.
③ Access에서는 한 테이블에 256개 이상의 필드를 지원하지 않으므로 원본 데이터는 열의 개수가 255개를 초과하지 않아야 한다.
④ Excel 파일을 가져오는 때 한 번에 하나의 워크시트만 가져올 수 있으므로 여러 워크시트에서 데이터를 가져오려면 각 워크시트에 대해 가져오기 명령을 반복해야 한다.

 텍스트 파일을 기존 테이블의 레코드에 추가할 수 있지만 고유값이 되도록 데이터를 수정해서 가져올 수는 없음

54 다음 중 위쪽 구역에 데이터시트를 표시하는 열 형식의 폼을 만들고, 아래쪽 구역에 선택한 레코드에 대한 정보를 수정하거나 입력할 수 있는 데이터시트 형식의 폼을 자동으로 만들어 주는 도구는?

① 폼
② 폼 분할
③ 여러 항목
④ 폼 디자인

 ②번 폼 분할을 통해 화면을 두 개로 나누어 볼 수 있음
①번 기본 보기가 '단일 폼'인 폼을 자동 생성함
③번 기본 보기가 '연속 폼'인 폼을 생성함
④번 폼 만들기 도구로 빈 양식의 폼에서 사용자가 직접 텍스트 상자, 레이블, 단추 등의 필요한 컨트롤들을 삽입하여 폼을 생성함

55 다음 중 이벤트 프로시저에서 쿼리를 실행 모드로 여는 명령은?

① DoCmd.OpenQuery
② DoCmd.SetQuery
③ DoCmd.QueryView
④ DoCmd.QueryTable

- DoCmd.OpenQuery: 쿼리 실행
- DoCmd.OpenTable: 테이블 실행
- DoCmd.OpenForm: 폼 실행
- DoCmd.OpenReport: 보고서 실행

56 다음 중 폼의 구성 요소에 대한 설명으로 옳지 않은 것은?

① 폼 머리글은 인쇄할 때 모든 페이지의 상단에 매번 표시된다.
② 하위 폼은 폼 안에 있는 또 하나의 폼을 의미한다.
③ 폼 바닥글은 폼 요약 정보 등과 같이 각 레코드에 동일하게 표시될 정보가 입력되는 구역이다.
④ 본문은 사용할 실제 내용을 입력하는 구역으로 폼 보기 형식에 따라 하나의 레코드만 표시하거나 여러 개의 레코드를 표시한다.

 ①번 폼 머리글은 인쇄할 때 첫 페이지 상단에 한 번 나옴
- 페이지 머리글: 제목이나 날짜, 페이지 번호처럼 모든 페이지의 상단에 동일하게 표시될 정보가 입력되는 구역이며 인쇄 미리 보기에서만 확인할 수 있음
- 페이지 바닥글: 날짜나 페이지 번호처럼 모든 페이지의 하단에 동일하게 표시될 정보가 입력되는 구역이며 인쇄 미리 보기에서만 확인할 수 있음
- 폼 바닥글: 폼 요약 정보 등과 같이 각 레코드에 동일하게 표시될 정보가 입력되는 구역

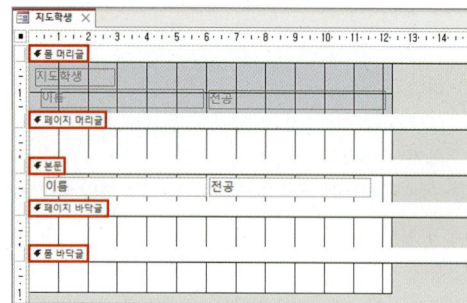

57 다음 중 폼 작성에 관한 설명으로 옳지 않은 것은?

① 여러 개의 컨트롤을 선택하여 자동 정렬할 수 있다.
② 컨트롤의 탭 순서는 자동으로 화면 위에서 아래로 설정된다.
③ 사각형, 선 등의 도형 컨트롤을 삽입할 수 있다.
④ 컨트롤 마법사를 사용하여 폼을 닫는 매크로를 실행시키는 단추를 만들 수 있다.

 컨트롤의 탭 순서는 컨트롤을 만든 순서대로 결정되며 자동으로 정렬할 경우 왼쪽에서 오른쪽으로, 위에서 아래로 설정

58 다음 중 관계형 데이터베이스의 조인(JOIN)에 대한 설명으로 옳지 않은 것은?

① 쿼리에 여러 테이블을 포함할 때는 조인을 사용하여 원하는 결과를 얻을 수 있다.
② 내부 조인은 조인되는 두 테이블에서 조인하는 필드가 일치하는 행만을 반환하려는 경우에 사용한다.
③ 외부 조인은 조인되는 두 테이블에서 공통 값이 없는 데이터를 포함할지 여부를 지정할 수 있다.
④ 조인에 사용되는 기준 필드의 데이터 형식은 다르거나 호환되지 않아도 가능하다.

풀이 조인에 사용되는 기준 필드의 데이터 형식은 같아야 함

한.번.더! 체크 조인의 종류

내부 조인 (Inner Join)	SELECT 필드 FROM 테이블1 INNER JOIN 테이블2 ON 테이블1.필드=테이블2.필드	
	조인되는 두 테이블에서 조인하는 필드가 일치하는 행만을 표시할 때 이용	
왼쪽 외부 조인 (Left Outer Join)	SELECT 필드 FROM 테이블1 LEFT JOIN 테이블2 ON 테이블1.필드=테이블2.필드	
	• 왼쪽 테이블에서는 모든 레코드를 포함하고, 오른쪽 테이블에서는 조인된 필드가 일치하는 레코드만 질의에 포함됨 • 화살표의 방향이 왼쪽에서 오른쪽(→)으로 이동되듯이 표현됨	
오른쪽 외부 조인 (Right Outer Join)	SELECT 필드 FROM 테이블1 RIGHT JOIN 테이블2 ON 테이블1.필드=테이블2.필드	
	• 오른쪽 테이블에서는 모든 레코드를 포함하고, 왼쪽 테이블에서는 조인된 필드가 일치하는 레코드만 질의에 포함됨 • 화살표의 방향이 오른쪽에서 왼쪽(←)으로 이동되듯이 표현됨	

59 다음 중 폼 바닥글의 텍스트 상자의 컨트롤 원본으로 <사원> 테이블에서 직급이 '부장'인 레코드들의 급여 평균을 구하는 함수식으로 옳은 것은?

① =DAVG("[급여]", "[사원]", "[직급]='부장'")
② =DAVG("[사원]", "[급여]", "[직급]='부장'")
③ =AVG("[급여]", "[사원]", "[직급]='부장'")
④ =AVG("[사원]", "[급여]", "[직급]='부장'")

풀이
• 도메인 집계 함수: DSUM, DAVG, DCOUNT, DLOOKUP, DMAX, DMIN
• 도메인 집계 함수("필드", "원본", "조건")
 원본: 테이블이나 쿼리
 원본에서 조건에 만족하는 값을 찾아서 필드의 함수를 구함
 모든 인수는 큰따옴표(" ") 표시
• =DAVG("[급여]", "[사원]", "[직급]='부장'")
 사원 테이블에서 직급이 부장인 것을 찾아서 급여의 평균을 구함

60 다음 중 액세스의 매크로에 대한 설명으로 옳지 않은 것은?

① 반복적으로 수행되는 작업을 자동화하여 간단히 처리할 수 있도록 하는 기능이다.
② 매크로 함수 또는 매크로 함수 집합으로 구성되며, 각 매크로 함수의 수행 방식을 제어하는 인수를 추가할 수 있다.
③ 매크로를 이용하여 폼을 열고 닫거나 메시지 박스를 표시할 수도 있다.
④ 매크로는 주로 컨트롤의 이벤트에 연결하여 사용하며, 폼 개체 내에서만 사용할 수 있다.

풀이 매크로는 폼 개체 및 보고서 개체에서도 사용됨

정답
01.③ 02.② 03.③ 04.③ 05.② 06.② 07.④ 08.④ 09.② 10.③ 11.③ 12.④ 13.① 14.③ 15.② 16.③ 17.② 18.① 19.④ 20.④
21.② 22.④ 23.① 24.③ 25.③ 26.③ 27.② 28.① 29.② 30.③ 31.③ 32.④ 33.④ 34.③ 35.③ 36.② 37.② 38.③ 39.③ 40.②
41.② 42.① 43.① 44.④ 45.② 46.① 47.① 48.④ 49.③ 50.④ 51.② 52.③ 53.① 54.② 55.① 56.① 57.② 58.④ 59.① 60.④

3 2019년 8월 기출문제

컴퓨터활용능력 1급

1과목 컴퓨터 일반

01 다음 중 2차원 또는 3차원 물체의 모형에 명암과 색상을 입혀 사실감을 더해주는 그래픽 기법은?

① 모델링(Modeling)
② 애니메이션(Animation)
③ 리터칭(Retouching)
④ 렌더링(Rendering)

🔓 풀이
①번 모델링: 3차원 모형을 만들기 위한 준비 작업
②번 애니메이션: 정지된 그림을 연속적으로 촬영해 움직이는 것처럼 보이게 하는 기법
③번 리터칭: 이미지를 수정하거나 보정하는 작업

02 다음 중 MP3 파일의 크기를 결정하는 요소에 해당하지 않는 것은?

① 표본 추출률(Hz)
② 샘플 크기(Bit)
③ 재생 방식(Mono, Stereo)
④ 프레임 너비(Pixel)

🔓 풀이
④번 프레임 너비(Pixel): 영상의 화질을 결정하는 요소

03 다음 중 컴퓨터 통신에서 사용하는 프록시(Proxy) 서버의 기능으로 옳은 것은?

① 방화벽 기능과 캐시 기능
② 내부 불법 해킹 차단 기능
③ FTP 프로토콜 연결 해제 기능
④ 네트워크 병목 현상 해결 기능

🔓 풀이
프록시 서버
• 서버와 클라이언트 사이에서 중계자 역할을 하는 서버
• 클라이언트가 자료를 요청하면 프록시 서버가 다른 서버로부터 자료를 찾아 줌
• 방화벽 기능과 캐시 기능이 있음

04 다음 중 바이러스에 대한 설명으로 옳지 않은 것은?

① 감염 부위에 따라 부트 바이러스와 파일 바이러스로 구분한다.
② 사용자 몰래 스스로 복제하여 다른 프로그램을 감염시키고, 정상적인 프로그램이나 다른 데이터 파일 등을 파괴한다.
③ 주로 복제품을 사용하거나 통신 매체를 통하여 다운받은 프로그램에 의해 감염된다.
④ 컴퓨터 하드웨어와 무관하게 소프트웨어에만 영향을 미친다.

🔓 풀이
바이러스는 소프트웨어뿐만 아니라 하드웨어의 성능에도 영향을 미칠 수 있음

05 다음 중 사물 인터넷(IoT)에 대한 설명으로 옳지 않은 것은?

① 모든 사물을 네트워크로 연결하여 소통하는 정보 통신 환경을 의미한다.
② 스마트 센싱 기술과 무선 통신 기술을 융합하여 실시간으로 데이터를 주고받는다.
③ 전기의 생산부터 소비까지의 전 과정에 정보 통신 기술을 접목하여 에너지 효율성을 높인다.
④ 개방형 정보 공유에 대한 부작용을 최소화하기 위해 정보 보안 기술의 적용이 필요하다.

🔓 풀이
③번 스마트 그리드(Smart Grid)

06 다음 중 IPv6 주소 체계에 관한 설명으로 옳지 않은 것은?

① IPv4 주소 체계의 주소 부족 문제를 해결하기 위하여 개발되었다.
② IPv6 주소는 16비트씩 8부분으로 총 128비트로 구성되어 있다.
③ 주소는 네트워크의 크기나 호스트의 수에 따라 A, B, C, D, E 클래스로 나누어진다.
④ 실시간 흐름 제어로 향상된 멀티미디어 기능을 지원한다.

🔓 풀이
③번 IPv4

한.번.더! 체크 ☐ IPv6
• IPv4의 주소 부족 문제를 해결하기 위한 IP 주소 방식
• 주소는 16진수 표기
• 주소는 128비트(16비트씩 8개)로 구성되며, 각 부분은 콜론(:)으로 구분
  예) 2001:0db8:85a3:08d3:1319:8a2e:0370:7334
• 각 블록에서 선행되는 0은 생략 가능
• 0이 연속되는 경우 0은 '::'으로 표기 가능
• 할당된 주소의 낭비 요인을 줄이고 간단하게 주소를 결정
• 주소 할당 방식: 유니캐스트, 애니캐스트, 멀티캐스트

07 다음 중 인터넷에서 사용하는 URL에 관한 설명으로 옳지 않은 것은?

① 인터넷상에 존재하는 각종 자원의 위치를 나타내는 표준 주소 체계이다.
② URL의 일반적인 형식은 '프로토콜://호스트 주소[:포트 번호][/파일 경로]'이다.
③ 계정이 있는 FTP의 경우 'http://사용자 이름[:비밀번호]@서버 이름:포트 번호' 형식으로 사용한다.
④ Mailto 프로토콜은 IP 정보 없이 받는 사람의 이메일 주소만 나타내면 된다.

🔓 풀이
- FTP 계정이 있는 경우 URL 형식
  ftp://아이디[:비밀번호]@서버 이름:포트 번호/파일 경로
- FTP 포트 번호는 20번과 21번을 사용

08 다음 중 컴퓨터 통신에서 사용하는 프로토콜 기능에 관한 설명으로 옳지 않은 것은?

① 통신망에 전송되는 패킷의 흐름을 제어해서 시스템 전체의 안전성을 유지한다.
② 정보를 전송하기 위해 송·수신기 사이에 같은 상태를 유지하도록 동기화 기능을 수행한다.
③ 데이터 전송 도중에 발생하는 오류를 검출한다.
④ 네트워크에 접속된 다양한 단말 장치를 자동으로 인식하여 호환성을 제공한다.

🔓 풀이   ①번 흐름 제어 기능, ②번 동기화 기능, ③번 오류 검출 기능

09 다음 중 객체 지향 프로그래밍 언어에 대한 설명으로 옳지 않은 것은?

① 소프트웨어의 재사용으로 프로그램의 개발 시간을 단축할 수 있다.
② 대표적인 객체 지향 언어로 C++, Java 등이 있다.
③ 상속성, 캡슐화, 추상화, 다형성 등의 특징이 있다.
④ 순차적인 처리가 중요시되며 프로그램 전체가 유기적으로 연결되도록 작성한다.

🔓 풀이
- 객체 지향 언어: 크고 복잡한 프로그램 구축이 어려운 절차형 언어의 문제점을 해결하기 위해 개발된 프로그래밍 기법
  ④번 절차 지향 언어: 프로그램의 구조와 절차에 중점을 둠

10 다음 중 아래의 설명에 해당하는 Windows 제공 기능은?

- 데이터와 데이터를 연결하여 원본 데이터를 수정할 때 연결된 데이터도 함께 수정되도록 지원하는 기능이다.
- 이 기능을 지원하는 그래픽 프로그램에서 그린 그림을 문서 편집기에 연결한 경우 그래픽 프로그램에서 그림을 수정하면 문서 편집기의 그림도 같이 변경된다.

① 선점형 멀티태스킹(Preemptive Multitasking)
② GUI(Graphic User Interface)
③ PnP(Plug & Play)
④ OLE(Object Linking and Embedding)

🔓 풀이   ④번 OLE: 개체 연결 삽입
①번 선점형 멀티태스킹: 운영체제가 모든 응용 프로그램들이 CPU를 점유하는 동안 언제 실행, 중지, 계속할 것인가를 결정하는 방식
②번 GUI: 키보드로 명령어를 입력하지 않고 그림으로 되어 있는 아이콘이나 메뉴들을 마우스로 클릭하여 작업을 수행하는 방식
③번 PnP: 새로운 하드웨어를 추가할 때 시스템이 자동으로 하드웨어를 인식하고 필요한 설정을 하는 기능

11 다음 중 컴퓨터에서 사용하는 ASCII 코드에 관한 설명으로 옳지 않은 것은?

① 각 문자를 7비트로 표현하며, 총 128개의 문자 표현이 가능하다.
② 확장 ASCII 코드는 8비트를 사용한다.
③ 데이터 처리 및 통신 시스템 상호 간의 정보 교환을 위해 사용된다.
④ 각 나라별 언어를 표현할 수 있다.

🔓 풀이   ④번 유니코드

한.번.더! 체크   문자 표현 코드

BCD 코드 (2진화 10진 코드)	• 총 **6비트** 구성 (ZONE 비트 2개, DIGIT 비트 4개) • 총 64개의 문자 표현 가능
ASCII 코드	• 총 **7비트** 구성 (ZONE 비트 3개, DIGIT 비트 4개) • 총 128개의 문자 표현 가능 • 데이터 전송용으로 주로 사용 • 확장 ASCII 코드는 8비트로 256개의 문자 표현 가능 • 미국 표준 정보 교환용 코드
EBCDIC 코드 (확장 2진화 10진 코드)	• 총 **8비트** 구성 (ZONE 비트 4개, DIGIT 비트 4개) • 총 256개의 문자 표현 가능 • BCD 코드의 확장형 • 대형 컴퓨터에서 사용
유니코드 (Unicode)	• 총 **16비트(2Byte)** 국제 표준 코드 • 전 세계 문자 표현 가능

12 다음 중 컴퓨터의 펌웨어(Firmware)에 관한 설명으로 옳은 것은?

① 주로 하드 디스크에 저장되며 부팅 시 동작한다.
② 펌웨어 업데이트만으로도 시스템의 성능을 향상시킬 수 있다.
③ 컴퓨터 바이러스 백신과 관련이 있는 프로그램이다.
④ 컴퓨터 연산 속도를 빠르게 도와주는 하드웨어이다.

> 풀이 펌웨어
> - ROM에 저장되어 관리되며 부팅 시 작동
> - 하드웨어 교체 없이 소프트웨어(펌웨어)의 업그레이드만으로 기능을 향상시킴
> - 하드웨어의 동작을 지시하는 소프트웨어이지만 하드웨어적으로 구성되어 하드웨어의 일부분으로도 볼 수 있는 제품
> - 기계어 처리, 데이터 전송, 부동 소수점 연산, 채널 제어 등의 처리 루틴을 가짐

13 다음 중 컴퓨터 메인보드에 사용되는 칩셋(Chipset)에 관한 설명으로 옳은 것은?

① 컴퓨터를 구성하는 모든 장치들이 장착되고 연결되는 기판이다.
② 메인보드에 장착되어 있는 각 장치들을 제어하고 역할을 조율한다.
③ CPU와 주변 장치 간의 데이터 전송에 사용되는 통로 역할을 한다.
④ 메인보드에 주변 장치를 연결하기 위한 접속 부분을 말한다.

> 풀이 • 칩셋: 메인보드를 관리하기 위한 정보와 각 장치를 지원하기 위한 정보가 포함됨
> ①번 메인보드, ③번 버스, ④번 포트

14 다음 중 컴퓨터 보조 기억 장치로 사용되는 SSD(Solid State Drive)에 관한 설명으로 옳은 것은?

① 고속으로 데이터를 입출력할 수 있으며, 배드 섹터가 발생하지 않는다.
② HDD와 같이 바로 덮어쓰기를 할 수 있으며, 읽기/쓰기 성능이 비슷하다.
③ 650nm 파장의 적색 레이저를 사용하여 데이터를 기록한다.
④ 소음이 없고 발열이 낮으나 HDD에 비해 외부 충격에 약하다.

> 풀이 SSD
> - 하드 디스크(HDD)에 비해 속도가 빠르고 기계적 지연이나 에러의 확률이 적음

> - 발열 및 소음이 적고 소형화, 경량화할 수 있는 하드 디스크 대체 저장 장치
> - 자기 디스크가 아닌 반도체에 데이터를 저장하므로 배드 섹터가 발생하지 않음

15 다음 중 외부 인터럽트가 발생하는 경우에 해당하지 않는 것은?

① 컴퓨터의 전원 공급이 중단되었을 경우
② 실행할 수 없는 명령어가 사용된 경우
③ 타이머에 의해 의도적으로 프로그램이 중단된 경우
④ 입출력 장치의 입출력 준비 완료를 알리는 경우

> 풀이 ②번 내부 인터럽트
> - 인터럽트 처리 과정: 프로그램을 실행하고 있을 때 예기치 않은 상황이 발생하는 경우 실행 중인 작업을 중단하고 상황을 처리 후 다시 실행 중인 작업으로 돌아가는 것을 의미
> - 인터럽트 구분: 외부 인터럽트(외부적 요인에 의해 발생), 내부 인터럽트(잘못된 명령이나 데이터 사용 시 발생), 소프트웨어 인터럽트(특정한 명령 요청에 의해 발생)

16 다음 중 레지스터에 관한 설명으로 옳은 것은?

① CPU 내부에서 특정한 목적에 사용되는 일시적인 기억 장소이다.
② 메모리 중에서 가장 속도가 느리며, 플립플롭이나 래치 등으로 구성된다.
③ 컴퓨터의 유지 보수를 위한 시스템 정보를 저장한다.
④ 시스템 부팅 시 운영체제가 로딩되는 메모리이다.

> 풀이 레지스터
> - CPU 안에서 처리 결과나 연산 중간 결과를 임시로 기억하는 메모리
> - 메모리 중에서 속도가 가장 빠름(기억 장치 속도: 레지스터 → 캐시 메모리 → 주기억 장치 → 보조 기억 장치)
> ③번 레지스트리(Registry), ④번 주기억 장치

17 다음 중 Windows 운영체제에서 사용하는 NTFS 파일 시스템에 관한 설명으로 옳지 않은 것은?

① FAT32 파일 시스템과 비교하여 성능 및 안전성이 우수하다.
② 하드 디스크 논리 파티션의 크기에는 제한이 없다.
③ 비교적 큰 오버헤드가 있기 때문에 약 400MB 이하의 볼륨에서 사용하는 것은 좋지 않다.
④ 파일 및 폴더에 대한 액세스 제어를 유지하고 제한된 계정을 지원한다.

> 풀이 • 최대 볼륨 크기는 256TB, 파일 크기는 볼륨 크기에 의해서 제한됨
> • 파일 시스템 변천 과정: FAT16 → FAT32 → NTFS → exFAT

18 다음 중 Windows의 관리 도구 중 [컴퓨터 관리]에서 수행 가능한 [디스크 관리] 작업에 해당하지 않는 것은?

① 볼륨을 확장하거나 축소할 수 있다.
② 드라이브 문자를 변경할 수 있다.
③ 포맷을 실행할 수 있다.
④ 분석 및 디버그 로그를 표시할 수 있다.

> 풀이
> ④번 이벤트 뷰어
>   - 분석 및 디버그 로그를 표시
>   - 실행 방법: [Windows 관리 도구] → 이벤트 뷰어
> • [컴퓨터 관리], [디스크 관리], [이벤트 뷰어]: 시작(⊞)의 바로 가기 메뉴에서 실행함

19 다음 중 폴더의 [속성] 창에서 설정할 수 없는 작업 내용은?

① 문서나 사진, 음악 등 폴더의 최적화 유형을 설정할 수 있다.
② 폴더에 대한 사용 권한과 공유 설정을 할 수 있다.
③ 폴더 안의 파일을 삭제할 수 있다.
④ 폴더 아이콘을 변경할 수 있다.

> 풀이
> • 실행: 폴더의 바로 가기 메뉴 → [속성]
> • 폴더 속성에서 정보를 확인, 설정 해제 등은 가능하지만 폴더 안의 파일을 삭제하는 기능은 없음

한.번.더! 체크 ☐ **폴더 [속성] 창**

[일반] 탭	• 파일 위치, 크기, 하위 폴더 개수, 만든 날짜를 확인 • 읽기 전용, 숨김 설정
[공유] 탭	네트워크에 있는 파일 및 폴더 공유 설정
[보안] 탭	사용자 권한을 설정
[사용자 지정] 탭	• 폴더 아이콘을 변경 • 문서, 사진, 음악, 비디오의 폴더 최적화 설정

20 다음 중 Windows에서 시스템을 복원해야 하는 시기로 적절하지 않은 것은?

① 새 장치를 설치한 후 시스템이 불안정할 때
② 로그온 화면이 나타나지 않으며, Windows가 실행되지 않을 때
③ 누락되거나 손상된 데이터 파일을 이전 버전으로 되돌리고자 할 때
④ 파일의 단편화를 개선하여 디스크의 접근 속도를 향상시키고자 할 때

> 풀이
> • 복원: 컴퓨터에서 이상 및 문제 발생 시 특정 시점 상태로 되돌림
> ④번 디스크 조각 모음 및 최적화를 수행

2과목 스프레드시트 일반

21 다음 중 아래의 피벗 테이블에 대한 설명으로 옳지 않은 것은?

	A	B	C	D	E	F	G
18		직위	(모두)				
19							
20		평균 : 근속연수		부서명			
21		사원번호2	사원번호	기획팀	영업팀	총무팀	총합계
22		⊟A그룹	AC-300	7			7
23			AC-301	10			10
24		⊟B그룹	BY-400			12	12
25			BY-401	21			21
26			BY-402			8	8

① 피벗 테이블 보고서의 삽입 위치는 기존 워크시트의 [B20] 셀이다.
② 'A 그룹'과 'B 그룹'은 그룹화로 자동 생성된 이름이다.
③ 사원번호를 선택하여 사용자가 직접 그룹화를 설정하였다.
④ 행 레이블 영역의 필드에 필터 조건이 설정되어 있다.

> 풀이
> ①번 피벗 테이블의 위치는 행 레이블과 열 레이블이 교차하는 [B20] 셀
> ②번 'A 그룹'과 'B 그룹'은 사용자가 직접 입력한 이름
> ③번 [C22:C23]을 선택한 후 바로 가기 메뉴에서 [그룹]을 선택해 그룹을 표시
> ④번 사원번호2 필드에 목록 단추가 필터(⊼) 모양

22 다음 중 부분합에 대한 설명으로 옳지 않은 것은?

① 다중 함수를 이용하는 중첩 부분합을 작성하려면 '부분합' 대화 상자에서 매번 '새로운 값으로 대치' 항목을 선택해야 한다.
② 부분합을 제거하면 부분합과 함께 목록에 삽입된 윤곽 및 페이지 나누기도 제거된다.
③ 세부 정보가 있는 행 아래에 요약 행을 지정하려면 '데이터 아래에 요약 표시' 항목을 선택한다.
④ 중첩 부분합은 이미 작성된 부분합 그룹 내에 새로운 부분합 그룹을 추가하는 것이다.

> 풀이
> [부분합] 대화 상자에서 '새로운 값으로 대치'에 체크하면 이미 작성한 부분합을 지우고, 새로운 부분합으로 실행하게 됨('새로운 값으로 대치' 체크를 해제하면 기존 부분합이 유지되므로 중첩된 부분합이 만들어짐)

23 다음 중 자동 필터에 관한 설명으로 옳지 않은 것은?

① 날짜가 입력된 열에서 요일로 필터링하려면 '날짜 필터' 목록에서 필터링 기준으로 사용할 요일을 하나 이상 선택하거나 취소한다.
② 두 개 이상의 필드에 조건을 설정하는 경우 필드 간에는 AND 조건으로 결합되어 필터링된다.
③ 열 머리글에 표시되는 드롭다운 화살표에는 해당 열에서 가장 많이 나타나는 데이터 형식에 해당하는 필터 목록이 표시된다.
④ 검색 상자를 사용하여 텍스트와 숫자를 검색할 수 있으며, 배경 또는 텍스트에 색상 서식이 적용되어 있는 경우 셀의 색상을 기준으로 필터링할 수도 있다.

🔑 풀이 '날짜 필터' 목록에 요일로 필터링하는 기능은 없음

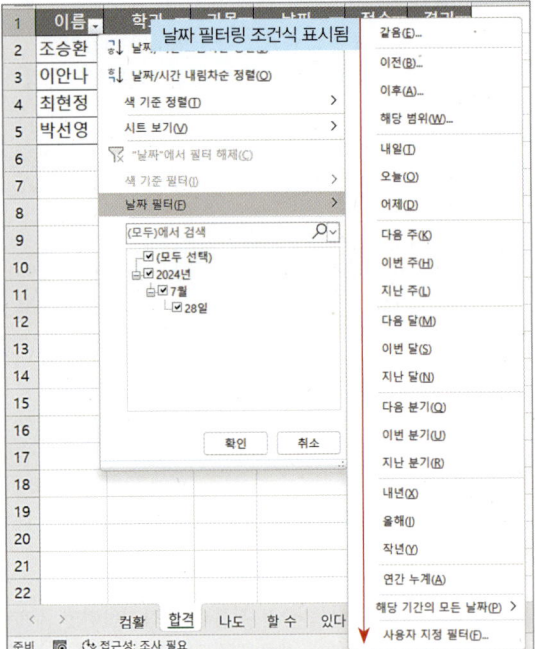

한.번.더! 체크 ☐ 자동 필터
- 전체 데이터에 대해 비교 조건에 맞는 데이터 행만 추출해 표시하는 기능
- [데이터] → [정렬 및 필터] → [필터] 선택
- 자동 필터를 실행하면 각 필드에 필터 단추가 표시됨
- 필터 단추를 이용해 쉽고 빠른 데이터 추출 작업 수행
- 필터를 실행한 결과는 레코드(행) 단위로 표시됨
- 둘 이상의 필드에 조건을 지정하는 경우 AND 조건만 설정됨(OR 조건 불가)

24 다음 중 아래와 같이 왼쪽 그림의 [B2:B5] 영역에 [텍스트 나누기]를 실행하여 오른쪽 그림과 같이 소속이 분리되도록 실행하는 과정으로 옳지 않은 것은?

① 텍스트 마법사 2단계의 데이터 미리 보기에서 분할하려는 위치를 클릭하여 구분선을 넣는다.
② 분할하려는 행과 열에 삽입 가능한 구분선의 개수에는 제한이 없다.
③ 구분선을 삭제하려면 구분선을 마우스로 두 번 클릭한다.
④ 구분선을 옮기려면 선을 마우스로 클릭한 상태에서 드래그한다.

🔑 풀이 열 구분선은 개수 제한 없이 삽입할 수 있지만, 행 구분선은 삽입할 수 없음

25 다음 중 아래 워크시트의 [B2] 셀에 표시 형식을 '$#,##0;($#,##0)'으로 설정하였을 때 표시되는 결과로 옳은 것은?

	A	B	C	D
1				
2		-32767		
3				
4				

① $32,767
② -$32,767
③ ($32,767)
④ (-$32,767)

🔑 풀이
- 사용자 지정 표시 형식: 양수; 음수
- $#,##0;($#,##0): 양수일 때는 $#,##0으로 적용, 음수일 때는 ($#,##0) 형식이 적용됨
- 조건이 있을 때 표시 형식: [색상] [조건] 서식

26 다음 중 데이터 입력에 대한 설명으로 옳지 않은 것은?

① 동일한 문자를 여러 개의 셀에 입력하려면 셀에 문자를 입력한 후 채우기 핸들을 드래그한다.
② 숫자 데이터의 경우 두 개의 셀을 선택하고 채우기 핸들을 선택 방향으로 드래그하면 두 값의 차이만큼 증가/감소하며 자동 입력된다.
③ 일정 범위 내에 동일한 데이터를 한 번에 입력하려면 범위를 지정하여 데이터를 입력한 후 바로 이어서 Shift + Enter를 누른다.
④ 사용자 지정 연속 데이터 채우기를 사용하여 데이터를 입력하는 경우 사용자 지정 목록에는 텍스트나 텍스트/숫자 조합만 포함될 수 있다.

> 풀이 • 일정 범위 내에 동일한 데이터를 한 번에 입력하려면 범위를 지정하여 데이터를 입력한 후 Ctrl + Enter를 누름
> ③번 Shift + Enter를 누르면 셀이 아래쪽이 아니라 위쪽으로 이동함 (Shift는 방향을 전환할 때 사용)

27 다음 중 날짜 데이터의 입력에 대한 설명으로 옳은 것은?

① 날짜는 1900년 1월 1일을 1로 시작하는 일련번호로 저장된다.
② 날짜 데이터는 슬래시(/)나 점(.) 또는 하이픈(-)으로 연, 월, 일을 구분하여 입력한다.
③ 수식에서 날짜 데이터를 직접 입력할 때에는 작은따옴표(' ')로 묶어서 입력한다.
④ 단축키 Ctrl + Alt + ;을 누르면 오늘 날짜가 입력된다.

> 풀이 ②번 날짜는 슬래시(/)와 하이픈(-)으로 연, 월, 일을 구분
> ③번 수식에서 날짜를 직접 입력할 때는 큰따옴표(" ")를 붙임
> ④번 오늘 날짜 입력 단축키: Ctrl + ;
> 현재 시간 입력 단축키: Ctrl + Shift + ;

28 다음 중 아래 그림에서 바로 가기 메뉴 [삭제]의 삭제 옵션을 선택하여 실행한 결과로 가능하지 않은 것은?

	A	B
1	21	31
2	22	32
3	23	33
4	24	34
5	25	35

①
	A	B
1	21	31
2		32
3		33
4		34
5	25	35

②
	A	B
1	21	31
2	25	32
3		33
4		34
5		35

③
	A	B
1	21	31
2		32
3		33
4		34
5	25	35

④
	A	B
1		31
2		32
3		33
4		34
5		35

> 풀이 ③번 Delete를 누르는 경우
> ①번 셀을 왼쪽으로 밀기
> ②번 셀을 위로 밀기
> ④번 열 전체를 밀기

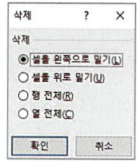

29 다음 중 매크로에 대한 설명으로 옳지 않은 것은?

① 매크로 기록 시 리본 메뉴에서의 탐색도 매크로 기록에 포함된다.
② 매크로 이름은 숫자나 공백으로 시작할 수 없다.
③ 매크로를 사용하면 반복적인 작업들을 빠르고 쉽게 실행할 수 있다.
④ 그래픽 개체에 매크로를 지정한 후 개체를 클릭하여 매크로를 실행할 수 있다.

> 풀이 ①번 매크로는 마우스 클릭이나 키보드 동작이 모두 기록되지만 리본 메뉴 탐색은 기록되지 않음
> ②번 매크로 이름은 문자나 밑줄(_)로 시작하고, /, ?, ' ', ., -, ※ 등의 기호와 공백은 사용이 불가함
> ④번 도형이나 그림과 같은 개체에 매크로 지정이 가능함

30 다음 중 VBA에서 엑셀 프로그램은 종료하지 않고 현재 활성화된 통합 문서만 종료하기 위한 메서드는?

① ActiveWorkbook.Quit ② Application.Quit
③ Workbooks.Close ④ ActiveWindows.Close

 풀이
- 활성화된 통합 문서만 종료: Workbooks.Close
- 엑셀 프로그램: Application
- 통합 문서: Workbooks
- 활성 창: ActiveWindows
②번 엑셀 프로그램 종료

31 아래 워크시트에서 순위[G2:G10]는 총점을 기준으로 구하되 동점자에 대해서는 국어를 기준으로 순위를 구하였다. 다음 중 [G2] 셀에 입력된 수식으로 옳은 것은?

	A	B	C	D	E	F	G
1	성명	국어	수학	영어	사회	총점	순위
2	김희정	92	50	30	10	182	1
3	김선우	80	50	20	30	180	3
4	조민국	90	40	20	30	180	2
5	정윤지	70	50	30	30	180	4
6	김예진	80	50	30	10	170	7
7	서준영	90	40	20	20	170	6
8	김도빈	70	40	30	30	170	8
9	장서원	85	40	30	20	175	5
10	방은주	70	50	10	5	135	9

① {=RANK.EQ($F2,$F$2:$F$10)+RANK.EQ($B$2,$B$2:$B$10)}
② {=RANK.EQ($B$2,$B$2:$B$10)*RANK.EQ($F2,$F$2:$F$10)}
③ {=RANK.EQ($F2,$F$2:$F$10)+SUM(($F$2:$F$10=$F2)*($B$2:$B$10>$B2))}
④ {=SUM(($F$2:$F$10=$F2)*($B$2:$B$10>$B2))*RANK.EQ($F2,$F$2:$F$10)}

 풀이
- 총점(F2:F10) 기준으로 순위 계산
RANK.EQ(순위를 구할 수, 참조할 숫자 목록, 순위를 정할 방법을 지정하는 수): 숫자 목록에서 지정한 수의 순위를 구함(세 번째 인수는 순위를 정할 방법을 지정하는 수로 생략하거나 0이면 내림차순, 1이면 오름차순 순위를 구함)
=RANK.EQ($F2,$F$2:$F$10): 총점에 대한 순위가 계산됨
- 총점이 같은 경우에는 국어 점수가 더 높은 사람에게 순위를 부여 → 두 개 조건식이므로 배열식 사용
{=SUM((조건식1)*(조건식2))}을 이용
{=SUM(($F$2:$F$10=$F2)*($B$2:$B$10>$B2))}: 총점에서 같은 값이 있고 국어 점수가 높은 경우 1, 만족하지 않는 경우 0을 발생
- 최종 수식: {=RANK.EQ($F2,$F$2:$F$10)+SUM(($F$2:$F$10=$F2)*($B$2:$B$10>$B2))} → 순위를 구한 상태에서(예를 들어, 2등인 경우) SUM 함수 결과값(동점한 총점이 있고 국어 점수가 → 더 높은 데이터가 있으면 1, 없으면 0)과 합산한 순위가 표시됨

32 아래 시트와 같이 원본값에 LEFT(원본값, 2) 함수를 적용하여 추출값을 뽑아낸 후 추출값들의 합계를 계산하려고 한다. 다음 중 이를 위한 계산 방법으로 옳지 않은 것은?

	A	B
1	원본값	추출값
2	10개	10
3	23개	23
4	15개	15
5	09개	09
6	24개	24
7	합계	

① =SUMPRODUCT(1*(B2:B6))
② =SUM(VALUE(B2), VALUE(B3), VALUE(B4), VALUE(B5), VALUE(B6))
③ =SUMPRODUCT(++(B2:B6))
④ =SUMPRODUCT(--(B2:B6))

풀이
- 추출값(B2:B6)의 합계(B7)를 계산하는 문제
- SUMPRODUCT(배열1, 배열2): 배열1과 배열2의 원소를 각각 곱한 후 더함(배열이 1개면 합계를 구함)
 - 배열의 원소값이 텍스트인 경우 숫자로 변경하여 계산하는 방법
방법1: =SUMPRODUCT(1*(범위))
방법2: =SUMPRODUCT(--(범위))
방법3: =SUMPRODUCT(0+(범위))
②번 VALUE 함수를 이용해 문자를 숫자 형식으로 변환한 후 합계를 구함
 - LEFT 함수를 이용하여 추출값을 계산하면 모두 문자 형식의 데이터가 되므로 합계를 구하기 위해서는 숫자 형식으로 변환을 해야 함

33 다음 중 [A13] 셀에 수식 '=INDEX((A1:C6, A8:C11), 2, 2, 2)'을 입력한 결과는?

	A	B	C
1	과일	가격	개수
2	사과	690	40
3	바나나	340	38
4	레몬	550	15
5	오렌지	250	25
6	배	590	40
7			
8	아몬드	2800	10
9	캐슈넛	3550	16
10	땅콩	1250	20
11	호두	1750	12
12			
13	=index((A1:C6,A8:C11),2,2,2)		

① 690 ② 340
③ 2,800 ④ 3,550

🔓 **풀이**
- INDEX(참조 영역, 행 번호, 열 번호, 영역 번호): 영역 번호에 해당하는 참조 영역에서 행과 열이 교차하는 위치의 값을 구함
- =INDEX((A1:C6, A8:C11), 2, 2, 2): [A1:C6], [A8:C11] 두 영역에서 2번째 행 2번째 열로 이동한 값을 찾는데 2번째 영역 번호 [A8:C11] 영역에서 찾으라는 의미
- 영역 번호가 1이면 6900이, 영역 번호가 2이면 3,5500이 표시됨

34 다음 중 수식의 결과가 나머지 셋과 다른 것은?

① =ABS(INT(-3/2)) ② =MOD(-3,2)
③ =ROUNDUP(RAND( ), 0) ④ =FACT(1.9)

🔓 **풀이**
①번 =ABS(INT(-3/2)): -3을 2로 나누면 -1.5, INT(-1.5)의 낮은 정수는 -2, -2의 절대값은 2
②번 =MOD(-3,2): -3을 2로 나눈 나머지는 1
③번 =ROUNDUP(RAND( ), 0): RAND( ) 함수는 0 이상 1 미만의 난수를 구함(0~0.9999 …)
이 값을 정수로 올림하면 1
④번 =FACT(1.9): 1.9의 팩토리얼은 1

35 다음 중 Excel에서 리본 메뉴를 최소화하는 방법으로 옳지 않은 것은?

① 엑셀 창 오른쪽 위에 있는 '리본 메뉴 최소화 단추(^)'를 클릭한다.
② 단축키 Alt + F1 을 누른다.
③ 리본 메뉴의 활성 탭 이름을 더블클릭한다.
④ 리본 메뉴를 최소화하거나 원래 상태로 되돌리려면 단축키 Ctrl + F1 을 누른다.

🔓 **풀이**
②번 단축키 Ctrl + F1 을 누름
 Alt + F1 : 범위로 지정된 부분을 차트로 만듦

36 다음 중 아래 데이터를 이용하여 작성 가능한 차트 종류에 해당하지 않는 것은?

지역	A사	B사
동부	13%	39%
서부	35%	6%
남부	27%	27%
북부	25%	28%

① 분산형 차트 ② 도넛형 차트
③ 영역형 차트 ④ 주식형 차트

🔓 **풀이**
- 주어진 데이터로 주식형 차트를 만들면 아래와 같은 메시지 상자가 실행됨

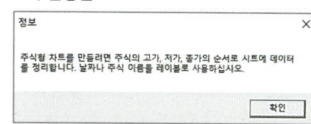

④번 주식형 차트를 만들기 위해서는 계열이 3개(고가, 저가, 종가) 이상 이어야 함

날짜	고가	저가	종가
2020-09-01	₩ 45,201	₩ 13,068	₩ 41,063
2020-09-02	₩ 43,863	₩ 26,500	₩ 38,550
2020-09-03	₩ 47,440	₩ 11,109	₩ 41,007
2020-09-04	₩ 46,180	₩ 14,992	₩ 35,630

①번 분산형 차트
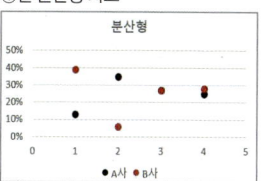

②번 도넛형 차트
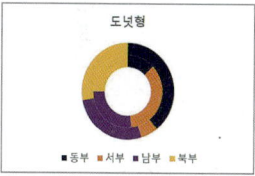

③번 영역형 차트
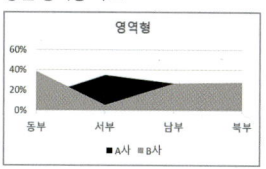

④번 주식형 차트
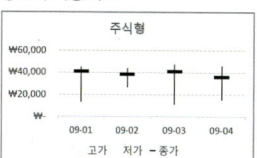

37 다음 중 엑셀 작업 중에 발생할 수 있는 만일의 사태에 대비하고 파일을 복구하기 위한 방법으로 옳지 않은 것은?

① 현재 작업 중인 파일의 백업 파일이 생성되도록 [다른 이름으로 저장] 대화 상자의 [도구] → [일반 옵션]에서 '백업 파일 항상 만들기'를 체크한다.
② 자동 복구를 활성화하여 파일이 원하는 주기마다 자동 저장되도록 설정한다.
③ 자동 복구를 활성화한 경우 [검토] → [정보] → [버전 관리]에서 작업 중인 파일의 이전 버전을 검토할 수 있다.
④ 저장하지 않고 닫은 파일을 복구하려면 [Excel 옵션] 창의 [저장]에서 '저장하지 않고 닫는 경우 마지막으로 자동 저장된 버전을 유지' 확인란이 선택되어 있어야 한다.

🔓 **풀이**
③번 [파일] → 정보 → 버전 관리(365 버전): 이전 버전을 확인하고 복원함
[파일] → 정보 → 통합 문서 관리: 자동 저장된 통합 문서를 열 수 있음

38 다음 중 아래의 <수정 전> 차트를 <수정 후> 차트로 변경하기 위한 작업으로 옳은 것은?

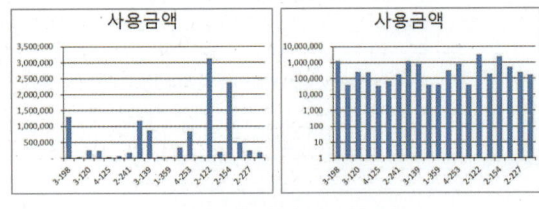

① 차트의 종류를 누적 세로 막대형으로 바꾼다.
② 세로 (값) 축의 표시 단위를 '10000000'으로 설정한다.
③ 세로 (값) 축의 [축 서식]에서 축 옵션 '값을 거꾸로'를 선택한다.
④ 세로 (값) 축의 [축 서식]에서 축 옵션 '로그 눈금 간격'의 기준을 '10'으로 설정한다.

🔓 풀이 ①번 차트 종류: 수정 전·후 변함없이 '묶은 세로 막대형'
②번 표시 단위를 '10000000'으로 지정한 모양

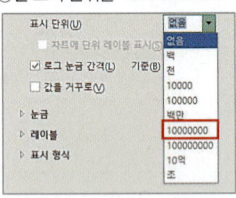

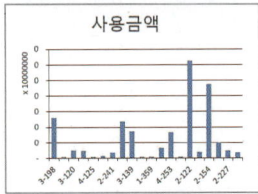

③번 '값을 거꾸로' 선택한 모양

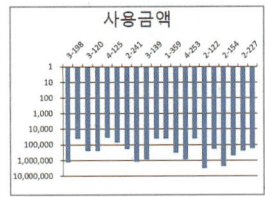

④번 세로 (값) 축의 눈금이 1, 10, 100 … 으로 증가함
• 변경 사항: 세로 (값) 축 서식 → 축 옵션 → '로그 눈금 간격' 기준 값을 10으로 지정해 세로 (값) 축 눈금 간격이 10배씩 표시됨

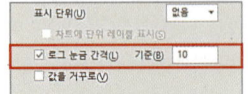

39 다음 중 [인쇄 미리 보기 및 인쇄]에 대한 설명으로 옳지 않은 것은?

① 인쇄 미리 보기를 끝내고 통합 문서로 돌아가려면 다른 탭을 클릭한다.
② 인쇄 및 미리 보기 할 대상을 선택 영역, 활성 시트, 전체 통합 문서 중 선택할 수 있다.
③ 페이지 여백 표시는 가능하나 페이지 여백의 변경은 [페이지 설정] 대화 상자에서만 설정할 수 있다.
④ 용지 방향을 가로 방향과 세로 방향으로 바꿔가며 미리 보기 할 수 있다.

🔓 풀이 ③번 [페이지 설정] 대화 상자에서도 여백 설정이 가능하고, 인쇄 미리 보기에서 '여백 표시(▥)'를 선택한 후 여백선을 마우스로 드래그해 여백을 변경할 수 있음

40 다음 중 워크시트의 인쇄 영역 설정에 대한 설명으로 옳지 않은 것은?

① 인쇄 영역은 리본 메뉴 [페이지 레이아웃] 탭이나 [페이지 설정] 대화 상자의 [시트] 탭에서 설정할 수 있다.
② 인쇄 영역을 설정했더라도 인쇄 시 활성 시트 전체가 인쇄되도록 설정할 수 있다.
③ 여러 시트에서 원하는 영역을 추가하여 인쇄 영역을 확대할 수 있다.
④ 여러 영역이 인쇄 영역으로 설정된 경우 설정한 순서대로 각기 다른 페이지에 인쇄된다.

🔓 풀이 ③번 현재 시트에서만 인쇄 영역을 추가해 확대할 수 있음

3과목 데이터베이스 일반

41 다음 중 매크로에 대한 설명으로 옳지 않은 것은?

① 매크로를 한 단계씩 이동하면서 매크로의 흐름과 각 동작에 대한 정보를 확인할 수 있다.
② Access의 매크로는 작업을 자동화하고 양식, 보고서 및 컨트롤에 기능을 추가할 수 있게 해 주는 도구이다.
③ 이미 매크로에 추가한 작업을 반복해야 하는 경우 매크로 동작을 복사하여 붙여 넣으면 된다.
④ 각 매크로는 하위 매크로를 포함할 수 없다.

🔓 풀이 ④번 매크로는 하위 매크로를 포함할 수 있음
• 매크로 안에서 다른 매크로를 포함할 수 있음

42 다음 중 아래의 이벤트 프로시저에서 [Command1] 단추를 클릭했을 때의 실행 결과로 옳은 것은?

```
Private Sub Command1_Click( )
  DoCmd.OpenForm "사원정보", acNormal
  DoCmd.GoToRecord , , acNewRec
End Sub
```

① [사원정보] 테이블이 열리고, 가장 마지막 행의 새 레코드에 포커스가 표시된다.
② [사원정보] 폼이 열리고, 첫 번째 레코드의 가장 왼쪽 컨트롤에 포커스가 표시된다.
③ [사원정보] 폼이 열리고, 마지막 레코드의 가장 왼쪽 컨트롤에 포커스가 표시된다.
④ [사원정보] 폼이 열리고, 새 레코드를 입력할 수 있도록 비워진 폼이 표시된다.

> 풀이
> - DoCmd.OpenForm "사원정보", acNormal: [사원정보] 폼을 열어 줌
> - DoCmd.GoToRecord , , acNewRec: 새로운 레코드(비어있는 레코드)로 이동함

43 다음 중 데이터 중복성에 대한 설명으로 옳지 않은 것은?

① 중복으로 인한 데이터 불일치 시 일관성을 잃게 된다.
② 중복된 값에 대해 같은 수준의 데이터 보안이 유지되어야 한다.
③ 중복이 많아질수록 갱신 비용이 높아질 수 있다.
④ 제어가 분산되어 데이터 무결성을 유지하기 쉬워진다.

> 풀이
> - ④번 무결성(결점이 없도록 하는 성질)은 분산될수록 무결성을 유지하기 어려움
> - 중복된 값이 있으면 데이터 무결성을 유지하기 어려움

44 다음 중 관계 데이터 모델에 대한 설명으로 옳지 않은 것은?

① 애트리뷰트가 취할 수 있는 같은 타입의 모든 원자 값들의 집합을 도메인이라 한다.
② 관계형 데이터베이스에서 릴레이션은 데이터들을 표(Table) 형태로 표현한 것이다.
③ 속성들로 구성된 튜플들 사이에는 순서가 없다.
④ 애트리뷰트는 널(NULL) 값을 가질 수 없다.

> 풀이 애트리뷰트(Attribute)는 데이터베이스를 구성하는 가장 작은 논리적 단위이며, 필수적으로 입력되는 것이 아니라면 NULL 값을 가질 수 있음

45 다음 중 보고서에서 원본 데이터로 테이블이나 쿼리를 선택하기 위한 속성은?

① ODBC 데이터 원본   ② 레코드 원본
③ OLE DB 원본   ④ 컨트롤 원본

> 풀이 폼이나 보고서의 레코드 원본에서 원본 데이터로 테이블이나 쿼리를 선택할 수 있음

46 다음 중 보고서의 그룹화에 대한 설명으로 옳지 않은 것은?

① 그룹 머리글과 그룹 바닥글에는 그룹별 요약 정보를 삽입할 수 있다.
② 그룹화 기준이 되는 필드는 데이터가 정렬되어 표시된다.
③ 보고서 마법사를 이용하여 기본적인 그룹화 보고서를 작성할 수 있다.
④ 그룹화 기준은 한 개의 필드로만 지정할 수 있다.

> 풀이 그룹화 기준은 식이나 필드 기준으로 최대 10개까지 가능

47 다음 중 보고서의 그룹 바닥글 구역에 '=COUNT(*)'를 입력했을 때 출력되는 결과로 옳은 것은?

① NULL 필드를 포함한 그룹별 레코드 개수
② NULL 필드를 포함한 전체 레코드 개수
③ NULL 필드를 제외한 그룹별 레코드 개수
④ NULL 필드를 제외한 전체 레코드 개수

> 풀이
> - 그룹 바닥글 구역의 =COUNT(*): NULL 필드를 포함한 그룹별 레코드 개수를 표시
> - 보고서 바닥글 구역의 =COUNT(*): NULL 필드를 포함한 보고서 전체의 모든 레코드 개수를 표시

48 다음 중 보고서의 각 구역에 대한 설명으로 옳지 않은 것은?

① '페이지 머리글'은 인쇄 시 모든 페이지의 맨 위에 출력되며, 모든 페이지에 특정 내용을 반복하려는 경우 사용한다.
② '보고서 머리글'은 보고서의 맨 앞에 한 번 출력되며, 함수를 이용한 집계 정보를 표시할 수 없다.
③ '그룹 머리글'은 각 새 레코드 그룹의 맨 앞에 출력되며, 그룹 이름이나 그룹별 계산 결과를 표시할 경우 사용한다.
④ '본문'은 레코드 원본의 모든 행에 대해 한 번씩 출력되며, 보고서의 본문을 구성하는 컨트롤이 추가된다.

> 풀이 '보고서 머리글'은 보고서의 맨 앞에 한 번 출력되며, 함수를 이용한 여러 가지 집계 정보를 표시할 수 있음

• 보고서의 구성 요소

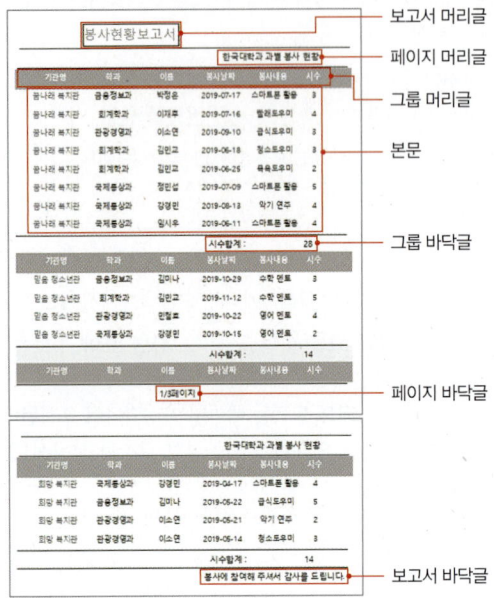

- 보고서 머리글
- 페이지 머리글
- 그룹 머리글
- 본문
- 그룹 바닥글
- 페이지 바닥글
- 보고서 바닥글

49 [평균성적] 테이블에서 '평균' 필드 값이 90 이상인 학생들을 검색하여 '학년' 필드를 기준으로 내림차순, '반' 필드를 기준으로 오름차순 정렬하여 표시하고자 한다. 다음 중 아래 SQL문의 각 괄호 안에 넣을 예약어로 옳은 것은?

```
SELECT 학년, 반, 이름
FROM 평균성적
WHERE 평균 >= 90
( ㉠ ) 학년 ( ㉡ ) 반 ( ㉢ );
```

① ㉠ GROUP BY ㉡ DESC ㉢ ASC
② ㉠ GROUP BY ㉡ ASC ㉢ DESC
③ ㉠ ORDER BY ㉡ DESC ㉢ ASC
④ ㉠ ORDER BY ㉡ ASC ㉢ DESC

풀이
- SELECT 필드명 FROM 테이블
  [WHERE 조건]
  [ORDER BY 필드명 ASC/DESC]
- SELECT 학년, 반, 이름 FROM 평균성적 WHERE 평균>=90 ORDER BY 학년 DESC, 반 ASC;

50 다음 중 요약 데이터를 보다 쉽게 이해할 수 있도록 합계, 평균 등의 집계 함수를 계산한 다음 데이터시트의 측면과 위쪽에 두 세트의 값으로 그룹화하는 쿼리 유형은?

① 선택 쿼리
② 크로스탭 쿼리
③ 통합 쿼리
④ 업데이트 쿼리

풀이 크로스탭 쿼리
- 쿼리 결과를 Excel 워크시트와 비슷한 표 형태로 표시하는 특수한 형식의 쿼리(피벗 테이블과 비슷한 형태)
- 맨 왼쪽에 세로로 표시되는 행 머리글과 맨 위에 가로로 표시되는 열 머리글로 구분하여 데이터를 그룹화함
- 그룹화한 데이터에 대해 레코드 개수, 합계, 평균 등을 계산할 수 있음
- 열 머리글은 반드시 한 개만 사용 가능하고 행 머리글은 세 개까지 지정할 수 있음

51 다음 중 아래 SQL문에 대한 설명으로 옳은 것은?

```
UPDATE 학생 SET 주소 = '서울'
WHERE 학번 = 100;
```

① [학생] 테이블에 주소가 '서울'이고 학번이 100인 레코드를 추가한다.
② [학생] 테이블에서 주소가 '서울'이고 학번이 100인 레코드를 검색한다.
③ [학생] 테이블에서 학번이 100인 레코드의 주소를 '서울'로 갱신한다.
④ [학생] 테이블에서 주소가 '서울'인 레코드의 학번을 100으로 갱신한다.

풀이
- 업데이트 쿼리 SQL문
  UPDATE 테이블 SET 필드 = 값 WHERE 조건
  테이블에서 조건에 만족하는 값을 찾아서 필드의 값을 업데이트함
- UPDATE 학생 SET 주소 = '서울' WHERE 학번 = 100;
  학생 테이블에서 학번 필드의 값이 100인 레코드의 주소 필드를 '서울'로 업데이트함

52 다음 중 각 데이터 형식에 맞는 쿼리의 조건식으로 옳지 않은 것은?

① 숫자 데이터 형식인 경우: >=2000 AND <=4000
② 날짜 데이터 형식인 경우: <"2019-07-17"
③ 문자 데이터 형식인 경우: <>"성북구"
④ 문자 데이터 형식인 경우: In("서울", "부산")

풀이 <#2019-07-17#: 쿼리 조건식에서는 날짜 앞뒤에 '#'을 붙임
날짜 데이터인 경우 큰따옴표를 붙이지 않음

53 다음 중 두 테이블의 조인된 필드가 일치하는 행만 포함하여 보여 주는 조인 방법은?

① 간접 조인　　　② 내부 조인
③ 외부 조인　　　④ 중복 조인

 풀이

내부 조인 (Inner Join)	SELECT 필드 FROM 테이블1 INNER JOIN 테이블2 ON 테이블1.필드=테이블2.필드
	조인되는 두 테이블에서 조인하는 필드가 일치하는 행만을 표시할 때 이용
왼쪽 외부 조인 (Left Outer Join)	SELECT 필드 FROM 테이블1 LEFT JOIN 테이블2 ON 테이블1.필드=테이블2.필드
	• 왼쪽 테이블에서는 모든 레코드를 포함하고, 오른쪽 테이블에서는 조인된 필드가 일치하는 레코드만 질의에 포함됨 • 화살표의 방향이 왼쪽에서 오른쪽(→)으로 이동되듯이 표현됨
오른쪽 외부 조인 (Right Outer Join)	SELECT 필드 FROM 테이블1 RIGHT JOIN 테이블2 ON 테이블1.필드=테이블2.필드
	• 오른쪽 테이블에서는 모든 레코드를 포함하고, 왼쪽 테이블에서는 조인된 필드가 일치하는 레코드만 질의에 포함됨 • 화살표의 방향이 오른쪽에서 왼쪽(←)으로 이동되듯이 표현됨

54 다음 중 Access의 기본 키에 대한 설명으로 옳지 않은 것은?

① 기본 키는 테이블의 [디자인 보기] 상태에서 설정할 수 있다.
② 기본 키로 설정된 필드에는 널(NULL) 값이 허용되지 않는다.
③ 기본 키로 설정된 필드에는 항상 고유한 값이 입력되도록 자동으로 확인된다.
④ 관계가 설정되어 있는 테이블에서 기본 키 설정을 해제하면 해당 테이블에 설정된 관계도 삭제된다.

풀이 기본 키를 해제하려면 관련된 테이블 관계를 해제해야 함

55 다음 중 '일련번호' 데이터 형식에 관한 설명으로 옳지 않은 것은?

① 새로운 레코드 추가 시 자동으로 번호가 부여된다.
② 해당 데이터 필드에 값이 입력되면 일련번호는 수정할 수 없다.
③ 삭제된 일련번호는 다시 부여되지 않는다.
④ 일련번호 형식의 필드 크기는 변경할 수 없다.

풀이
• 일련번호의 필드 크기는 정수(Long)와 복제ID 두 가지로 선택 가능함
• 일련번호의 기본 필드 크기는 4바이트 정수(Long)이지만 16바이트 복제ID로 변경 가능함

56 다음 중 폼 작성 시 사용하는 컨트롤에 대한 설명으로 옳지 않은 것은?

① 레이블 컨트롤은 제목이나 캡션 등의 설명 텍스트를 표현하기 위해 많이 사용된다.
② 텍스트 상자는 바운드 컨트롤로 사용할 수 있으나 언바운드 컨트롤로는 사용할 수 없다.
③ 목록 상자 컨트롤은 여러 개의 데이터 행으로 구성되며 대개 몇 개의 행을 항상 표시할 수 있는 크기로 지정되어 있다.
④ 콤보 상자 컨트롤은 선택 항목 목록을 보다 간단한 방식으로 나타내기 위해 드롭다운 화살표를 클릭하기 전까지는 목록이 숨겨져 있다.

풀이
• 텍스트 상자: 바운드 컨트롤, 언바운드 컨트롤, 계산 컨트롤로 구성됨
• 바운드 컨트롤: '컨트롤 원본' 속성에 테이블 또는 쿼리의 필드가 연결됨
• 언바운드 컨트롤: '컨트롤 원본' 속성에 테이블 또는 쿼리의 필드가 연결되지 않음
• 계산 컨트롤: '컨트롤 원본' 속성에 수식이 작성됨

57 다음 중 [학생] 테이블의 'S_Number' 필드 레이블이 [데이터시트 보기] 상태에서는 '학번'으로 표시하고자 할 때 설정해야 할 항목은?

① 형식　　　② 캡션
③ 스마트 태그　　　④ 입력 마스크

 풀이 테이블에서는 필드명에 입력한 값이 [데이터시트 보기]에서 필드의 제목으로 표시되지만 캡션에 이름을 입력하면 [데이터시트 보기]에서 필드명 대신 캡션에 입력된 제목이 표시됨

58 다음 중 폼에서 Tab을 누를 때 특정 컨트롤에는 포커스가 이동하지 않도록 하기 위한 방법은?

① '탭 인덱스' 속성을 '0'으로 설정한다.
② '탭 정지' 속성을 '예'로 설정한다.
③ '탭 인덱스' 속성을 '-1'로 설정한다.
④ '탭 정지' 속성을 '아니요'로 설정한다.

> 풀이 '탭 정지' 속성을 '아니요'로 설정하면 Tab을 누를 때 해당 컨트롤로 포커스가 이동되지 않음

59 다음 중 폼 작성에 대한 설명으로 옳지 않은 것은?

① 컨트롤 마법사를 사용하여 폼을 닫는 매크로 함수를 실행하는 '명령 단추'를 삽입할 수 있다.
② 폼에서 연결된 테이블의 레코드를 삭제한 경우 영구적인 작업이므로 되돌릴 수 없다.
③ 폼에 컨트롤을 삽입하면 탭 순서가 위에서 아래로, 왼쪽에서 오른쪽 순으로 자동 지정된다.
④ 폼 디자인 도구를 이용하여 여러 컨트롤의 크기와 간격을 일정하게 설정할 수 있다.

> 풀이
> • 폼에 컨트롤을 삽입하면 컨트롤 삽입 순서로 탭 순서가 결정됨
> • 마법사를 사용해서 폼을 만들면 탭 순서가 위에서 아래로, 왼쪽에서 오른쪽순으로 자동 지정됨

60 다음 중 폼에 대한 설명으로 옳지 않은 것은?

① 모든 폼은 기본적으로 테이블이나 쿼리와 연결되어 표시되는 바운드 폼이다.
② 폼 내에서 단추를 눌렀을 때 매크로와 모듈이 특정 기능을 수행하도록 할 수 있다.
③ 일대다 관계에 있는 테이블이나 쿼리는 폼 안에 하위 폼을 작성할 수 있다.
④ 폼과 컨트롤의 속성은 [디자인 보기] 형식에서 [속성 시트]를 이용하여 설정한다.

> 풀이 '자동 폼'이 아닌 폼을 작성하면 기본적으로 테이블이나 쿼리가 연결되지 않은 언바운드 폼 상태가 됨

한.번.더! 체크 □ 폼의 특징

- 테이블이나 쿼리, SQL문을 레코드 원본으로 설정
- 데이터의 입력 및 편집 작업을 위한 일종의 인터페이스로, 데이터를 시각적으로 돋보이게 하는 역할을 함
- 폼을 사용하여 데이터베이스의 보안성과 사용자의 편의성을 높일 수 있음
- 폼에서 데이터를 추가, 제거, 변경하면 원본 테이블, 쿼리 등에 반영됨
- 폼에 이벤트를 지정하여 여러 가지 작업을 자동적으로 수행할 수 있음
- 폼과 컨트롤의 속성은 [디자인 보기] 형식에서 [속성 시트]를 이용해 설정

모바일 앱에서도 기출문제를 풀어 보세요!

정답 01.④ 02.④ 03.① 04.④ 05.③ 06.④ 07.③ 08.④ 09.② 10.② 11.② 12.② 13.② 14.① 15.② 16.① 17.② 18.④ 19.③ 20.④
21.② 22.① 23.① 24.② 25.③ 26.② 27.④ 28.② 29.② 30.③ 31.② 32.③ 33.④ 34.② 35.② 36.④ 37.③ 38.④ 39.② 40.③
41.④ 42.② 43.① 44.② 45.② 46.② 47.① 48.② 49.② 50.② 51.② 52.② 53.② 54.② 55.④ 56.② 57.② 58.④ 59.③ 60.①

2019년 3월 기출문제

컴퓨터활용능력 1급

1과목 컴퓨터 일반

01 다음 중 컴퓨터 시스템에서 사용하는 가상 기억 장치(Virtual Memory)에 대한 설명으로 옳지 않은 것은?

① 보조 기억 장치 같은 큰 용량의 기억 장치를 주기억 장치처럼 사용하는 개념이다.
② 주기억 장치의 용량보다 큰 프로그램의 실행을 가능하게 한다.
③ 주소 매핑(Mapping)이라는 작업이 필요하다.
④ 주기억 장치의 접근 시간을 최소화하여 시스템의 처리 속도가 빨라진다.

> **풀이** ④번 캐시 메모리: 캐시 메모리는 속도가 빠른 SRAM으로 구성되며, 중앙 처리 장치와 주기억 장치 사이의 속도 차이를 줄이는 메모리

02 다음 중 멀티미디어에 대한 설명으로 옳지 않은 것은?

① 멀티미디어와 관련된 표준안은 그래픽, 오디오, 문서 등 매우 다양하다.
② 대표적인 정지 화상 표준으로는 손실, 무손실 압축 기법을 다 사용할 수 있는 JPEG과 무손실 압축 기법을 사용하는 GIF가 있다.
③ MPEG은 Intel사가 개발한 동영상 압축 기술로 용량이 작고, 음질이 뛰어나다.
④ 스트리밍이 지원되는 파일 형식은 ASF, WMV, RAM 등이 있다.

> **풀이** ③번 DVI: Intel사가 개발한 동영상 압축 기술
> • MPEG: 동영상 압축 기술에 대한 표준 규칙

03 다음 중 컴퓨터에서 사용하는 EBCDIC 코드에 대한 설명으로 옳지 않은 것은?

① 확장 2진화 10진 코드로 BCD 코드를 확장한 것이다.
② 특수 문자 및 소문자 표현이 가능하다.
③ 4비트의 존 부분과 4비트의 디지트 부분으로 구성된다.
④ 최대 64개의 문자 표현이 가능하다.

> **풀이** EBCDIC 코드(확장 2진화 10진 코드): 4비트의 존 부분과 4비트의 디지트 부분, 즉 8비트로 구성되며 256개의 문자 표현 가능

04 다음 멀티미디어 용어 중 선택된 두 개의 이미지에 대해 하나의 이미지가 다른 이미지로 자연스럽게 변화하도록 하는 특수 효과를 뜻하는 것은?

① 렌더링(Rendering)
② 안티앨리어싱(Anti-Aliasing)
③ 모핑(Morphing)
④ 블러링(Blurring)

> **풀이** ①번 렌더링: 3차원 애니메이션 또는 이미지를 만드는 과정에서 사물에 명암이나 색상을 추가하여 사실감을 더해 주는 기법
> ②번 안티앨리어싱: 그래픽에서 개체 색상과 배경 색상을 혼합하여 경계면 픽셀을 표현해서 경계면을 부드럽게 보이도록 하는 기법
> ④번 블러링: 초점이 맞지 않는 것처럼 이미지를 흐릿하게 보이도록 하는 기법

한.번.더! 체크 □ 그래픽 기법

디더링 (Dithering)	제한된 색상을 조합하여 다양한 색을 표현하는 기법
모델링 (Modeling)	이미지를 3차원으로 표현하는 기법
메조틴트 (Mezzotint)	많은 선과 점으로 이미지를 만드는 기법

05 다음 중 컴퓨터 통신과 관련하여 P2P 방식에 관한 설명으로 옳은 것은?

① 인터넷에서 이루어지는 개인 대 개인의 파일 공유를 위한 기술이다.
② 인터넷을 통해 MP3를 제공해 주는 기술 및 서비스이다.
③ 인터넷을 통해 동영상을 상영해 주는 기술 및 서비스이다.
④ 여러 사용자가 동시에 온라인 게임을 할 수 있도록 제공해 주는 기술이다.

> **풀이** 피어 투 피어 방식(P2P)
> • 내 컴퓨터가 클라이언트 컴퓨터이면서 동시에 서버 컴퓨터이기도 한 방식
> • 인터넷에서 이루어지는 개인 대 개인의 파일 공유를 위한 기술 (예: 토렌트)
> • 워크스테이션이나 PC를 단말기로 사용하는 작은 규모의 네트워크에 많이 사용
> • 데이터 보안이 취약하며 적은 양의 데이터일 때 사용

06 다음 중 소스 코드까지 제공되어 사용자들이 자유롭게 수정하거나 변경할 수 있는 소프트웨어를 의미하는 것은?

① 주문형 소프트웨어(Customized Software)
② 오픈 소스 소프트웨어(Open Source Software)
③ 셰어웨어(Shareware)
④ 프리웨어(Freeware)

> 풀이
> ①번 주문형 소프트웨어: 특정 고객의 요구와 수요를 만족하기 위해 개발된 소프트웨어
> ③번 셰어웨어: 특정 기능이나 사용 기간에 제한을 두고 무료로 배포하는 소프트웨어
> ④번 프리웨어: 누구나 무료로 사용하는 공개 소프트웨어

07 다음 중 바탕 화면의 바로 가기 메뉴 [개인 설정]을 선택하여 설정할 수 있는 작업에 대한 설명으로 옳지 않은 것은?

① 바탕 화면의 배경, 창 색, 소리 등을 한 번에 변경할 수 있는 테마를 선택할 수 있다.
② 바탕 화면의 배경 이미지를 변경할 수 있다.
③ 바탕 화면에 시계, 일정, 날씨 등과 같은 가젯을 표시하도록 설정할 수 있다.
④ 화면 보호기를 설정할 수 있다.

> 풀이
> ③번 Windows 10에서 가젯 기능은 지원하지 않음
> • 개인 설정: 바탕 화면 배경, 색, 잠금 화면(화면 보호기), 테마(배경, 색, 소리, 마우스 커서를 한 번에 바꿀 수 있음), 글꼴, 시작 화면에 더 많은 스타일 표시, 시작 메뉴에서 앱 목록 표시 등), 작업 표시줄(작업 표시줄 잠금, 자동 숨기기 등)

08 다음 중 Windows에서 Ctrl을 사용해야 하는 작업으로 옳지 않은 것은?

① 마우스와 함께 사용하여 같은 드라이브 내의 다른 폴더로 파일이나 폴더를 복사할 때
② 마우스와 함께 사용하여 비연속적인 위치에 있는 여러 파일이나 폴더를 동시에 선택할 때
③ 마우스와 함께 사용하여 다른 드라이브로 파일을 이동시킬 때
④ Esc와 함께 사용하여 시작 메뉴를 표시하고자 할 때

> 풀이
> • Ctrl을 누른 상태에서 파일을 드래그 앤 드롭하면 같은 드라이브와 다른 드라이브 모두 파일을 복사함
> • Ctrl을 누른 상태에서 비연속적인 파일을 선택함
> • 첫 파일 선택 후 Shift를 누른 상태에서 마지막 파일을 선택하면 연속적으로 선택함
> ③번 다른 드라이브로 파일 이동 시 Shift를 누른 상태에서 마우스를 드래그함

09 다음 중 파일의 바로 가기 메뉴 [연결 프로그램]에 대한 설명으로 옳지 않은 것은?

① 문서나 그림 같은 데이터 파일을 더블클릭할 때 자동으로 실행되는 앱을 의미한다.
② 파일의 바로 가기 메뉴에서 [연결 프로그램]을 선택하면 연결 프로그램을 변경할 수 있다.
③ 연결 프로그램이 지정되지 않았을 때 데이터 파일을 더블클릭하면 연결 프로그램을 선택하기 위한 대화 상자가 표시된다.
④ [연결 프로그램] 대화 상자에서 연결 프로그램을 삭제하면 연결된 데이터 파일도 함께 삭제된다.

> 풀이
> [연결 프로그램] 대화 상자에서 연결 프로그램을 삭제해도 연결된 데이터 파일은 삭제되지 않음

10 다음 중 인터넷 서비스와 관련하여 FTP(File Transfer Protocol)에 관한 설명으로 옳지 않은 것은?

① 컴퓨터와 컴퓨터 사이에 파일을 주거나 받을 수 있는 원격 파일 전송 프로토콜이다.
② FTP 프로그램을 이용하여 FTP 서버에 파일을 전송하거나 수신하고, 파일의 삭제 및 이름 바꾸기 등을 할 수 있다.
③ Anonymous FTP는 FTP 서버에 계정이 없는 익명의 사용자도 접속하여 사용할 수 있는 서비스이다.
④ 그림, 동영상, 실행 파일, 압축 파일 등은 ASCII 모드로 전송한다.

> 풀이
> FTP는 데이터 전송을 위하여 그림, 동영상, 실행 파일, 압축 파일을 전송하는 Binary 모드와 텍스트 파일을 전송하는 ASCII 모드를 제공

11 다음 중 Windows에서 하드 디스크에 적용하는 [드라이브 오류 검사]에 관한 설명으로 옳지 않은 것은?

① 하드 디스크 자체의 물리적 오류를 찾아서 복구하므로 완료하는 데 시간이 더 오래 걸릴 수 있다.
② 하드 디스크 드라이브를 검사하는 동안에도 드라이브를 계속 사용할 수 있다.
③ 하드 디스크 문제로 인하여 컴퓨터 시스템이 오작동하는 경우나 바이러스의 감염을 예방할 수 있다.
④ 하드 디스크의 [속성] → [도구]에서 오류 검사를 실행할 수 있다.

> 풀이
> ③번 바이러스의 감염 예방은 백신의 역할임

12 다음 중 웹 프로그래밍 언어인 JSP에 대한 설명으로 옳지 않은 것은?

① 웹 서버에서 동적으로 웹 브라우저를 관리하는 스크립트 언어이다.
② 웹 환경에서 작동되는 웹 애플리케이션을 개발할 수 있다.
③ Java 언어를 기반으로 하여 윈도우즈 운영체제에서만 실행이 가능하다.
④ HTML 문서 내에서는 <% … %> 와 같은 형태로 작성된다.

> 풀이
> - JSP(Java Server Pages): Java로 만들어진 서버 측 스크립트 언어로 다양한 운영체제에서 사용 가능
> - ASP(Active Server Pages): Windows 운영체제에서 사용하는 서버 측 스크립트 언어

13 다음 중 Windows에 설치된 기본 프린터에 관한 설명으로 옳지 않은 것은?

① 프로그램에서 사용할 프린터를 지정하지 않고 인쇄 명령을 내렸을 때 컴퓨터가 자동으로 문서를 보내는 프린터이다.
② 여러 개의 프린터가 설치된 경우 네트워크 프린터와 로컬 프린터 각각 1대씩을 기본 프린터로 설정할 수 있다.
③ 현재 설정되어 있는 기본 프린터를 다른 프린터로 변경할 수 있다.
④ 기본 프린터로 설정된 프린터도 삭제할 수 있다.

> 풀이
> 기본 프린터는 프린터를 지정하지 않아도 자동으로 인쇄를 수행하는 프린터로 여러 대의 프린터가 설치되어도 한 대의 프린터만 설정 가능

14 다음 중 컴퓨터의 계산 속도 단위가 느린 것에서 빠른 순서대로 옳게 나열된 것은?

① ms → ns → ps → µs
② ps → ns → ms → µs
③ µs → ms → ns → ps
④ ms → µs → ns → ps

> 풀이
> RAM(램)의 단위이기도 하며 수치가 작을수록 속도가 빠름

ms	µs	ns	ps	fs	as
10^{-3}초	10^{-6}초	10^{-9}초	10^{-12}초	10^{-15}초	10^{-18}초
milli second	micro second	nano second	pico second	femto second	atto second

• 연속 속도 단위: (느림) ms → µs → ns → ps → fs → as (빠름)

15 다음 중 컴퓨터에서 중앙 처리 장치와 입출력 장치 사이의 속도 차이로 인한 문제점을 해결해 주는 장치는?

① 레지스터(Register)   ② 인터럽트(Interrupt)
③ 콘솔(Console)   ④ 채널(Channel)

> 풀이
> ①번 레지스터: 메모리 중 가장 빠른 접근 속도를 가짐
> - CPU 내부에서 처리할 명령이나 연산 결과값을 일시적으로 저장하는 기억 장치
> ②번 인터럽트: 프로그램을 실행하고 있을 때 발생하는 예기치 못한 상황으로 인터럽트가 발생하면 실행 중인 작업을 중단하고 상황을 처리한 후 다시 실행 중인 작업으로 돌아감
> ③번 콘솔
> - 컴퓨터를 제어하기 위한 장치(예: 키보드)
> - 사용자는 콘솔을 통해 시스템을 작동시키며 명령을 주고 감시함

16 다음 중 스마트폰을 모뎀처럼 활용하는 방법으로, 컴퓨터나 노트북 등의 IT 기기를 스마트폰에 연결하여 무선 인터넷을 사용할 수 있게 하는 기능은?

① 와이파이(WiFi)   ② 블루투스(Bluetooth)
③ 테더링(Tethering)   ④ 와이브로(WiBro)

> 풀이
> ③번 테더링: 블루투스를 이용하여 가까운 거리의 기기와 인터넷을 함께 사용하는 기능(1대1 연결)
> ①번 와이파이: 좁은 지역에서 사용하는 무선 랜 기술로써 노트북을 무선 핫스팟(Hotspot)에 연결
> ②번 블루투스: 휴대 전화, 노트북 등과 같은 단말 장치의 근거리 무선 접속을 지원하기 위한 통신 기술
> ④번 와이브로: 무선과 광대역 인터넷을 통합한 의미로 휴대용 단말기를 이용하여 이동 중에 인터넷 접속이 가능한 기술

17 다음 중 컴퓨터에 설치된 프린터에서 인쇄가 수행되지 않을 때의 문제 해결 방법으로 옳지 않은 것은?

① 프린터 케이블의 연결 상태가 정상인지 확인한다.
② 프린터의 기종과 프린터의 등록 정보가 올바르게 설정되어 있는지 확인한다.
③ 프린터의 스풀 공간이 부족하여 에러가 발생한 경우에는 하드 디스크에서 스풀 공간을 확보한다.
④ CMOS 셋업에서 프린터의 설정이 제대로 되어 있는지 시험 인쇄를 하여 확인한다.

> 풀이
> ④번 CMOS는 ROM에 저장된 반도체로 CMOS 셋업에서 부팅 순서, 시스템 날짜, 시간, 칩셋, 시스템, 암호 등을 실행함
> 프린터 설정은 Windows에서 설정함

18 다음 중 Windows에서 [방화벽]이 수행하는 작업에 관한 설명으로 옳지 않은 것은?

① 권한이 없는 사용자가 네트워크를 통해 컴퓨터에 액세스 하는 것을 방지한다.
② 특정 연결 요청을 차단하거나 차단 해제하기 위해 사용자의 허가를 요청한다.
③ 사용자가 원할 때 기록을 만들어 컴퓨터에 대해 성공한 연결 시도와 실패한 연결 시도를 기록한다.
④ 위험한 첨부 파일이 있는 전자 메일을 사용자가 열지 못하게 한다.

풀이
- ④번 전자 메일 확인은 User(사용자)의 판단임
- 방화벽(Firewall): 외부의 불법적인 침입을 막는 기능이며 허가된 사람만 들어올 수 있는 기능을 설정할 수 있지만 내부의 불법적인 침입은 막을 수 없음

19 다음 중 정보 보안을 위협하는 분산 서비스 거부 공격에 관한 설명으로 옳은 것은?

① 네트워크 주변을 돌아다니는 패킷을 엿보면서 계정과 패스워드를 알아내는 행위
② 검증된 사람이 네트워크를 통해 데이터를 보낸 것처럼 데이터를 변조하여 접속을 시도하는 행위
③ 여러 장비를 이용하여 특정 서버에 대량의 데이터를 집중적으로 전송하여 정상적인 기능을 방해하는 행위
④ 키보드의 키 입력 시 캐치 프로그램을 사용하여 ID나 암호 정보를 빼내는 행위

풀이 ①번 스니핑, ②번 스푸핑, ④번 키 로거

20 다음 중 컴퓨터의 CMOS에서 설정할 수 있는 항목으로 옳지 않은 것은?

① 시스템 날짜와 시간
② 칩셋 설정
③ 부팅 순서
④ Windows 로그인 암호 변경

풀이
- ④번 로그인 암호 변경은 [설정] → [계정]에서 가능
- CMOS
  - 부팅 시에 필요한 하드웨어 정보를 담고 있는 반도체
  - 부팅 순서를 결정함(하드 디스크 부팅, USB 부팅, CD-ROM 부팅 등)
  - 시스템의 시간 날짜 설정, 칩셋 설정, 시스템 암호 설정

2과목 스프레드시트 일반

21 다음 중 셀에 수식을 입력하는 방법에 대한 설명으로 옳지 않은 것은?

① 수식에서 통합 문서의 여러 워크시트에 있는 동일한 셀 범위 데이터를 이용하려면 3차원 참조를 사용한다.
② 계산할 셀 범위를 선택하여 수식을 입력한 후 Ctrl + Enter 를 누르면 선택한 영역에 수식을 한 번에 채울 수 있다.
③ 수식을 입력한 후 결과값이 수식이 아닌 상수로 입력되게 하려면 수식을 입력한 후 바로 Alt + F9 를 누른다.
④ 배열 상수에는 숫자나 텍스트 외에 'TRUE', 'FALSE' 등의 논리값 또는 '#N/A'와 같은 오류 값도 포함될 수 있다.

풀이 수식 입력 후 F9를 누르면 상수로 입력됨

22 아래 워크시트에서 일자[A2:A7], 제품명[B2:B7], 수량[C2:C7], [A9:C13] 영역을 이용하여 금액[D2:D7]을 배열 수식으로 계산하고자 한다. 다음 중 [D2] 셀에 입력된 수식으로 옳은 것은?(단, 금액은 단가*수량으로 계산하며, 단가는 [A9:C13] 영역을 참조하여 구함)

	A	B	C	D
1	일자	제품명	수량	금액
2	10월 03일	허브차	35	52,500
3	10월 05일	아로마비누	90	270,000
4	10월 05일	허브차	15	22,500
5	11월 01일	아로마비누	20	80,000
6	11월 20일	허브차	80	160,000
7	11월 30일	허브차	90	180,000
8				
9	제품명	월	단가	
10	허브차	10	1,500	
11	허브차	11	2,000	
12	아로마비누	10	3,000	
13	아로마비누	11	4,000	

① {=INDEX($C$10:$C$13,MATCH(MONTH(A2)&B2,$B$10:$B$13&$A$10:$A$13,0))*C2}
② {=INDEX($C$10:$C$13,MATCH(MONTH(A2)&B2,$A$10:$A$13,$A$10:$A$13,0))*C2}
③ {=INDEX($C$10:$C$13,MATCH(MONTH(A2),B2,$B$10:$B$13&$A$10:$A$13,0))*C2}
④ {=INDEX($C$10:$C$13,MATCH(MONTH(A2),B2,$A$10:$A$13&$B$10:$B$13,0))*C2}

> **풀이** • 금액 계산에 필요한 함수
> INDEX(배열, 행 번호, 열 번호): 범위에서 행과 열이 교차하는 셀의 값을 찾아 구함(단일 열인 경우 열 값 생략)
> =INDEX(단가, 월과 제품명이 일치하는 행 번호)*수량
> =INDEX($C$10:$C$13, 행 위치)*C2)
> • 행 위치
> MATCH(찾을 값, 찾을 값이 있는 범위, 일치하는 방법): 셀 범위에서 지정된 항목을 검색하고 범위에서 해당 항목이 차지하는 상대 위치를 구함
> - 찾을 값: 일자에서 추출한 월과 제품명 → MONTH(A2)&B2 → 10허브차
> - 범위: $B$10:$B$13&$A$10:$A$13
> - 방법: 0(정확한 값 찾음)
> =MATCH(MONTH(A2)&B2, $B$10:$B$13&$A$10:$A$13, 0)
> • 금액 계산 배열식: {=INDEX($C$10:$C$13, MATCH(MONTH(A2)&B2, $B$10:$B$13&$A$10:$A$13,0))*C2}

23 다음 중 워크시트 사용에 관한 설명으로 옳지 않은 것은?

① 현재 워크시트의 앞이나 뒤의 시트를 선택할 경우에는 Ctrl + PageUp 과 Ctrl + PageDown 을 이용한다.
② 현재 워크시트의 왼쪽에 새로운 시트를 삽입할 경우에는 Shift + F11 을 누른다.
③ 연속된 여러 개의 시트를 선택할 때에는 첫 번째 시트를 선택하고 Shift 를 누른 채 마지막 시트의 시트 탭을 클릭한다.
④ 그룹으로 묶은 시트에서 복사하거나 잘라 낸 모든 데이터는 다른 한 개의 시트에 붙여 넣을 수 있다.

> **풀이** 그룹으로 묶은 시트에서 복사하거나 잘라 낸 데이터를 한 개 시트에 붙여넣기 할 수 없음

24 다음 중 차트에 포함할 수 있는 추세선에 대한 설명으로 옳은 것은?

① 추세선은 데이터의 추세를 그래픽으로 표시하고 예측 문제를 분석하는 데 사용된다.
② 3차원 차트에 추세선을 표시하기 위해 2차원 차트를 작성하여 추세선을 추가한 뒤에 3차원으로 변환한다.
③ 지수, 선형, 로그 등 3가지 추세선 유형이 있다.
④ 모든 종류의 차트에 추세선을 사용할 수 있다.

> **풀이** ②번 3차원 차트에는 추세선을 추가할 수 없음
> ③번 추세선 종류: 지수, 선형, 로그, 다항식, 거듭제곱, 이동 평균
> ④번 추세선 가능 차트: 가로/세로 막대형, 꺾은선형, 분산형, 거품형, 영역형, 주식형
> • 추세선 사용할 수 없는 차트: 원형, 도넛형, 방사형, 표면형, 3차원 차트

25 다음 중 화면 제어에 관한 설명으로 옳은 것은?

① 틀 고정은 행 또는 열, 열과 행으로 모두 고정이 가능하다.
② 창 나누기는 항상 4개로 분할되며 분할된 창의 크기는 마우스를 드래그하여 변경 가능하다.
③ 틀 고정선은 마우스를 드래그하여 위치를 변경할 수 있다.
④ 창 나누기는 [실행 취소] 명령으로 나누기를 해제할 수 있다.

> **풀이** ②번 창 나누기는 2개 또는 4개로 분할되며 창의 크기는 마우스를 드래그하여 변경 가능함
> ③번 틀 고정선은 마우스를 드래그하여 위치를 변경시킬 수 없고 창 나누기는 가능함
> ④번 창 나누기는 [실행 취소] 명령으로 나누기를 해제할 수 없고 창 구분선을 더블클릭하거나 창 나누기 아이콘을 클릭해서 해제함

26 다음 중 데이터의 필터 기능에 대한 설명으로 옳지 않은 것은?

① 필터 기능은 조건을 기술하는 방법에 따라 자동 필터와 고급 필터로 구분할 수 있다.
② 자동 필터에서 조건 지정 시 각 열에 설정된 조건들은 OR 조건으로 묶여 처리된다.
③ 필터 기능은 많은 양의 자료에서 설정된 조건에 맞는 자료만을 추출하여 나타내기 위한 기능이다.
④ 고급 필터를 이용하면 조건에 맞는 행에서 원하는 필드만 선택하여 다른 영역에 복사할 수 있다.

> **풀이** 자동 필터는 여러 항목간 조건 설정 시 AND 조건만 가능하고 고급 필터는 AND, OR 조건 모두 가능함

27 다음 중 다음과 같은 수학식을 표현하기 위한 엑셀 수식으로 옳은 것은?

$$\sqrt{16} \times (|-2| + 2^3)$$

① =POWER(16)*(ABS(-2)+SQRT(2,3))
② =SQRT(16)*(ABS(-2)+POWER(3,2))
③ =SQRT(16)*(ABS(-2)+POWER(2,3))
④ =POWER(16)*(ABS(-2)+SQRT(3,2))

> **풀이** =SQRT(16) → 4: SQRT는 제곱근(루트)을 구함($\sqrt{16}$)
> =ABS(-2) → 2: ABS는 절대값을 구함(|-2|)
> =POWER(2,3) → 8: POWER는 거듭제곱을 구함(2^3)

28 다음 중 윤곽에 대한 설명으로 옳지 않은 것은?

① 윤곽 기호를 설정하면 그룹의 요약 정보만 또는 필요한 그룹의 데이터만 확인할 수 있어 편리하다.
② 그룹별로 요약된 데이터에서 [윤곽 지우기]를 실행하면 설정된 윤곽 기호와 함께 윤곽 설정에 사용된 요약 정보도 함께 제거된다.
③ [부분합]을 실행하면 각 정보 행 그룹의 바로 아래나 위에 요약 행이 삽입되고, 윤곽이 자동으로 만들어진다.
④ 그룹화하여 요약하려는 데이터 목록이 있는 경우 데이터에 최대 8개 수준의 윤곽을 설정할 수 있으며 한 수준은 각 그룹에 해당한다.

🔓 풀이 [윤곽 지우기]를 실행하면 설정된 윤곽 기호만 제거되고 요약 정보는 그대로 남아 있음

29 다음 중 아래의 피벗 테이블에 대한 설명으로 옳지 않은 것은?

	A	B	C	D
1	구분	(모두)		
2	차종	(모두)		
3				
4	합계 : 통근거리		부서	
5	이름	입사	영업부	총무부
6	김연희		16	
7		1991	16	
8	박은지		24	
9		1996	24	
10	배철수			24
11		1991		24
12	이지원			25
13		1995		25
14	총합계		40	49

① 보고서 필터로 사용된 필드는 '구분'과 '차종'이다.
② 행 영역에 사용된 필드는 '이름'과 '입사'이다.
③ 이지원은 '총무부'이며 통근거리는 '25'이다.
④ 값 영역에 사용된 필드는 '부서'이다.

🔓 풀이
• 값 영역에 사용된 필드는 '통근거리'임
• 열에 사용된 필드는 '부서'임

30 다음 중 윗주에 대한 설명으로 옳지 않은 것은?

① 윗주는 셀에 대한 주석을 설정하는 것으로 문자열 데이터가 입력되어 있는 셀에만 표시할 수 있다.
② 윗주는 삽입해도 바로 표시되지 않고 [홈] → [글꼴] → [윗주 필드 표시]를 선택해야만 표시된다.
③ 윗주에 입력된 텍스트 중 일부분의 서식을 별도로 변경할 수 있다.
④ 셀의 데이터를 삭제하면 윗주도 함께 삭제된다.

🔓 풀이 윗주에 서식을 변경할 수 있음. 단, 윗주의 일부분의 서식만 변경할 수는 없음

31 다음 중 바닥글 영역에 페이지 번호를 인쇄하도록 설정된 여러 개의 시트를 출력하면서 전체 출력물의 페이지 번호가 일련번호로 이어지게 하는 방법으로 옳지 않은 것은?

① [인쇄 미리 보기 및 인쇄]의 '설정'을 '전체 통합 문서 인쇄'로 선택하여 인쇄한다.
② 전체 시트를 그룹으로 설정한 후 인쇄한다.
③ 각 시트의 [페이지 설정] 대화 상자에서 '일련번호로 출력'을 선택한 후 인쇄한다.
④ 각 시트의 [페이지 설정] 대화 상자에서 '시작 페이지 번호'를 일련번호에 맞게 설정한 후 인쇄한다.

🔓 풀이 ③번 [페이지 설정] 대화 상자에 '일련번호로 출력' 설정은 없음

32 다음 중 아래의 VBA 코드에 대한 설명으로 옳지 않은 것은?

```
Private Sub Worksheet_Change(ByVal Target As Range)
If Target.Address = Range("a1").Address Then
    Target.Font.ColorIndex = 5
    MsgBox Range("a1").Value & "입니다."
End If
End Sub
```

① 일반 모듈이 아닌 워크시트 이벤트를 사용한 코드이다.
② [A1] 셀을 선택하면 [A1] 셀의 값이 메시지 박스에 표시된다.
③ VBA 코드가 작성된 워크시트에서만 동작한다.
④ [A1] 셀이 변경되면 [A1] 셀의 글꼴 색이 ColorIndex가 5인 색으로 변경된다.

🔓 풀이
• [A1] 셀 값이 변경되면 [A1] 셀의 값이 메시지 박스에 표시됨

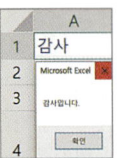

• Private Sub ~ End Sub는 코드가 작성된 워크시트에서만 적용하는 선언문
ⓐ Private Sub Worksheet_Change(ByVal Target As Range)
ⓑ If Target.Address = Range("a1").Address Then
ⓒ Target.Font.ColorIndex = 5
ⓓ MsgBox Range("a1").Value & "입니다."
ⓔ End If
ⓕ End Sub

ⓐ 코드가 작성된 워크시트에 변동이 생길 때 적용하는 이벤트 프로시저(Target 매개 변수에 값을 전달)
ⓑ [a1] 셀의 주소를 Target 변수에 전달, 즉 [a1] 셀에 변동이 생기면
ⓒ [a1] 셀의 글꼴 색을 5(파랑)로 지정
ⓓ [a1] 셀의 값과 '입니다'를 연결해 메시지 박스를 표시
ⓔ If문을 종료
ⓕ 프로시저를 종료

33 다음 중 시트의 특정 범위만 항상 인쇄하는 경우에 대한 설명으로 옳지 않은 것은?

① 인쇄할 영역을 블록 설정한 후 [페이지 레이아웃] → [페이지 설정] → [인쇄 영역] → [인쇄 영역 설정]을 클릭한다.
② 인쇄 영역으로 설정되면 페이지 나누기 미리 보기에서는 설정된 부분만 표시된다.
③ 인쇄 영역을 설정하면 자동으로 Print_Area라는 이름이 작성되며, 이름은 Ctrl + F3 혹은 [수식] → [정의된 이름] → [이름 관리자]에서 확인할 수 있다.
④ 인쇄 영역 설정은 [페이지 설정] 대화 상자의 [시트] 탭에서 지정할 수도 있다.

풀이 ②번 [페이지 나누기 미리 보기]에서도 워크시트의 모든 내용이 표시됨. 인쇄 영역으로 설정된 부분은 흰색 배경으로, 인쇄가 되지 않는 영역은 회색으로 표시됨

34 다음 중 아래 워크시트에서 [B1:B3] 영역의 문자열을 [B4] 셀에 목록으로 표시하여 입력하기 위한 키 조작으로 옳은 것은?

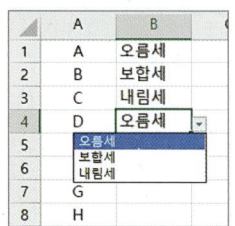

① Tab + ↓
② Shift + ↓
③ Ctrl + ↓
④ Alt + ↓

풀이 셀을 선택 후 Alt + ↓ 를 누르면 목록이 나타남

35 다음 중 수식의 결과가 옳지 않은 것은?

① =FIXED(3456.789,1,FALSE) → 3,456.8
② =EOMONTH(DATE(2015,2,25),1) → 2015-03-31
③ =CHOOSE(ROW(A3:A6),"동","서","남","북") → 남
④ =REPLACE("February", SEARCH("U", "Seoul-Unesco"), 5, " ") → Febru

풀이 • SEARCH(찾으려는 문자, 찾으려는 문자가 포함된 문자열, [찾으려는 문자의 시작 위치]): 문자열에서 찾을 문자의 위치를 숫자로 구함(찾으려는 문자의 시작 위치를 생략하면 자동으로 1로 인식함), 대/소문자 구분 안 함
=SEARCH("U", "Seoul-Unesco") → 4
• REPLACE(일부분을 바꾸려는 문자열, 바꾸기 시작할 문자 위치, 바꾸려는 문자의 개수, 대체할 새 문자): 문자열 일부를 시작 위치에서 지정한 개수만큼 다른 문자로 변환
=REPLACE("February", 4, 5, " ") → Feb: February에서 4번째부터 5글자를 공백(" ")으로 대체
①번 FIXED(숫자, [자릿수], [쉼표 표시 여부]): 숫자를 자릿수로 반올림한 후 텍스트로 변환함
 - 자릿수를 생략하면 2
 - 쉼표 표시 여부: TRUE면 쉼표 표시 안 함, FALSE면 쉼표 표시
=FIXED(3456.789, 1, FALSE) → 3,456.8: 3456.789를 소수 1자리로 반올림한 후 쉼표(,) 표시함
②번 DATE(연, 월, 일): 연, 월, 일 입력받은 정수를 날짜로 나타냄
=DATE(2015, 2, 25) → 2015-02-25
EOMONTH(시작 날짜, 개월 수): 시작 날짜에서 개월 수를 더하거나 뺀 달의 마지막 날짜를 구함
=EOMONTH(2015-2-25, 1) → 2015-03-31
③번 ROW(참조 셀): 참조 영역의 행 번호를 구함
=ROW(A3:A6) → 3: [A3] 셀의 행 번호를 구함
=ROWS(A3:A6) → 4
CHOOSE(인덱스 번호, 값1, 값2, …): 인덱스 번호에 맞는 값을 구함
=CHOOSE(3, "동", "서", "남", "북") → 남

36 다음 중 아래 차트에 대한 설명으로 옳지 않은 것은?

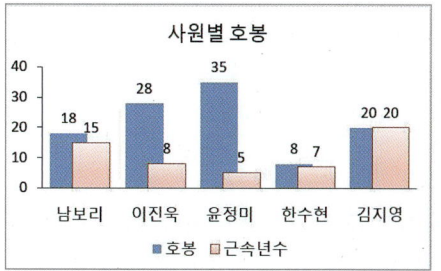

① 데이터 표식 항목 사이의 간격을 넓히기 위해서는 '간격 너비' 옵션을 현재 값보다 더 큰 값으로 설정한다.
② 데이터 계열 항목 안에서 표식이 겹쳐 보이도록 '계열 겹치기' 옵션을 음수 값으로 설정하였다.
③ 세로 (값) 축의 '주 눈금선'이 표시되지 않도록 설정하였다.
④ 레이블의 위치를 '바깥쪽 끝에'로 설정하였다.

풀이 계열 겹치기: 수치를 양수로 지정하면 데이터 계열(세로 막대)이 겹치고 수치를 음수로 지정하면 데이터 계열 간격이 떨어짐

37 다음 중 아래 시트에서 부서별 인원수 [H3:H6]를 구하기 위하여 [H3] 셀에 입력되는 배열 수식으로 옳지 않은 것은?

	A	B	C	D	E	F	G	H
1								
2		사원명	부서명	직위	급여		부서별 인원수	
3		홍길동	개발1부	부장	3500000		개발1부	3
4		이대한	영업2부	과장	2800000		개발2부	1
5		한민국	영업1부	대리	2500000		영업1부	1
6		이겨레	개발1부	과장	3000000		영업2부	2
7		김국수	개발1부	부장	3700000			
8		박미나	개발2부	대리	2800000			
9		최신호	영업2부	부장	3300000			
10								

① {=SUM(($C$3:$C$9=G3)*1)}
② {=DSUM(($C$3:$C$9=G3)*1)}
③ {=SUM(IF($C$3:$C$9=G3, 1))}
④ {=COUNT(IF($C$3:$C$9=G3, 1))}

🔓 풀이
- DSUM 배열 수식은 없음
- 조건 1개일 때 구하는 배열 수식
  방법1: {=SUM((조건)*1)}
  방법2: {=SUM(IF(조건,1))}
  방법3: {=COUNT(IF(조건,1))}

38 다음 중 셀에 입력된 데이터에 사용자 지정 표시 형식을 설정한 후의 표시 결과로 옳은 것은?

① 0.25 → 0#.#% → 0.25%
② 0.57 → #.# → 0.6
③ 90.86 → #.##0.0 → 90.9
④ 100 → #.###;@"점" → 100점

🔓 풀이
①번 0.25 → 0#.#% → 25.%
②번 0.57 → #.# → .6: #은 0이거나 자릿수가 없으면 표시하지 않음
③번 90.86 → #,##0.0 → 90.9
④번 100 → #,###;@"점" → 100: 입력 데이터가 숫자면 천 단위 구분 기호로 표시하고 문자면 문자 뒤에 '점' 표시됨
현재 숫자는 100이므로 100이 표시됨
- 강남 → #,###;@"점" → 강남점: '강남'은 문자

39 다음 중 매크로를 작성하고 사용하는 방법에 대한 설명으로 옳지 않은 것은?

① 매크로를 기록하는 경우 기본적으로 셀은 절대 참조로 기록되며, 상대 참조로 기록하고자 할 경우 '상대 참조로 기록'을 선택한 다음 매크로 기록을 실행한다.
② 매크로에 지정된 바로 가기 키가 엑셀 고유의 바로 가기 키와 중복될 경우 엑셀 고유의 바로 가기 키가 우선한다.
③ 매크로를 기록하는 경우 실행하려는 작업을 완료하는 데 필요한 모든 단계가 매크로 레코더에 기록되며, 리본 메뉴에서의 탐색은 기록된 단계에 포함되지 않는다.

④ 개인용 매크로 통합 문서에 저장한 매크로는 엑셀을 시작할 때마다 자동으로 로드되므로 다른 통합 문서에서도 실행할 수 있다.

🔓 풀이 엑셀 고유의 바로 가기 키와 매크로 바로 가기 키가 중복되면 매크로 바로 가기 키가 우선함

40 다음 중 시나리오에 대한 설명으로 옳지 않은 것은?

① 시나리오는 별도의 파일로 저장하고 자동으로 바꿀 수 있는 값의 집합이다.
② 시나리오를 사용하여 워크시트 모델의 결과를 예측할 수 있다.
③ 여러 시나리오를 비교하기 위해 시나리오를 한 페이지의 피벗 테이블로 요약할 수 있다.
④ 시나리오 피벗 테이블 보고서에는 결과 셀이 반드시 있어야 한다.

🔓 풀이
- 시나리오는 별도의 파일이 아닌 별도의 시트가 만들어지면서 시나리오 요약 보고서가 생성됨
- 시나리오 보고서 종류는 '시나리오 요약'과 '시나리오 피벗 테이블 보고서' 두 종류가 있음
- '시나리오 요약' 보고서는 결과 셀을 지정하지 않고 생성할 수 있으나, '시나리오 피벗 테이블 보고서'는 결과 셀을 반드시 지정해야 함

3과목 데이터베이스 일반

41 다음 중 폼이나 보고서의 특정 컨트롤에서 '=[단가]*[수량]*(1-[할인률])'과 같은 계산식을 사용하고, 계산 결과를 소수점 이하 첫째 자리까지 표시하고자 할 때 사용해야 할 함수는?

① STR( ) ② VAL( )
③ FORMAT( ) ④ DLOOKUP( )

🔓 풀이
- =FORMAT(값, "표시 형식"): 값을 지정된 표시 형식으로 나타냄
- =FORMAT([단가]*[수량]*(1-[할인율]), "#0.0")

42 다음 중 참조 무결성에 대한 설명으로 옳지 않은 것은?

① 참조 무결성은 참조하고 참조되는 테이블 간의 참조 관계에 아무런 문제가 없는 상태를 의미한다.
② 다른 테이블을 참조하는 테이블 즉, 외래 키 값이 있는 테이블의 레코드 삭제 시에는 참조 무결성이 위배될 수 있다.

③ 다른 테이블을 참조하는 테이블의 레코드 추가 시 외래 키 값이 널(Null)인 경우에는 참조 무결성이 유지된다.
④ 다른 테이블에 의해 참조되는 테이블에서 레코드를 추가하는 경우에는 참조 무결성이 유지된다.

> 풀이
> • 외래 키는 반드시 기본 키에 있는 값들을 가지고 있어야 함
> 외래 키에 있는 값들을 추가하거나 삭제할 수 있음

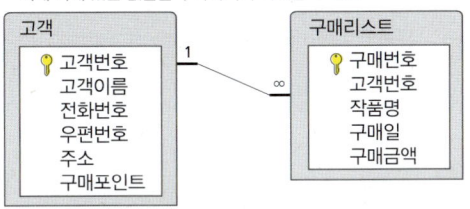

> • <고객> 테이블의 '고객번호' 필드는 기본 키, <구매리스트> 테이블의 '고객번호' 필드는 외래 키임
> • <고객> 테이블의 '고객번호' 필드에 없는 값을 <구매리스트> 테이블의 '고객번호' 필드에 입력하는 것은 불가함

43 다음 중 그룹화된 보고서의 그룹 머리글과 그룹 바닥글에 대한 설명으로 옳지 않은 것은?

① 그룹 머리글은 각 그룹의 첫 번째 레코드 위에 표시된다.
② 그룹 바닥글은 각 그룹의 마지막 레코드 아래에 표시된다.
③ 그룹 머리글에 계산 컨트롤을 추가하여 전체 보고서에 대한 요약 값을 계산할 수 있다.
④ 그룹 바닥글은 그룹 요약과 같은 항목을 나타내는 데 효과적이다.

> 풀이 ③번 전체 보고서에 대한 요약 값은 보고서 머리글이나 바닥글에서 작성함
> • 그룹 머리글: 그룹에 대한 요약 값을 그룹 상단에 계산하여 표시
> • 보고서 머리글: 보고서 첫 페이지에 한 번만 표시되며 보고서 전체에 대한 요약 값을 계산할 수 있음
> • 보고서 바닥글: 보고서 마지막 페이지에 한 번만 표시되며 보고서 전체에 대한 요약 값을 계산할 수 있음

44 다음 중 하나의 필드에 할당되는 크기(바이트 수 기준)가 가장 작은 데이터 형식은?

① Yes/No
② 날짜/시간
③ 통화
④ 일련번호

> 풀이 ①번 Yes/No: 1비트
> ②번 날짜/시간: 8바이트
> ③번 통화: 8바이트
> ④번 일련번호: 4바이트 또는 16바이트

45 다음 중 기본 키(Primary Key)에 대한 설명으로 옳은 것은?

① 모든 테이블에는 기본 키를 반드시 설정해야 한다.
② 액세스에서는 단일 필드 기본 키와 일련번호 기본 키만 정의 가능하다.
③ 데이터가 이미 입력된 필드도 기본 키로 지정할 수 있다.
④ OLE 개체나 첨부 파일 형식의 필드에도 기본 키를 지정할 수 있다.

> 풀이
> • 데이터가 이미 입력되어 있어도 중복 값이 없고 NULL 값이 없으면 기본 키로 지정할 수 있음
> • 기본 키: 테이블에서 레코드를 고유 식별하기 위한 항목을 지정하는 것으로 학생에게 학번을 부여하는 것과 같음
> 반드시 설정해야 할 사항은 아님

46 다음 중 폼을 디자인 보기나 데이터시트 보기로 열기 위해 사용하는 매크로 함수는?

① RunCommand
② OpenForm
③ RunMacro
④ RunSQL

> 풀이 ①번 RunCommand: 명령 실행 함수
> ③번 RunMacro: 매크로 실행 함수
> ④번 RunSQL: SQL 실행 함수

47 다음 중 직원(사원번호, 부서명, 이름, 나이, 근무연수, 급여) 테이블에서 '근무연수'가 3 이상인 직원들을 나이가 많은 순서대로 조회하되, 같은 나이일 때 급여의 오름차순으로 모든 필드를 표시하는 SQL문은?

① select * from 직원 where 근무연수 >= 3 order by 나이, 급여
② select * from 직원 order by 나이, 급여 where 근무연수 >= 3
③ select * from 직원 order by 나이 desc, 급여 asc where 근무연수 >= 3
④ select * from 직원 where 근무연수 >= 3 order by 나이 desc, 급여 asc

> 풀이 • SELECT * FROM 테이블 WHERE 조건 ORDER BY 필드
> • 테이블에서 조건에 만족하는 필드를 정렬해서 모든 필드를 표시 (SELECT *: 모든 필드를 표시)
> • select * from 직원 where 근무연수 >= 3 order by 나이 desc, 급여 asc
> • DESC: 내림차순, ASC 또는 생략: 오름차순

48 다음 중 하위 폼에 관한 설명으로 옳지 않은 것은?

① 하위 폼은 기본 폼 내에서만 존재하며 별도의 독립된 폼으로 열 수 없다.
② 일대다 관계가 설정되어 있는 테이블이나 쿼리를 효과적으로 사용하기 위하여 사용한다.
③ 하위 폼은 보통 일대다 관계에서 '다'에 해당하는 테이블이나 쿼리를 원본으로 한다.
④ 연결 필드의 데이터 형식과 필드 크기는 같거나 호환되어야 한다.

> 풀이 별도의 독립된 폼으로 열거나 닫을 수 있는 폼으로 하위 폼을 만듦
> 예) 반석 복지관이 기본 폼에 표시되고 아래 하위 폼에는 반석 복지관에서 봉사한 자세한 내역을 볼 수 있음

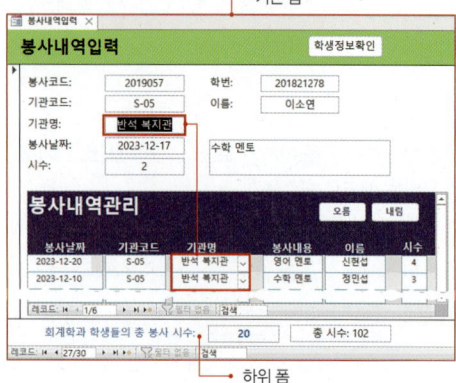

49 다음 중 현재 폼에서 'cmd숨기기' 단추를 클릭하는 경우, DateDue 컨트롤이 표시되지 않도록 하기 위한 이벤트 프로시저로 옳은 것은?

① Private Sub cmd숨기기_Click( )
   Me.[DateDue]!Visible = False
   End Sub
② Private Sub cmd숨기기_DblClick( )
   Me![DateDue].Visible = True
   End Sub
③ Private Sub cmd숨기기_Click( )
   Me![DateDue].Visible = False
   End Sub
④ Private Sub cmd숨기기_DblClick( )
   Me.DateDue!Visible = True
   End Sub

> 풀이
> • Private Sub cmd숨기기_Click( ): cmd숨기기 단추를 클릭했을 때
> • Me![DateDue].Visible = False: DateDue 컨트롤이 표시되지 않음
> • Visible 속성값이 'True'이면 컨트롤을 표시하고, 'False'이면 표시하지 않음
> • End Sub: 프로시저 종료함

50 다음 중 크로스탭 쿼리에 대한 설명으로 옳지 않은 것은?

① 쿼리 결과를 Excel 워크시트와 비슷한 표 형태로 표시하는 특수한 형식의 쿼리이다.
② 맨 왼쪽에 세로로 표시되는 행 머리글과 맨 위에 가로 방향으로 표시되는 열 머리글로 구분하여 데이터를 그룹화한다.
③ 그룹화한 데이터에 대해 레코드 개수, 합계, 평균 등을 계산할 수 있다.
④ 열 머리글로 사용될 필드는 여러 개를 지정할 수 있지만, 행 머리글로 사용할 필드는 하나만 지정할 수 있다.

> 풀이 열 머리글로 사용될 필드는 반드시 한 개만 가능하며 행 머리글은 최대 3개까지 지정할 수 있음

51 다음 중 실행 쿼리의 삽입(INSERT)문에 대한 설명으로 옳지 않은 것은?

① 한 개의 INSERT문으로 여러 개의 레코드를 여러 개의 테이블에 동일하게 추가할 수 있다.
② 필드 값을 직접 지정하거나 다른 테이블의 레코드를 추출하여 추가할 수 있다.
③ 레코드의 전체 필드를 추가할 경우 필드 이름을 생략할 수 있다.
④ 하나의 INSERT문을 이용해 여러 개의 레코드와 필드를 삽입할 수 있다.

> 풀이 INSERT문은 여러 개의 레코드를 오로지 한 개 테이블에 추가할 수 있음

52 다음 중 쿼리에서 사용하는 문자열 조건에 대한 설명으로 옳지 않은 것은?

① "수학" or "영어": "수학"이나 "영어"인 레코드를 찾는다.
② LIKE "서울*": "서울"이라는 문자열로 시작하는 필드를 찾는다.
③ LIKE "*신림*": 문자열의 두 번째가 "신"이고 세 번째가 "림"인 문자열을 찾는다.
④ NOT "전산과": 문자열의 값이 "전산과"가 아닌 문자열을 찾는다.

> 풀이
> • LIKE "*신림*": "신림"이 포함된 모든 문자열을 찾음
> • 와일드 카드(*, ?): *는 모든 문자를 대신해 사용, ?는 한 개의 문자를 대신해 사용
>   예) 박*: 박으로 시작하는 모든, *박: 박으로 끝나는 모든, *박*: 박이 포함된 모든 것

53 입사 지원자의 정보를 DB화하기 위해 테이블을 설계하고자 한다. 다음 중 한 명의 지원자가 여러 개의 이력이나 경력 사항을 가질 때 가장 적절한 테이블 구조는?

① 지원자(지원자ID, 이름, 성별, 생년월일, 연락처) 경력(경력ID, 회사, 직무, 근무 기간)
② 지원자(지원자ID, 이름, 성별, 생년월일, 연락처) 경력(경력ID, 지원자ID, 회사, 직무, 근무 기간)
③ 지원자(지원자ID, 이름, 성별, 생년월일, 연락처, 회사, 직무, 근무 기간)
④ 지원자(지원자ID, 이름, 성별, 생년월일, 연락처, 회사1, 직무1, 근무 기간1, 회사2, 직무2, 근무 기간2, 회사3, 직무3, 근무 기간3)

🔓 풀이
- 지원자는 여러 개의 이력·경력 사항을 가짐: 일대다(1:N) 관계
- 일대다(1:N) 관계: 기본 테이블의 한 개체가 상대 테이블의 여러 개체와 대응하는 관계(예: 부모와 자식 관계)
- ②번 지원자 테이블의 '지원자ID'가 기본 키가 되고, 지원자의 경력 사항은 여러 개 올 수 있으므로 '다'에 해당됨
- 따라서 경력 테이블의 외래 키 설정이 필요하고 지원자ID 필드가 존재해야 함

54 다음 중 동아리 회원 목록을 표시하는 [동아리회원] 폼에서 아래 그림과 같이 여자 회원인 경우 본문 영역의 모든 컨트롤들의 글꼴 서식을 굵게, 기울임꼴로 표시하는 방법으로 적절한 것은?

학번	학과명	이름	성별	생년월일
2022301	산업공학과	유재성	여자	2002-05-30
2022302	산업공학과	이미희	남자	2002-11-09
2022303	산업공학과	이성진	남자	2002-08-27
2022304	전자공학과	강일진	여자	2002-02-26
2022305	전자공학과	양필숙	여자	2002-03-01
2022306	전자공학과	이태현	여자	2002-03-02
2022307	전자공학과	김호영	여자	2002-03-03
2022308	디자인학과	민상철	여자	2002-03-04
2022309	디자인학과	배서연	여자	2002-03-05
2022310	디자인학과	임고은	남자	2002-03-06
2022311	디자인학과	유재성	남자	2002-03-07
2022312	디자인학과	이미희	남자	2002-03-08
2022313	디자인학과	이성진	남자	2002-03-09

① 본문 영역에서 '성별' 컨트롤을 선택한 후 조건부 서식에서 규칙으로 '필드 값이', '다음 값과 같음', 값을 '여자'로 지정한 후 서식을 설정한다.
② 본문 영역의 모든 컨트롤들을 선택한 후 조건부 서식에서 규칙으로 조건식을 [성별]='여자'로 지정한 후 서식을 설정한다.
③ 본문 영역의 모든 컨트롤들을 선택한 후 조건부 서식에서 규칙으로 '필드 값이', '다음 값과 같음', 값을 '여자'로 지정한 후 서식을 설정한다.
④ 테이블의 데이터시트 보기에서 여자 회원 레코드들을 모두 선택한 후 서식을 설정한다.

🔓 풀이
- 조건부 서식을 이용하여 조건식을 [성별]='여자'로 지정 후 서식을 지정해 주면 됨
- ①번과 ③번: 필드 값을 기준으로 했으므로 해당 컨트롤에만 조건부 서식이 적용됨

55 폼의 각 컨트롤에 포커스가 위치할 때 입력 모드를 '한글' 또는 '영숫자 반자'로 각각 지정하고자 한다. 다음 중 이를 위해 설정해야 할 컨트롤 속성은?

① 엔터 키 기능(Enter Key Behavior)
② 상태 표시줄(Status Bar)
③ 탭 인덱스(Tab Index)
④ IME 모드(IME Mode)

🔓 풀이
- ④번 IME 모드(IME Mode)는 한글 영어 등 입력 모드를 설정
- ①번 엔터 키 기능(Enter Key Behavior): 엔터 키를 눌렀을 때 실행할 작업을 설정
- ②번 상태 표시줄(Status Bar): 컨트롤에 포커스가 이동되었을 때 상태 표시줄에서 설명을 볼 수 있음
- ③번 탭 인덱스(Tab Index): 컨트롤의 탭 순서를 지정

56 아래와 같이 보고서의 그룹 바닥글에 도서의 총 권수와 정가의 합계를 인쇄하고자 한다. 다음 중 총 권수와 정가합계 두 컨트롤의 수식으로 옳은 것은?

출판사 : 다림[(02)860-2000]

도서코드	도서명	저자	정가
A547	자전거 도둑	박완서	7000
A914	와인	김준철	25000

총 권수 : 2권   정가합계 : 32000

① =COUNT([정가]) & "권", =TOTAL([정가])
② =COUNTA([정가]) & "권", =SUM([정가])
③ =COUNTA([도서명]) & "권", =TOTAL([정가])
④ =COUNT(*) & "권", =SUM([정가])

🔓 풀이
- 액세스에서는 COUNTA 함수, TOTAL 함수가 없음
- &: 함수와 문자를 이어줄 때, 문자와 문자를 이어줄 때, 식과 식을 이어줄 때 사용
- =COUNT(*): 레코드 개수 구함
- =SUM([정가]): 정가 합계 계산

57 다음 중 정규화에 대한 설명으로 옳지 않은 것은?

① 대체로 더 작은 필드를 갖는 테이블로 분해하는 과정이다.
② 데이터 중복을 최소화하기 위한 작업이다.
③ 정규화를 통해 테이블 간의 종속성을 높이기 위한 것이다.
④ 추가, 갱신, 삭제 등 작업 시의 이상(Anomaly) 현상이 발생하지 않도록 하기 위한 것이다.

 풀이
- 정규화: 데이터를 입력 또는 삭제 시 이상(Anomaly) 현상이 일어나지 않도록 데이터베이스를 설계하기 위한 기술
- 정규화는 중복을 최소화하고 테이블 속성들 사이의 종속성을 제거함

58 다음 중 Access의 개체에 대한 설명으로 옳지 않은 것은?

① 쿼리는 폼이나 보고서의 원본 데이터로 사용할 수 있다.
② 폼은 테이블이나 쿼리 데이터의 입출력 화면을 작성한다.
③ 매크로는 모듈에 비해 복잡한 작업을 처리하기 위해 프로그램을 직접 작성하는 것이다.
④ 테이블은 데이터를 저장하는 데 사용하는 데이터베이스 개체로, 레코드 및 필드로 구성된다.

 풀이
- 매크로
  - 작업을 자동화해 작업을 간단히 처리하는 기능
  - 매크로는 프로그램을 작성하는 것이 아니라 매크로 함수를 한 개 이상 사용해 만듦

59 다음 중 보고서에서 '페이지 번호'를 표현하는 식과 그 결과의 연결이 옳은 것은?(단, 전체 페이지는 3이고, 현재 페이지는 1이다.)

① =[Page] → 3
② =[Page] & "페이지" → 1 & 페이지
③ =Format([Page], "000") → 1000
④ =[Page] & "/" & [Pages] & "페이지" → 1/3페이지

 풀이
- [Page]: 현재 페이지가 표시됨
- [Pages]: 전체 페이지가 표시됨

- 페이지 번호의 표시 방법

전체 페이지가 3이고, 현재 페이지는 1
=[Page]& "페이지" → 1페이지
Format([Page], "00") → 01
=[Page] & "/" & [Pages] & "페이지" → 1/3페이지
=[Page] → 1
=[Pages] & "중" & [Page] → 3중1
="Page" & [Page] &"/" & [Pages] → Page 1/3
=[Page] & "/" & [Pages] & "Page" → 1/3 Page

60 다음 중 액세스의 보고서에 대한 설명으로 옳은 것은?

① 보고서 머리글과 보고서 바닥글의 내용은 모든 페이지에 출력된다.
② 보고서에서도 폼에서와 같이 이벤트 프로시저를 작성할 수 있다.
③ 보고서의 레코드 원본으로 테이블, 쿼리, 엑셀과 같은 외부 데이터, 매크로 등을 지정할 수 있다.
④ 컨트롤을 이용하지 않고도 보고서에 테이블의 데이터를 표시할 수 있다.

 풀이
①번 페이지 머리글과 페이지 바닥글이 모든 페이지에 출력됨
③번 보고서의 레코드 원본은 테이블, 쿼리, SQL임
④번 보고서의 모든 데이터는 컨트롤을 이용하여 표시함

한.번.더! 체크 □ 보고서의 구성 요소

보고서 머리글	• 보고서의 맨 앞에 한 번만 표시되며, 함수를 이용한 집계 정보를 표시할 수 있음 • 일반적으로 회사 로고, 제목 등을 표시하는 구역
페이지 머리글	인쇄 시 매 페이지의 위쪽에 출력되며, 모든 페이지에 특정 내용을 반복해서 인쇄할 때 사용
그룹 머리글	• 새 레코드 그룹의 맨 앞에 출력되며, 그룹 이름이나 그룹별 계산 결과를 표시하여 그룹별 요약 값을 계산할 때 사용 • 그룹의 첫 번째 레코드 위에 표시
그룹 바닥글	• 그룹의 마지막 레코드 아래에 표시 • 그룹별 요약 정보를 표시할 때 사용

모바일 앱에서도 기출문제를 풀어 보세요!

정답 01.④ 02.③ 03.④ 04.③ 05.① 06.② 07.③ 08.③ 09.① 10.④ 11.③ 12.③ 13.② 14.④ 15.④ 16.④ 17.④ 18.④ 19.③ 20.④ 21.③ 22.① 23.④ 24.③ 25.① 26.② 27.③ 28.② 29.④ 30.③ 31.② 32.③ 33.② 34.④ 35.④ 36.② 37.② 38.③ 39.④ 40.① 41.③ 42.② 43.③ 44.① 45.③ 46.④ 47.④ 48.① 49.③ 50.① 51.② 52.③ 53.② 54.③ 55.④ 56.④ 57.③ 58.③ 59.④ 60.②

EBS

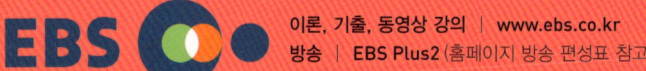

한 번에 핵심만 담은
컴퓨터 활용 능력

1급 필기

EBS 자체 제작

모의고사

01 컴퓨터활용능력 1급 필기 모의고사 1회

과목당 40점 이상, 평균 60점 이상 | 제한시간: 60분 | 수험자명: | 점수:

1과목 ▶ 컴퓨터 일반

1. 다음 중 컴퓨터 정보 기기에 사용하는 UEFI BIOS에 관한 설명으로 옳은 것은?

   ① CUI 방식으로 키보드를 사용하여 옵션을 선택할 수 있다.
   ② BIOS의 저장 위치가 ROM에 있으며 속도가 느리다.
   ③ 파티션을 최대 4대까지 사용할 수 있다.
   ④ 파티션 방식이 GPT 방식이다.

2. 다음 중 Windows 레지스트리에 관한 설명으로 옳지 않은 것은?

   ① Windows에서 사용되는 환경 설정 및 시스템과 관련된 하드웨어와 소프트웨어 정보가 저장된 데이터베이스이다.
   ② 레지스트리에 문제가 발생하면 부팅이 안 될 수도 있고 운영체제에 치명적인 손상이 생길 수 있다.
   ③ 레지스트리 정보는 복원이 가능하지만 수정이나 삭제가 불가능하다.
   ④ 검색 상자에서 "regedit" 명령으로 레지스트리 편집기를 실행할 수 있다.

3. 다음 중 컴퓨터 소프트웨어 개발 과정에서 제작되는 베타 버전에 관한 설명으로 옳은 것은?

   ① 정식 프로그램 출시 전에 테스트용으로 제작되어 일반인이나 사용자에게 공개하는 소프트웨어
   ② 소프트웨어 개발사에서 자체적으로 테스트하는 소프트웨어
   ③ 구매를 유도하기 위해 특정 기능이나 사용 기간에 제한을 두고 무료로 배포하는 소프트웨어
   ④ 소스 코드가 제공되어 사용자들이 자유롭게 수정하거나 변경할 수 있는 소프트웨어

4. 다음 중 멀티미디어 동영상에 관한 설명 중 옳지 않은 것은?
   ① AVI: MS사에서 개발한 Windows 표준 동영상 파일로 무손실 압축을 사용하며 용량이 크다.
   ② ASF: Apple사에서 개발한 동영상 압축 기술로 Windows에서는 Quick Time for Windows 프로그램을 설치하여 재생할 수 있다.
   ③ MPEG: 동영상 전문가 그룹에서 제정한 동영상 압축 기술에 관한 국제 표준 규격으로 동영상뿐만 아니라 오디오에 관한 다양한 압축 포맷과 부가 표준을 만들었다.
   ④ H.264(AVC): 동영상 녹화, 압축, 배포에 가장 많이 쓰이고 있으며 압축률이 좋아 용량을 작게 만들 수 있다.

5. 다음 중 주변 장치에 대한 제어 권한을 CPU로부터 넘겨받아 CPU 대신 입출력을 관리하는 것은?
   ① 클라이언트/서버 ② 인터럽트
   ③ DMA   ④ 채널

6. 다음 중 멀티미디어에 관한 설명 중 옳지 않은 것은?
   ① 동영상이나 애니메이션을 구성하는 한 장의 정지 사진을 프레임이라고 하고 초당 보여 주는 프레임의 단위를 FPS라고 한다.
   ② 인코딩은 출력할 기기나 매체에 맞게 동영상 해상도나 코덱, 형식 등을 변환하는 과정을 의미한다.
   ③ 텍스트, 그래픽, 사운드, 동영상, 애니메이션 등의 여러 미디어를 통하여 처리하는 멀티미디어의 특징을 비선형성(Non-Linear)이라고 한다.
   ④ 정보 제공자와 사용자 간의 상호 작용에 의해 데이터가 전달되는 쌍방향성의 특징이 있다.

7. 다음 중 인터넷 서비스와 관련하여 FTP(File Transfer Protocol)에 관한 설명으로 옳지 않은 것은?
   ① Anonymous FTP는 FTP 서버에 계정이 있는 사용자만 접속하여 사용할 수 있는 서비스이다.
   ② 계정이 있는 FTP의 경우 URL 주소는 'ftp://사용자 이름[:비밀번호]@서버 이름:포트 번호' 형식으로 사용한다.
   ③ 기본적으로 그림 파일은 Binary 모드로 텍스트 파일은 ASCII 모드로 전송한다.
   ④ 클라이언트 컴퓨터와 서버 컴퓨터 사이에서 파일이나 폴더를 송수신할 수 있는 원격 파일 전송 프로토콜이다.

8. 다음 중 IPv6 주소 체계에 대한 설명으로 옳지 않은 것은?

   ① 주소의 각 부분은 콜론(:)으로 구분하여 16진수로 표현한다.
   ② IPv4 주소 체계의 주소 부족 문제를 해결하기 위하여 개발되었다.
   ③ 실시간 흐름 제어로 향상된 멀티미디어 기능을 지원한다.
   ④ 주소는 네트워크의 크기나 호스트의 수에 따라 A, B, C, D, E 클래스로 나누어진다.

9. 다음 중 아래 설명에 해당하는 네트워크 구성 장비는?

   - 컴퓨터 네트워크 간 데이터 패킷을 전송하는 네트워크 장치이다.
   - OSI 7계층 중 네트워크 계층에 속한다.
   - 데이터 패킷을 최적의 경로를 지정하여 다음 장치로 전달한다.

   ① 라우터   ② 게이트웨이
   ③ 브리지   ④ 모뎀

10. 다음 중 파일의 바로 가기 메뉴 [연결 프로그램]에 대한 설명으로 옳지 않은 것은?

    ① 문서나 그림 같은 데이터 파일을 더블클릭할 때 자동으로 실행되는 응용 프로그램을 의미한다.
    ② 파일의 바로 가기 메뉴에서 [연결 프로그램]을 선택하면 연결 프로그램을 변경할 수 있다.
    ③ 연결 프로그램이 지정되지 않았을 경우 데이터 파일을 더블클릭하면 연결 프로그램을 선택하기 위한 대화 상자가 표시된다.
    ④ [연결 프로그램] 대화 상자에서 연결 프로그램을 삭제하면 연결된 데이터 파일도 함께 삭제된다.

11. 다음 중 보안 기법에 대한 설명으로 옳지 않은 것은?

    ① 사용자 인증은 사용자를 식별하고 정상적인 사용자인지를 검증함으로써 허가되지 않은 사용자의 접근을 차단하는 방법이다.
    ② 방화벽 보안 시스템은 외부로부터 들어오는 불법적 해킹은 차단되나 내부의 불법적 해킹은 차단하지 못한다.
    ③ 암호화 방법은 동일한 키로 데이터를 암호화하고 복호화하는 공개키 암호화 기법과 서로 다른 키로 데이터를 암호화하고 복호화하는 비밀키 암호화 기법이 있다.
    ④ 전자 우편에서 사용되는 대표적인 보안 방법은 PGP와 PEM이다.

12. 다음 중 아래 설명에 해당하는 OSI 7계층은?

   - 정보 교환 및 중계 기능, 경로 설정 기능을 제공한다.
   - 전송 매체에서의 전기 신호 전송 기능과 제어 및 클럭 신호를 제공한다.
   - 송수신 시스템 간의 논리적 안정과 균일한 서비스를 제공한다.

   ① 네트워크 계층 ② 데이터 링크 계층
   ③ 응용 계층   ④ 물리 계층

13. 다음 중 해독된 명령에 따라 각 장치에 보낼 신호를 생성하는 CPU 제어 장치를 구성하는 레지스터는?

   ① 부호기   ② 프로그램 카운터
   ③ 메모리 주소 레지스터 ④ 명령 레지스터

14. 다음 그림은 일반적인 웹 서버 프로그램의 동작 과정이다. 다음 중 서버 측 괄호 안의 웹 프로그램으로 옳지 않은 것은?

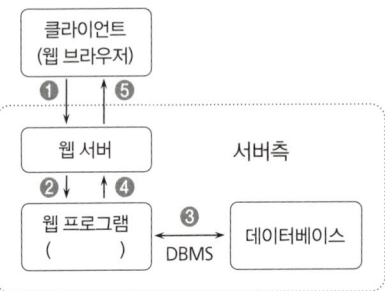

   ① ASP   ② JSP
   ③ XML   ④ PHP

15. 다음 중 인터넷 관련 설명 중 옳지 않은 것은?
   ① DHCP: ISP(Internet Service Provider) 업체에서 각 컴퓨터의 IP 주소를 동적으로 할당해 주는 프로토콜
   ② 와이브로: 고정된 장소에서 인터넷을 이용할 수 있게 하는 무선 인터넷 서비스
   ③ 인트라넷: 인터넷 기술을 이용하여 조직 내의 각종 업무를 수행할 수 있도록 만든 네트워크 환경
   ④ 엑스트라넷: 인트라넷을 확장한 것으로 납품 업체나 고객 업체 등 관련 있는 기업들 간의 원활한 통신을 위한 시스템

16. 다음 중 컴퓨터 발달 과정 중 세대별 특징으로 옳지 않은 것은?
    ① 2세대: 온라인 실시간 처리 시스템, 운영체제 등장
    ② 3세대: 시분할 처리 시스템, 다중 처리 시스템
    ③ 4세대: 일괄 처리 시스템, 개인용 컴퓨터 등장
    ④ 5세대: 인공 지능, 전문가 시스템, 패턴 인식

17. 다음 중 네트워크 활용 관련 용어에 대한 설명으로 옳은 것은?
    ① 텔레매틱스: 무선 통신과 GPS 기술이 결합한 서비스로 움직이는 차 안에서 위치 정보, 예약, 상품 구매, 금융 서비스 등 다양한 이동 통신 서비스를 의미한다.
    ② 테더링: 휴대 전화를 Wi-Fi 기지국으로 사용하여 여러 대의 컴퓨터나 휴대 전화를 인터넷에 연결할 수 있다.
    ③ 핫스팟: 가까운 거리를 네트워크로 연결하여 모바일과 컴퓨터를 기기와 연결하거나 주변 기기와 연결하여 다양한 기능을 수행하도록 한다.
    ④ 블루투스: 스마트폰을 모뎀처럼 활용하는 방법으로, 컴퓨터나 노트북 등의 IT 기기를 스마트폰에 연결하여 무선 인터넷을 사용할 수 있게 하는 기능이다.

18. 다음 중 3D 프린터에 관한 설명으로 옳지 않은 것은?
    ① 입력한 도면을 바탕으로 3차원 입체 물품을 만들어 내는 프린터이다.
    ② 인쇄 방식은 레이어로 쌓아 입체 형상을 만드는 적층형과 작은 덩어리를 뭉쳐서 만드는 모델링형이 있다.
    ③ 인쇄 원리는 잉크를 종이 표면에 분사하여 2D 이미지를 인쇄하는 잉크젯 프린터의 원리와 같다.
    ④ 기계, 건축, 예술, 우주 등 많은 분야에서 응용되고 있으며, 의료 분야에서도 활발히 활용되고 있다.

19. 다음 중 보안 위협 형태 중 스니핑(Sniffing)에 관한 설명으로 옳은 것은?
    ① 여러 대의 컴퓨터를 일제히 동작시켜 대량의 데이터를 한 곳의 서버 컴퓨터에 집중적으로 전송시킴으로써 특정 서버가 정상적으로 동작하지 못하게 하는 공격 방식
    ② 정상적인 절차를 밟지 않고 시스템에 접근할 수 있는 경로
    ③ 네트워크 주변을 지나다니는 패킷을 엿보면서 계정(ID)과 비밀번호를 알아내는 행위
    ④ 키보드상의 키 입력 캐치 프로그램을 이용하여 개인 정보를 빼내는 행위

20. 다음 중 프로그램 실행 파일인 EXE 파일을 직접 감염시키지 않고, 같은 이름의 COM 파일을 만들어 바이러스를 넣어 두는 형태의 파일 바이러스 유형은?

① 연결형 바이러스
② 기생형 바이러스
③ 산란형 바이러스
④ 겹쳐쓰기형 바이러스

2과목 » 스프레드시트 일반

21. 다음 중 워크시트 사용에 관한 설명으로 옳지 않은 것은?
① [Shift]+[Spacebar]를 누르면 선택한 셀의 열 전체가 선택되고, [Ctrl]+[Spacebar]를 누르면 선택한 셀의 행 전체가 선택된다.
② 표 범위 내에서 임의의 셀을 선택하고 [Ctrl]+[A]를 누르면 표 범위가 선택되고, 다시 한번 [Ctrl]+[A]를 누르면 워크시트의 모든 셀이 선택된다.
③ 워크시트에서 임의의 셀 범위를 선택한 후 값을 입력하고, [Ctrl]+[Enter]를 누르면 선택한 범위에 동일한 값이 입력된다.
④ 현재 워크시트의 앞이나 뒤의 시트를 선택할 때는 [Ctrl]+[PageUp]과 [Ctrl]+[PageDown]을 이용한다.

22. 다음 중 [찾기 및 바꾸기] 대화 상자에 대한 설명으로 옳지 않은 것은?

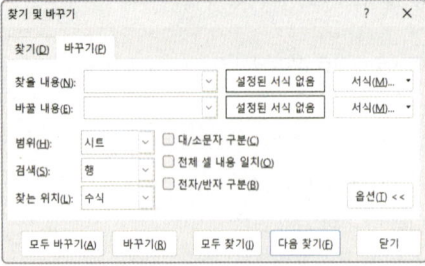

① 문서에서 '찾을 내용'에 입력한 내용과 일치하는 이전 항목을 찾으려면 [Shift]를 누른 상태에서 [다음 찾기] 단추를 클릭한다.
② 기울임꼴의 값을 찾은 후 기울임꼴을 해제할 수 있다.
③ 데이터를 찾을 때 수식이나 값에서는 찾을 수 있지만, 메모에서는 찾을 수 없다.
④ 찾을 단어를 열 방향으로 찾으려면 '검색'을 '열'로 지정한다.

23. 다음 중 입력 데이터에 주어진 표시 형식으로 지정한 경우 그 결과가 옳지 않은 것은?

	입력 데이터	표시 형식	결과
ⓐ	엑셀	;;;	
ⓑ	1000	*★#	★★★★1000
ⓒ	0	↑#;↓#;-	-
ⓓ	12	#%	12%

① ⓐ
② ⓑ
③ ⓒ
④ ⓓ

24. 다음 중 데이터 정렬에 대한 설명으로 옳지 않은 것은?

① 오름차순으로 정렬하면 대문자가 우선 순위를 갖는다.
② 영숫자 텍스트는 왼쪽에서 오른쪽 방향으로 문자 단위로 정렬된다.
③ 오름차순 정렬과 내림차순 정렬 모두 빈 셀은 항상 마지막으로 정렬된다.
④ 기본 내림차순 정렬은 오류값 → 논리값 → 문자 → 숫자 → 빈 셀의 순으로 정렬된다.

25. 다음 중 데이터의 필터 기능에 대한 설명으로 옳지 않은 것은?

① 자동 필터에서 조건 지정 시 각 열에 설정된 조건들은 OR 조건으로 묶여 처리된다.
② 고급 필터는 조건을 수식으로 작성할 수 있으며, 조건의 첫 셀은 반드시 필드명과 다르게 입력해야 한다.
③ 데이터에 자동 필터를 적용하면 지정한 조건에 맞는 행만 표시되고 나머지 행은 숨겨지며, 필터링된 데이터는 다시 정렬하거나 이동하지 않고도 복사, 찾기, 편집 및 인쇄를 할 수 있다.
④ 고급 필터는 필터링한 결과를 원하는 위치에 별도의 표로 생성할 수 있다.

26. 다음 중 아래 수식의 결과와 동일한 결과를 반환하는 수식으로 옳지 않은 것은?

```
=SUMPRODUCT((A1:A100=C1)*(B1:B100=D1))
```

① =COUNTIFS(A1:A100,C1,B1:B100,D1)
② {=SUM((A1:A100=C1)*(B1:B100=D1))}
③ {=SUM(IF((A1:A100=C1)*(B1:B100=D1),1))}
④ =SUMIFS(A1:A100,C1,B1:B100,D1)

답안 표기란

23	①	②	③	④
24	①	②	③	④
25	①	②	③	④
26	①	②	③	④

NOTE

27. 아래 그림에서 부서별 승진점수의 1위, 2위, 3위의 점수를 구하기 위해 [F3:F5] 영역을 선택하고 수식을 입력하려 한다. 다음 중 옳은 것은?

	A	B	C	D	E	F	G	H
1	이름	부서	승진점수					
2	전세진	영업팀	85			영업팀	총무팀	
3	배영숙	영업팀	70		1위	95		
4	김상덕	총무팀	95		2위	85		
5	이미희	총무팀	65		3위	75		
6	한성권	영업팀	60					
7	박미숙	총무팀	60					
8	박낙균	영업팀	75					
9	이봉숙	총무팀	80					
10	홍재근	영업팀	95					
11	정재미	총무팀	100					

① {=LARGE(IF($B$2:$B$11=F2,$C$2:$C$11),{1;2;3})}
② {=LARGE(IF($B$2:$B$11=F2,$C$2:$C$11),{1,2,3})}
③ {=LARGE(IF($B2:$B$11=$F$2,$C$2:$C$11),{1;2;3})}
④ {=LARGE(IF($B2:$B$11=$F$2,$C$2:$C$11),{1,2,3})}

28. 아래 그림에서 가격[C2:C7]은 [가격표]의 가격을 제품번호[A2:A7] 기준으로 순서대로 입력하려고 한다. [C2] 셀에 입력된 수식으로 옳은 것은?

	A	B	C	D	E	F
1	제품번호	사이즈	가격		[가격표]	
2	GP-001	S	1,200		제품번호	가격
3	GP-001	M	1,200		GP-001	1,200
4	GP-002	S	1,400		GP-002	1,400
5	GP-002	M	1,400		GP-003	1,600
6	GP-003	S	1,600			
7	GP-003	M	1,600			

① =INDEX($F$3:$F$5,1,MATCH(A2,$E$3:$E$5,0))
② =INDEX($F$3:$F$5,MATCH(A2,$E$3:$E$5,0),1)
③ =MATCH($F$3:$F$5,1,INDEX(A2,$E$3:$E$5,0))
④ =MATCH($F$3:$F$5,INDEX(A2,$E$3:$E$5,0),1)

29. 다음 중 매크로 설명으로 옳지 않은 것은?

① 매크로 이름 첫 글자는 반드시 문자나 밑줄, 역슬래시로 지정한다.
② 매크로 기록 시 리본 메뉴에서의 탐색은 매크로 기록에 포함되지 않는다.
③ 매크로 기록 시 '상대 참조로 기록'을 선택하지 않으면 절대 참조로 기록된다.
④ [매크로] 대화 상자를 실행하려면 Alt + F11을 누른다.

답안 표기란

27	①	②	③	④
28	①	②	③	④
29	①	②	③	④

NOTE

30. 다음 중 아래 시트에서 부서별 인원수[H3:H6]를 구하기 위하여 [H3] 셀에 입력되는 배열 수식으로 옳지 않은 것은?

	A	B	C	D	E	F	G	H
1								
2		사원명	부서명	직급	급여		부서별 인원수	
3		이미희	생산1부	부장	3,500,000		생산1부	3
4		한성권	영업2부	대리	4,500,000		생산2부	1
5		박미숙	영업1부	과장	3,200,000		영업1부	1
6		박낙균	생산1부	대리	2,800,000		영업2부	2
7		이봉숙	생산1부	과장	3,500,000			
8		홍재근	생산2부	부장	4,200,000			
9		정재미	영업2부	대리	2,500,000			

① {=SUM(($C$3:$C$9=G3) * 1)}
② {=DSUM(($C$3:$C$9=G3) * 1)}
③ {=SUM(IF($C$3:$C$9=G3, 1))}
④ {=COUNT(IF($C$3:$C$9=G3, 1))}

31. 다음 중 [데이터 가져오기] 기능에 대한 설명으로 옳지 않은 것은?

① [데이터] → [데이터 가져오기] → [Access]를 이용해 액세스 파일을 가져올 수 있고, 표, 피벗 테이블 보고서, 피벗 차트, 연결만 만들기 중에서 선택한 형태로 가져올 수 있다.
② 데이터 가져오기 기능으로 텍스트, 엑셀, 데이터베이스, 웹, 쿼리 등의 외부 데이터를 워크시트로 가져올 수 있다.
③ [데이터] → [데이터 가져오기] → [웹]을 이용하면 웹 페이지의 모든 데이터를 그대로 가져올 수 있다.
④ [데이터] → [데이터 가져오기] → [기타 원본] → [Microsoft Query]를 이용하면 필요한 열만 워크시트로 가져올 수 있다.

32. 다음 중 아래의 피벗 테이블에 대한 설명으로 옳은 것은?

	A	B	C	D
1	날짜	(모두)		
2				
3	개수 : 제품명	열 레이블		
4	행 레이블	대일유업	서울무역	태양식품
5	가공식품		30	
6	곡류			19
7	유제품	10		
8	총합계	10	30	19

① 피벗 테이블 보고서의 삽입 위치는 [A1] 셀이다.
② 열 레이블 영역의 필드에 내림차순 정렬이 설정되어 있다.
③ 행 레이블 영역의 필드에 필터 조건이 설정되어 있다.
④ 행의 총합계만 표시되어 있다.

답안 표기란

30	①	②	③	④
31	①	②	③	④
32	①	②	③	④

NOTE

33. 다음 중 아래와 같이 설정된 [매크로] 대화 상자에 대한 설명으로 옳지 않은 것은?

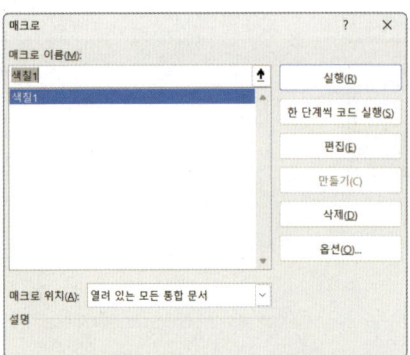

① 매크로 이름을 입력한 후 [만들기] 단추를 클릭해 새 매크로를 기록할 수 있다.
② 매크로 이름은 '색칠1'이고, 매크로 이름 변경은 [매크로] 대화 상자의 [옵션]에서 할 수 있다.
③ [한 단계씩 코드 실행] 단추를 클릭하면 Visual Basic 편집기가 실행되고, 매크로 코드가 한 줄씩 실행된다.
④ [편집] 단추를 클릭하면 매크로를 수정할 수 있다.

34. 다음 중 아래 그림과 같은 워크시트 데이터를 이용해 시나리오 요약 보고서를 작성했다. 이에 대한 설명으로 옳지 않은 것은?

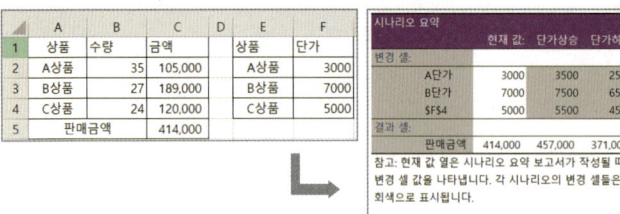

① '단가상승'과 '단가하락' 두 개의 시나리오로 작성한 시나리오 요약 보고서는 새 워크시트에 표시된다.
② [F2], [F3], [C5] 셀은 이름 정의되어 있지만, [F4] 셀은 이름 정의를 하지 않았다.
③ 원본 데이터에서 변경 셀의 현재 값을 수정하면 시나리오 요약 보고서가 자동으로 업데이트된다.
④ 변경 셀은 [F2:F4]이고, 결과 셀은 [C5] 셀이다.

35. 다음 중 아래 차트에 대한 설명으로 옳지 않은 것은?

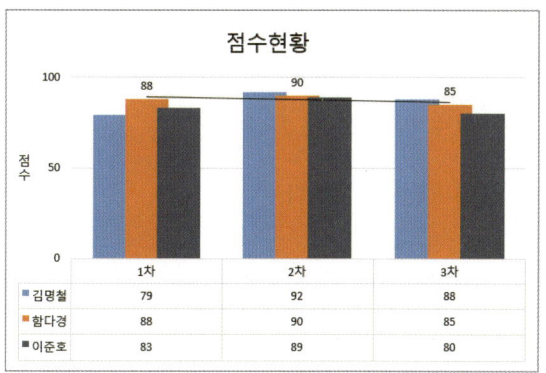

① 세로 (값) 축 제목은 '점수'이고, 텍스트 방향은 '세로'이다.
② 범례 표지를 포함한 데이터 표가 표시되어 있다.
③ 세로 (값) 축의 표시 형식은 기호 없는 '회계'이다.
④ 추세선이 표시되어 있고, 함다경 계열에 데이터 레이블이 표시되어 있다.

36. 다음 중 통합 문서 보기에 대한 설명으로 옳지 않은 것은?

① 상태 표시줄에서 워크시트의 보기 상태를 기본, 페이지 레이아웃, 페이지 나누기 미리 보기 중 선택하여 변경할 수 있다.
② [페이지 레이아웃] 상태에서 머리글/바닥글을 입력할 수 있다.
③ [페이지 나누기 미리 보기] 상태에서 임의의 셀을 기준으로 페이지를 구분하면 선택한 셀의 오른쪽/아래쪽에 페이지 구분선이 생성된다.
④ [페이지 나누기 미리 보기] 상태에서 수동으로 삽입한 페이지 나누기는 실선으로 표시되고, 자동으로 추가된 페이지 나누기는 파선으로 표시된다.

37. 다음 중 [페이지 설정] 대화 상자에 관한 설명으로 옳지 않은 것은?

① 페이지 번호를 3부터 시작하려면 [페이지] 탭에서 시작 페이지 번호를 3으로 지정한다.
② [인쇄 미리 보기] 창에서 행 높이와 열 너비를 모두 조절할 수 있다.
③ [시트] 탭의 '간단하게 인쇄'를 선택하면 그림, 도형, 차트 등의 그래픽 개체와 테두리, 채우기 색 등의 서식은 인쇄되지 않는다.
④ [시트] 탭의 메모는 '(없음)'과 '시트 끝', '시트에 표시된 대로' 중 하나를 선택할 수 있으며, '(없음)'이 기본값이다.

38. 다음 중 차트 편집에 대한 설명으로 옳지 않은 것은?
① 계열 겹치기 수치를 음수로 지정하면 데이터 계열 사이가 벌어진다.
② 특정 데이터 계열의 값이 다른 데이터 계열의 값과 차이가 많이 나거나 데이터 형식이 혼합된 경우 이중 축 차트를 사용한다.
③ 데이터 범위를 변경하거나 계열을 추가, 제거할 수 있지만 계열의 순서를 변경할 수는 없다.
④ 하나의 데이터 계열에 두 개 이상의 추세선을 동시에 표시할 수 있다.

39. 다음 그림은 '매크로2' 매크로의 실행 결과와 VBA 코드이다. 다음 중 VBA 코드의 ⓐ, ⓑ에 들어갈 내용이 순서대로 나열된 것은?([C2] 셀의 값은 [A2:B2]의 평균을 구하는 매크로이다.)

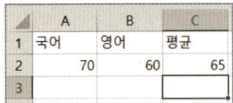

```
Sub 매크로2()
Range("C2").Select
ActiveCell.FormulaR1C1="=AVERAGE(RC[ ⓐ ]:RC[ ⓑ ])"
Range("C3").Select
End Sub
```

① -2, -1   ② 2, 1
③ -1, -2   ④ 1, 2

40. 아래는 [A1] 셀에서 [매크로 기록]을 클릭하고 작업을 수행한 과정을 VBE 코드 창에서 확인한 결과이다. 다음 중 이에 대한 설명으로 옳지 않은 것은?

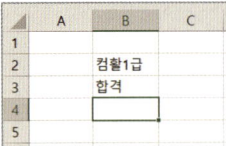

```
Sub 매크로1()
    ActiveCell.Offset(1, 1).Range("A1").Select
    ActiveCell.FormulaR1C1 = "컴활1급"
    ActiveCell.Offset(1, 0).Range("A1").Select
    ActiveCell.FormulaR1C1 = "합격"
    ActiveCell.Offset(1, 0).Range("A1").Select
End Sub
```

① 선택한 셀에 1행 1열만큼 이동해 '컴활1급'이 입력된다.
② [B1] 셀을 선택하고 매크로1 을 실행하면 [C2] 셀에 '컴활1급'이 입력된다.
③ [B1] 셀을 선택하고 매크로1을 실행하면 [C3] 셀에 '합격'이 입력된다.
④ [B1] 셀을 선택하고 '매크로1'을 실행한 후의 셀 포인터 위치는 [A1] 셀이다.

3과목 〉 데이터베이스 일반

41. 다음 중 매크로 함수의 설명으로 옳지 않은 것은?
① MessageBox: 사용자에게 필요한 메시지를 보여 주며, 경고음을 설정할 수 있다.
② ExportWithFormatting: 테이블, 쿼리, 폼, 보고서, 모듈 등의 데이터베이스 개체를 출력할 수 있다.
③ FindRecord: [찾기 및 바꾸기] 대화 상자에서 지정한 조건에 맞는 다음 레코드를 찾는다.
④ OpenForm: 폼을 디자인 보기나 데이터시트 보기로 할 수 있다.

42. 다음 중 전체 페이지가 7페이지이고 현재 페이지가 3페이지인 보고서에서 표시되는 식과 결과로 옳지 않은 것은?
① 식: =[Page] → 결과: 03
② 식: =[Page] & "/" & [Pages] → 결과: 3/7
③ 식: =Format([Page], "000") → 결과: 003
④ 식: ="전체 " & [Pages] & "페이지 중 " & [Page] & "페이지" → 결과: 전체 7페이지 중 3페이지

43. 데이터베이스 정규화에 대한 설명으로 옳지 않은 것은?
① 정규화는 테이블 속성들 사이의 종속성을 최대한 배제하는 과정으로 볼 수 있다.
② 정규화를 실행하면 테이블이 나누어져 최종적으로는 일관성을 유지하게 된다.
③ 정규화를 통해 테이블 간의 종속성을 높이기 위한 것이다.
④ 추가, 갱신, 삭제 등 작업 시의 이상(Anomaly) 현상이 발생하지 않도록 하기 위한 것이다.

44. 다음 그림에서 '봉사기관'에서는 모든 레코드를 포함하고 '봉사내역'에서는 조인된 필드가 일치하는 레코드만 포함하는 조인일 때, 괄호 안에 알맞은 것은?

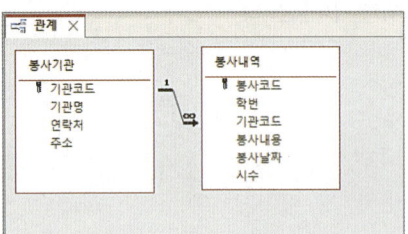

SELECT * FROM 봉사기관 ( ) JOIN 봉사내역 ON 봉사기관.기관코드 = 봉사내역.기관코드;

① INNER
② OUTER
③ LEFT
④ RIGHT

45. 다음 중 정렬 및 그룹화 기능을 사용하여 학과별 영어 점수의 평균을 보고서 형태로 작성하려는 작업에 관련된 설명으로 옳지 않은 것은?

① 학과나 학과 번호를 이용하여 테이터를 그룹화한다.
② 그룹 머리글이나 그룹 바닥글에 =Avg([영어])와 같은 함수를 이용하여 요약 정보를 생성한다.
③ 본문 영역 컨트롤에는 영어 점수 필드가 바운드되어 있다.
④ 전체 학과의 영어 점수의 평균은 페이지 바닥글에서 구성한다.

46. 아래 2개의 테이블은 부서명으로 관계를 맺고 '항상 참조 무결성'이 설정된 상태이다. 부서명 필드에는 '행정팀'과 '생산팀' 2개의 레코드가 있다. 다음 중 설명이 옳지 않은 것은?(단, 밑줄은 기본 키임)

부서(부서코드, 부서명)
사원(사원번호, 사원명, 부서명)

① 사원 테이블의 부서명 필드에 '인사팀'을 추가하였다.
② 부서 테이블의 부서명 필드에 '인사팀'을 추가하였다.
③ 사원 테이블의 부서명 필드에 '행정팀'을 삭제하였다.
④ 사원 테이블의 부서명 필드에 '인사팀'이 없어 부서 테이블에서 '인사팀'을 삭제하였다.

47. 아래와 같이 보고서 머리글의 텍스트 박스 컨트롤에 컨트롤 원본을 지정하였다. 다음 중 보고서 미리 보기를 실행하였을 때 표시되는 결과로 옳은 것은?(단, 오늘 날짜가 2022년 3월 2일 일요일이라고 가정한다.)

```
Format(Date(), "ddd")
```

① 4　　② 04
③ Sun　　④ Sunday

48. 다음 중 쿼리에 설정된 조건에 대한 설명으로 옳은 것은?

필드:	학번	봉사내용	
테이블:	봉사내역	봉사내역	
정렬:			
표시:	☑	☑	☐
조건:	Like "2022???"	Like "*도우미"	
또는:		"어르신 말벗"	

① 학번이 2022로 시작하고 7글자이거나 봉사내용이 도우미로 끝나고 어르신 말벗인 레코드 검색
② 학번이 2022로 시작하고 7글자이고 봉사내용이 도우미로 끝나거나 봉사내용이 어르신 말벗인 레코드 검색
③ 학번이 2022로 시작하고 봉사내용이 도우미로 시작하고 어르신 말벗인 레코드 검색
④ 학번이 2022로 시작하고 봉사내용이 도우미로 시작하고 봉사내용이 어르신 말벗인 레코드 검색

49. 다음 중 VBA 코드를 실행 했을 때 MsgBox에 표시되는 값은?

```
Dim i As Integer
Dim Num As Integer
For i = 0 To 11 Step 3
   Num = Num + i
Next i
MsgBox Str(Num)
```

① 3　　② 9
③ 18　　④ 24

답안 표기란

47	①	②	③	④
48	①	②	③	④
49	①	②	③	④

NOTE

50. 다음 중 아래 그림과 같은 결과를 표시하는 쿼리로 옳은 것은?

학생

학번	학과	이름	주소
201820088	회계학과	황재영	서울 성동구 동일로
201925458	회계학과	전가은	서울 양천구 신월로
201721641	회계학과	이재후	서울 관악구 쑥고개로
201829452	회계학과	신선율	서울 금천구 가산디지털로
201721098	금융정보과	신현섭	서울 용산구 원효로길
201926548	금융정보과	박준희	서울 강서구 강서로

① SELECT * FROM 재학생 ORDER BY 학과 DESC;
② SELECT * FROM 재학생 ORDER BY 학과, 이름;
③ SELECT * FROM 재학생 ORDER BY 학과, 이름 DESC;
④ SELECT * FROM 재학생 ORDER BY 학과 DESC, 이름 DESC;

51. 다음 중 특정 필드의 입력 마스크를 'LA&09#'으로 설정하였을 때 입력 가능한 데이터로 옳지 않은 것은?

① ABB345 ② A123 ③ 123457 ④ AB234

52. 다음 중 폼 작성에 관한 설명으로 옳지 않은 것은?

① 폼은 데이터의 입력, 편집 작업 등을 위한 사용자와의 인터페이스로 테이블, 쿼리, SQL문 등을 '레코드 원본' 속성으로 지정할 수 있다.
② 이벤트 작성을 위한 작성기는 식 작성기, 매크로 작성기, 코드 작성기 중 선택할 수 있다.
③ 폼의 '기본 보기' 속성에서 단일 폼, 연속 폼, 데이터시트, 분할 표시 폼을 선택할 수 있다.
④ 폼에 컨트롤을 삽입하면 탭 순서가 위에서 아래로, 왼쪽에서 오른쪽순으로 자동 지정된다.

53. 다음 중 Access에서 외부 데이터 가져오기 기능을 이용하여 테이블을 생성할 수 없는 파일 형식은?

① 한글 파일 ② 텍스트 파일 ③ XML 파일 ④ EXCEL 파일

54. 다음은 데이터베이스 관리 시스템(DBMS)의 기능과 각 기능에 대한 설명이다. 바르게 짝지어진 것은?

㉠ 데이터 제어어(DCL) ㉡ 데이터 정의어(DDL) ㉢ 데이터 조작어(DML)

ⓐ 데이터 보안 및 회복, 무결성, 병행 수행 제어 등을 정의하는 데이터베이스 언어로 데이터베이스 관리자가 데이터 관리를 목적으로 주로 사용하는 언어(예: COMMIT, ROLLBACK, GRANT, REVOKE 등)

답안 표기란

50	①	②	③	④
51	①	②	③	④
52	①	②	③	④
53	①	②	③	④
54	①	②	③	④

NOTE

ⓑ 사용자가 응용 프로그램을 통하여 데이터베이스에 저장된 데이터를 실질적으로 처리하는 데 사용하는 언어로 데이터의 검색, 삽입, 삭제, 변경 등을 실행할 때 사용(예: SELECT, UPDATE, INSERT, DELETE 등)
ⓒ 데이터베이스 관리자나 데이터베이스 설계자가 사용하는 언어로 데이터베이스를 생성하거나 수정하는 데 사용되는 언어(예: CREATE, ALTER, DROP 등)

① ㉠ - ⓐ, ㉡ - ⓑ, ㉢ - ⓒ
② ㉠ - ⓐ, ㉡ - ⓒ, ㉢ - ⓑ
③ ㉠ - ⓑ, ㉡ - ⓐ, ㉢ - ⓒ
④ ㉠ - ⓒ, ㉡ - ⓑ, ㉢ - ⓐ

55. 다음 중 관계형 데이터 모델에 관한 설명으로 옳지 않은 것은?

① 릴레이션은 데이터를 행과 열로 구성된 표(테이블) 형태로 표현한 것이다.
② 튜플은 행을 구성하는 개체(레코드)로 여러 속성들의 묶음이며 튜플들 사이에는 순서가 없다.
③ 도메인은 하나의 속성이 취할 수 있는 같은 타입의 원자 값들의 집합이다.
④ 카디널리티는 애트리뷰트의 개수이다.

56. 다음 중 폼 작성 시 사용되는 컨트롤의 종류에 대한 설명으로 옳지 않은 것은?

① 단추 컨트롤은 단추를 눌렀을 때 매크로 함수를 실행시키거나 모듈이 특정 기능을 수행하도록 할 수 있다.
② 텍스트 상자 컨트롤은 바운드 컨트롤과 언바운드 컨트롤, 계산 컨트롤을 사용할 수 있다.
③ 콤보 상자 컨트롤은 여러 개의 데이터 행으로 구성되며 대개 몇 개의 행을 항상 표시할 수 있는 크기로 지정되어 있다.
④ 레이블 컨트롤은 마법사가 제공되지 않으며 제목이나 캡션 등의 설명 텍스트를 표시할 때 사용하며 내용을 입력하지 않으면 추가된 컨트롤이 사라진다.

57. 다음 중 보고서 보기 형태에 대한 설명으로 옳지 않은 것은?

① '보고서 보기'는 인쇄 미리 보기와 비슷하지만 페이지를 구분하여 표시할 수 있다.
② '레이아웃 보기'는 출력될 보고서의 레이아웃을 보여 주며 컨트롤의 크기 및 위치를 변경할 수도 있다.
③ '디자인 보기'는 보고서에 삽입된 컨트롤의 속성, 맞춤, 위치 등을 설정할 수 있다.
④ '인쇄 미리 보기'는 종이에 출력되는 모양을 표시하며 인쇄를 위한 페이지 설정이 용이하다.

58. 다음 중 매출액 테이블의 결제 필드를 아래와 같이 속성을 설정한 경우 '데이터시트 보기'에서 옳지 않은 것은?

일반	조회	
필드 크기		50
형식		
입력 마스크		
캡션		결제방법
기본값		"카드"
유효성 검사 규칙		In ("현금","카드","입금")
유효성 검사 텍스트		
필수		아니요
빈 문자열 허용		예
인덱스		아니요
유니코드 압축		예

① 필드 이름은 '결제'로 표시된다.
② 새 레코드에는 '카드'라고 입력되어 있다.
③ 현금, 카드, 입금만 입력할 수 있다.
④ 값은 반드시 입력하지 않아도 된다.

59. 다음 중 [주소록]이라는 테이블의 내용을 [거래처] 테이블에 추가하는 SQL문으로 옳은 것은?(단, 두 테이블은 모두 '거래처번호', '거래처명', '연락처'라는 동일한 데이터 형식과 필드 순서를 갖고 있다. 또한 '거래처번호' 필드를 기준으로 [거래처] 테이블에 존재하지 않는 데이터만을 추가하고자 한다.)

① insert into 거래처(거래처번호, 거래처명, 연락처) set 주소록(거래처번호, 거래처명, 연락처) where 거래처번호 is not null;
② insert into 거래처 select * from 주소록 where 거래처번호 not in(select 거래처번호 from 거래처);
③ insert into 거래처 values 주소록(거래처번호, 거래처명, 연락처);
④ insert into 거래처(거래처번호, 거래처명, 연락처) select 거래처번호, 거래처명, 연락처 from 주소록 where 거래처번호 not in(select 거래처번호 from 주소록);

60. 다음 중 기관명별 봉사 인원수를 출력하기 위한 아래의 보고서를 작성하는 방법에 대한 설명으로 옳지 않은 것은?

봉사현황   2023년 4월

기관명	학과	이름	봉사날짜	봉사내용	시수
반석 복지관	국제통상과	강경민	2019-12-18	영어 멘토	4
	관광경영과	조은화	2019-12-24	영어 멘토	3
	회계학과	김민교	2019-12-25	수학 멘토	2
	관광경영과	이소연	2019-12-17	수학 멘토	2
	국제통상과	정민섭	2019-12-10	수학 멘토	3
	금융정보과	신현섭	2019-12-20	영어 멘토	4

인원: 6명

5페이지 중 3페이지

① 페이지 머리글에 있는 '2023년 4월'은 형식이 'yyyy년 m월'로 설정되어 있다.
② 그룹 바닥글에 '인원: 6명'은 텍스트 상자 컨트롤에 ="인원: " & count(*) & "명"으로 입력하였다.
③ 페이지 바닥글 텍스트 상자 컨트롤에 [Page] & "페이지 중" & [Pages] & "페이지"로 입력하였다.
④ 본문에 기관명 필드는 중복 내용 숨기기가 '예'로 설정되어 있다.

02 컴퓨터활용능력 1급 필기 **모의고사 2회**

| 과목당 40점 이상, 평균 60점 이상 | 제한시간: 60분 | 수험자명: | 점수: |

1과목 » 컴퓨터 일반

1. 다음 중 컴퓨터에서 사용하는 가상 메모리에 관한 설명으로 옳은 것은?
   ① 중앙 처리 장치와 주기억 장치 사이에 위치하여 컴퓨터의 처리 속도를 향상시키는 역할을 한다.
   ② 보조 기억 장치의 일부를 주기억 장치처럼 사용하는 메모리 사용 기법으로 주기억 장치보다 큰 프로그램을 로드하여 실행할 경우에 유용하다.
   ③ CPU가 데이터를 처리하는 동안 미리 CPU가 필요로 하는 데이터를 저장해 두는 기억 장치이다.
   ④ 디스크와 같은 보조 기억 장치의 기억 공간을 가상으로 확장하는 기억 장치이다.

2. 다음 중 Windows 10의 [메모장]에 관한 설명으로 옳지 않은 것은?
   ① 텍스트 파일이나 웹 페이지를 편집하는 간단한 도구로 사용할 수 있다.
   ② [편집] → [시간/날짜]를 실행하면 커서가 위치한 곳에 현재 시간과 날짜가 표시된다.
   ③ [편집] → [이동]에서 원하는 줄 번호를 입력하면 문서의 특정 줄로 이동할 수 있으며, 자동 줄 바꿈이 설정된 경우에도 이동 명령을 사용할 수 있다.
   ④ 머리글과 바닥글을 설정하여 문서의 위쪽과 아래쪽 여백에 원하는 텍스트를 표시하여 인쇄할 수 있다.

3. 다음 중 컴퓨터 운영체제의 성능 평가 기준에 해당하지 않는 것은?
   ① 사용 가능도(Availability)는 중앙 처리 장치의 사용 가능도를 말한다.
   ② 신뢰도(Reliability)는 주어진 문제를 얼마나 정확하게 해결할 수 있는지 정도를 말한다.
   ③ 처리 능력(Throughput)은 시스템이 일정 시간 동안 처리할 수 있는 작업량을 의미한다.
   ④ 반환 시간(Turn-Around time)은 작업을 의뢰한 시간부터 처리가 완료된 시간까지를 의미한다.

4. 다음 중 Windows 10의 바로 가기 키에 대한 설명으로 옳지 않은 것은?

   ① Shift + F10 은 선택한 항목의 바로 가기 메뉴를 표시한다.
   ② 바로 가기 아이콘의 '속성' 창에서 바로 가기 키를 지정할 수 있다.
   ③ Alt + Esc 는 현재 실행 중인 앱들을 순서대로 전환한다.
   ④ Ctrl + Enter 는 선택한 항목의 속성 대화 상자를 호출한다.

5. 다음 중 컴퓨터에서 사용하는 EBCDIC 코드에 대한 설명으로 옳지 않은 것은?

   ① 최대 256가지의 문자 표현이 가능하다.
   ② 4비트의 존 부분과 4비트의 디지트 부분으로 구성된다.
   ③ 데이터 통신용으로 사용된다.
   ④ BCD 코드를 확장한 것으로 특수 문자 및 소문자 표현이 가능하다.

6. 다음 중 RAM(Random Access Memory)에 대한 설명으로 옳은 것은?

   ① 주로 펌웨어(Firmware)를 저장한다.
   ② 주기적으로 재충전(Refresh)이 필요한 SRAM은 주기억 장치로 사용된다.
   ③ 전원이 꺼지면 기억된 내용이 모두 사라진다.
   ④ 컴퓨터의 기본적인 입출력 프로그램, 자가 진단 프로그램 등이 저장되어 있으며 부팅 시 실행된다.

7. 다음 중 컴퓨터의 하드 디스크와 관련하여 RAID(Redundant Array of Inexpensive Disks) 기술에 관한 설명으로 옳지 않은 것은?

   ① 여러 개의 하드 디스크를 모아서 하나의 하드 디스크처럼 사용할 수 있도록 하는 기술이다.
   ② 미러링(Mirroring) 방식은 데이터를 두 개의 디스크에 동일하게 기록하여 한쪽 디스크의 데이터 손상 시 다른 한쪽 디스크를 이용하여 복구한다.
   ③ 스트라이핑(Striping) 방식은 데이터를 여러 개의 디스크에 나눠서 기록하는 방법으로 자료를 읽고 쓰는 시간을 어느 정도 단축할 수 있다.
   ④ 하드 디스크, CD-ROM, 스캐너 등을 통합적으로 연결해 주는 기술이다.

8. 통신 기술과 GPS, 그리고 컴퓨터에 저장된 데이터베이스를 이용하여 주변의 위치와 부가 서비스를 제공하는 기술은?

   ① 메타버스(Metaverse)   ② 빅 데이터(Big Data)
   ③ 사물 인터넷(IoT)   ④ 위치 기반 서비스(LBS)

9. 다음 중 객체 지향 프로그래밍 특징으로 옳지 않은 것은?
   ① 객체에 대하여 절차적 프로그래밍의 장점을 사용할 수 있다.
   ② 객체 지향 프로그램은 코드의 재사용과 유지 보수가 용이하다.
   ③ 대표적인 객체 지향 언어로 C++, JAVA 등이 있다.
   ④ 상속성, 캡슐화, 추상화, 다형성 등의 특징이 있다.

10. 다음 중 소프트웨어의 사용권에 따른 분류에 대한 설명으로 옳은 것은?
    ① 셰어웨어: 기간에 제한 없이 무료로 사용이 가능하고 다른 사람에게 전달해 줄 수 있는 소프트웨어이다.
    ② 애드웨어: 배너 광고를 보는 대가로 무료로 사용하는 소프트웨어이다.
    ③ 번들: 이미 배포된 프로그램의 오류를 수정하거나 성능 향상을 위해 프로그램 일부를 변경한 프로그램이다.
    ④ 프리웨어: 특정한 하드웨어나 소프트웨어를 구매하였을 때 무료로 끼워서 주는 소프트웨어이다.

11. 다음 중 시스템 보안을 위해 사용하는 방화벽(Firewall)에 대한 설명으로 옳지 않은 것은?
    ① '명백히 허용되지 않은 것은 금지한다'라는 적극적 방어 개념을 가지고 있다.
    ② 로그 정보를 통해 외부 침입의 흔적을 찾아 역추적할 수 있다.
    ③ 전자 메일 바이러스나 온라인 피싱 등을 방지할 수 있다.
    ④ 해킹 등에 의한 외부로의 정보 유출을 막기 위해 사용하는 보안 기법이다.

12. 다음 중 네트워크 관련 장비로 브리지(Bridge)에 관한 설명으로 옳지 않은 것은?
    ① 두 개의 근거리 통신망을 상호 접속할 수 있도록 하는 통신망 연결 장치이다.
    ② OSI 참조 모델의 데이터 링크 계층에 속한다.
    ③ 통신량을 조절하여 데이터가 다른 곳으로 가지 않도록 한다.
    ④ 네트워크 프로토콜과는 독립적이므로 네트워크 확장 시 반드시 통신 프로토콜을 변환해야 한다.

13. 다음 중 GIF에 대한 설명으로 옳지 않은 것은?
    ① 애니메이션 표현이 가능하고 24비트 컬러를 사용한다.
    ② 인터넷 표준 그래픽 형식으로 256가지 색상만 표현할 수 있다.
    ③ 색상의 무손실 압축 기술을 사용한다.
    ④ 투명 처리가 가능하다.

14. 다음 중 한글 Windows에서 전자 우편(E-mail) 사용에 관한 설명으로 옳지 않은 것은?

① SMTP, POP3, MIME 과 같은 프로토콜이 사용된다.
② 전자 우편 주소는 '사용자 ID@호스트 주소'의 형식으로 구성된다.
③ 전자 우편은 기본적으로 7Bit의 ASCII 코드를 이용한다.
④ 전자 우편은 메일 서버에 사용자 계정이 없어도 이용할 수 있다.

15. 다음 중 한글 Windows 10의 [설정] - [장치]에 표시되지 않는 것은?

① 프린터 또는 스캐너
② 컴퓨터 USB 포트에 연결하는 모든 장치
③ 네트워크로 연결된 기타 장치
④ 하드 디스크 드라이브 저장소 설정

16. 다음 중 멀티미디어 그래픽과 관련해서 렌더링(Rendering) 기법에 대한 설명으로 옳은 것은?

① 한 이미지가 다른 이미지로 서서히 변화하는 과정을 나타내는 기법이다.
② 제한된 색상을 조합하여 새로운 색을 만드는 기술이다.
③ 컴퓨터 그래픽에서 화면에 그린 물체의 모형에 명암, 색상, 농도의 변화 등과 같은 3차원 질감을 넣음으로써 사실감을 더해 주는 기술이다.
④ 그림의 경계면을 부드럽게 처리해 주는 필터링 기법이다.

17. 다음 중 네트워크의 구성 형태에서 링(Ring)형에 관한 설명으로 옳지 않은 것은?

① 모든 노드의 컴퓨터와 단말 장치를 서로 연결한 형태이다.
② 단말 장치의 추가/제거 및 기밀 보호가 어렵다.
③ 통신 회선 중 어느 하나가 고장 나면 전체 통신망에 영향을 미친다.
④ 인접한 컴퓨터와 단말 장치들을 서로 연결해서 양방향으로 데이터 전송이 가능하다.

18. 다음 중 IPv6 주소에 관한 설명으로 옳지 않은 것은?

① 16비트씩 8부분으로 총 128비트로 구성된다.
② 주소 체계는 유니캐스트, 애니캐스트, 멀티캐스트로 나누어진다.
③ 긴 주소를 사용하므로 IPv4에 비해 자료 전송 속도가 느리고 호환이 되지 않는다.
④ 실시간 흐름 제어로 향상된 멀티미디어 기능을 지원한다.

19. 다음 중 보안을 위협하는 여러 형태 중 스니핑(Sniffing)에 관한 설명으로 옳은 것은?
   ① 네트워크 주변을 돌아다니는 패킷을 엿보면서 계정과 패스워드를 알아내는 행위
   ② 여러 대의 장비를 이용하여 특정 서버에 대량의 데이터를 집중적으로 전송하여 서버의 정상적인 동작을 방해하는 행위
   ③ 키보드의 키 입력 시 캐치 프로그램을 사용하여 ID나 암호 정보를 빼내는 행위
   ④ 검증된 사람이 네트워크를 통해 데이터를 보낸 것처럼 데이터를 변조하여 접속을 시도하는 행위

20. 다음 중 Windows의 레지스트리에 관한 설명으로 옳지 않은 것은?
   ① Windows의 자체 구성 정보를 저장하는 데이터베이스이다.
   ② 레지스트리 편집기는 'regedit.exe' 명령을 실행하면 된다.
   ③ 레지스트리 정보가 손상될 경우 시스템이 부팅되지 않을 수도 있기 때문에 임의로 삭제가 불가능하다.
   ④ 레지스트리에는 각 사용자의 프로필과 시스템 하드웨어, 설치된 프로그램 및 속성 설정에 대한 정보가 들어 있다.

2과목 〉 스프레드시트 일반

21. 다음 중 공유 통합 문서에 대한 설명으로 옳은 것은?
   ① 공유된 통합 문서는 여러 사용자가 동시에 충돌의 우려 때문에 변경 및 병합 작업을 할 수 없다.
   ② 공유 통합 문서를 네트워크 위치에 복사해도 다른 통합 문서나 문서의 연결은 그대로 유지된다.
   ③ 문서의 내용을 변경하면 반드시 다른 사용자를 위해 변경된 내용을 메모로 표시해 놓아야 한다.
   ④ 통합 문서를 공유한 후 하이퍼링크, 시나리오, 매크로 등의 기능은 변경할 수 없지만 조건부 서식, 차트, 그림 등의 기능은 변경할 수 있다.

22. 다음 중 아래 워크시트의 [A1] 셀에서 12.5를 입력한 후 Ctrl을 누르고 자동 채우기 핸들을 아래로 드래그할 경우 [A4] 셀에 입력되는 값은?

	A	B
1	12.5	
2		
3		
4		
5		

① 12.5
② 12.8
③ 15.5
④ 15.8

23. 아래의 시트에서 [G2:G6] 영역에 [B2:D15] 영역의 표를 참조하는 배열 수식을 사용하여 대리점별 총실적액을 구하였다. 다음 중 [G2:G6] 영역을 범위로 지정한 후 수식을 입력할 경우 수식 입력줄에 표시된 함수식으로 옳은 것은?

	A	B	C	D	E	F	G
1		성명	대리점명	실적액		대리점명	총실적액
2		김철수	서울	₩100,000		서울	₩350,000
3		이영희	인천	₩200,000		인천	₩570,000
4		박민수	경기	₩150,000		경기	₩670,000
5		정기호	강원	₩300,000		강원	₩970,000
6		홍길동	충북	₩250,000		충북	₩530,000
7		강감찬	서울	₩120,000			
8		유관순	인천	₩180,000			
9		이순신	경기	₩250,000			
10		신사임당	강원	₩320,000			
11		안중근	충북	₩280,000			
12		장영실	서울	₩130,000			
13		김유신	인천	₩190,000			
14		이성계	경기	₩270,000			
15		홍경래	강원	₩350,000			

① {=SUMIF(C2:C15,F2,D2:D15)}
② {=SUMIF($C$2:$C$15=F2,$D$2:$D$15,0)}
③ {=SUMIF(C2:C15,F2:F6,D2:D15)}
④ {=SUM(IF($C$2:$C$15=F2,$D$2:$D$15,0)}

24. 다음 중 이름 상자에 대한 설명으로 옳지 않은 것은?
① 셀이나 셀 범위에 이름을 정의해 놓은 경우 이름이 표시된다.
② 차트가 선택되어 있는 경우 차트 이름이 표시된다.
③ Ctrl을 누른 상태에서 여러 개 셀을 선택하면 맨 처음 선택한 셀 주소가 표시되고 수식 작성 중인 경우 최근 사용한 함수 목록이 표시된다.
④ 특정 셀 범위에 대한 이름을 정의할 수 있고, 이름 편집이나 삭제 작업은 할 수 없다.

25. 다음 중 조건부 서식에 대한 설명으로 옳지 않은 것은?
① 조건을 만족하는 셀에 대해서만 셀 서식을 지정한다.
② 조건부 서식의 조건은 결과가 TRUE(1) 또는 FALSE(0)가 나오도록 작성한다.
③ 규칙 수에 따라 제한이 없고 규칙마다 다른 서식 적용도 가능하다.
④ 규칙에 수식을 입력할 경우 반드시 등호(=)로 시작하고, 조건을 지정할 경우 워크시트의 특정 셀을 클릭하면 상대 참조로 작성된다.

26. 다음 중 아래 시트에서 고급 필터의 조건 범위를 [E1:F3] 영역으로 지정하고 고급 필터를 실행했을 때 결과로 옳은 것은?

① 제조사가 '해피도락'이고, 판매량이 평균 이상이거나, 제조사가 '무신김밥'이고, 판매량이 평균 이상인 데이터
② 제조사가 '해피도락'이고, 제조사가 '무신김밥'이거나, 판매량이 평균 이상인 데이터
③ 제조사가 '해피도락'이거나 판매량이 평균 이상이고, 제조사가 '무신김밥'이거나 판매량이 평균 이상인 데이터
④ 제조사가 '해피도락'이거나 제조사가 '무신김밥'이고, 판매량이 평균 이상인 데이터

27. 다음 중 아래 조건을 처리하는 셀 서식의 사용자 지정 표시 형식으로 옳은 것은?

셀의 값이 100 이상이면 '빨강', 50 이상 100 미만이면 '파랑', 50 미만이면 '녹색'을 지정하고, 천 단위 구분 기호(,)와 소수 이하 첫째 자리까지 표시한다.
[표시 예: 1234.56 → 1,234.6 / 12 → 12.0]

① [빨강][>=100]#,###.#;[파랑][>=50]#,###.#;[녹색]#,###.#
② [빨강][>=100]#,##0.0;[파랑][>=50]#,##0.0;[녹색]#,##0.0
③ [빨강][>=100]#,###.;[파랑][>=50]#,###.;[녹색]#,###.
④ [빨강][>=100]#,##0;[파랑][>=50]#,##0;[녹색]#,##0

28. 텍스트 파일의 데이터를 워크시트로 가져올 때 사용하는 [텍스트 마법사] 기능에 대한 설명으로 옳지 않은 것은?

① 원본 데이터 형식을 '구분 기호로 분리됨'을 선택하면 열 구분선을 지정할 수 없다.
② 열 구분선의 위치를 임의로 이동할 수 없고, 구분선을 더블클릭하여 제거만 할 수 있다.
③ 각 필드를 선택하여 데이터 서식을 지정할 수 있다.
④ 제외할 필드 열을 지정할 수 있다.

29. 다음 중 매크로를 작성하고 사용하는 방법에 대한 설명으로 옳지 않은 것은?

① 매크로에 지정된 바로 가기 키가 엑셀 고유의 바로 가기 키와 중복될 경우 매크로 실행의 바로 가기 키가 우선한다.
② 매크로 이름 지정 시 첫 글자는 반드시 문자로 지정해야 하고, 문자, 숫자, 밑줄 문자(_) 등을 사용할 수 있다.
③ 매크로 기록 도중에 선택한 셀은 절대 참조나 상대 참조로 기록할 수 있고 특별한 설정이 없으면 상대 참조로 기록된다.
④ VBA에서 코드 편집을 통해 매크로의 이름이나 내용을 바꿀 수 있다.

30. 다음 중 VBA에서 [프로시저 추가] 대화 상자의 각 옵션에 대한 설명으로 옳지 않은 것은?

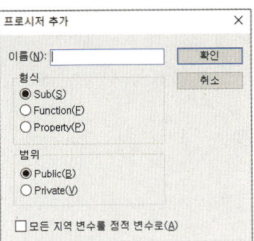

① Sub는 프로시저를 실행하고 결과값을 반환하지 않는 데 비해 Function은 프로시저를 실행하고 결과값을 반환한다.
② Sub와 Public을 선택하면 해당 Sub 프로시저는 모듈 내의 모든 프로시저에서 호출될 수 있다.
③ Sub와 Private을 선택하면 해당 Sub 프로시저는 선언된 모듈 내의 다른 프로시저에서만 호출할 수 있다.
④ Function과 Private을 선택하면 해당 Function 프로시저는 모든 모듈의 다른 프로시저에서만 엑세스할 수 있다.

31. 다음 중 셀 포인터의 이동 작업에 대한 설명으로 옳은 것은?

① `Alt` + `PageDown`을 눌러 현재 시트를 기준으로 오른쪽에 있는 다음 시트로 이동한다.
② `Ctrl` + `Home`을 눌러 [A1] 셀로 이동한다.
③ `Home`을 눌러 해당 열의 1행으로 이동한다.
④ 수식 입력줄에 셀 주소를 입력한 후 `Enter`를 눌러 원하는 셀의 위치로 이동한다.

32. 다음 중 아래 시트에서 사원번호의 네 번째 문자가 '1'이면 '수습', '2'이면 '인턴', '3'이면 '정규', '4'이면 '협력'으로 채용형태 정보를 알 수 있다. 채용형태 정보가 '수습', '정규'에 해당하는 경우만 표시되도록 계산한 [D2] 셀의 수식으로 옳지 않은 것은?(단, [F2:F5] 영역은 숫자 데이터임)

	A	B	C	D	E	F	G
1	사원번호	이름	부서명	채용형태		분류코드	채용형태
2	SA-1011	김나래	해외판촉	수습		1	수습
3	RM-2001	남민정	재무관리			2	인턴
4	BU-3100	서제복	자재구매	정규		3	정규
5	SA-2112	조수혁	해외판촉			4	협력
6	AM-4100	장하늘	경영관리				
7	BU-1311	주인영	자재구매	수습			

① =CHOOSE(VALUE(MID(A2,4,1)),"수습","","정규","")
② =IF(OR(VALUE(MID(A2,4,1))=2,VALUE(MID(A2,4,1))=4),"",VLOOKUP(VALUE(MID(A2,4,1)),$F$2:$G$5,2,0))
③ =IFS(VALUE(MID(A2,4,1))=1,"수습",VALUE(MID(A2,4,1))=2,"",VALUE(MID(A2,4,1))=3,"정규",VALUE(MID(A2,4,1))=4,"")
④ =CHOOSE(MOD(VALUE(MID(A2,4,1)),2),"수습","","정규","")

33. 다음 중 아래의 피벗 테이블에 대한 설명으로 옳지 않은 것은?

	A	B	C	D	E	F	G	H	I
1	구분	(모두)							
2									
3	합계 : 판매수량		음료명						
4	월	판매일자	롱고커피	바닐라라떼	아메리카노	에스프레소	카페라떼	미원라떼	총합계
5	⊟11월								
6		11월5일	22	26	24	30	28	22	152
7		11월6일	30	28	24	20	32	34	168
8		11월9일	12	18	10	11	20	15	86
9	⊟12월								
10		12월3일	12	18	10	11	15	20	86
11		12월4일	16	10	14	13	12		65

① 피벗 테이블 보고서의 삽입 위치는 [A3] 셀이다.
② 행의 총합계는 숨기고 열의 총합계만 표시했다.
③ 필터로 사용된 필드는 '구분', 값 영역에 사용된 필드는 '판매수량'이다.
④ 열 레이블 영역의 필드에 필터 조건이 설정되어 있다.

34. 다음 중 아래 워크시트에서 수식의 결과로 "데이터마이닝"을 출력하지 않는 것은?

	A	B	C	D	E
1					
2		강의실	강사명	과목명	수강코스
3		101	이윤수	기초통계	1개월
4		102	유재희	데이터마이닝	3개월
5		103	최민서	머신러닝	2개월
6		201	조연모	중급통계	2개월
7		202	하지욱	데이터시각화	2개월

① =CHOOSE(CELL("ROW",C2),D3,D4,D5,D6,D7)
② =OFFSET(B3:B7,2,2,1,1)
③ =CHOOSE(TYPE(C3),D3,D4,D5,D6,D7)
④ =INDEX(D3:D7,MATCH("유재희",C3:C7,0))

35. 다음 중 엑셀의 틀 고정에 대한 기능 설명으로 옳지 않은 것은?
① 틀 고정 구분선을 마우스로 드래그하여 틀 고정 구분선을 이동시킬 수 있다.
② 틀 고정은 워크시트를 스크롤할 때 특정 행이나 열을 한 자리에 계속 표시하는 기능으로 선택된 셀의 왼쪽 열과 바로 위의 행이 고정된다.
③ 틀 고정 방법으로 첫 행 고정을 실행하면 선택된 셀의 위치와 상관없이 첫 행이 고정된다.
④ 틀 고정을 다시 설정하려면 틀 고정을 취소한 후 다시 틀 고정을 해야 한다.

36. 다음 중 아래 차트에 대한 설명으로 옳지 않은 것은?

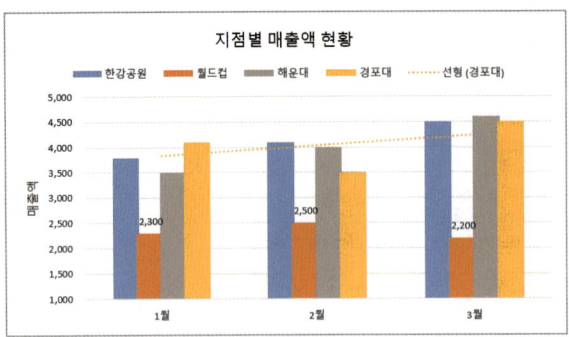

① '경포대' 계열에 대한 변화 추세를 알아보기 위해 선형 추세선을 표시하였다.
② 세로 (값) 축의 주 단위는 500이고 보조 눈금선은 표시되지 않았다.
③ [데이터 계열 서식] 대화 상자에서 '계열 겹치기' 값을 0보다 작게 설정하였다.
④ '월드컵' 계열에 데이터 레이블을 표시하였다.

37. 다음 그림과 같이 "표" 기능을 사용하여 대출이율에 따른 월대출원리금을 계산하려고 한다. 이때 실행해야 할 작업 내용에 대한 설명으로 옳지 않은 것은?

	A	B	C	D	E	F
1	대출이율에 따른 월대출원리금 계산					
2	(상환기간 60개월)					
3	대출금	대출이율				
4						
5						
6		₩0	3%	5%	7%	9%
7	대출금	₩20,000,000	₩359,374	₩377,425	₩396,024	₩415,167
8		₩50,000,000	₩898,435	₩943,562	₩990,060	₩1,037,918
9		₩70,000,000	₩1,257,808	₩1,320,986	₩1,386,084	₩1,453,085
10		₩100,000,000	₩1,796,869	₩1,887,123	₩1,980,120	₩2,075,836
11		₩150,000,000	₩2,695,304	₩2,830,685	₩2,970,180	₩3,113,753

① 표의 범위([B6:F11])를 설정한 후 [데이터] → [예측] → [가상 분석] → [데이터 표]를 선택한다.

② '데이터 표' 대화 상자가 표시되면 "행 입력 셀"은 [B4] 셀, "열 입력 셀"은 [A4] 셀을 지정한 후 [확인]을 클릭한다.

③ 수식이 입력되어야 하는 [C7] 셀을 선택하고 수식 "=PMT(B4/12,60,-A4)"를 입력한다.

④ 자동으로 결과가 구해진 셀을 하나 선택해서 살펴보면 "{=TABLE(B4,A4)}"와 같은 배열 수식이 표시된다.

38. 다음 중 셀에 수식을 입력하는 방법에 대한 설명으로 옳지 않은 것은?

① 수식을 입력한 후 결과값이 수식이 아닌 상수로 입력되게 하려면 수식을 입력한 후 바로 [F9]를 누른다.

② 수식에서 통합 문서의 여러 워크시트에 있는 동일한 셀 범위 데이터를 이용하려면 3차원 참조를 사용한다.

③ 계산할 셀 범위를 지정한 후 수식을 입력하고 [Alt] + [Enter]를 누르면 선택한 셀 범위에 수식이 한 번에 채워진다.

④ 배열 상수에는 숫자나 텍스트 외에 'TRUE', 'FALSE' 등의 논리값 또는 '#N/A'와 같은 오류 값도 포함될 수 있다.

39. 다음 중 차트만 인쇄할 때 [페이지 설정] 대화 상자에 관한 설명으로 옳지 않은 것은?

① [페이지] 탭에서 용지 크기와 용지 방향을 설정할 수 있는데 비해 확대/축소 배율은 설정할 수 없다.

② [여백] 탭에서 왼쪽, 오른쪽, 위쪽, 아래쪽, 머리글, 바닥글 여백을 수치로 입력할 수 있고, '페이지 가운데 맞춤'을 지정할 수 있다.

답안 표기란

37	①	②	③	④
38	①	②	③	④
39	①	②	③	④

NOTE

③ [머리글/바닥글] 탭에서 머리글, 바닥글을 편집할 수 있다.
④ [차트] 탭에서 흑백으로 인쇄를 설정할 수 있다.

40. 다음 중 시나리오에 대한 설명으로 옳지 않은 것은?
① 변경 셀과 결과 셀에 이름이 정의된 경우 작성된 시나리오 요약 보고서의 결과에는 셀 주소 대신 정의한 이름이 표시된다.
② 시나리오 요약 보고서는 자동으로 갱신되지 않으므로 시나리오 관리자에서 특정 시나리오를 편집 또는 삭제한 경우 새로운 시나리오 요약 보고서를 작성해야 한다.
③ 특정 셀 값의 변경에 따라 연결된 결과 셀의 값이 자동으로 변경되어 결과 값을 예측할 수 있다.
④ 시나리오 요약 보고서를 만들 때에는 결과 셀을 반드시 지정해야 하지만, 시나리오 피벗 테이블 보고서를 만들 때는 결과 셀을 지정하지 않아도 된다.

3과목 » 데이터베이스 일반

41. 다음 중 정규화에 대한 설명으로 옳지 않은 것은?
① 정규화를 실행하는 목적 중 하나는 데이터 중복을 최소화하기 위한 것이다.
② 정규화는 더 작은 필드를 갖는 테이블로 분해하는 과정이다.
③ 정규화를 실행하면 테이블 간의 종속성을 높일 수 있다.
④ 한 테이블에 너무 많은 필드를 포함해서 발생하는 삽입, 삭제, 갱신 등 작업 시의 이상 현상을 제거한다.

42. 다음 중 그룹화된 보고서의 그룹 머리글과 그룹 바닥글에 대한 설명으로 옳은 것은?
① 그룹 머리글은 매 페이지 상단 첫 번째 레코드 위에 표시되며 보고서 제목을 입력할 때 많이 사용한다.
② 그룹 머리글에 계산 컨트롤을 추가하여 전체 레코드에 대한 요약 값을 계산할 수 있다.
③ 그룹 바닥글은 그룹 하단에 그룹 요약과 같은 항목을 나타내는 데 효과적이다.
④ 그룹 바닥글은 매 페이지 하단에 그룹별 요약 정보를 표시한다.

43. 다음 중 기본 키(Primary Key)에 대한 설명으로 옳지 않은 것은?

   ① 테이블에 기본 키를 설정하지 않을 수도 있다.
   ② 데이터가 이미 입력된 필드도 기본 키로 지정할 수 있다.
   ③ 엑세스에서는 단일 필드 기본 키와 일련번호 기본 키만 정의 가능하다.
   ④ OLE 개체나 첨부 파일 형식의 필드에는 기본 키를 지정할 수 없다.

44. 다음 중 데이터베이스 관리 시스템(DBMS)의 장점에 해당하지 않는 것은?

   ① 데이터의 중복성 최소화
   ② 데이터 장애 시 파일 회복의 용이성
   ③ 데이터의 일관성 유지
   ④ 데이터의 무결성 유지

45. 다음 중 고객 테이블(고객번호, 고객명, 전화번호, 등급, 포인트)에서 등급이 '우수'인 고객의 포인트를 100 포인트씩 추가 지급하는 SQL문으로 옳은 것은?

   ① UPDATE FROM 고객 SET 포인트=포인트+100 WHERE 등급='우수';
   ② UPDATE FROM 고객 SET 포인트+100 WHERE 등급='우수';
   ③ UPDATE 고객 SET 포인트=포인트+100 WHERE 등급='우수';
   ④ UPDATE 포인트=포인트+100 SET 고객 WHERE 등급='우수';

46. 다음 중 <상품> 테이블의 '수량' 필드에 아래와 같이 필드 속성을 지정한 경우 데이터 입력 상황에 대한 설명으로 옳은 것은?

일반	조회
필드 크기	정수(Long)
형식	
소수 자릿수	자동
입력 마스크	
캡션	결제방법
기본값	1
유효성 검사 규칙	Between 1 And 100
유효성 검사 텍스트	올바른 값이 아닙니다.
필수	아니요
인덱스	아니요
텍스트 맞춤	일반

   ① 3.5를 입력하면 "올바른 값이 아닙니다."라는 메시지가 표시되며, 값을 다시 입력해야만 한다.
   ② 1000을 입력하면 "올바른 값이 아닙니다."라는 메시지가 표시된 후 입력 값이 정상적으로 저장된다.
   ③ 새로운 레코드 추가 시 수량 필드에는 자동으로 값 1이 표시된다.
   ④ 반드시 데이터를 입력해야 한다.

47. 다음 중 폼 작성에 관한 설명으로 옳지 않은 것은?

① 컨트롤 마법사 사용 여부는 [폼 디자인 도구] → [디자인] 탭에서 [컨트롤 마법사 사용]을 선택한다.
② [단추] 컨트롤은 마법사를 이용하여 다양한 매크로 함수를 제공한다.
③ [레이블] 컨트롤에 마법사를 이용하여 계산식을 작성할 수 있다.
④ [텍스트 상자] 컨트롤은 폼의 원본으로 사용되는 데이터를 표시한다.

48. 다음 중 폼 작성 시 속성 설정에 대한 설명으로 옳지 않은 것은?

① 폼의 보기 형식은 '기본 보기' 속성에서 단일 폼, 연속 폼, 데이터시트, 분할 표시 폼 중에서 선택할 수 있다.
② 이벤트 작성을 하려면 작성기에서 식 작성기, 매크로 작성기, 코드 작성기 중 하나를 선택하면 된다.
③ 데이터를 추가, 삭제, 편집하는 작업은 할 수 없고 오로지 데이터를 확인만 할 수 있다.
④ '캡션' 속성을 이용하여 폼의 제목 표시줄에 표시되는 텍스트를 변경할 수 있다.

49. 다음 중 크로스탭 쿼리에 관한 설명으로 옳지 않은 것은?

① 맨 왼쪽에 세로로 표시되는 행 머리글과 맨 위에 가로 방향으로 표시되는 열 머리글로 구분하여 데이터를 그룹화하여 표시할 때 사용한다.
② 쿼리 데이터시트에서 데이터를 직접 편집하는 작업을 할 수 없다.
③ 열 머리글로 사용될 필드는 2개 이상 지정할 수 있지만, 행 머리글로 사용할 필드는 하나만 지정할 수 있다.
④ 행과 열이 교차하는 곳에 그룹화된 숫자 필드는 합계, 평균, 분산, 표준 편차 등을 계산할 수 있다.

50. 다음 중 데이터를 특정한 조건에 따라 시각적으로 강조 표시하는 조건부 서식에 관한 설명으로 옳지 않은 것은?

① 조건은 50개까지 지정할 수 있고, 각 조건별로 다른 서식을 적용할 수 있다.
② 필드 값이나 식, 포커스를 가지고 있는 컨트롤을 기준으로 조건부 서식을 설정할 수 있다.
③ 지정한 조건 중 두 개 이상이 True이면 True인 첫 번째 조건의 서식만 적용된다.
④ 서식으로는 굵게, 글꼴 색, 글꼴 이름, 바탕색, 테두리 색 등을 지정할 수 있다.

51. 다음 중 인덱스에 대한 설명으로 옳지 않은 것은?

① 인덱스 속성은 아니요, 예(중복 불가능), 예(중복 가능) 중 한 개의 값을 갖는다.
② 인덱스는 단일 필드에만 설정할 수 있다.
③ OLE 개체 데이터 형식 필드에는 설정할 수 없다.
④ 데이터 추가, 변경이 빈번한 경우에는 업데이트 속도가 느려질 수 있다.

52. 다음 중 기본 폼과 하위 폼을 연결하기 위한 기본 조건에 대한 설명으로 옳지 않은 것은?

① 중첩된 하위 폼은 최대 2개 수준까지만 만들 수 있다.
② 하위 폼의 '기본 필드 연결' 속성은 기본 폼을 하위 폼에 연결해 주는 기본 폼의 필드를 지정하는 속성이다.
③ 테이블 간의 관계가 설정되어 있지 않은 경우에도 하위 폼으로 연결할 수 있다.
④ 연결하려는 기본 필드와 하위 필드의 데이터 형식은 동일하거나 호환되어야 하고 필드 크기는 같지 않아도 된다.

53. 다음 중 아래 보고서에 대한 설명으로 옳지 않은 것은?

커피 상품 목록					
브랜드: 가찌아(01)					
번호	분류명	상품코드	분류코드	상품명	소비자가
1	예가체프 q3	020008	0112	보안 원터치	562,380
2	인도네시아 만델링	010020	0102	HD-3254	323,000
3	하와이 코나	010016	0121	EC-230	526,000
4		010019		HD-7880	627,000
				총상품수 :	4
브랜드: 비알레띠(02)					
번호	분류명	상품코드	분류코드	상품명	소비자가
5	만델링	010015	0120	EC-150	328,000
6	탄자니아 킬리만자로	010012	0105	피콜로	329,000
7	하와이 코나	010018	0121	HD-8660	727,000
8		010017		HD-8345	927,000
				총상품수 :	4

① '분류명' 필드에는 '중복 내용 숨기기' 속성을 '예'로 설정했다.
② '분류명' 필드를 기준으로 그룹이 지정됐다.
③ 번호는 컨트롤 원본을 '=1'로 지정한 후 '누적 합계' 속성을 '모두'로 지정했다.
④ '=Count(*)' 계산식을 이용해 브랜드별 상품 개수가 표시된 곳은 그룹 바닥글 영역이다.

54. 다음 중 매크로에 대한 설명으로 옳지 않은 것은?
   ① 매크로는 작업을 자동화하고 폼, 보고서 및 컨트롤에 기능을 추가하는 데 사용되는 도구이다.
   ② 특정 조건이 참일 때만 매크로 함수를 실행하도록 설정할 수 있다.
   ③ 각 매크로는 매크로 함수가 여러 개 작성된 하위 매크로를 포함할 수 없다.
   ④ 이미 매크로에 추가한 작업을 반복해야 하는 경우 매크로 동작을 복사하여 붙여 넣으면 된다.

55. 다음 중 <학생>, <상담정보> 두 테이블을 결합하여 아래 그림과 같은 결과를 얻기 위한 조인 문장으로 옳은 것은?

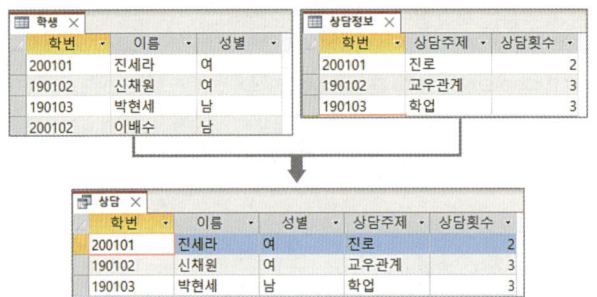

   ① SELECT 학생.학번, 학생.이름, 학생.성별, 상담정보.상담주제, 상담정보.상담횟수 FROM 상담정보 INNER JOIN 학생 ON 상담정보.학번 = 학생.학번;
   ② SELECT 학생.학번, 학생.이름, 학생.성별, 상담정보.상담주제, 상담정보.상담횟수 FROM 상담정보, 학생 ON 상담정보.학번 = 학생.학번;
   ③ SELECT 학생.학번, 학생.이름, 학생.성별, 상담정보.상담주제, 상담정보.상담횟수 FROM 상담정보 LEFT JOIN 학생 ON 상담정보.학번 = 학생.학번;
   ④ SELECT 학생.학번, 학생.이름, 학생.성별, 상담정보.상담주제, 상담정보.상담횟수 FROM 상담정보 OUTER JOIN 학생 ON 상담정보.학번 = 학생.학번;

56. 다음 중 보고서의 그룹화 및 정렬에 대한 설명으로 옳지 않은 것은?
   ① 복잡한 필드 구성을 단일화할 수 있는 그룹 지정 작업은 머리글과 같은 소계 및 요약 정보와 함께 표시되는 레코드의 모음이다.
   ② Count 함수를 이용한 계산 컨트롤을 그룹 바닥글 또는 그룹 머리글에 추가하여 현재 그룹의 레코드 개수를 표시할 수 있다.
   ③ 필드나 식을 기준으로 그룹화할 수 있고 최대 3단계까지 설정할 수 있다.
   ④ 그룹화의 기준이 되는 필드는 자동으로 오름차순 정렬되어 표시된다.

57. 다음 중 SELECT문에 대한 설명으로 옳지 않은 것은?

   ① 검색 결과에 중복되는 레코드를 없애려면 "DISTINCT" 조건자를 사용한다.
   ② FROM절에는 SELECT문에 나열된 필드를 포함하는 테이블이나 쿼리를 지정한다.
   ③ GROUP BY문으로 레코드를 결합한 후에 WHERE절을 사용하면 그룹화된 레코드 중 WHERE절의 조건을 만족하는 모든 레코드가 표시된다.
   ④ ORDER BY 뒤에 필드명을 지정하면 해당 필드를 기준으로 레코드가 오름차순으로 정렬되어 표시된다.

58. 다음 중 폼에서 컨트롤의 탭 순서를 변경하는 방법으로 옳은 것은?

   ① 마법사 또는 레이아웃과 같은 도구를 사용하여 폼을 만든 경우 컨트롤의 탭 순서를 임의로 변경할 수 없다.
   ② 탭 순서에서 컨트롤을 제거하려면 컨트롤의 탭 정지 속성을 "예"로 설정한다.
   ③ [탭 순서] 대화 상자를 이용하면 컨트롤의 탭 순서를 컨트롤 이름 행을 드래그하여 조정할 수 있다.
   ④ 레이블 컨트롤과 텍스트 컨트롤이 나란히 존재하는 경우 레이블 컨트롤에 탭 순서가 우선 설정된다.

59. 다음 중 보고서에서 페이지 번호를 표시하는 컨트롤 원본과 그 표시 결과가 옳은 것은?(단, 현재 페이지는 1페이지이고, 전체 페이지는 3페이지임)

   ① ="Page" & [pages] & "of" & [page] → page 1 of 3
   ② =[pages] & "-" & [page] → 1-3
   ③ =[page] & "page" → 1page
   ④ =Format([page],"00") → 1

60. 다음 중 아래 도서명이 txt도서 내용을 포함하는 레코드만 검색하기 위한 이벤트 프로시저의 빈칸 내용으로 옳은 것은?

   ```
   Private Sub cmd검색_Click()
      Me.Filter="도서명 Like  ㄱ
      Me.FilterOn=   ㄴ
   ```

   ① ㄱ.* & txt도서 & *", ㄴ. True
   ② ㄱ.'* & txt도서 & *'", ㄴ. False
   ③ ㄱ.*" & txt도서 & "*", ㄴ. False
   ④ ㄱ.'*"& txt도서 & "*'", ㄴ. True

컴퓨터활용능력 1급 필기 모의고사 1회
정답 및 풀이

정답

01. ④ 02. ③ 03. ① 04. ② 05. ④ 06. ③ 07. ①
08. ④ 09. ① 10. ④ 11. ③ 12. ④ 13. ① 14. ③
15. ② 16. ③ 17. ① 18. ③ 19. ③ 20. ③ 21. ①
22. ③ 23. ④ 24. ① 25. ① 26. ④ 27. ① 28. ②
29. ④ 30. ② 31. ③ 32. ③ 33. ② 34. ③ 35. ③
36. ③ 37. ② 38. ③ 39. ① 40. ④ 41. ③ 42. ①
43. ③ 44. ③ 45. ④ 46. ① 47. ③ 48. ② 49. ③
50. ④ 51. ③ 52. ④ 53. ① 54. ② 55. ④ 56. ③
57. ① 58. ① 59. ② 60. ③

1과목 ≫ 컴퓨터 일반

문제 01 | 정답 ④
①, ②, ③번 레거시 BIOS에 관한 설명

문제 02 | 정답 ③
③번 레지스트리 정보는 수정이나 삭제, 복원 가능
[한.번.더.이론 30쪽] [8) 레지스트리(Registry)] 체크!

문제 03 | 정답 ①
②번 알파 버전 ③번 셰어웨어 ④번 오픈 소스 소프트웨어
[한.번.더.이론 22쪽] [3) 기타 소프트웨어 분류] 체크!

문제 04 | 정답 ②
②번은 MOV 포맷에 관한 설명
- ASF: MS사에서 개발하고 인터넷 방송에서 비디오 및 오디오 생방송(라이브 방송)을 지원하는 스트리밍이 가능한 동영상 포맷
- 스트리밍이 가능한 영상 포맷: ASF, WMV, RAM 등

문제 05 | 정답 ④
- DMA(Direct Memory Access)에 의한 I/O: CPU의 간섭 없이 주기억 장치와 입출력 장치 사이에서 직접 전송이 이루어지는 방법
- 채널(Channel)에 의한 I/O: 중앙 처리 장치(CPU)와 입출력 장치 사이의 속도 차이로 인한 문제점을 해결하기 위해 사용

문제 06 | 정답 ③
③번 멀티미디어 특징 중 통합성에 관한 설명
[한.번.더.이론 42쪽] [2) 멀티미디어 특징] 체크!

문제 07 | 정답 ①
- Anonymous(익명) FTP: FTP 서버에 계정이 없는 익명의 사용자도 접속하여 사용할 수 있는 서비스
[한.번.더.이론 35쪽] [6) 프로토콜_네트워크 관련 프로토콜_FTP(File Transfer Protocol)] 체크!

문제 08 | 정답 ④
④번 IPv4에 관한 설명
[한.번.더.이론 38쪽] [1) IP 주소_IPv6] 체크!

문제 09 | 정답 ①
[한.번.더.이론 33쪽] [1) 네트워크 장비] 체크!

문제 10 | 정답 ④
- 연결 프로그램을 삭제해도 연결된 데이터 파일은 영향을 받지 않음

- 연결 프로그램을 삭제하고 데이터 파일을 더블클릭하면 연결 프로그램을 선택하기 위한 대화 상자가 표시됨

문제 11 | 정답 ③

암호화 기법은 동일한 키로 데이터를 암호화하고 복호화하는 비밀키 암호화 기법과 서로 다른 키로 데이터를 암호화하고 복호화하는 공개 키 암호화 기법이 있음

문제 12 | 정답 ①

②번 데이터 링크 계층: 송신 측이 수신 측의 처리 속도보다 더 빨리 데이터를 보내지 못하도록 조절하는 흐름 제어, 프레임의 시작과 끝을 구분하기 위한 프레임 동기화, 프레임의 순차적 전송을 위한 순서 제어 기능이 있음
③번 응용 계층: 응용 프로세스 간의 정보 교환, 파일 전송 등의 전송 제어 기능이 있음
④번 물리 계층: 전기적, 기계적 특성을 이용하여 데이터를 전송하는 역할 담당

문제 13 | 정답 ①

②번 프로그램 카운터: 다음 순서에 실행할 명령어의 주소를 저장하는 레지스터
③번 메모리 주소 레지스터: 기억 장치에 입출력되는 데이터의 번지를 기억하는 레지스터
④번 명령 레지스터: 현재 실행 중인 명령을 기억하는 레지스터

문제 14 | 정답 ③

- 서버 측 웹 프로그램 언어: ASP, PHP, JSP, CGI 등
- XML: HTML의 단점을 보완하여 웹에서 구조화된 폭넓고 다양한 문서를 상호 교환할 수 있도록 설계된 언어

한번더이론 21쪽 [1) 시스템 소프트웨어_웹 프로그래밍 언어 종류] 체크!

문제 15 | 정답 ②

②번 와이브로: 이동 중 자동차나 기차 안에서 인터넷을 이용할 수 있게 하는 이동 통신 서비스

한.번.더이론 38, 39쪽 [4) 정보 통신 관련 용어] 체크!

문제 16 | 정답 ③

③번 일괄 처리 시스템: 1세대 특징

한.번.더이론 10쪽 [1) 컴퓨터의 발전 과정] 체크!

문제 17 | 정답 ①

②번 핫스팟, ③번 블루투스, ④번 테더링

한.번.더이론 40쪽 [5) 모바일 관련 용어] 체크!

문제 18 | 정답 ②

3D 프린터를 통한 인쇄 방식은 레이어로 쌓아 입체 형상을 만드는 적층형과 큰 덩어리를 깎아서 만드는 절삭형이 있음
- 적층형
  - 아주 얇은 2차원 면을 층층이 쌓아 올리는 방식
  - 재료의 손실이 없어서 최근 보급되는 3D 프린터는 대부분 적층형 프린터임
- 절삭형
  - 커다란 덩어리를 조각하듯이 깎아서 인쇄물 제작
  - 소재의 불필요한 부분을 깎아 내기 때문에 재료의 손실이 발생함

문제 19 | 정답 ③

①번 분산 서비스 거부 공격(DDoS), ②번 백도어, ④번 키로거

한.번.더이론 46쪽 [4) 보안 위협 형태] 체크!

문제 20 | 정답 ③

감염 위치별 파일 바이러스 유형
①번 연결형 바이러스: 프로그램을 직접 감염시키지 않고 디렉토리 영역에 저장된 프로그램의 시작 위치를 바이러스의 시작 위치로 변경하는 바이러스
②번 기생형(Parasitic) 바이러스: 감염된 파일의 크기가 바이러스 프로그램의 크기만큼 증가하므로 감염 여부를 쉽게 파악할 수 있고 감염된 파일에서 바이러스 코드만 제거하면 쉽게 복구가 가능
④번 겹쳐쓰기형 바이러스: 원래의 프로그램이 있는 곳에 바이러스가 겹쳐서 존재하는 형태

2과목 》 스프레드시트 일반

문제 21 | 정답 ①

①번 Shift + Spacebar : 선택한 셀의 행 전체 선택
    Ctrl + Spacebar : 선택한 셀의 열 전체 선택

문제 22 | 정답 ③

②번 [서식] 도구를 이용하여 찾을 내용과 바꿀 내용을 비운 채 각각의 글꼴 스타일을 '기울임꼴', '보통'으로 지정한 후 바꾸기를 실행하면 기울임꼴을 해제할 수 있음
③번 '찾는 위치'에서 수식, 값, 메모 중에서 선택해 원하는 값을 찾을 수 있음

문제 23 | 정답 ④

①번 ;;;; : 양수, 음수, 0, 문자를 모두 빈 셀로 표시
②번 *★#: * 바로 뒤의 ★를 셀 너비만큼 반복적으로 표시
③번 ↑#;↓#;- : 양수;음수;0에 적용하는 서식으로 양수일 때 ↑와 숫자를 표시하고, 음수일 때 ↓와 숫자를 표시, 0일 때 -로 표시
④번 #% : 표시 형식 '%'는 숫자에 100을 곱한 후 '%'를 표시하므로 결과는 '1200%'

문제 24 | 정답 ①

①번 오름차순으로 정렬하면 소문자 → 대문자순으로 정렬되므로 소문자가 우선 순위를 가짐

문제 25 | 정답 ①

①번 자동 필터에서 조건 지정 시 각 열에 설정된 조건들은 AND 조건으로 묶여 처리됨

문제 26 | 정답 ④

- SUMPRODUCT((A1:A100=C1)*(B1:B100=D1)): [A1:A100] 범위에서 [C1]과 같고, [B1:B100] 범위에서 [D1]과 같은 값의 개수를 찾아 줌
- ①번 일반 함수식, ②, ③번 배열 수식

④번 SUMIFS 함수는 개수를 구하는 것이 아니라 조건에 만족하는 합계를 구하는 함수

문제 27 | 정답 ①

- {=LARGE(IF(조건, 범위), K): 조건에 만족하는 값을 찾아서 범위에서 K번째로 큰 값 표시
- K={1;2;3}: [F3:F5] 범위의 1번째 행 제일 큰 값, 2번째 행 2번째로 큰 값, 3번째 행 3번째로 큰 값 표시
- K={1,2,3}: 범위로 지정된 1번째 열 제일 큰 값, 2번째 열 2번째로 큰 값, 3번째 열 3번째로 큰 값 표시

문제 28 | 정답 ②

=INDEX($F$3:$F$5,MATCH(A2,$E$3:$E$5,0),1)
     범위   행 번호   열 번호

- MATCH(찾으려는 값, 범위, 일치하는 방법): 범위에서 찾으려는 값이 존재하는 상대 위치를 구함
  - 일치하는 방법 = 0: 정확한 값을 구함
  - 일치하는 방법 = 1: 유사한 값을 구함(범위가 오름차순)
  - 일치하는 방법 = -1: 유사한 값을 구함(범위가 내림차순)
- MATCH(A2,$E$3:$E$5,0): [A2] 셀을 [E3:E5]에서 찾아 상대 위치를 구하면 1 → 이 값은 INDEX 함수의 행 번호가 됨
- INDEX(범위, 행 번호, 열 번호): 범위에서 행과 열이 교차하는 값을 구함
- INDEX($F$3:$F$5,1,1): [F3:F5]에서 1행 1열의 값은 1200 → [F3:F5]는 1개의 열이므로 열 번호는 생략 가능

문제 29 | 정답 ④

①번 매크로 이름 지정: 첫 글자는 문자나 밑줄, 역슬래시로 시작하고, /, ?, '', ., -와 공백은 사용할 수 없음
셀 주소(A3, R1C1) 형식도 사용할 수 없고 대/소문자도 구분하지 않음
②번 리본 메뉴를 클릭하는 동작은 매크로로 기록되지 않음
③번 매크로는 기본적으로 절대 참조로 기록되고, '상대 참조로 기록'을 선택하면 상대 참조로 기록됨
④번 [매크로] 대화 상자 실행: Alt + F8
    Visual Basic 편집기 실행: Alt + F11

문제 30 | 정답 ②

- 조건 1개인 개수를 구하는 배열 수식 3가지 방법
  - 방법1: {SUM((조건)*1)}
  - 방법2: {SUM(IF(조건, 1))}
  - 방법3: {COUNT(IF(조건, 1))}
  - 이에 해당하는 배열 수식은 ①번, ③번, ④번
- 데이터베이스 함수는 배열 수식으로 계산할 수 없음

문제 31 | 정답 ③

③번 데이터 가져오기 기능으로 웹 페이지의 데이터를 가져올 때 그림과 스크립트를 제외한 텍스트만 가져올 수 있음

문제 32 | 정답 ③

①번 필터 영역의 존재 여부와 상관없이 피벗 테이블의 삽입 위치는 항상 행 레이블과 열 레이블이 교차하는 셀(A3)임
②번 열 레이블 필드는 오름차순(↓T) 정렬이 설정되어 있음
③번 행 레이블 필드는 필터 조건(↓T)이 설정되어 있음
④번 열의 총합계만 표시되어 있고, 행의 총합계는 표시되어 있지 않음

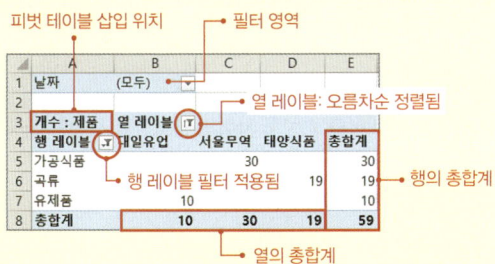

문제 33 | 정답 ②

②번 매크로 이름을 변경하려면 [개발 도구] → [코드] → [Visual Basic] 또는 [Alt]+[F11] 또는 [매크로] 대화 상자의 [편집]을 눌러 Visual Basic Editor 창에서 수정함. [옵션]에서는 매크로를 실행할 바로 가기 키와 설명(주석)을 수정 가능
④번 [편집] 단추를 클릭하면 Visual Basic Editor 창이 실행되고 매크로를 수정할 수 있음

문제 34 | 정답 ③

③번 시나리오 요약 보고서는 원본 데이터와 연결되어 있지 않아서 변경 셀의 값을 수정해도 자동으로 업데이트되지 않음. 즉 다시 시나리오 요약 보고서를 만들어야 함

문제 35 | 정답 ③

③번 세로 (값) 축의 표시 형식은 '회계'가 아님
회계 표시 형식은 0 값이 '-'로 표시

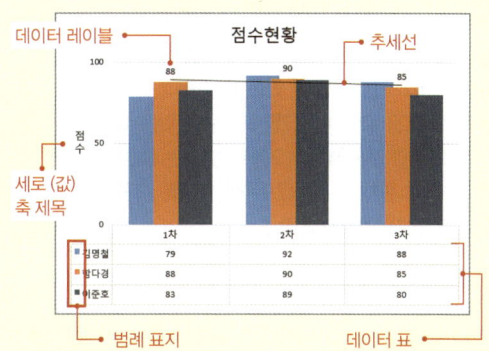

문제 36 | 정답 ③

③번 임의의 셀을 기준으로 페이지를 구분하면 선택한 셀의 위쪽과 왼쪽으로 페이지 구분선이 생성됨
[한.번.더.이론] 92쪽 [4) 페이지 나누기 미리 보기] 체크!

문제 37 | 정답 ②

②번 [인쇄 미리 보기] 창에서 열 너비는 조정 가능하지만 행 높이는 조정할 수 없음
[한.번.더.이론] 90쪽 [1) 인쇄의 특징_인쇄 미리 보기] 체크!

문제 38 | 정답 ③

①번 계열 겹치기 수치를 음수로 지정하면 데이터 계열 사이가 벌어지고, 양수로 지정하면 계열이 겹침
수치가 0이면 계열이 겹치지 않음

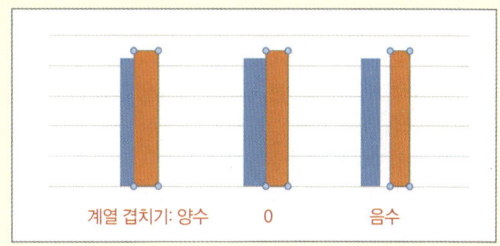

③번 [데이터 원본 선택] 대화 상자에서 데이터 범위를 변경하고, 계열을 추가, 편집, 제거할 수 있고, 계열의 순서도 변경할 수 있음

문제 39 | 정답 ①

R1C1 참조 스타일: 행과 열 모두에 번호가 매겨지는 참조 스타일로 'R'은 행 번호, 'C'는 열 번호를 뜻함
상대 참조일 때는 행 번호와 열 번호를 대괄호([])로 묶음
(예) • R2C2: 2행의 2열에 있는 셀을 절대 참조
- R[2]C[2]: 2행 아래, 2열 오른쪽에 있는 셀을 상대 참조
- R[-2]C: 같은 열에서 2행 위에 있는 셀을 상대 참조
- R[-1]: 현재 셀 위에 있는 행 전체를 상대 참조
- R: 현재 행을 절대 참조

```
Sub 매크로2()
Range("C2").Select       → [C2] 셀 선택
ActiveCell.FormulaR1C1="=AVERAGE(RC[-2]:RC[-1])"
    [C2] 셀 선택         [C2] 셀 기준 왼쪽 2번째 셀과
                         왼쪽 1번째 셀의 평균(상대 참조)
Range("C3").Select  →   [C3] 셀 선택
End Sub
```

문제 40 | 정답 ④

- [A1] 셀을 선택하고 '상대 참조로 기록'을 누른 후 매크로를 기록한 코드
  - Offset(행, 열): 셀에서 행, 열만큼 이동하는 속성
  - FormulaR1C1: 셀에 수식을 입력하는 속성

```
Sub 매크로1()
❶ ActiveCell.Offset(1, 1).Range("A1").Select
❷ ActiveCell.FormulaR1C1 = "컴활1급"
❸ ActiveCell.Offset(1, 0).Range("A1").Select
❹ ActiveCell.FormulaR1C1 = "합격"
❺ ActiveCell.Offset(1, 0).Range("A1").Select
End Sub
```

❶ 활성 셀(A1)에서 1행, 1열 이동한다.([B2] 셀이 선택됨)
Range("A1").Select: [A1] 셀을 선택하라는 뜻이 아니라 선택된 셀을 기준 셀(A1)로 정한다는 의미로 이 코드는 자동 생성된 것이므로 큰 의미를 두지 말고 Offset 코드를 중점적으로 봄
❷ 활성 셀(B2)에 '컴활1급'을 입력한다.
❸ 활성 셀(B2)에서 1행, 0열 이동한다.([B3] 셀이 선택됨)
❹ 활성 셀(B3)에 '합격'을 입력한다.

❺ 활성 셀(B3)에서 1행, 0열 이동한다.([B4] 셀이 선택됨)

②, ③번 상대 참조로 기록된 것이므로 [B1] 셀을 선택한 후 매크로를 실행하면 [C2] 셀에 '컴활1급'이 입력되고, [C3] 셀에 '합격'이 입력됨
④번 [B1] 셀을 선택하고 '매크로1'을 실행한 후의 셀 포인터 위치는 [C4] 셀

🔒 3과목 》 데이터베이스 일반

문제 41 | 정답 ③

- FindRecord: 조건을 만족하는 첫 번째 레코드를 찾아 줌
- FindNextRecord: [찾기 및 바꾸기] 대화 상자에서 지정한 조건에 맞는 다음 레코드를 찾음

문제 42 | 정답 ①

- 수식: =[Page] → 결과: 3
- 수식: =Format([Page],"00") → 결과: 03

문제 43 | 정답 ③

- 정규화는 테이블 속성들 사이의 종속성을 최대한 배제하는 과정으로 볼 수 있음

한.번.더.이론 106쪽 [5) 데이터 정규화] 체크!

문제 44 | 정답 ③

- 두 테이블의 조인된 필드가 일치하는 행만 포함
  - SELECT * FROM 봉사기관 INNER JOIN 봉사내역 ON 봉사기관.기관코드 = 봉사내역.기관코드;
- '봉사기관'에서는 모든 레코드를 포함하고 '봉사내역'에서는 조인된 필드가 일치하는 레코드만 포함
  - SELECT * FROM 봉사기관 LEFT JOIN 봉사내역 ON 봉사기관.기관코드 = 봉사내역.기관코드;
- '봉사내역'에서는 모든 레코드를 포함하고 '봉사기관'에서는 조인된 필드가 일치하는 레코드만 포함
  - SELECT * FROM 봉사기관 RIGHT JOIN 봉사내역 ON 봉사기관.기관코드 = 봉사내역.기관코드;

문제 45 | 정답 ④

- 페이지 머리글과 페이지 바닥글에서는 계산식을 사용할 수 없음
- 전체 학과의 영어 점수의 평균은 보고서 바닥글이나 보고서 머리글에서 작성

한번데이용 136쪽 [1) 정렬 및 그룹화] 체크!

문제 46 | 정답 ①

- [사원] 테이블의 부서명 필드는 외래 키이므로 [부서] 테이블의 부서명 필드에 있는 데이터만 추가할 수 있고 기존 데이터는 삭제할 수 있음
- [부서] 테이블의 부서명 필드는 [사원] 테이블에서 참조하므로 부서명 레코드를 삭제할 때 관련 레코드가 [사원] 테이블에 존재하면 삭제할 수 없음

한번데이용 114쪽 [6) 무결성 제약] 체크!

문제 47 | 정답 ③

- =FORMAT(값, "형식"): 값을 지정한 형식으로 표시
- Format(Date(), "d") → 4
- Format(Date(), "dd") → 04
- Format(Date(), "dddd") → Sunday

문제 48 | 정답 ②

- 같은 행에 있으면 AND 조건이고 다른 행에 있으면 OR 조건
- 검색 연산자 '?'는 한 글자를 의미하고, '*'는 모든 글자를 의미
- ?, * 앞에는 Like 연산자가 붙음

문제 49 | 정답 ③

i	0	3	6	9
Num+i	0+0	0+3	6+3	9+9

- i는 0부터 11까지 +3씩 증가하는 수열을 생성함

문제 50 | 정답 ④

- SELECT 필드 FROM 테이블 ORDER BY 필드 정렬
- SELECT *: SELECT 다음에 필드 이름이 표시되며 '*'가 표시되면 테이블에 있는 모든 필드가 표시
- ORDER BY절 다음에는 정렬할 필드가 표시되며 DESC는 내림차순으로 정렬되고 필드 이름 뒤 ASC나 입력이 안 되면 오름차순으로 정렬

문제 51 | 정답 ③

L: 영문자와 한글만 입력 가능하고 숫자가 올 수 없음

문제 52 | 정답 ④

- 폼에 컨트롤을 삽입하면 컨트롤 만든 순서로 탭 순서가 결정됨
- 마법사를 사용해서 폼을 만들면 탭 순서가 위에서 아래로, 왼쪽에서 오른쪽순으로 자동 지정됨

문제 53 | 정답 ①

한글 파일이나 MS-WORD 파일은 외부 데이터로 가져올 수 없음

문제 54 | 정답 ②

㉠ – ⓓ, ㉡ – ⓒ, ㉢ – ⓑ

문제 55 | 정답 ④

- 카디널리티(Cardinality): 튜플(레코드, 행)의 개수
- 디그리(Degree): 애트리뷰트(필드, 열)의 개수

한번데이용 105쪽 [4) 데이터베이스 모델과 개체-관계(E-R) 모델] 체크!

문제 56 | 정답 ③

③번 목록 상자에 관한 설명
- 콤보 상자: 선택 항목 목록을 간단한 방식으로 나타내기 위해 드롭다운 화살표를 클릭하기 전까지는 목록이 숨겨져 있음

문제 57 | 정답 ①
- 보고서 보기: 인쇄 미리 보기와 비슷하지만 페이지의 구분이 없음
- 인쇄 미리 보기: 페이지 레이아웃의 설정이 용이하며, 보고서가 인쇄되었을 때의 모양을 확인 가능

문제 58 | 정답 ①
캡션이 '결제방법'인 것은 데이터시트 보기에서 필드 이름이 '결제방법'으로 표시됨

문제 59 | 정답 ②
insert into 거래처 select * from 주소록 where 거래처번호 not in(select 거래처번호 from 거래처): 거래처번호 필드에서 거래처 테이블이 거래처번호 필드에 포함되지 않는 것만 찾아서 주소록 테이블의 모든 필드를 거래처 테이블에 삽입(추가)해라
한.번.더.이.론 119쪽 [3) 데이터 조작] 체크!

문제 60 | 정답 ③
페이지 바닥글 텍스트 상자 컨트롤에는 [Pages] & "페이지 중 " & [Page] & "페이지"

컴퓨터활용능력 1급 필기 모의고사 2회
정답 및 풀이

정답
01.② 02.③ 03.① 04.④ 05.③ 06.③ 07.④
08.④ 09.① 10.③ 11.③ 12.④ 13.① 14.④
15.④ 16.③ 17.① 18.③ 19.① 20.③ 21.②
22.③ 23.③ 24.① 25.④ 26.① 27.② 28.①
29.③ 30.④ 31.② 32.④ 33.② 34.② 35.①
36.④ 37.③ 38.③ 39.② 40.④ 41.③ 42.③
43.④ 44.② 45.③ 46.③ 47.③ 48.③ 49.③
50.④ 51.② 52.① 53.② 54.③ 55.① 56.③
57.③ 58.② 59.③ 60.④

1과목 » 컴퓨터 일반

문제 01 | 정답 ②
가상 메모리(Virtual Memory): 보조 기억 장치의 일부를 마치 주기억 장치처럼 사용하는 기법으로 주기억 장치보다 더 큰 프로그램 용량을 실행할 때 사용함
한.번.더.이.론 18쪽 [4) 기타 기억 장치] 체크!

문제 02 | 정답 ③
이동 명령은 '자동 줄 바꿈' 기능이 해제된 상태에서만 사용 가능

문제 03 | 정답 ①
①번 사용 가능도(Availability) 증가: 시스템 사용 요구가 있을 때 바로 사용할 수 있는 정도

문제 04 | 정답 ④
[Alt] + [Enter]: 선택한 항목의 속성 대화 상자 표시

문제 05 | 정답 ③
ASCII 코드: 데이터 통신용으로 사용되는 코드

[7) 문자 표현 코드] 체크! (한.번.더.이롬 11쪽)

문제 06 | 정답 ③

①, ④번 ROM(Read Only Memory)에 대한 설명
②번 주기적으로 재충전(Refresh)이 필요한 메모리는 DRAM으로 주기억 장치로 사용됨

[3) 주기억 장치] 체크! (한.번.더.이롬 17쪽)

문제 07 | 정답 ④

- RAID: 여러 개의 하드 디스크를 한 개의 하드 디스크처럼 관리하는 기법으로 데이터 저장의 안정성과 하드 디스크 가용성을 증대하고 속도를 빠르게 하기 위한 기법
- ④번 하드 디스크, CD-ROM, 스캐너 등을 통합적으로 연결해 주는 기술은 SCSI를 의미함

문제 08 | 정답 ④

①번 메타버스(Metaverse): 가상을 의미하는 '메타(Meta)'와 우주를 의미하는 '유니버스(Universe)'를 조합한 단어로써 현실에서의 상호 작용을 가상의 공간에서 펼쳐 내는 기술
②번 빅 데이터(Big Data): 기존의 관리 방법이나 분석 체계로는 처리하기 어려운 막대한 양의 데이터 집합
③번 사물 인터넷(IoT): 인터넷상에 존재하는 모든 사물을 네트워크로 연결해 인간과 사물, 사물과 사물 간 언제 어디서나 서로 소통할 수 있게 하는 새로운 정보 통신 환경

문제 09 | 정답 ①

절차적인 작업 처리가 중요시되는 프로그램은 절차 지향 프로그래밍 기법이며 대표적인 프로그램 언어로는 C언어가 있음

[1) 시스템 소프트웨어_객체 지향 프로그램] 체크! (한.번.더.이롬 21쪽)

문제 10 | 정답 ②

①번 프리웨어(Freeware)
③번 패치(Patch) 버전
④번 번들(Bundle)

[3) 기타 소프트웨어 분류] 체크! (한.번.더.이롬 22쪽)

문제 11 | 정답 ③

전자 메일 바이러스나 온라인 피싱 등을 방지할 수는 없음

[2) 방화벽] 체크! (한.번.더.이롬 46쪽)

문제 12 | 정답 ④

브리지(Bridge): 네트워크 프로토콜과 독립적으로 동작하므로 별도의 다른 단말기의 통신 프로토콜을 변환하지 않고도 네트워크 확장이 가능함

문제 13 | 정답 ①

GIF는 8비트 컬러를 사용하고, JPG(JPEG)는 24비트 컬러를 사용함

[6) 그래픽 데이터 파일 형식] 체크! (한.번.더.이롬 43쪽)

문제 14 | 정답 ④

전자 우편은 메일 서버에 사용자 계정이 있어야만 메일 송수신 가능

문제 15 | 정답 ④

하드 디스크 드라이브 저장소 설정은 [설정] - [시스템]의 '저장소'에 표시됨

문제 16 | 정답 ③

①번 모핑(Morphing)
②번 디더링(Dithering)
④번 안티앨리어싱(Anti Aliasing)

[4) 그래픽 기법] 체크! (한.번.더.이롬 42쪽)

문제 17 | 정답 ①

①번 망형(Mesh)에 대한 설명

[3) 네트워크 구성 형태] 체크! (한.번.더.이롬 34쪽)

문제 18 | 정답 ③

IPv6: 주소 부족 문제를 해결하기 위한 주소 체계로 128비

트의 긴 주소를 사용하며 기존 IPv4와의 호환성이 뛰어나고 자료 전송 속도도 빠름

문제 19 | 정답 ①

②번 분산 서비스 거부 공격(DDoS)
③번 키 로거(Key Logger)
④번 스푸핑(Spoofing)

한.번.더.이론 46, 47쪽 [4) 보안 위협 형태] 체크!

문제 20 | 정답 ③

레지스트리 편집 프로그램을 통해 기존 레지스트리의 정보를 수정하거나 삭제할 수 있음

2과목 » 스프레드시트 일반

문제 21 | 정답 ②

①번 공유된 통합 문서는 여러 사용자가 동시에 변경 및 병합 작업을 할 수 있고 동시에 동일 셀을 변경할 때 충돌이 발생함
③번 문서의 내용을 변경하면 자동으로 알아서 변경된 셀에 메모가 표시됨
④번 통합 문서를 공유한 후 하이퍼링크, 시나리오, 매크로, 조건부 서식, 차트, 그림 등에 대해서 추가 또는 변경할 수 없음

한.번.더.이론 53쪽 [8) 통합 문서 공유] 체크!

문제 22 | 정답 ③

- Ctrl을 누른 채 채우기 핸들로 드래그하면 정수 부분만 1씩 증가함
- 채우기 핸들로 드래그하면 숫자가 복사됨

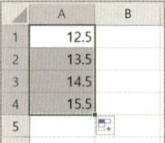

한.번.더.이론 57쪽 [3) 자동 채우기(채우기 핸들 이용)] 체크!

문제 23 | 정답 ③

- 대리점별 실적액의 합계를 구하는 식이므로 SUMIF 함수 이용
- 문제에서는 [G2:G6] 영역을 범위로 지정한 후 배열 수식으로 한꺼번에 답을 계산하는 것을 요구함
- 형식: SUMIF(조건 범위, 조건식, 합계 구할 범위)
- 조건 범위: 원본 데이터의 대리점명 범위(C2:C15)
- 조건식: 대리점명 범위(F2:F6)
- 합계 구할 범위: 실적액 범위(D2:D15)
- 즉, =SUMIF(C2:C15,F2:F6,D2:D15)을 입력한 후 배열 수식이므로 Ctrl + Shift + Enter 를 누름

문제 24 | 정답 ③

Ctrl 을 누른 상태에서 여러 개 셀을 선택하면 맨 마지막으로 선택한 셀 주소가 표시됨

문제 25 | 정답 ④

규칙에 수식을 입력할 경우 반드시 등호(=)로 시작하고, 조건식을 입력할 때 워크시트의 특정 셀을 클릭하면 절대 참조로 작성됨

문제 26 | 정답 ①

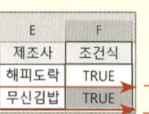

AND 조건: 제조사가 '해피도락'이고, 판매량이 평균 이상인 데이터
또는
AND 조건: 제조사가 '무신김밥'이고, 판매량이 평균 이상인 데이터

문제 27 | 정답 ②

- 조건: 셀의 값이 100 이상이면 '빨강', 50 이상 100 미만 '파랑', 50 미만 '녹색' → [빨강][>=100];[파랑][>=50];[녹색]
- 공통 표시 형식: [표시 예]를 보면 천 단위 구분 기호(,)와 소수 이하 자릿수가 없어도 무조건 소수 이하 첫째 자리 표시함 → #,##0.0
- 결과:
[빨강][>=100]#,##0.0;[파랑][>=50]#,##0.0;[녹색]#,##0.0

문제 28 | 정답 ②

- '너비가 일정함'을 선택하면 열을 구분하기 위한 구분선이 나타남
- 구분선 추가: 원하는 위치를 마우스로 클릭
- 구분선 위치 이동: 구분선을 마우스로 드래그
- 구분선 제거: 마우스로 구분선 더블클릭

문제 29 | 정답 ③

- 매크로 기록 도중에 선택한 셀은 기본적으로 절대 참조로 기록
- 상대 참조로 기록하려면 기록하기 전에 [개발 도구] → [코드] → [상대 참조로 기록]을 선택해야 함

문제 30 | 정답 ④

- Public: 모든 모듈에서 사용 가능한 프로시저 범위
- Private: 해당 모듈 내부에서만 사용 가능한 프로시저 범위

문제 31 | 정답 ②

① 번 Ctrl + PageUp : 현재 시트 앞(왼쪽)으로 이동
　　 Ctrl + PageDown : 현재 시트 뒤(오른쪽)로 이동
③ 번 Home 을 누르면 현재 위치한 행의 A열로 이동
④ 번 이름 상자에 셀 주소를 입력한 후 Enter 를 누르면 원하는 셀의 위치로 이동할 수 있음

문제 32 | 정답 ④

① =CHOOSE(VALUE(MID(A2, 4, 1)), "수습", "", "정규", "")
　　　　　　　　A2 셀 4번째 1글자 → "1"
　　　　　　　MID 함수 결과 "1" 숫자 1로 반환
　　1이므로 첫 번째 값 "수습" 반환 만일 2, 4인 경우는
　　공백만 반환되고 3이면 "정규" 반환

② =IF(OR(조건1, 조건2), 참일 때 문장, 거짓일 때 문장)
=IF(OR(VALUE(MID(A2, 4, 1))=2, VALUE(MID(A2, 4, 1))=4),
　　[A2] 셀 4번째 문자를 숫자로 변환한 값이 2 또는 4인 경우
　　공백("")을 표시하고
"", 거짓일 때 문장)
　　　　　　A2 셀 4번째　영역에서 찾아서
　　　　　　1글자 숫자　해당 행 2열 값 반환
　　　　　　변환값을
(VLOOKUP(VALUE(MID(A2, 4, 1)), $F$2:$G$5, 2, 0))
즉, 2 또는 4가 아니라면 분류코드에 해당하는 채용형태 값을 표시하라는 의미

③ =IFS(VALUE(MID(A2, 4, 1))=1, "수습", 조건2, 조건2 참
　　　　　　　　　1이면 "수습" 표시
일 때 문장, 조건3, 조건3 참일 때 문장…)
=IFS(VALUE(MID(A2, 4, 1))=1, "수습", VALUE(MID(A2, 4, 1))=2, "", 조건3, 조건3 참일 때 문장…)
　　2이면 공백 표시
=IFS(VALUE(MID(A2, 4, 1))=1, "수습", VALUE(MID(A2, 4, 1))=2, "", VALUE(MID(A2, 4, 1))=3, "정규", 조건4…)
　　　　　　　　　　　3이면 "정규" 표시
=IFS(VALUE(MID(A2, 4, 1))=1, "수습", VALUE(MID(A2, 4, 1))=2, "", VALUE(MID(A2, 4, 1))=3, "정규", VALUE(MID(A2, 4, 1))=4, "")
　　　　　　　　　　　　　　　2, 4인 경우에는 공백 표시, 그 외엔 "수습",
　　4이면 공백 표시　　　　　　　"정규"가 표시됨

④ =CHOOSE(MOD(VALUE(MID(A2, 4, 1)), 2), "수습", "", "정규", "")
　　　　　　숫자 1 값을 2로 나눈 나머지 반환 → 1
　　　　　　　　　　　　　　　1이므로 첫 번째 "수습" 표시
문제는 MOD(VALUE(MID(A3, 4, 1)), 2) 결과 나머지 0이 됨
CHOOSE 함수는 1일 때부터 해당 값이 주어지므로 에러가 발생함

	A	B	C	D	E	F	G
1	사원번호	이름	부서명	채용형태		분류코드	채용형태
2	SA=1011	김나래	해외판촉	수습		1	수습
3	RM-2001	남민정	재무관리	#VALUE!		2	인턴
4	BU-3100	신선ول	자재구매	수습		3	정규
5	SA-2112	조수혁	해외판촉	#VALUE!		4	협력
6	AM-4100	장하늘	경영관리	#VALUE!			
7	BU-1311	주인영	자재구매	수습			

문제 33 | 정답 ②

열의 총합계는 표시되지 않고 행의 총합계만 표시됨

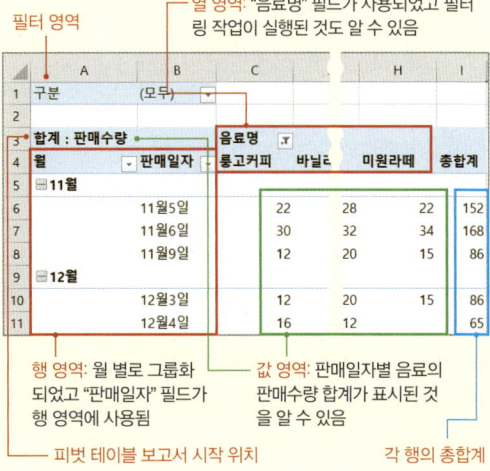

- 필터 영역
- 열 영역: "음료명" 필드가 사용되었고 필터링 작업이 실행된 것도 알 수 있음
- 행 영역: 월 별로 그룹화되었고 "판매일자" 필드가 행 영역에 사용됨
- 값 영역: 판매일자별 음료의 판매수량 합계가 표시된 것을 알 수 있음
- 피벗 테이블 보고서 시작 위치
- 각 행의 총합계

문제 34 | 정답 ②

- CHOOSE(인덱스 번호, 값1, 값2 …): 인덱스 번호에 해당하는 값을 반환
- CELL(타입, 셀 번지): 해당 셀의 타입에 해당하는 정보를 반환
  예) =CELL("row", B2) → [B2] 셀의 행 번호 2 반환
- OFFSET(참조 영역, 행, 열, [높이], [너비]): 참조 영역에서 행, 열만큼 떨어진 위치를 기준으로 높이와 너비에 해당하는 영역의 값을 반환
- TYPE(값): 값이 숫자이면 0, 문자이면 2, 논리값 4를 반환
- INDEX(배열, 행 번호, 열 번호): 배열 범위에서 행과 열이 교차하는 위치의 값을 구함
- MATCH(찾고자 하는 값, 참조 범위, 옵션): 찾고자 하는 값이 해당 참조 범위의 몇 번째 행 또는 열에 위치하는지 위치 정보를 반환

① =CHOOSE(CELL("row", C2), D3, D4, D5, D6, D7)
          [C2] 셀의 행 번호: 2
    CELL 함수 결과 행 값이 2이므로 두 번째 인수 D4 셀 반환 → 데이터마이닝

② =OFFSET(B3:B7, 2, 2, 1, 1)
   참조 영역에서   2줄 2칸 이동   그 자리에서 1행 1열 내용 반환

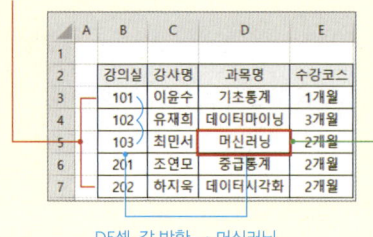

D5셀 값 반환 → 머신러닝

③ =CHOOSE(TYPE(C3), D3, D4, D5, D6, D7)
   [C3] 셀 값이 문자이므로 2 반환
   (TYPE 함수는 문자 값이면 2를 반환하므로 2번째 인수 [D4] 셀 반환 → 데이터마이닝)

④ =INDEX(D3:D7, 행 번호) → D3:D7 범위에서 원하는 행 값 반환
   ⬇
=INDEX(D3:D7, MATCH("유재희", C3:C7, 0))
   ⬇
"유재희" 이름이 [C3:C7] 범위에서 몇 번째 위치하는지 위치 정보 반환 → 2
   ⬇
=INDEX(D3:D7, 2) → D3:D7 범위에서 2번째 위치 값 →

데이터마이닝

문제 35 | 정답 ①

틀 고정 구분선의 위치를 마음대로 조정할 수 없음

한.번.더.이홈 54쪽 [9) 창 제어_창 나누기와 틀 고정] 체크!

문제 36 | 정답 ③

계열 겹치기 값이 0보다 작으면 겹치지 않고, 0보다 커야만 겹치게 됨

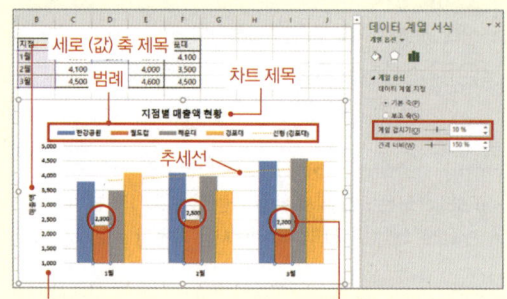

문제 37 | 정답 ③

[B6] 셀에 =PMT(B4/12,60,-A4)를 입력함

문제 38 | 정답 ③

계산할 셀 범위를 지정한 후 수식을 입력하고 Ctrl + Enter 를 누르면 선택한 셀 범위에 수식이 한 번에 채워짐

문제 39 | 정답 ②

차트만 선택한 상태에서 [페이지 설정] 대화 상자의 [여백] 탭에서는 '페이지 가운데 맞춤'을 지정할 수 없음

문제 40 | 정답 ④

시나리오는 특정 셀의 값을 변경했을 때 그와 연결된 결과 셀의 값을 예측하는 것으로 시나리오 요약 보고서뿐만 아니라 시나리오 피벗 테이블 보고서 작성 시에도 결과 셀을 지정해 주어야 함

3과목 » 데이터베이스 일반

문제 41 | 정답 ③

③번 정규화는 테이블 간의 종속성을 제거하는 과정
106쪽 [5) 데이터 정규화] 체크!

문제 42 | 정답 ⑤

- 그룹 머리글: 매 그룹의 상단에 그룹명, 또는 요약 정보를 반복 표시함
- 그룹 바닥글: 매 그룹이 끝나는 하단마다 그룹의 요약 정보 등을 반복 표시함

문제 43 | 정답 ⑤

- 기본 키(Primary Key)
  - 테이블 내의 튜플을 유일하게 식별하기 위해 사용됨
  - 후보 키 중에서 대표로 지정된 키
  - 중복값이나 Null 값을 입력할 수 없음
  - 여러 속성을 혼합해 하나의 기본 키로 설정 가능

문제 44 | 정답 ②

데이터베이스 관리 시스템(DBMS) 사용 시 데이터 장애가 발생하면 데이터 복구와 회복에 많은 어려움과 시간이 걸림
104쪽 [1) 데이터베이스(Database)의 개념_데이터베이스의 장단점] 체크!

문제 45 | 정답 ③

- UPDATE 테이블명 SET 필드명=값 WHERE 조건;
- UPDATE 고객 SET 포인트=포인트+100 WHERE 등급='우수';

119쪽 [3) 데이터 조작어_UPDATE문] 체크!

문제 46 | 정답 ⑤

①번 소수 자릿수가 자동이므로 3.5를 입력하면 반올림하여 4로 표시되고 1~100 사이의 숫자에 해당하므로 유효한 값이 됨. 따라서, 메시지 없이 데이터가 정상적으로 저장됨

②번 1000은 유효한 값이 아니므로 "올바른 값이 아닙니다." 메시지가 표시되고 값은 저장되지 않음
④번 필수 속성이 '아니요'이므로 반드시 데이터를 입력할 필요는 없음

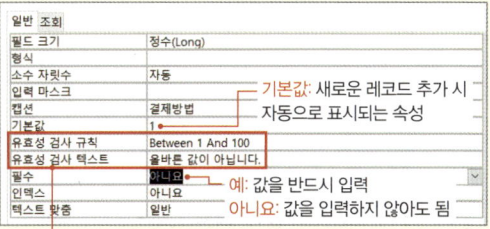

- 기본값: 새로운 레코드 추가 시 자동으로 표시되는 속성
- 유효성 검사 규칙: 데이터 입력 시 값을 제한
- 유효성 검사 텍스트: 유효성 검사 규칙에 어긋나는 데이터 입력 시 표시되는 메시지
- 예: 값을 반드시 입력
- 아니요: 값을 입력하지 않아도 됨

문제 47 | 정답 ③

레이블 컨트롤은 단순하게 폼의 제목이나 캡션을 표시하며, 텍스트 상자처럼 데이터 및 계산식을 표시할 수 없음
130쪽 [1) 컨트롤의 주요 속성] 체크!

문제 48 | 정답 ③

- 폼은 연결된 데이터의 입력, 조회, 편집 작업을 위한 사용자와의 인터페이스 개체임
- 데이터를 추가, 삭제, 편집 작업을 할 수 없는 것은 보고서임

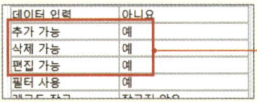

- 예: 추가, 삭제, 편집 작업 가능
- 아니요: 추가, 삭제, 편집 작업 불가능

문제 49 | 정답 ③

열 머리글은 오로지 하나의 필드만 지정할 수 있음

문제 50 | 정답 ④

굵게, 기울임꼴, 밑줄, 바탕색, 글꼴 색상은 지정할 수 있지만 글꼴 이름, 테두리 색은 지정할 수 없음

문제 51 | 정답 ②

인덱스는 여러 개 필드에 설정할 수 있음

문제 52 | 정답 ①

사용할 수 있는 하위 폼의 개수에는 제한이 없고, 최대 7개 수준까지 중첩된 하위 폼을 작성할 수 있음

문제 53 | 정답 ②

'브랜드' 필드를 기준으로 그룹이 지정되어 있음

[커피 상품 목록 표 이미지]

=count(*) 수식을 입력하여 그룹 내 레코드 개수를 계산

❶ 그룹 머리글 영역: 그룹이 시작될 때마다 반복적으로 표시됨
❷ 그룹 바닥글 영역: 그룹 끝에 반복적으로 표시됨

문제 54 | 정답 ③

③번 각 매크로는 매크로 함수가 여러 개 작성된 하위 매크로를 포함할 수 있음

문제 55 | 정답 ①

- 내부 조인(Inner Join): 두 테이블에 연결된 필드가 일치하는 레코드만 결합하여 표시함
- 내부 조인 형식:
  SELECT 필드명 FROM 테이블1 INNER JOIN 테이블2
  ON 테이블1.필드명 = 테이블2.필드명;

문제 56 | 정답 ③

보고서에서는 필드나 식을 기준으로 최대 10단계까지 그룹화를 설정할 수 있음

문제 57 | 정답 ③

GROUP BY문으로 레코드를 그룹화한 후 HAVING절을 이용하여 조건식을 작성함

한.번.더이용120쪽 [5) 정렬 및 그룹화] 체크!

문제 58 | 정답 ③

- 탭 순서는 탭 키를 눌렀을 때 컨트롤에 포커스가 위치하는 순서를 의미함

①번 마법사 또는 레이아웃과 같은 도구를 사용해 폼을 만들면 컨트롤이 폼에 표시되는 순서(위쪽 → 아래쪽, 왼쪽 → 오른쪽)로 탭 순서가 설정되고, 사용자가 [폼 디자인 도구] → [디자인] → [도구] → [탭 순서]를 선택하여 순서를 변경할 수 있음

②번 컨트롤의 [탭 정지] 속성을 "아니요"로 지정해야만 탭 순서에서 제외됨

④번 레이블, 선 컨트롤에는 탭 순서를 설정할 수 없음

문제 59 | 정답 ③

- [page]: 현재 페이지를 나타냄 → 1
- [pages]: 전체 페이지를 나타냄 → 3

①번 결과: page 3 of 1
②번 결과: 3-1
④번 Format 함수: 데이터를 지정한 서식으로 표시
즉, 현재 페이지 1에 숫자 서식 "00"으로 표시하라는 의미
결과: Format([page],"00") → 01

문제 60 | 정답 ④

문자열 데이터를 검색할 때
Me.Filter = "필드명 = '" & 컨트롤명 & "'"
Me.FilterOn=True

```
Private Sub cmd검색_Click( )
  Me.Filter="도서명 Like '*" & txt도서 & "*'"
  Me.FilterOn=True
```

- Txt도서에 데이터 일부분을 입력해도 매칭된 것으로 하므로 Like 연산자를 이용 즉, 만능 문자(*)를 이용하여 앞뒤에 어떤 문자라도 상관없다는 것을 표시해 줘야 함
- 지금 검색 작업을 실행하라는 의미

이제 컴퓨터활용능력은 EBS에서 한.번.만.

- **Core** 핵심만 담은 이론, 기출문제 풀이
- **Slim&Light** 언제, 어디서나 볼 수 있는 콘텐츠! 책과 모바일 동시 사용
- **Real** 실전 대비 모의고사 제공

컴.활. 합격생들에게 들었습니다!

책이 얇아서 들고 다니기도 편하고, 핵심 내용만 있어서
시험 준비하는 데 압박감이 없었어요.

―

컴퓨터활용능력 배경지식이 전혀 없었는데, 함축적이고 체계적인 강의를 들으면서
기출문제를 여러 번 반복하니 합격에 도움이 되었습니다.

―

암기해야 할 부분과 자주 출제되는 문제를 여러 번 강조해 주니
자연스럽게 이해가 되었어요.

―

저렴한 가격에 부담 없이 구매할 수 있었고
교재 구성대로 따라 가니 무난히 합격할 수 있었습니다.